戦間期における議会改革

前田英昭［著］
MAEDA Hideaki

成文堂

第１帝国議会は日比谷の一角・内幸町の木造の仮議事堂で開会以来、２次、３次と改築し、47年間（第７回は広島）回次を重ね、昭和11（1936）年12月24日召集の第70回議会から新議事堂で開会され、今日に至る。写真は旧議事堂と新議事堂。

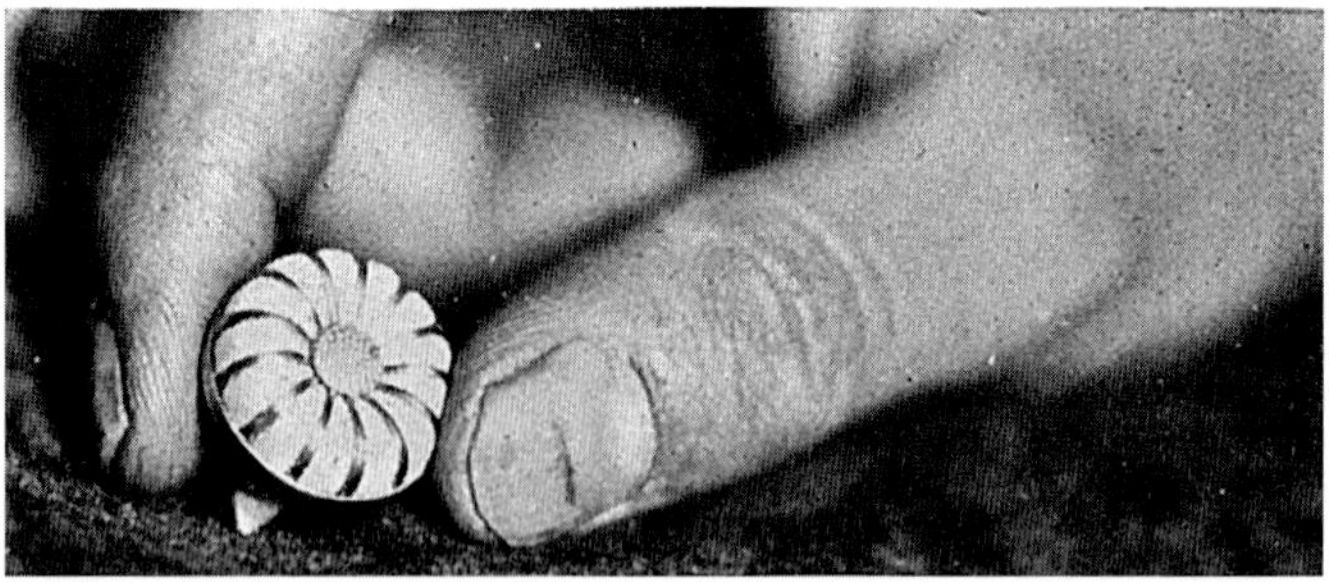

徽章

徽章交付の趣旨は、各議員出入の際、警察官・守衛をして議会職員・傍聴者等と区別し、且つ平常議員に対し不敬を避くる為なり。議員の佩用すると否とは各議員の随意とせり。徽章を遺失し若は毀損したるときは、すべてこれを自弁せしむることは明治24（1891）年９月28日に決定するところなり。その後、光沢消しの18金、13弁の金色菊花形と変わり、会議員一様に佩用することとなる。（貴族院事務局史）

普選案両院を通過

議院に押寄せた普選デモ（大正９（1920）年２月11日）
普選促進会、全国学生同盟会のデモ

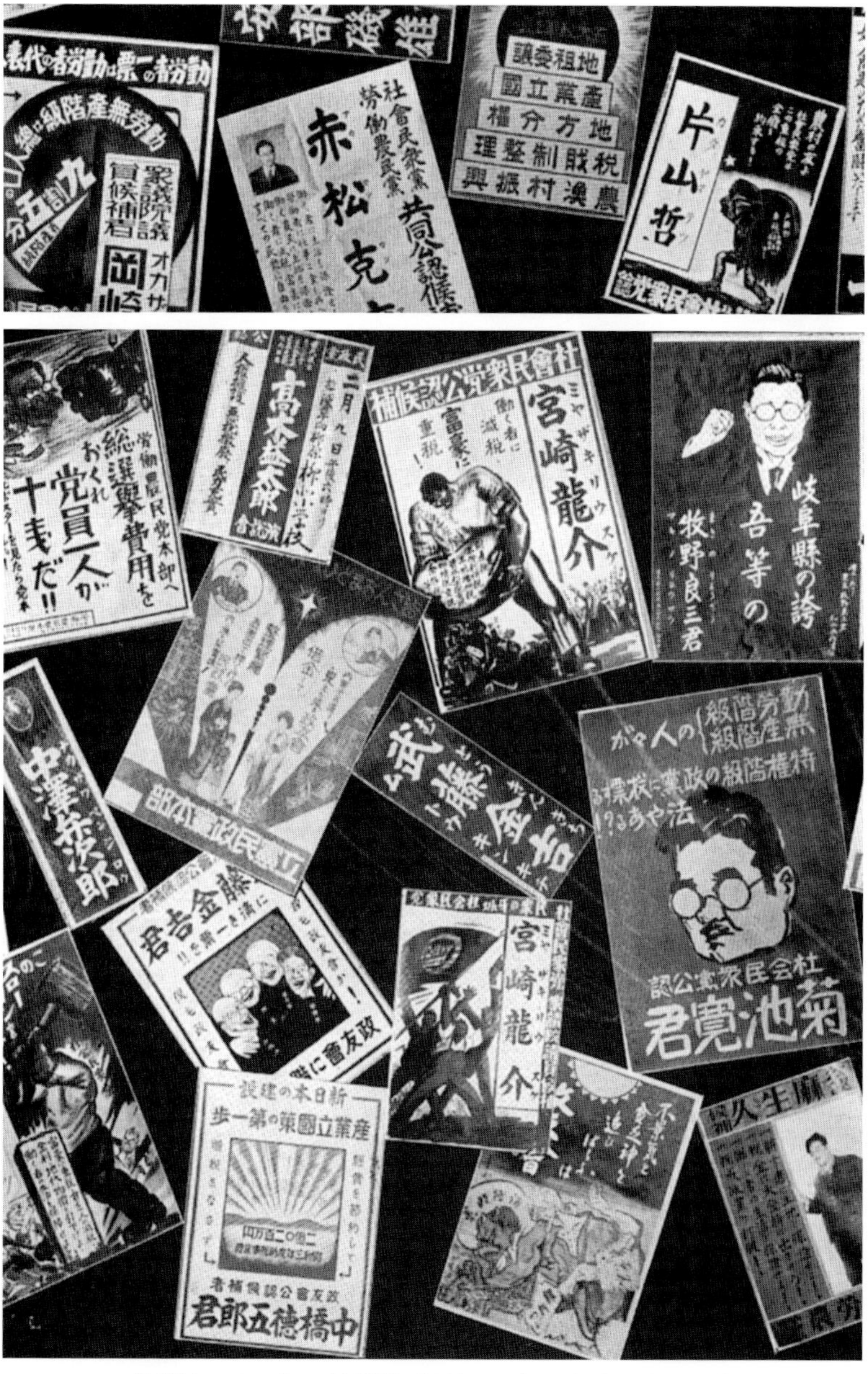

普選法による初の総選挙（昭和３（1928）年２月20日）
候補者の選挙ポスター

戦時下の第73議会

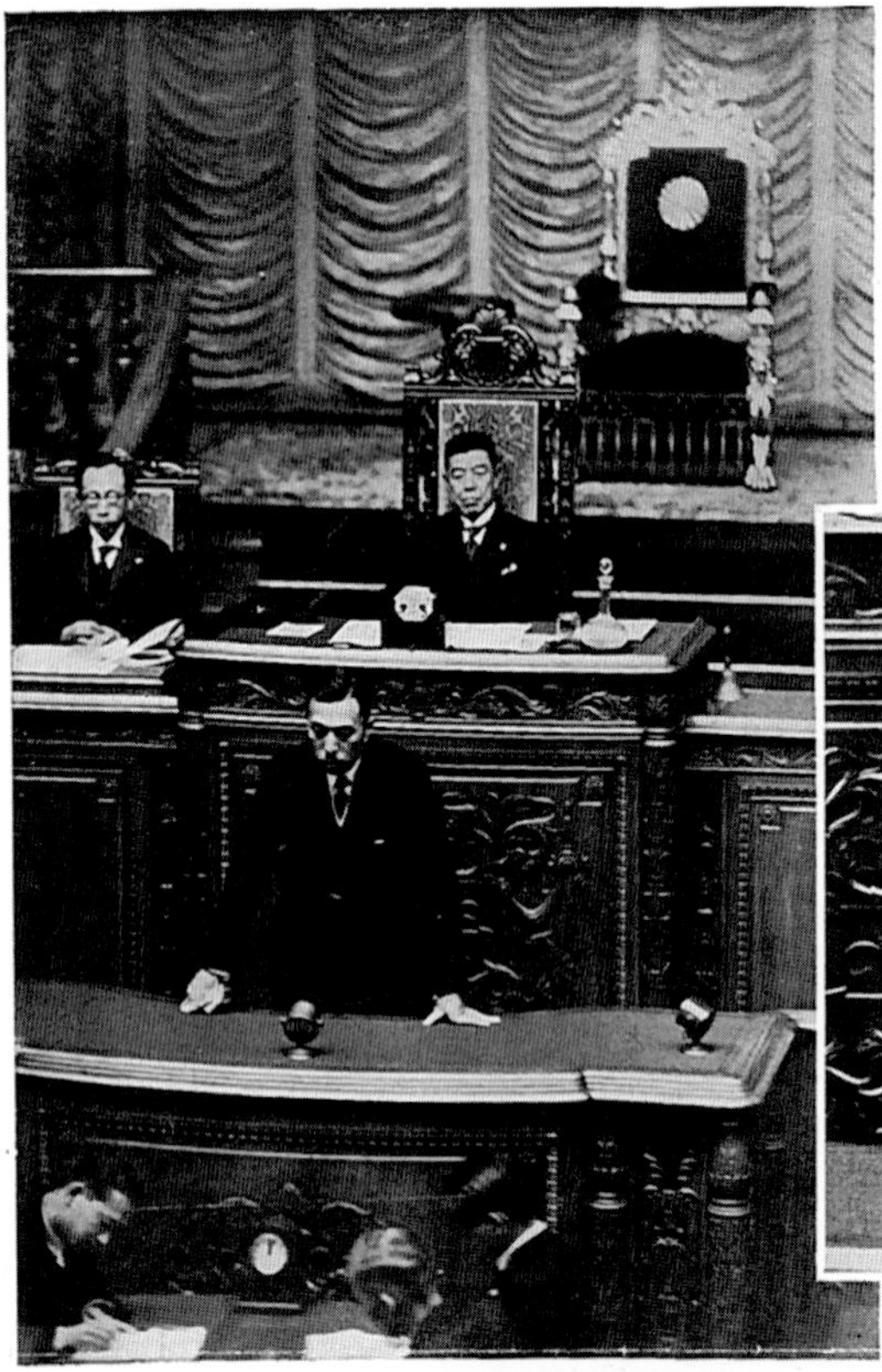

上左　昭和13年、戦時下の第73議会で所信を述べる近衛首相
　右　支那事変に対する外交政策を述べる弘田外相
下右　近衛首相の「爾後国民政府を相手とせず」との重大声明（１月16日）を読み上げる風見書記官長
　中　貴族院傍聴席で熱心に耳を傾けるクレーギー英大使
　左　傍聴席を埋めた婦人傍聴者

昭和６（1931）年２月６日の予算委員会における与野党攻防の跡
（本文95、96頁）

負傷した民政党議員

正常化後の政友会議員が欠席した本会議場。
森政友会幹事長一人だけが座る

はしがき　戦間期前の立憲制

日本の議会政治は、国会開設当初、元老と呼ばれる九人の実力者を中心に行われていた。この九人は、江戸幕府を倒す討幕運動のときに功績をあげた人物で、山縣有朋、井上馨、松方正義、西郷従道、大山巌、西園寺公望、桂太郎、黒田清隆、伊藤博文である。この九人のうち八人は、薩摩藩または長州藩の出身者で、公的な規定はなかったが、大日本帝国憲法の下で首相決定権を持っていた人物であり、彼ら中心の政治は藩閥政治と呼ばれていた。

明治時代を終わり、新しく大正時代を迎えたころ、国民は藩閥による政治を批判し始め、外国並みに憲法に基づく民主的な政治を望み、これを要求し始めた。そのようなころ、大正元年十二月、第二次西園寺内閣の陸相上原勇作が陸軍の二個師団増設を提言した。西園寺は日露戦争による財政難などを理由にこれを拒否した。上原は陸相を辞任した。陸軍が後任の陸相を推薦しなかったため、「軍部大臣現役武官制」により、西園寺内閣は、陸相を得られず、総辞職を余儀なくされた。後継内閣には陸軍大将の桂太郎が第三次桂内閣を組織した。桂は山縣の後を受けて、陸軍の軍備拡張を推し進めようとしたが、立憲政友会の尾崎行雄と立憲国民党の犬養毅がこれに強く反対し、互いに協力し合い、憲政擁護会を結成して、ことごとく桂内閣に反対した。国民の中から、議会中心の政治を望み、「憲政擁護、閥族打破」をスローガンに掲げて憲政擁護を叫ぶ者が多数あらわれた。ここに第一次護憲運動が始まる。

大正二年二月五日、政友会と国民党は議会に「桂内閣不信任案」を提出した。尾崎行雄は趣旨説明の中で次のように叫んだ。「彼らは常に口を開けば、直ちに忠君愛国を唱え、あたかも忠君愛国は自分の一手専売のごとく唱えているが、そのなすところを見れば、すでに玉座の陰に隠れて政敵を狙撃するがごとき挙動をとっているのである（拍手）。彼らは玉座をもって胸壁となし、詔勅をもって弾丸に代えて政敵を倒さんとするのではないか。」

桂首相は、三日間の停会を求め、善後策を考えたが、群衆約三千名が議事堂を取り囲み、数万の群衆が新聞社、巡査派出所を襲うなど暴徒と化した中で、やむなく総辞職せざるを得なかった。これは世に「大正の政変」と呼ばれた。

筆者は本書で、「大正政変」以降、昭和二十（一九四五）年八月十五日の太平洋戦争終了までの議会改革の歩みの跡を辿る（巻末「年表　戦間期の帝国議会」参照）。その間の改革の努力と成果は、日本国憲法制定により、天皇の翼賛機関としての「帝国議会」から、「国権の最高機関」及び「唯一の立法機関」としての国会に生まれ変わった際に生かされなかったし、現在ほとんど忘れられてしまっている。今なお国会改革が国会の内外で叫ばれている際に、先人の努力の経過とその成果を振り返り、改めて見直すことは意味のあることだと思われる。こういう趣旨で本書は書かれたのであって、決して懐古趣味で書かれたのではない。

二〇〇七年（平成十九）年十一月

前　田　英　昭

目　次

第一章　憲政の常道

第一節　「憲政の常道」論の登場

明治憲法下の帝国議会の歩みは、政党の発展と挫折のプロセスである。議会に基礎を置かない超然内閣の衆議院との確執に始まり、官僚内閣が衆議院の政党と妥協・提携する時代、融合の時代を経て、選挙権の拡大、政党の発達に促されて政党内閣の時代に入る。衆議院に基礎を置く政党内閣は、大正から昭和にかけての大正デモクラシーの風潮の中で、憲法が予想していなかった「憲政の常道」を実現する。「憲政の常道」とは、一口で言えば、内閣が総辞職したとき、または総選挙で敗北したとき、次の政権は野党第一党に移り、その野党党首が首相に選ばれるという政治慣行である。

憲法学者美濃部達吉は「憲法撮要」（一九二六年　有斐閣）において帝国議会開始以降の変化を次のように説明している。

「憲法施行後ニオケル我ガ憲政ノ発達ノ結果ハ全然此立案者ノ予期ニ反シ、議院内閣制度ハ憲法上ノ制度トシテニハ非ラザレドモ、習俗的規律トシテハ、ホボ確実ニ成立シ、議会殊ニ衆議院ノ不信任ノ結果ハ衆議院ノ解散ニヨリテ更ニ之ヲ世論ニ訴フルカ、然ラザレバ必ズ内閣ノ総辞職ヲ来スコトガ当然ノ原則トシテ認メラルルニ至レリ」（一二九－一三〇頁）

政党内閣は、事実においても理論においても、この時期に正統的地位をようやく固め得たが、その主な理論的根拠を美濃部達吉の「天皇機関説」や政治学者吉野作造の「民本主義」に置く程度では十分でなく、その不動の地位を確立するまでには長いいばらの道が続く。

一　民本主義

吉野作造は「憲政の本義を説いて其有終の美を済すの途を論ず」（「中央公論」大正五年一月号）で、立憲政治の根本精神は「民本主義」にありとして、デモクラシーの訳語に、「君主主義」との対決を避けて「民主主義」を用いずに「民本主義」という言葉を用いた。民本主義は、政治の目標が一般民衆の幸福にあり、そのために政策の決定には民衆の意向を尊重しなければならないとする思想である。つまり人民のための人民による政治ということであるが、民主主義が法理上、主権在民を意味するのに対し、吉野は、主権在民とせずに、民本主義の政治目標を常に人民の幸福にあるとした。吉野によれば、デモクラシーには二つの意味がある。その一つは国家主権が人民にあるとする人民主権で、他の一つは、国家活動の基本目標が政治上、人民にあるという政治の実践目標を指すもので、主権の所在を示す法理上の意義が「民主主義」であれば、政治実践上の意義が「民本主義」である。特に民本主義は、主権の所在に関する君主制、共和制のいかんにかかわらず、現代立憲政治に通用する基本原理でなければならない。これによって君主主権、国民主権の対立を避け、そのいずれを問わず、国民のための政治を実現すべきことが政治の目標であると説かれた。民本主義は、立憲君主制を根拠づけるとともに、国民の代表機関である議会の存在・活動を重視する。それゆえに民本主義はこうした立憲制の政治学的な理論構成と見ることができる。吉野は、憲法学において天皇機関説を説く美濃部達吉と共に、立憲主義、議会中心主義の政治理論を展開して、普選運動に多大の思想的な影響を与えた。(1)

二　天皇機関説

国体（主権の存在を示す概念）と政体（主権の行使の形式を示す概念）二分論は、政体は変わるが国体は不変だと主張し、天皇の地位（国体）を高め、議院内閣制（政体）を不安定な状態に陥れる。この上杉慎吉教授らの伝統的学説に対し、美濃部達吉は、国家そのものが意思主体、権利義務の主体、すなわち法人であるという国家法人説をとり、天皇も大臣も議員もそれぞれの権限により国家意思の形成に参加すると考える。その意味で天皇も国家の機関であるということになる。これが美濃部の国家法人説に基づく天皇機関説であり、上杉教授との論争で国体に反する憲法学説か否かが問われたが、憲法学から国体概念を追放し、議会主義的・自由主義的側面を強化することにあったゆえ、天皇機関説は、大正デモクラシーの波に乗り、学界で通説の位置を占めるようになる。ファシズムが台頭した昭和十年、貴族院議員を兼ねていた美濃部は、右翼軍国主義の菊池武夫議員から、貴族院議場で「反逆思想の学匪」と批判され、議員辞職をせざるを得なくなったのみならず、その著書は発禁処分とされた。

三　憲政の常道論

「憲政の常道」は、大正元年から二年にかけて、大正政変をめぐる第一次護憲運動及び清浦内閣誕生に反対する運動の中で、議会派によってポレミカルな言葉として盛んに用いられた。大正十四年八月、加藤高明首相は憲政会単独内閣を組織したが、第五十一回議会の途中で病で死去し(大正十五年一月)、憲政会新党首若槻礼次郎が内閣を引き継いだ。若槻内閣は、加藤内閣の大臣がすべて留任したままの構成で、前内閣の延長と見られるものであった。昭和二年四月、若槻内閣は、枢密院と対立して総辞職し、野党・政友会総裁田中義一が政友会内閣を組織した。昭和三年の第一回の普通選挙を経て、田中内閣は勝利したのも束の間、昭和四年四月に退陣、野党・民政党（憲政会の後身）総裁浜口雄幸が内閣を組織した。浜口は、昭和五年の秋、ロンドン条約反対の一青年に狙撃され、重傷を負い議会に登院できなくなったため、昭和六年に首相を辞職し、民政党新総裁となった若槻礼次郎が内閣の首班となった。この第二次若槻内閣の後、野党であった政友会の総裁犬養毅を首班とする政友会内閣が成立した（昭和六年四月）。昭和七年五月十五日、五・一五事件後に政党の総裁でない斎藤実内閣が成立した。ここに政党内閣は終わる。この大正十四年から昭和七年に至る期間においては、内閣を組織するものは、衆議院における第一党の党首であること、第一党の内閣が倒れたときには第二党の党首が内閣を組織すること（ただし、首相である第一党の党首が死亡したり、病気その他の一身上の理由で欠けた場合は、その党の後継党首が内閣を組織する）、大臣並びに政務官は原則としてその首相の属する政党から選任されることなどの原則が、実際の政治慣行としてほぼ確立された。これが明治憲法の下における政党内閣の実態であり、一般に「憲政の常道」と呼ばれた具体例である。ただ、軍部大臣現役武官制と統帥権の独立が認められていたりして、それは決して完全な政党内閣と言い得るものではなかったが、それでも明治憲法のもとで議院内閣制が可能となった。しかし五・一五事件の後、斎藤内閣の出現により、この慣行は破られた。昭和十五年には政党は解消を余儀なくされる。

こういう政党政治の衰退は、国民に正統性の根拠を置かない枢密院、貴族院、軍部などの圧力によってもたらされたのであるが、政党側自身にも問題がなかったわけではない。

天皇は「主権者」であるが、同時に憲法では、天皇意思のむき出しの発動はできないものになっていた。このことが、憲法制定後の憲法理論の中で、天皇主権説が少数説となり、天皇を一国家機関と把握する天皇機関説が多数説となっていくことを可能にした。

帝国議会は、憲法により、多くの大権事項により審議事項を制限された上、公選制の衆議院のほかに、皇族・華族・勅選議員からなる貴族院が配置された。衆議院は、貴族院に優先する決定権を何ら与えられておらず、唯一予算の先議権を持つにすぎなかった。法案、予算等は、両院の議決を必要としたが、貴族院は、貴族院令という衆議院が手を出せない勅令で組織されており、これにより衆議院の活動を制約することができた。また、議院内閣制を採用したわけではなかったから、議会の内閣及び大臣に対する統制力は弱かった。また、国務大臣は、天皇に対して責任を負うが、議会に対して責任を負うものとはされていなかった。

しかし、それにもかかわらず、緊急勅令、財政緊急処分は、議会の事後承諾が必要であったし、独立命令も法律を変更できなかったから、議会、特に衆議院は政府統制力を発揮することができないわけではなかった。とりわけ予算に関しては、議会が拒否すれば、政府は前年度予算しか執行できず、軍事費の増大によって年々増加する予算を食いとめることも、議会はできないわけではなかった。

このように明治憲法の下では、議会は異質な論理の混在・妥協の上に成り立っていたと考えられる。そのことは、政党活動の状況次第によって、いずれの論理にも傾き得ることを示している。明治憲法下の議会は、明治憲法を構成する相異なる論理のバランスと、憲法内外の国家機関のバランスの双方の上で多様に変化し得た(2)。だからこそ、憲法の運用に最も影響力の大きい政党の存在と政党政治のあり方が問われたのである。

普選後の政党政治の実態から見ると、選挙干渉と政治腐敗の二点が、せっかく築きかけた「憲政の常道」を妨げる主なマイナス要因になったと考えられる。

第二節　憲政の常道を妨げるもの

一　選挙干渉

普選と第五十五回議会

昭和三年二月二十日、新時代の幕開けとなる第一回の普通選挙が行われた。政友会田中義一内閣は、これに先立って、一月十日から地方官の大更迭を断行し、与党擁護の準備を進め、解散直後の一月二十四日には地方長官会議を内務省に開き、二十五日には各府県警察部長会議、二十七日には司法官会議を矢継ぎ早に開催して選挙取り締まりについて厳命を下した。野党民政党は、この厳命を野党弾圧策だとして、政府の選挙干渉を阻止すべく、旧知事の面々を動員して選挙干渉監視係とするなど、与党への対抗に作戦をこらした。

野党各派が憂慮していた選挙干渉は、投票日が近づくにつれて、各地方官憲の手で行われた。民政党側の選挙干渉監視係は、各地における干渉の事実を調査し、告発などを行い、選挙戦を盛り上げた。最も激しく干渉・弾圧の犠牲となったのは、野党の中でも無産政党各派の候補者であった。

総選挙直前、鈴木喜三郎内相は、「内閣の組織は、政党員の多数をもって直ちに成るものというがごとき、外国の例と対比するを許さない。民政党はその政綱において議会中心政治を要望すると高唱しているが、これは極めて穏やかでない思想であり、神聖なるわが帝国憲法の大精神を蹂躙するものと言わなければならない」と放言してはばからなかった。

投票の結果は、「議会制度七十年史」（衆議院、参議院編）によれば、立憲政友会二一七名、立憲民政党二一六名、無産党八名、実業同志会四名、革新党三名、中立その他一八名であった。政友会と民政党の勢力は伯仲し、一人差であり、得票数では民政党が四百二十一万余票で政友会四百十八万余票をわずかに上回った。議院運営は小会派がキャスティングボートを握ることになるが、議会召集直前、政友会、民政党ともに中間の小会派を味方につけようと工作を試みた。実業同志会武藤山治は、政友会と政策協定して政友会と合流した。鶴見祐輔ら中立議員は、「右に既成政党を撃ち、左に無産政党を斬る」という姿勢で同志と協議し、七名は中立を固持した。無産党八名は既成政党を脅かした。

第五十五回議会召集日、昭和三年四月二十日における会派所属議員数は、政友会は「抱き込み」に成功して二二一名に膨れ上がり、民政党は二一四名、無産党議員団八名、明政会七名、実業同志会三名、革新党三名、無所属九名、欠員二名、合計四六六名であった。

議会開会冒頭、議長選挙で波乱を見せ、議長副議長ともに決選投票の結果、わずかの差で、議長に政友会の元田肇、副議長には野党連合側の革新党の清瀬一郎が当選した。

野党民政党は内閣不信任案を提出しようとしたが、政府が再解散も辞せずとの態度で野党連合を牽制したため、金がかかり過ぎた選挙の繰り返しに逡巡し、明政会提出の内相弾劾・司法警察官中立化・政党党費公開などの内容を盛り込んだ「思想的国難に関する決議案」に同調することに決した。

政府演説に対する質疑者は、齋藤隆夫をはじめ、全員両院で政府の選挙干渉を批判し、その責任者鈴木喜三郎内相を弾劾した。「内相の憲政否認の言動、地方官の大更迭を行って選挙に備え、ひいては官紀紊乱を招いたこと、政府が党勢拡張のため地方に対する事業を利用したこと、勧銀総裁その他に派閥人事を行ったこと、内務省が怪文書を配布して与党に有利な選挙指導を行ったこと、田中首相の陛下への虚偽上奏(政友会は、中立や民政党の議員を買収し、または買収進行中の者を含めて、二百二十七名当選と発表し、田中首相はそのように上奏して天皇までだました)[3]などと、政府追及に集中した。これに対して政府は、「憲政否認の考えはない。人事異動は適材適所による。地方官更迭は恒例のことで、選挙準備のためではない。怪文書も政府の関知しないことであり、当選議員数上奏の内容は公表すべきでない」と強気の答弁をした。

選挙の責任者・内相辞任を要求する「思想的国難に関する決議案」は、尾崎行雄が趣旨説明を行った。その趣旨は、質疑にあらわれた主張を盛り込んだものであり、内務大臣問責、事務官の地位保証、党派に偏する事務官の罷免、警察官による選挙干渉をなくし国家の施設経営を党勢拡張や利益誘導に利用することを戒しめ、政党の党費公開を図ろうとするにあった。その趣旨説明後、本会議場では、民政党の言う田中首相「虚偽上奏発言」に怒る政友会の一人が突如、民政党席に突撃し、衛視に遮られるや、政友会席は総立ちになり、議場は大混乱に陥った。元田議長は休憩を宣告、再開後も議場が依然殺気立っていたため、直ちに散会となった。議会は詔勅により停会となり、三日の停会期間は議員の争奪戦となった。野党・民政党側では、所属議員を熱海、伊東、湯河原などの旅館に缶詰にし、院外団の壮士に警戒させた。政友会側においても、所属議員の旅行を禁止し、その住宅の周囲を私服の警官に見張らせ、幹部は党本部に詰めて対策の成り行きを見守った。

停会三日間、政府は金力と権力とによって野党議員の同調を求めたにもかかわらず、予想した切り崩しに成功せず、さらに三日間の停会が宣せられた。(4)

普選後最初の特別議会は、十四日間の会期のうち六日間の停会期間を除く大部分を世間の耳目を聳動せしめた選挙干渉問題と内相弾劾問題に費やして終了した。

「怪文書」が出回った。それは当時の政友会系の地方長官、すなわち知事と内務省とが互いに気脈を通じて巧みに選挙干渉した記録であり、報告書であり、命令書である。例えば「宮崎県第一区民政党候補某はすこぶる有力者なるが故に、政友会候補者某を当選せしむるためには一層の援助を要す。運動費はさらに一万五千円を必要とす。また第三区の某を当選せしむるためには運動費三万円を必要とす。」という内容が盛られていた。また内務省から出した命令書には、例えば「千葉県第四区の民政党候補者某は最善の努力を払うて必ず落選せしむるようにすべし。その方法は○○の方法を採用すべし」などという極めて露骨かつ卑劣な内容であった。

昭和五年二月、政権が交代して、与党・民政党の安達謙蔵は、第二次若槻礼次郎内閣の内相となり、第二回目の普選の民政党責任者として活躍し、民政党を勝利に導き、「選挙の神様」と称された。

民政党も、与党となると政友会に負けず劣らず、選挙干渉を行った。その事例を一部要約すれば次のようになる。

（政友法曹団「昭和五年二月執行第二次普選における浜口内閣選挙大干渉記録」参照）

一　内務大臣官邸は、一般政務事務を統べるところにあらずして、民政党の選挙本部となり、安達内相のいわゆる選挙第一主義に基づく謀議策動の根源地と化し、密令ここより発せられ、綱紀紊乱ここより源を発し、計画的にあまねく行われたること。

一　立憲政治は言論政治なりと常に揚言した現内閣の言論尊重は、実はその取り締まり偏倚を極むるに便ならしめんための深謀より出たものにして、現に野党演説会に対する計画的妨害の放任、暴漢の集団侵入により流血の不祥事を現出せる一方、与党の虚偽演説をほしいままにせしめる機会をつくりたること。

一　取り締まりの厳正公平を期すべしと称し、殊に励行を唱えてこれを一方的に野党候補に実行し、警察官の運動者あるいは後援者に対する尾行、張り込み、監視等陰険なる手段を用いて運動を圧迫し落選を図りたるは、当（まさ）に現内閣選挙干渉の一特色たり。しかもまた不当召喚・取り調べ・尋問に加うるに、暴行脅迫凌虐傷害不法監禁拷問憤死等警察権乱用、人権蹂躙のごとき不祥事を惹起したること。

一　地方問題利用・職権乱用による投票誘導・綱紀紊乱の実例枚挙に暇なく、ついに小柳福島県知事の県道編入事件、三松新潟県知事の信濃川下流護岸工事事件のごとき顕著なるものとなりてあらわれたること。

一　解散前より公然選挙運動に従事したる内務省官吏あり、また小村拓務次官選挙法違反事件起こりたるがごときは、正に現内閣のいわゆる選挙公正・官紀粛正の裏面を反映する資料たること。

一　立候補前の与党側不正活動の著例としては、小泉逓相の神奈川県葉山町民供応告発事件あり。江木鉄相はその職権に属する鉄道敷設問題を援用し、兵庫県第四区田昌氏の応援演説をなして告発せられたるあり。田中文相は新潟県佐藤謙之輔氏応援演説において山本悌二郎氏に関し虚偽の事実を公然発表したる事実発覚し告発せられたるあり。これらを通じて選挙に対する現内閣の本質を明らかにし得ること。

一　投票日間際の選挙白熱戦期に入り、買収その他悪性の選挙違反行為取り締まりに名を借りて、野党側運動絶対圧迫の下に与党の不正手段を跳梁せしめ、官憲与党相提携して投票の獲得に集中したるは安達式の老獪なる最後の選挙戦術なること。

二　政治腐敗

憲政常道論に立脚して、首相たるべき人として第一党の党首を天皇に奏薦したのは元老であり、その者が辞職した場合に、第二党の野党党首を改めて首相たるべき人として天皇に奏薦したのも元老である。この憲政の常道原則を採用するのも、打ち壊すのも元老の胸三寸にあった。「西園寺公と政局」などを見ると、元老西園寺は後継首班を奏薦するにあたり、単に機械的に政党首領であるからという理由ではなく、その人その者が最もふさわしいという理屈をつけて奏薦している。また世間一般には憲政常道という観念が定着していたのか疑がわしいとの説もある。例えば昭和初期の政変時の新聞では、後継首班にはこの原則以外の人物が下馬評に上がっていた。(5) 誰が首相を選ぶかの点、当時の憲政の常道は日本国憲法下の憲政の常道とは異なる。

もう一つの違いは「政策」の観念が欠けていたことである。選挙公約に掲げる政策は具体策ではなく、スローガンである。これは今日まで尾を引いている。候補者が政策を掲げて当選しても、議会は立法権がなく、天皇の立法権への協賛という憲法上の制約があったため、国民の支持を得た多数党が政権の獲得・維持・政策の実施を図るという政党機能を十分に発揮できなかった。

加えて、選挙において政府与党が勝利することは、当時の政治の常識に属する事実であった。官選知事を利用しての選挙干渉、さまざまな利権の約束等が、与党有利に働いた。事実、田中、浜口、犬養の三政党内閣は、いずれも少数党内閣として発足し、次の総選挙の結果、第一党に躍進している。

これら三つのことは、「民意の反映」と政権交代とが事実上、ほとんど何の関係もなく、現内閣の「失政」こそが政権交代の理由となっていたことを意味する。野党は提示した政策が有権者多数に支持されて多数派となるのではないから、現内閣に対する「失政」攻撃（権力からの追い落とし）によって政権獲得を目指すことが、野党最大の政権戦略となるのである。野党が好んで「失政」攻撃の手段としたのが、相手政党の中傷であった。政策的には両党間にそれほど距離が大きくなかったにもかかわらず、対立が尖鋭化し、強化されたのはそのためである。野党が具体的に選んだ攻撃の手段は「腐敗」の追及であり、綱紀粛正であった。政党は統治能力を欠いていた。そのため、日本の二大政党制は、政策の対立・競争を通じての社会と国家との媒介に十分成功せず、政党支持の希薄化という形で、政党政治を弱体化させ、ついには、反既成政党勢力の台頭を受け入れる素地を醸成していったのである。

昭和四年、浜口民政党内閣になってから疑獄事件が頻発したのは、浜口内閣が「綱紀粛正」を看板に掲げて意識的に政友会の旧悪を剔抉したからである。浜口首相は、綱紀粛正のためとはいえ、政友会を党利党略目的の集団のように印象づけ、疑獄事件を政争の具にした。暴露される政党の醜い状態は、国民の政党不信の念をあおった。昭和五年二月の総選挙で民政党は大勝した。

これより先、普選の実現とともに疑獄事件は起きている。大正十五年から昭和二年にかけての松島事件が口火となる。この事件は大阪の松島遊廓の移転地に関係し、政友会総務岩崎勲、憲政会の長老箕浦勝人、政友本党常務委員長高見之勝などが運動費を詐取したという事件で、その金額は、岩崎三十万円、箕浦、高見がおのおの五万円だといわれ、いずれも裁判では有罪と決定した。しかもその公判において、当時の首相若槻礼次郎は証人喚問され、被告から偽証したと告訴されるという事件まで起こし、注目を集めたが、これは証拠不十分で不起訴になった。

次に昭和三年の東京市会の疑獄事件が起こる。京成電車の市内乗り入れ問題などに関する贈収賄事件は、国民の目を覆わしめる醜状を明らかにした。連座者は、市会の大物・民政党議員三木武吉、政友会議員中島守利の二人を中心に三十名に及び、長い裁判を経て、昭和九年の判決で、三木は懲役三月、中島は懲役五月が確定し、いずれも議員失格となった。

浜口内閣が摘発した疑獄事件は売勲事件に始まる。これは田中義一内閣の賞勲局総裁・天岡直嘉が昭和三年十一月の天皇即位礼を期して行われた大幅叙勲に際して、叙勲を受けようとする実業家から収賄した事件である。天岡は、義弟に日本勲章会社を設立させ、御大典記念章二十五万個（五十万円）を、東京、大阪、京都など三十余の貴金属商に製作の分担を請け負わせると称して運動資金を集めた。この嫌疑が昭和四年八月に露見し、九月十一日、天岡局長、堤清六代議士が起訴され、十一月六日、さらに金銭で勲章を叙賜した事件も発覚し、東京商工会議所会頭藤田謙一（貴族院議員）、日活社長横田永之助も取り調べられた。八年五月十六日の一審判決は、天岡懲役二年、藤田十八月、横田罰金三百円で、翌九年十一月十七日の控訴審判決においても有罪となった。

五私鉄事件は、田中義一内閣時代の小川平吉鉄道大臣をめぐる贈収賄事件であり、昭和四年八月の北海道鉄道背任事件から発展した。小川は腹心の元政友会代議士春日俊文と共謀し、収賄して私鉄の買収や新線認可などの便宜を図ったとされ、贈賄側の北海道鉄道・犬上慶太郎、伊勢電鉄・伊坂秀五郎、東大阪電鉄・田中元七、博多湾鉄道・太田清蔵、奈良電鉄・長田桃蔵らとともに起訴された。裁判では、小川と春日の共謀の認否が争点となり、一審（昭和八年七月十六日）では無罪とされたが、東京控訴院（昭和九年十一月十七日判決）、大審院（昭和十一年九月十九日判決）では、いずれも伊勢電鉄、東大阪電鉄、博多湾鉄道の三件が有罪とされた。

山梨事件は、朝鮮の釜山取引所設立をめぐる朝鮮総督山梨半造の五万円収賄事件である。京城に取引所を設置しようとした米穀商川崎徳之助らが山梨への政治献金という名目で五万円提供したとされた。昭和二年十二月十日、総督に任命された山梨（予備陸軍大将）は、就任時よりとかくのうわさがあり、十三日、民政党より糾弾を受けた。山梨は田中義一内閣総辞職後の昭和四年八月十七日まで任にあったが、同年七月二十八日、山梨の腹心肥田理吉らが逮捕され、山梨も八月二十日辞表提出、十一月二十日東京検事局へ召喚、十二月十八日、瀆職罪容疑で起訴された。

小川は、検事の調べに対し、証拠を突きつけられても、収賄の事実については最後まで頑強に否定し続けた。一説によれば、収受金の行方については「決してやましい点はない、すべて党へ寄付させたもので、自分は一文も着服していない」などと主張したといわれ、その陳述に基づいて検事局が政友会の会計を点検したところ、小川の陳述に符合した党費の出入が帳簿面に記されていて、怪しまれるところがなかったといわれる。結局、小川は収賄罪として懲役二年六月を求刑されたが、最終審判決では「収賄の証明なし」との理由で無罪となった。すなわち「各私鉄関係の多数被告が小川大臣と春日俊文とが共謀せるものと信じ、春日に贈賄した事実は認めるも、小川と春日とが収賄した点の証明はない。春日が大臣と共謀せる証明がない以上、公務員にあらざる春日に賄賂として金員を交付したればとて賄賂提供罪は成立しない。小川、春日の共謀収賄はもちろん、これに対する多数被告の賄賂提供も認められず、したがって贈賄幇助も認められない」というのであった。満鉄社長・貴族院議員太田清蔵を除く他の者もことごとく無罪となったが、国民の疑惑は残った。

関係者は、前鉄道大臣小山平吉、貴族院議員大田清蔵のほか、富安保太郎、佐竹三吾、代議士旗元太郎、井出繁三郎、伊坂秀五郎、青山憲三、前代議士、前貴族院議員多数の鉄道関係者に及んだ。

浜口内閣は疑獄事件を追及し過ぎて現職の小橋文相を事件に巻き込み、返り血を浴びることにもなる。

小橋一太は官僚出身の政治家。大正七年、原内閣の内務次官、九年から衆議院議員選挙三回連続当選、政友本党結成に参画して政務調査会長、後に幹事長、昭和二年民政党へ合流した。五年、浜口内閣の文相となる。小川平吉らの五私鉄事件に関連して、越後鉄道の買収に絡み収賄したとされる。昭和四年十一月十一日に越後社長の収監。次いで前鉄道政務次官貴族院議員佐竹三吾も収監され、買収問題当時の政友本党幹事長・小橋の収賄問題へと波及、小橋は辞任したが、浜口内閣は十大政綱の一つに「綱紀粛正」を掲げただけに大きく政治問題化した。

小橋問題に関する与野党の対立した見解は、第五十八回議会報告書にそれぞれ次のようにまとめられている。

立憲政友会

「綱紀の頽廃その極に達せる現内閣において、とりわけ末代までの汚辱は、けだし小橋文相事件であろう。思うに現閣僚中より刑事被告人を出すがごときは立憲政治始まって以来未曾有のことである。浜口首相は単にこの一事をもってしても小橋文相奏薦の責任者として速やかに闕下（ケッカ）に伏してその罪を待つべきである。しかるに彼は、同件は、事、組閣以前に属するが故に自分の與かり知らざるところであるとか、あるいはただ単に衷心遺憾に思うとかの無責任なる遁辞を弄し、恬としてその責任を回避せんとするがごときは、実に立憲政治家にあるまじき態度である。かくのごとくんば、憲法第五十五条の輔弼の責任は無意義となるのではないか。もし小橋氏の事件が奏薦後に起こったとすれば、総理大臣は監督の責任上重大たるは論を待たない。これとともに小橋氏の既往の罪過を究めずして奏薦したる総理大臣の奏薦の責任はまた重大である。しかして総理大臣の輔弼の責任は、奏薦と監督との両者にあるはもちろんである。もし事前のことを不問として奏薦に責任なしとすれば、これ由々しき大事にして、畏くも塁を皇室に及ぼし、将来にいかなる重大の禍根を残すやも測られぬのである。」

「浜口首相の責任問題たるや、前第五十七議会においてすでに問題となり、犬養総裁の質問に対して、当時浜口首相は、白々しくも、『私が同君を文部大臣に奏薦したときは世間小橋問題を知らず、私もこれを知らなかった。知ってこれを奏薦したとすればその責任は私にあるが、知らなかったからやむを得ない。ただかようの人物を知らずして奏薦したことについては深く遺憾を感じている』との答弁である。」

「さらに、四月二十七日、尾崎行雄は、本問題の核心に触れて質問した。『君側から刑事被告人を出したという例は、今上陛下の御代において不幸にして始まったことであって、おそらく二千五百年の歴史においては一回もないかと思う。ただに帝国においてのみならず世界列国にもほとんどなかろうと思うほどの事件が、今上陛下の御代にあったという事柄は、陛下の御身分として、どれだけ御恥辱とお考えになるか。臣子として恐察しなければならぬ次第ではないか。今上陛下にかくのごとき御迷惑、御恥辱をかけておいて、おそらく上は祖宗に対し、外は列国に対して、陛下として実に御迷惑に思召してござることと恐察する。それだけの御迷惑をかけておいて済まなかった、遺憾である、単に遺憾であるというので臣子の本分が済むと考えるのであるか』。

これに対して、浜口首相は『衷心より深く遺憾に存じておる』という一語を繰り返すのみであった。」

立憲民政党

「前文部大臣小橋一太氏が、越後鉄道事件に連座して起訴されるに至ったことは、誠に遺憾な出来事である。今期議会において、この問題について論議をみたのであるが、衆議院においては、文部大臣奏薦の責任に関する決議案が、議員尾崎行雄氏から提出された。その決議案の要旨は、『浜口総理が内閣組織の大命を拝して、小橋一太氏を文部大臣に奏薦した。その小橋氏が瀆職事件の嫌疑により辞職し、次いで起訴されたのは、閣僚奏薦にその人を誤ったものであって、その責任を負うべきものである』というのである。しかしその論ずるところは全く事実に即せざる一片の議論であって、何ら実態に触れていない。仮定の上に責任を論ずることは空論であって、立憲政治においては最も慎まなければならないところである。この問題は、事実問題として内閣組織前に起こった事柄である。浜口総理が内閣組織の大命を拝して、小橋氏を閣僚に奏薦したときにおいては、何人もそのことを知らず、また知る由なかったのである。しかして事件そのものは政友本党時代の事柄であって、またこの事実について小橋氏が起訴されたのは文部大臣退官後のことである。すなわち、いずれの点より見ても、この事件は文部大臣としての現職において発生したものでもなく、またこの事実あるを知って文部大臣に奏薦したものでもない。いずれのとき、いずれの国においても、内閣組織前に生じた未知未発の閣僚の行動について、総理大臣が責任をとる事例はないのである。しかしながら浜口総理大臣は、貴衆両院においてこの問題に対する議員の質問に対して、たといこの事柄は組閣前の事実であったにしても、またその起訴が文部大臣退官後であるとするも、閣僚に奏薦した当時のことを回想して、衷心より遺憾の至りに堪えない。この心情は、質問に対してお答えするときに初めて起こった心情ではなく、小橋氏が犯罪の嫌疑ありとして起訴されたその瞬間において起こったところの心情である。いわんや予審廷における審査の結果として公判に付すべきものなりという決定のあったことを承ったときに、さらに一層感じたところの感想である。この事柄に対しては深くこれを遺憾とすると答弁している。尾崎氏及び政友会が、この事柄をもって帝室の威徳を冒瀆するものとし、輔弼責任の大義を滅却するものとして、直ちに浜口首相の引責辞職を強要せんとするがごときは、そのこと自体がかえって無責任の言動と言わなければならない。

わが党が、本決議案に反対せることはもちろんである。しかも政友会が好んで尾崎氏の尻馬に乗って、この決議案に党議をもって与党が賛成したにかかわらず、あえて自党の名において何らの行動をもとらざるは、この問題を重大視せざる明証であって、ただこの決議案提出を利用して、現内閣及びわが党を悪罵攻撃する機会をとらえんとしたにすぎない。人の名に隠れて徒に他を糾弾するがごときは、真に卑怯なる態度であって、全く公党の面目を放棄するものというべきである。われわれはむしろわれらに対して自ら顧みて他を攻撃するの資格ありや否やを問いたいのである。」

これらの疑獄事件は、摘発後、取り調べに政治的考慮を加え、証拠不十分として無罪になるか、軽微な刑を受けて幕引きとなる例であるが、政治的に世道人身に与えた影響は大きかった。政党内閣がこの疑獄事件を取り上げて処理した主たる目的は、摘発によって政界の罪悪を一掃するということよりも、反対党に恐怖感を抱かせ、同時に政治的打撃を与えることに重点があった。だから、政党の実態をよくする粛正運動にはならずに、逆に政友、民政両党は腐敗堕落の事実を暴露し合う泥仕合を演じ、自ら墓穴を掘る結果となったのである。

（1）　池田政章編「憲法の歩み」所収　田口精一筆参照
（2）　川口由彦「日本近代法制史」二二三頁
（3）　ねず・まさし「日本現代史」五巻　二七五頁
（4）　「停会」は、「休会」とは違って、明治憲法下で帝国議会の開会中、天皇の命により貴衆両議院同時に一時その機能を停止すること、または衆議院解散の場合に貴族院の議事を停止することを意味する。日本国憲法には停会の制度はない。
(5) 伊藤隆監修 百瀬孝著「事典 昭和戦前期の日本」一九、二四頁

三 政党政治批判(1)

昭和十一年二月二十日、第十九回衆議院総選挙が実施された。

昭和十年前後において、政党政治に対する不信の声は大きくなり、全国に広まっていた。これまで築き上げてきた普選と政党政治は、選挙干渉、腐敗、党利党略により、危機に直面していた。そこに世界不況の波が押し寄せてくる。右翼からの攻撃が始まる。浜口首相狙撃、犬養首相暗殺はその例である。

昭和十年前後に発表された政党政治批判論のうち、主だったものの幾つかを与野党両派から選び、項目ごとに分けて紹介する。

1 政党は政権争奪に明け暮れて国民の福祉を顧みない

一般論壇として、その代表的な論者二人、政治学者の蠟山政道と政治家の尾崎行雄を取り上げる。

蠟山政道は、党利党略のみあって、国家の進展に翼賛することを少しもしていない政党人の行動が、大衆の目に積もり積もって、ついに政党政治否認の空気を作ったと論ずる。

「政党を批判する場合はその根本的な病弊を剔抉する必要がある。政党の対立競争が必要以上の乱用に陥った。政党の存在理由は、国策について平素において準備し、見解を異にする場合に立って争うという点にある。したがってその争いたるや、言論の上で行われねばならぬし、その争いの決定は多数決という形式的な技術的原理に従わねばならぬのである。だから、常に多数と少数とが存在するわけである。しかも、多数は少数の存

在を論理的に予想しているのみならず、それは形式的に定められねばならぬ政治上の約束の結果として生じたもので、決して絶対的であり得ぬという倫理的の制限を持っている。しかるに、党争の実情を見るに、その余弊の及ぶところ、全く自分自身の政治的存在原理を忘れて、多数党は少数党を無視して、いわゆる「多数党の横暴」を来すことが稀れではない。少数党は恨みを感じて、他日勝利を得るためには手段を選ばざらんとするし、相手の多数を傷つけるためには、数では勝てないから、暴露戦術のごとき、相手のみならず自分の品位をも汚す手段に出る。わが国の政党不信用の原因は政党自ら招いたものと言って過言でない。また、この対立競争の余弊は、日常の社会生活にまで及んで、人間の競争本能を刺激し、政党の領域にあらざる諸問題までが党派的に処理される結果を来した。地方における党争が地方の経済生活の進歩を阻害し、日常生活の和平を喪失せしめたことがいかに大であるかは言わずして明らかである(1)」。

尾崎行雄は、政党政治の最も熱烈な擁護者の一人として、政党のこの悪弊には断固として反対する。

「政党は、多年の間、選挙にあたっては買収と干渉によって良民を誘惑し、議会においては、多数の力を頼んで理非曲直を転倒した。しかのみならず、党利のために、台湾、朝鮮、関東州、満鉄等の職司を変易し、またしばしば地方官を更迭せしめた。また、鉄道、河川、港湾、道路、橋梁、学校等に至るまで、ややもすればこれを党勢拡張の具に供した。彼らが現在のごとき不信用を招いたのは当然である」。「政・民両党の幹部が真誠に悔悟反省し、かつその現在の窮境に陥った原因を了解し、もって根本的革正を施せば、従前以上の信用を回復することは難事ではない。しかし今期議会における彼らの行動に徴すれば、彼らはいまだ悔悟反省しないらしい。彼らはその醜汚を清掃しようとは努めず、かえってこれを隠蔽するために努力している。すなわち彼らは今日といえども、なおその墓穴を掘りつつあるのである。そんな心掛けでは、決してその信用を回復することはできない。したがって現在の窮境を脱出することはできないのみならず、さらに一層の不運に陥るであろう」。「わが国人の思想感情はすこぶるドイツ人民に近い。今日に至るもなお封建的気習を蟬脱せざる点において特にその「しかり」を見る。故に現在ドイツに行われているヒットラー流の独裁政治はわが国に向かって多大の誘惑を与えることと思われる[2]」。

次に右翼の主張を取り上げる。

佐藤清勝は、「政党政治亡国論」の中で、政党政治の亡国性を強調する。

「政党政治は自己の党員を率いて政治をなすものであるがゆえに、党の盛衰消長は政権掌握に至大の関係を有する。彼らの目的とするところは、国家の盛衰興亡、国民の安否休戚ではなくして、一に政権の掌握に存する。彼らにして一たび政権を掌握すれば、その思うところ、欲するところ行われざるはないが、一たび政権を離るれば、葬家の犬のごとく屠所に牽かるる羊のごとく無力消衰に陥るものなるが故に、一たび政権を得たるものは、一分一秒なりとも政権掌握時の長からんことを欲し、しかして政権を離れたるものは、餓鬼のごとく豹狼のごとく政権を奪わんと焦慮するものである。ここにおいてか、政党が朝になって政治をなすや、すべてこの政党の盛衰消長と政権掌握時の長短をもって打算の根拠となすが故に、そのなすところは、一も党利、二も党利、党利以外のものは全く眼中に存在しないのである。ここにおいてか、彼らはただ眼前の事物に齷齪し、小利小策を弄して、国利民福を図らず、国民の道徳を堕落せしめ、国民の信念を破壊し、国家百年の大計を抛(なげう)ち、ついに国家をして危殆に陥らしめ、衰亡に至らしむるものである。嘆ずべき哉。

これに加え、彼ら政党者が廟堂に立つや、叩頭百拝する金権者の要求に応じ、国家の利権を私し、恣にこれを金権者に譲与し、ために国家の利権は挙げて金権者の私腹を肥やすがために利用せらるるのである。国家の利権は天皇の保有したもう利権であり、同時に国民全体の有する利権である。しかもこれを一二の私欲者に譲与するがごときは、国家の蠹(木食虫)である。しかも、これをあえてして毫もはばからざる所以のものは、畢竟、彼ら政党者の党利本位の打算によるからである」。「党利党福のみに没頭して顧みざるものに、我らの政治を託さんとするは我らの忍びざるところである。(3)」

彼は、政党がもっぱら党利党福に基づいて政治をなし、毫も国利民福を顧みないことを非難し、このような政党政治は国を亡ぼすものであるから、これに政治を託すことはできないと鋭く論ずる。

赤松克麿は、「政党政治の非国家性」の中で、政党政治の下においては、政治は国家本位を離れ、政党本位となる、すなわち政党利己主義になることを論じて次のように言う。

「政党の行動は政権獲得を最大目的として動いている。すなわち戦略戦術は政権獲得のための党利党略となる必然的傾向を有する。したがって一時の人気取りの論策が重要視されたり、また選挙対策から議員は地方的または部分的問題に力こぶを入れたりして、国家全体の立場からまじめに国策を審議するという大局性に欠乏してこざるを得ない。議会でよく論戦の火花を散らすのは、政敵の秘密的罪悪を暴きたてる暴露戦である。猛烈な暴露戦を展開して相手を傷つけ、よってもって自党の政治的立場を有利に導こうとすることが流行する。国策もヘチマもない。こうした問題が最も興味と熱意を持たれるのである。かくのごとき悪傾向に対して自由主義者は弁護して言う。それは政党政治が悪いのではない。政党が反省してくれれば次第に改善されることであると。筆者は、かくのごとき悪傾向は、政党派的対立抗争を予定する政党政治にあっては絶対的なつきものだと考える。政権獲得を第一義として対立抗争を演ずる政党としては、一時は反省することはあっても、すぐに地金が出てくるのだ。血盟団事件や五・一五事件以来、政党は一時は反省したかのごとく見えた。しかるに過般の臨時議会や今次の議会のプロセスを見れば、政党の本質は少しも変わっていないことが明らかだ。彼らの議論は党利党略に立脚し、国策の審議は全くお留守になっているではないか(4)」。

また、松岡洋右（ヨウスケ）は、「政党は、政権欲と個々の私欲を満足させんがためには、あえてなさざるところなし」と痛罵し、「政党を改善しようなどということは、所詮できない相談である」と決めつけている。

さらに、「皇道新聞」（昭和十年二月十五日）も、政党を、党利党略にとらわれて、国利民福をもてあそび腐敗横暴を極めて国民の怨府（エンプ）となれる」と決めつけ、さらに「毒虫のように執拗につきまとって、一に党利党略のために政府の施設を左右せんとする既成政党が議会に蟠居している限りは、いかなる内閣が出現しても国利民福を本位とする公明なる政党の実際運用を完からしめ得る望みは絶対にない。」と批判する。

以上のように、政党が国民の真の幸福安寧を考えず、ただ目の前の政権のみを追い、政党利己主義に陥っていることを非難攻撃する論調は、一般及び右翼を通じて非常に多いが、ここに注意すべきことは、蠟山にしろ、尾崎にしろ、大体一般論壇における論調は、ここから出発して政治の倫理化・政党の浄化を叫ぶのである。しかるに右翼の論調は、佐藤にしろ、赤松または松岡にしろ、ほとんどすべて政党の醜悪な党争を、政党員個人の罪とはせずに、政党政治からくる必然的な現象として政党政治の打倒を叫ぶのである。

2　政党は資本家・財閥の利益を代表するものである

朴烈事件、松島遊廓事件、機密費三百万円事件、売勲事件、五私鉄事件、山梨事件など、疑獄事件が多数、議会で暴露された。これら疑獄事件の背景には、これと引き換えに金を提供し、政党・政治家の腐敗や罪悪を助長し育成する財閥が存在した。これがなかったならば、大きく疑獄事件が増大することはなかったのである。昭和の大事件の背景にある政党政治と財閥との関係について触れることが必要であろう。政党の目的が政権の獲得と維持にある以上、その手段が選挙第一主義となることは理解できるし、第一主義の選挙に費用が最も必要となるのもまた理解できる。

そこで政党政治と財閥との握手、政党と資本家との提携という醜い関係が必然的に結成される素地がある。当時、仮に一人の議員の選挙運動費用を平均五万円とし、そのうち議員が自ら無理して三万円を工面したとしても、残る二万円は党本部から補助しなければならない。三百名の公認候補を立てるとすれば、六百万円の金を必要とし、それに本部の費用を合算すれば一千万円以上とみなければならない。ところが、かかる大金が政党本部に用意されているはずはない。結局、財閥と握手してその援助を求めるほかはない。政党のリーダーとなると、相当の子分を養わなければならず、リーダーとしての体面もある。かくてその生活費は一カ月二、三千円、一年には三、四万円の金がなければならないということになる。総理大臣や国務大臣になっても、年俸一万円内外にすぎないから、二、三万円が不足する。この不足は誰が補うか。金のなる木を持たない以上、財界の救いの手が期待される。しかし無条件に金を政党・政治家に出す者がいるだろうか。有形無形の見返りや、何かあったときの保険を求めるに違いない。ここにおいて勢い利権取引の場が、政党政治家と財閥、政党人と資本家との間に展開されることになる。

中村三郎は、政党と財閥の提携について次のように論ずる。

「政党は選挙運動をはじめとして、日常の事務、調査費、遊説費と巨額の資金を要するのであるが、加うるに、党幹部と称するがごとき有力なる政党政治家は、多くは職業的政治家であって、その生活費のためにも、また相当の資源を他に求めねばならぬわけである。しかるに、この巨額の資金はどこより拠出するかというに、本来なれば党員が各自分担して拠出すべきものであるにかかわらず、むしろ総選挙の場合のごときは、党より公認料と称して多額の資金を仰ぐ現状であるから、結局は、既成財閥と結んで彼らに何らかの経済的利益を供与することを交換条件として、いわゆる財閥の献金によって党費をまかなっているのである。ゆえに一度政党が政権を握るや、これら資本家の不正の要求を容れて、彼らに経済的利益を供与するのである。これが刑事問題として外面に暴露せるは国民一般の熟知するところであるが、これが外部に漏れたところはその一部にして、重大なる国民的罪悪が公然の中に行われていることは既に周知の事実である。政党が今日の不信と不評を買った最大の原因はここにあるので、あらゆる社会悪の根源は政党にありとまで称されているのは、実にこの間の事情を物語っているものである(5)」。

中村は、政党が選挙費その他の費用に巨額の資金を必要とするため財閥と結び、政権をとるや財閥の利益を図る政策を行うに至る所以を論じ、政党不信用の根源はここにあると言うのである。

佐々木惣一は、選挙費用が多額に上る故に政党は財閥から金銭の供与を受けざるを得ないことを論じ、それが政治を腐敗せしめる根本原因だと結論する。

「財閥が、政治のために、政党または政党員に金銭を提供すること、そのことは、必ずしも非難すべきではないが、しかし、ただそれは、対価を求めざるところの、単に有為の政治家または政党を援助するだけのものでなくてはならない。わが国財閥が政治家または政党に金銭を提供する場合の気持ちは、果たしてかかる純粋なものであろうか。世人はかく信ずることができないのである。従ってその提供を受けるところの政治家または政党の側においても、その行動は勢い大小財閥の利益となり、さなくともその不利益を避けることとなり、または少なくともこれに遠慮することとなる。しかるに今日、わが国において、一般の多数国民の正当なる生活の利益を増進しようとするならば、多少の程度において、幾多大小財閥の利益を犠牲にするの必要あることは疑いない。かくて政党は、ついに一般の多数の国民の利益のために邁進するを得ざるの境遇に置かれている。その結果、議会政治が一般の国民の利益のための政治でなくなる。これ政治の大なる腐敗ではあるまいか。かくのごときは、畢竟、政党が多額の政治資金、殊に選挙費用の調達をなさざるを得ざるの結果であって、ある意味においては同情すべき立場にあるのである。これを改むるがためには、政治家または政党をして不相当に多額なる選挙費用を負担せしめないように工夫せなくてはならない(6)」。

その他、尾崎行雄、馬場恒吾らもまた、佐々木惣一の所論と同じく、政党が選挙のために多額の費用を要するため、財閥と結びつくとか、あるいは収賄等の行為をなさざるを得なくなって、国利民福に反する政策をとるに至ると論じている。

右翼論壇ではほとんど大部分の論者が資本家財閥と政党との醜い関係について激烈な口調で論難する。その代表的な議論を日本主義団体の主張から考察してみよう。

佐藤清勝は、金権政治の跋扈について次のように鋭く非難する。

「政党政治は多額の不浄金を要する。しかして、この不浄金の出所はすなわち金権者なるが故に、政党はこれらの金権者よりこの不浄金を受けざるを得ず。ここにおいてか政党は金権者に叩頭百拝せざるを得ぬ。金権者が国家の利権を要求すれば、これに応ぜざるを得ぬ。金権者に好都合なる法律の制定を要求すれば、これに応ぜざるを得ぬ。賞典榮爵を要求すれば、これに応ぜざるを得ぬ。かくのごとくして政党はすべて金権者の言うがままに従わねばならぬ。ここにおいて政党政治は金権者万能の政治と化し、政党は単なる金権者の一傀儡(かいらい)にすぎぬ。」

「かくのごとくなるが故に、政党政治の実権者は実に金権者である。金権者は大なる資本と財力を擁し、しかもこの蓄財をますます蓄積し、ますます増大せんとするが故に、彼ら金権者にのみ都合よき法律の制定を要求し、その貪婪(どんらん)飽くなきの野心を満足せしめんとするのである」。

「国家の内部においては、金権者はすこぶる少数たるにすぎぬ。しかして国民の大部分はすなわち細民窮民である。この細民窮民をして、幸福に安泰に生活せしめることは、正に政治の要件である。しかもかくのごとく細民窮民をしてますます窮し、ますます困窮せしむることは、まさに政治の要件に反するものである。しかも政党政治は事実としてかくのごとくならしむ。ここにおいてか細民窮民もまた党をなし、社を結び、これら金権者に対抗し反抗し闘争する。これすなわち、政治を行うてかえって国家を治むるあたわず、国家をして争乱に向かわしむるものである。政党政治の弊また極れる哉。(7)」

今里勝雄は、政党政治の本質を述べ、それが大金融資本家の代理政治となり、天皇政治勢力と対立するに至るものであることを述べて次のように言う。

「今日、政党政治が資本家の基礎の上に立っていることは多言を要せずして読者の知るところである。政党政治確立して以来、全国の政治組織が政党色にて塗りつぶされ、一党一派の政治が勇敢に行われてきた。国民が望むと望まざるとに関せず、その政治は一党派の勢力拡大に重点を置かれ、政権を掌握するためには、議会を解散し、投票を買収して、議員の頭数を増した。かくして第一党となるや、意のごとく政権をあやつってきたのである。この政党政治の確立は、大金融資本家にとってますます横暴を振う武器となった。なぜならば、それ以前のごとき天皇政治勢力を中心とした官僚政治の時代は、金の力をもってしては十分に政治を左右することができなかった。しかるに政党政治確立し、議会に多数を得れば、必ず政権を掌握するに至るや、大金融資本家はこの政党を援助することによって、自己の利益を増大する政策を敢行せしめることができるに至ったのである。今日世上、政友を三井と言い、民政を三菱と言うのは、かかる関係からである。ここにおいて政党政治は完全に一部少数の大金融資本家の代理政治と化するに至ったのである。」

「各個人がその実力によりて自由に発展し得るかかる時代は、確かに合理的社会であり、国民全体の発展は必然的に国家の発展を来たさしめ、天皇政治の国家本位、国民本位の政治と合致した。しかるに資本力の無限の競争発展は勝者は弱者を倒して、ついに一国の富を独占するに至り、これら財閥の利欲のためには国家国民が犠牲に供されるに至って、天皇政治の国家本位、国民本位の政治精神とは完全に相反するに至った。」

「そもそもわが国の天皇政治の大精神は、国家の発展、国民の繁栄にある。……しかるに政党政治は一部少数の大金融資本家の代理政治と化するに至り、ここに今日のいわゆる資本主義政治（政党政治）が本来の意味における天皇政治と完全に対立するものであることが明瞭に首肯されるのである(8)」。

次に右翼団体の主張を見ると、大日本生産党は、「金融財閥の寄生虫、政民両党の排撃」、「金融大財閥の走狗、国体観念を欠如せる政治家の根絶」、「亡国資本財閥、亡国政党政治の徹底的誅殺」を叫んで、政党政治に対する攻撃はなかなか激烈を極め、政党政治のブルジョワ性を攻撃し、搾取階級の前衛たる政党の打倒を叫ぶのである。神武会も機関紙「月刊日本」において、既成政党が資本家と固く結託し、あるいはその代弁となり、あるいはその走狗となり、自己の栄達にのみ汲々たる「同じ穴の狢（ムジナ）」であると言い、政党財閥の打倒を唱えるのである。

次に左翼論壇を見れば、大体において唯物史観の公式より出発して、議会はブルジョワジーの搾取のための協力機関であるとなし、政党は資本家の代理者であると論じている。その中で政党と資本家との関係について論じた長谷川如是閑の所論を見る。

長谷川は、わが国における政党対立はアリストクラシーとブルジョアジーとの公式的対立ではなくして、各資本財閥を背景とするブルジョアジーの内部闘争を反映したものだと言うのである。

「わが国においては、維新後の藩閥政府の割拠状態が、早くも薩長の二大閥に統括された対立となったのと同じ機構により、政治的分野の背景をなす資本家閥もまた、それが大体において三井、三菱の二大中心をめぐった求心運動をとっていた。したがって政党の割拠状態も次第にその二大中心点に吸引され、わが国の二大政党主義は、イギリスのように、初期の貴族対市民の対立を伝承した形態として成立せずに、ブルジョアジー内部の独占的地位の確立に応じて成立した。……かかる二大政党主義は、階級的対立の表現ではなく、資本家社会内部の個人的競争に伴う政治的支配権の争奪を目的とする対立であるから、資本家の対立関係が二つに大別されずにもっと割拠的であったら、決して二大政党主義にはならなかったであろうと思われるくらい、変態的の性質のものである。……わが国の資本主義は、元来国家的保護のもとに成育したものであったから、政治階級の内部闘争と、資本家社会の内部闘争は、常に密接に結びついていたのである。されば資本家社会が二大中心主義であることは、自から二大政党主義を誘致する道理であった。……されば、わが今日の二大政党は、ただ二つの政治的宗派がそれぞれブルジョア政治の執行権を争っているにすぎないのである。(9)」

長谷川は、わが国の二大政党主義は、資本家社会の内部の政治的対立にほかならないと論じ、政党はブルジョアの「政治的機関」であると言うのである。長谷川を左翼に入れるのには異論があるかもしれないが、彼の著書「日本ファシズム批判」は左翼的色彩が強い。

また、「日本政治研究会」のパンフレット「日本国家機構早わかり」（時局新聞社）は、財閥と政党との関係について次のように論じている。

「政友と民政はいわゆる二大政党として、他の中間党を圧倒しており、この二大政党を見ることによって、われわれは今日のブルジョア政党の性質を知ることができる。これを政友会について見れば、伊藤博文、西園寺公望の総裁時代が終わって、三井の原敬時代となった大正の初めまでには、日清・日露戦役を経て膨張したブルジョアジーの、殊に三井財閥の政友会に対するヘゲモニーは確立されていた。他方、憲政会においても、ほとんど同時期に肥後藩の参議大隈ではなく、三菱の加藤高明が総裁となっている。これら金融資本はこれまでのように官僚巨頭の庇護を受け利権を獲得するのではなく、政党をその代理人として政治の舞台に活躍させるだけの実力をたくわえたし、そうすることによって一層の利益を感じたのである。かくして日本資本主義の発達発展に伴って二大財閥資本の制覇が確立されるとともに、二大政党の対立が政治の重要な地位を占めるに至ったのである。しかし、一つの政党が一つの巨大財閥の利益に従ってのみ行動し得るものではない。政友会であるならば、三井財閥のみならず、それに対立しない多くの中間財閥の利益に奉仕すると同時に、また常に三菱財閥の利益を決して無視することはできないのである。ブルジョア政党として果たすべき全般的任務から離れては、政党の生命を維持することもできない。激烈な競争と対立はある。しかし、それはあくまでも同一階級内のそれである」[10]。

以上において、政党が資本家、財閥と結託し、もっぱらブルジョアジーの利益を代表するものとなす主張を取り上げたのであるが、このような主張は、農村の窮乏、中小商工業の没落等が深刻化し、議会がこれに対し無能なことを暴露するに至るや、ますます尖鋭的に叫ばれてきたのである。

3　政党は国民の総意を代表するものでない

政党政治は、国民の総意を代表する政治であるとされてきた。しかし果たして政党は国民の総意を代表しているかどうか。こういう疑問を投げかける代表的な論者として中谷武世を取り上げる。

「多数政治、即衆民政治、即民主政治の意味において、議会政治を擁護し、もしくは非難する人があるならば、それも近世政治史を心読せざりしのそしりを免れることはできぬ。議会における多数決が、実質において少数決であることは、世紀を通じての議会政治の実験が的確にこれを証明している。日本の議会においても、多数決とは常に一人もしくは数人の政党ボスまたは督軍たちの専決ないし少数決ではなかったか。同様に、「代表」の法理を信じて議会政治を礼讃するものもまた誤りである。代議士は決して選挙民の意思を代表するものでもなければ、またその利害を代理するものでもない。一人の代議士が、多数の選挙民－選挙区の範囲における国民を代表することは、心理学的にも法理学的にも不可能である。代議士の意思は代議士の意思である。民衆の意思は民衆の意思である。代表はついに一個の擬制にすぎぬ(11)」。

中谷は、議会においては、常に多数の名を藉る少数者の専制、政党ボスの独裁が実際に行われているのであって、国民の総意というようなものは全く無視されていることを論じ、かつ「代表」の原理というものは心理学的にも法理学的にも不成立であると言い、代表はついに一個の擬制にすぎずと喝破するのである。

また、下中弥三郎は、議会政治につきものの国民の利己心の集合は真の民意ではないと言って次のように論ずる。

「民意とはそもそも何であるか。議会主義で、実績にあらわれているところから言うならば、むしろ民意を最も食ったものである。民意を最もあらわさぬものである。結論だけ申せば、現実的には決して民意を代表してはいない。むしろその逆である。また、どんなに理想的選挙を行っても、政治というものは必ず人に逆らって、民意の逆をいくものである。九千万の同胞の民意なるものは九千万同胞の利己心の表現である。九千万同胞の利己心を満足させるために政治が行われるならば、かくのごとき政治は破滅するほかない。国家には理想があり、それは、すなわち日本の歴史的使命である。日本の国体が指示するところの、日本国として発展的活動である。それは三千年にわたって日本が築きあげてきたところのものである。それに比べれば、現在生存するところの九千万国民の意思のごときは実に微々たるものである。議会政治というものは人民の利己心に媚びなければならぬ。媚びなければ投票が得られないというところに致命的な悩みがある。無理がある。正しい政治を行うためには、まずこういう形式を打破しなければならない(12)」。

4　憲政常道論に対する批判

黒田覚は、憲政常道論を基礎とするいわゆる「議院内閣主義」は、封建的勢力が第三階級によって打破され、他方、第四階級たるプロレタリアートがいまだ台頭してこない時代の政治的反映であると主張する。それは「第三階級がすべてである」時代、言い換えれば市民層の利益を社会一般の利益の名の下に主張することによって、大きな矛盾を生ぜしめないような社会が憲政常道論の地盤であると言われるのである(13)。

「近代市民層によって担当せられた自由・民主主義的議会主義は、いずれも二個の段階を経過している。一はいわゆる権力分立主義的な議会主義の段階であり、他はいわゆる議会主義的政府―議院内閣政治、政党政治―の段階である。第一の段階は、市民層によって担当された・立法を中心とする議会と、国王、官僚、封建・等族的諸層によって担当された・行政権を中心とする政府との抗争、対立、妥協の段階であり、その中心をなすものは、いわゆる勢力均衡の問題であった。第二の段階は勝利を得た市民層が、それによってその議会主義を構成していた自由・民主主義的諸原則を行政の領域においても拡充しようと試みた段階である。したがってここでは、議会と政府との間の勢力の均衡に問題が存するのでなく、問題の中心は、いかにして議会と政府との統一・統合をもたらすべきかにあった。

議会主義のこの二つの段階は、現実社会的には議会主義運動を担当した市民層の発展に比例する。市民層が、他の社会層―封建・等族的諸勢力―に対立、対抗し、この両者の間に一定の勢力の均衡が成立する場合には、議会主義は第一の段階にとどまっている。この場合には、社会の勢力の多元的構成が、第一の段階の議会主義を特色づける権力分立的な政治機構を現出するのである。いわゆる議会主義的政府を否定し、立法権においては、民主主義的要求を最小限度において容認しながら、行政権を君主及び官僚の手に留保しようとした、ドイツの十九世紀のいわゆる立憲主義は、その典型的のものである。この場合の権力分立主義の担当者は、市民層であるよりは、むしろ官僚及び封建・等族的諸勢力であり、市民層は議会主義の担当者ではあるが、権力分立主義の担当者ではない。

市民層は、むしろ、この段階においてもイデオロギー的には、議会主義的政治の主張者である。市民層が、他の社会層に比して絶対的独占的勢力を獲得した場合に、議会主義は必然的に第二の段階に入る。この場合には、市民層は単にイデオロギー的にその主張者であるばかりでなく、現実社会的に、議会主義的政治の政治機構を獲得する。この場合における社会的勢力の構成は一元的であり、議会主義は市民層の支配的政治機構である。」

次に憲政常道論はわが国体に反するとする論調を見る。(「いわゆる憲政常道論を排す」「昭和維新」昭和十年一月十五日)

阿形輝司は、憲政常道論が憲政の破壊であり、国体の反逆であると論ずる。

「わが国は君主国体であって、統治権の総攬者は、万世一系の天皇であらせられ、統治権は名実ともに、天皇の御手に総覧し給うものである。故に、いかに円曲なる遁辞を弄するも統治権の所在を現実に変更せんとするものはもちろん、これを有名無実に帰せしめんとするものは等しく国体の変革を目的とするものと言わなければならない。

政党政治、殊にいわゆる憲政常道論は、率直に言えば、畏れ多くも、天皇の御意思いかんにかかわらず、議会に多数を占めたる政党が政権を獲得すべく、また議会において弾劾せられたる政府は辞職すべしということである。これは明らかに憲法第十条の文武官任免の大権を犯し、統治権の所在を有名無実ならしめ、その実権を私せんとするものであって、憲法を蹂躙し、国家の基本組織たる国体の変革を目的とする朝憲紊乱の思想である。

されば政党政治、殊にいわゆる憲政常道論は、民主国においてはいざ知らず、わが大日本帝国においては、断じて許すべからざる危険思想である。しかしてその協議、煽動、結社となって外面に表われたるものは、治安維持法によって、呵責なく検挙処罰せらるべきものである。[14]」

皇道新聞（昭和十年二月十五日）

「いわゆる憲政常道とは衆議院における多数党の支配ということであって、それは美濃部達吉氏らによって帝国大学の講壇の上より、多年、わが学界、官界、政界、財界に撒布せられた有意識的団体変革凶逆意志行動の合言葉であったのである。

しかして美濃部氏曰く「議会は天皇に対して完全なる独立の地位を有し、天皇の命令に服するものではない」、「しかも議会の主なる勢力は衆議院にあり、衆議院はもっぱら政党の勢力の下に支配せられている」、「天皇は親ら責に任じたもうのではないから、国務大臣の進言に基づかずしては単独に大権を行わせらるることは、憲法上不可能である。」と。……「憲政常道」ということが「衆議院の多数党支配」の別名であり、そして美濃部氏がそれを「天皇の命令に服するものでない」とし、これ多数党の首領たる「国務大臣の進言に基づかずして単独に大権を行わせらるることは、憲法上不可能である」と説きなす。それ国体変革凶逆不逞意志でなくて何であるか。かくのごとき「憲政常道」の行わるるところには、賢くも皇位は虚器となり、大権はただ名のみとなる。ただあるものは議会における多数の支配のみである。それでは日本の国体は破れぬか。「議会における多数支配」は、その選挙における金権の威力によって必然に財閥に連絡し、ここに「議会における多数支配」が実は「少数金権財閥支配」の別名となろうとするのである。これが「憲政常道」であり、「民政」の現実上の帰結であるか。」

美濃部達吉の憲法学によって理論づけられたところのいわゆる憲政常道論は、議会に多数を制する政党が政権を取るというのであって、それは主権在民説であり、日本国体に反するというのである。

この論調と密接に関連したものとして、政党政治はわが国体と相入れないという主張が日本主義者の佐藤清勝の所論に見られる。

「大日本国は万世一系の天皇を上に仰ぎ奉る君主国である。君主国は君主の大権によりて、政治を行う国家である。名実ともにかくあることが、われらの国家の真実である。これ以上、これ以下において何物も存在せぬ。

しかるに現今、わが国において行わるる政党政治なるものは、名は君主の政治にして実は政党自ら政治を行わんとするものである。これがすべての弊害を生じ、すべての非行を生じ、すべての堕落を来す本源である。この弊害堕落の本源を断絶せざれば真に現今の政治を匡救しあたわぬのである。あるいは国民に政治教育を施すといい、あるいは選挙法の改正を行うというも、これ皆姑息の方策たるにすぎず。弊害の生ずるは国民にあらずして、廟堂にあるのである。換言せば、政権を掌握せんと欲し政権を壟断せんと欲する私心を断絶し、大権を冒瀆せんと欲し、大権を干犯せんと欲する党心を鋸断するをもって第一とせねばならぬのである。

かくのごとく政党なるものは政権掌握を目的とする不善意志の存在なるがゆえに、政党の首脳者が任ぜられて国務大臣となるや、天皇の政治を輔弼するにあらずして、政治を専断し、自ら政治を行うものとなし、しかしてその行うところは国家百年の大計を策するにもあらず、国利民福を図るにもあらず、ただ党利党略のみを顧慮し、ついに天皇の叡慮に背きたてまつり、国民の期待に反し、救うべからざるに至るのである。

我が国においては、古来行われたる至仁至慈の道徳をもってする天皇政治が最も適当したることは、わが国史で明証するところである。しかるに、近時、欧米の民主国家の産物たる政党政治を採用し、その結果、弊害百出見るに忍びざるに至っておる。これ実にこの政治がわが国体と一致せざるがためである」[15]。

佐藤は、政党政治は政権争奪のみを考え、天皇に対する輔弼の大任を怠り、政治を専断する不善意志にして、至仁至慈の道徳をもってする天皇政治に反する政治であり、わが国体に背反するものであるとする。

次に、いわゆる憲政常道論は欧米的憲政常道であって、真の日本的憲政常道ではないと論じて、「憲政の常道」の意義を明らかにしようとする所論がある。

岡本永治は「社会と国体」（昭和十年一月）で次のように言う。

「憲政の常道というのは、果たしていかなる事実であろうか。これがまず問題だ。常識的には、二大政党が交互に政権を掌握するのが憲政の常道だと考えられている辺もあるが、まさか、そんな意味ではあるまい。われらの理解するところによると、憲政の常道というのは、輔弼の社会的責任を全臣民に帰せしめ得るだけに国民全体を背景とした内閣が政治を行うということにほかならぬと思う。それが憲政の憲政たる真のゆえんでなくして何だ。既成政党人の口にする憲政常道とは、形式の謂いだが、われらのそれは実質の謂いだ。従来のものは、厳正な意味での憲政ではなく、既成政党的政治常道というのが正当である。

憲政とは、言うまでもなく、憲法政治である。立憲政治である。憲法政治というのは、帝国憲法政治であるから、単なる民主的政治ということではない。すなわち欧米的憲法政治ではなく、日本的憲法政治である」。

岡本の論ずるところによれば、議会において多数党となった政党が政権を掌握する政治様式は民主的政治であって、欧米的憲政常道であるというのである。日本的憲法政治は、輔弼の社会的責任を全臣民に帰せしめ得るだけに国民全体を背景とした内閣が政治を行うということにほかならぬのであって、これが真の憲政の常道であるというのである[16]。

(1)「議会・政党・選挙」（昭和十年）一四九頁
(2)「政党政治の将来」昭和十年九月（尾崎愕堂全集　第八巻）二六九、二八〇頁
(3) 佐藤清勝「政党政治亡国論」六六頁
(4) 赤松克麿「政党政治の非国家性」（「和年維新」昭和一〇・二・一五）
(5) 中村三郎「議会政治の検討」（「政経評論」昭和一〇・六）九頁
(6)「我が議会政治の再吟味」（「改造」昭和七・一）二一頁
(7) 佐藤清勝「政党政治亡国論」六三―四頁
(8) 今里勝雄「国家社会主義とファシズム」一二二頁以下
(9) 長谷川如是閑「日本ファシズム批判」四二頁以下
(10) 日本政治研究会「日本国家機構早わかり」（時局新聞社版）三三頁
(11) 中谷武世「代議的民主政治と民族的全体政治」（「月刊維新」昭和九・一一）三四頁　督軍とは、中国で辛亥革命後、省長とともに各省に置かれた地方武官。
(12) 下中彌三郎「政治の今明日を語る」（「月刊維新」昭和一〇・一）一五八頁
(13) 黒田覚「議会主義の社会的限界」（「京大訣別記念法学論文集」所収）三六八頁
(14) 阿形輝司「所謂憲政党通論を排す」（「昭和維新」昭和一〇・一・一五）
(15) 佐藤清勝　前掲書　一三〇頁以下
(16) 岡本永治「憲政の常道とは何か」（「社会と国体」昭一〇・一）二四頁

四　政党政治批判(2)

昭和十一年二月二十日、二・二六事件勃発の六日前、第十九回総選挙は執行された。選挙運動は全国的に選挙粛正運動展開中に行われたため、取り締まりは過酷を極め、各地に人権蹂躙問題が起こった。当選者は、民政党二〇五、政友会一七四、昭和会二〇、社会大衆党一八、国民同盟一五、無産党四、その他の団体三、中立二七、合計四六六名で、与党の勝利、無産党の進出が目立った。

選挙期間中の出版物にあらわれた議会政治批判の要点を紹介しておく。これによって当時の有識者の議会政治に対する考え方がどのようなものであったかを推測できよう。

1　政党政治は国体の本義に反するとするもの

右翼方面では、「政党政治は二個以上の政党が対立して政権を争奪することを予定する政治形態であって、これが日本国体の本義、すなわち全体主義、しかしてその全体統一形態としての議会という、日本的政治形態に背反するものであることは言うまでもない。」というものが多い。（「正剣」十年七月号）

2　政党政治の時代は既に終わったとするもの

政党政治の社会的、経済的背景を論じて、その時代は既に終わったと見るものがある。

「政党政治はそのよき時をもち、その役割をもち、その光輝ある歴史を残して、今や過去のものになってしまったことは蔽いがたい。英国のように、政党政治の何世紀かの歴史をもっている国民の間においてさえ、政党そのものよりも、人材そのものが尊重され、政党中心というよりは、人材中心の政治が進行しつつある。世界はもはや政党を要求しない。国民政治は今や寄せ算的な多数決を求めてはいない。量よりは質である。「おしゃべりのデモクラシー」から能率主義のデモクラシーへ、これがこの時代の国民政治である。（室伏高信「日本評論」四月号）

3　変態政治が我が国では常態なりとするもの

「現在の我が国の政治形態の変態現象は、今日に突発したものというよりは、明治以来の形式を追ったそれが、やや強く現れたものであると見なければならない。すなわち、公式的立憲主義の標準から見れば、明治以来のそれが元来変態的だったのである。ところが、面白いのは、かかる我が国の形式を変態と言っていた英国などでも、彼自身、最近にはその変態的形式に近い形式になって、それで落ち着いていることである。これは、名こそ新しくいろいろにつけられているが、今の欧米の国家主義的経済の傾向が、その実、明治以来の我が国の国家主義的経済のそれに似た性質のものになっているからである。かく我が国の政治の変態型は、同じ形が先進国にとって変態であるほど、我が国にとって変態とは言えないのである。それだけ多数党の完全な政権の把握ということは、事実上なお歪められないわけにはいかない状態にあると見なければなるまい（長谷川如是閑「日本評論」三月号）。

この見解に対して、「これが真実とすれば、議会政治の到来など、夢中の戯れ言に等しくなってしまう」と評するものがある。（青野季吉　東京朝日新聞　三月十一日）

4　政党政治の没落はその非民主的変革によるとするもの

日本の政党の非民主的変革を論じて、政党政治の確立されざるに、たちまち没落する根拠を説明するものがある。「日本の政党は初めから、イギリスやフランスにおけるがごとき、正常なる典型的―という意味は、階級の純乎たる頭部としての運命を背負わされず、半官半民的体制をとって生まれてきたのである。したがって帝国議会が、現在あるがごとき、わずかに予算審議権が付与されているにすぎないというような著しい非民主的な理由も、ここから出ているのである。憲法発布以来、純然たる政党政治の日本に存在しなかった理由、政党政治確立されざるに、たちまち没落の悲運に遭遇せざるを得ない根拠、またここにあるのである。」（「いばらぎ」三月二十一日）

5　正しい意味での政党政治は、もはや復活し得ないとするもの

政党がファシショに変質しているから、表面、立憲政治の仮相をもったファシズムとしての政党政治しか期待できないというものがある。

「一応形の上では次第に政党政治復活の方向へ向かい得る可能性があるとは思うが、根本的にいって、現在では政党がファッショに変質しているときであるから、正しい意味での政党政治というものは、もはや復活し得ないということができる。言いかえると、大正の中頃から犬養内閣の時代まで維持されてきた政党の本質が、今日では変化して、ファッショ的なものになり果てているのである。そういう現代に政党政治が復活したところで、かつての華やかなりしころの政党らしい政策や対策を掲げ、かつ実行し得るものではない。これは政友会の久原房之助が、国体明徴運動の先頭に立ったり、山本悌二郎が機関説撲滅に強硬説を唱えていることからでも察せられるように、表面、立憲政治の仮相をもったファシズムとしての政党政治しか、我々は期待できないのである。すなわち、総選挙の結果、政友会が勝利したとしても、それは合法的ファシズムをもった政党として勢力を占めるのであって、そうなれば、日本のファッショ政党の勝利にもかかわらず、依然その行くべき道を辿るものとして考察されていいだろう。

これに反して、民政党を先頭とする政府与党が勝利したらどういう結果になるか。それも恐らくは同じことであろう。「強力内閣」の名のもとに平然としてフアッショ政策が遂行され、膨大な軍事的追加予算が鵜呑みにされるであろう。言論の自由、批判の自由はますます失われ、ブルジョア日本の繁栄が謳歌されるであろう。そしてその後にくるもの―それが民衆生活の極度の貧乏であることもまた、言わずして明らかである。(石濱知行、時局新聞、一月二十七日)

6　内外の客観的情勢の重圧が除去せらるれば、政党政治へ復帰すると見るもの

「現在の挙国内閣は、我が国の政治的組織力の均衡の上に立っているもので、自己の内部に内面的な動因―権力的にも政策的にも―を有するものでないことは、既に一般周知のことである。したがって、長い将来にわたって持続し得ないものであることは明らかである。しかし直ちにかつて経験したような政党政治に復帰するとは考えられない。それには、政党内部において政権の授受が行われ、多数党が交代に政権を握ったような事態を許容する情勢

は、未だ存在しないからである。」（蠟山政道「中央公論」三月号）

「蠟山、佐々木両氏は、すこぶる政党に対して冷淡のようであるが、実のところ、挙国形態を高唱しながら、その担い手としては、あくまで政党を重視しているのであって、究極において政党政治更生の便法を説いているのである。（新明正道「政界往来」二月号）

7　議会及び政党が国際問題解決の準備あるものとなるまでは、その機能異常は直らぬとするもの

「日本における議会及び政党の機能異常は、要するに、その大陸行動以来の現象だ。……議会及び政党が、第一に必要なる日本の国際問題の解決の準備あるものとなるまでには、その機能異常は基本的には革正されない。」（杉森孝次郎、読売、五月三日）

8　政党の腐敗堕落せる間の一時的政権のお預けなりとするもの

「政党に信を置けないからと言って、斎藤内閣や岡田内閣が最善妥当なものであるというの理由は、毛頭発見できないのである。不信、不善、不道徳を敢えてし、反省するところないための一時的政権のお預けにとどまらなければならない。殊に卒然として出現した内閣がいつも挙国一致を強要するがごとき風あるのは了解できないのである。（新愛知、一月二十九日）

9　改善されたる政党政治を期待するもの

「言うまでもなく一国の政治は国民の総意の上に立つものたるを要し、それを端的に表現するの道は、議会政治をおいてほかにこれを求むべくもない。故に、もし今日の憲政運用に際して、国民の意思を表現した議会政治に欠陥ありとすれば、何をおいても、これが是正に全力を傾注すべきである。（北国新聞　三月四日）

「政党政治の将来は思い切った改善を要するのではなかろうか。しからば、いかに改善すべきやは、意見の異なるところである。とにかく従来の選挙の形式そのままではだめで、組織の改善を要することは世界共通の事実である。新スフィンクスの政党政治よ、どこへ行く。これは国民に残されたる将来の大きな謎である。（道家斉一郎「政界往来」二月号）

政党政治更生方策として、左のごときものが論ぜられている。

一　政党の自己廓清と選挙制度の変革

「政党には自己を廓清するとともに、さらに選挙制度をして、最も民意を反映するに適当なものに変革することが義務として要求される。この新方策によって、今まで代表されるを得なかった国民の分子が有力な政党的な表現を獲得することができたならば、現在の政局不安の原因は著しく排除せられ、政治が一段と明朗化する可能性を与えられてくる。この改革によって、既成政党は、そのものとしては損失をこうむるかもしれないが、その損失によって政党政治を更生させることができる。現在の各政派には政党主義の意識が全く麻痺していると見なければならない。彼らは自己の党派のみを守って、議会をして国民から遊離した存在たらしめている。そして、この状態こそ政局不安を継続せしめる根因をなすものである」。（新明正道「日本評論」三月号）

二　保守と進歩の二大勢力の対立

「我が国の政治的性格として、ファッショ的な、あるいはコミュニスト的な一党専制を許容されない、大体において、保守と進歩の二大勢力に分れるという見通しは、私のだいたいにおいて賛成を惜しまないところである。既成政党の対立の意味は、すでに無意義であって、政党政治への復帰を機会に、その対立を止揚して、別の形態における二大政党を現出することは、我が国の政治的安定と政界明朗化の上に、必要でもあり、また望ましいことである。この既成政党ブロックに対立する新興大衆政党の現出が、現在のごとき挙国形態を打開する正道であり、活路

である」。（蠟山政道「中央公論」三月号）

その我が国の政治的性格云々の点に関し、「一個のナショナル・パーチーの姿で、今度の選挙に躍進してきた無産政党を見ると、蠟山氏の予測も、異なる希望とは言われないが、その「政治的性格」なるものが、どれだけ決定的のものか、それが私には大きな疑問である。（青野季吉　東京朝日三月十一日）というものがある。

三　二大政党の連携

「五・一五事件以来、政党そのものが、事実上否認せられたる時代において、問題は、甲党と乙党の是非を云々するのではない。

それは超然として二大政党の連携運動として発展するよりほかに、議会外における強大なる政治勢力に対立することはできない。しかれども政党感情の因襲の久しき政党連携の当然なるべくして、今日までならなかったことについて、今回の総選挙がある種の行きがかりを一掃せしむる起因となるのではないかと思う。彼らは、ともかくも粛正選挙によって送られてきた議員である。議会政治の再建のために、完全なる連携を遂げることができるならば、少なくとも従来のごとき、悪罵冷笑を受けることなくして、一応は非合理的政治勢力に対して闘い得るわけのものである。（「国民」二月十三日）

「政、民両党は、広田内閣に対しては幾多の不満ありとするも、いわゆる大死一番の大精神をもって、これを支援し、次期政変においては、断じて政党内閣を組織するよう努力するものと見られる。しかして、それには両党は対立状態で進むことは不利であるから、新内閣を中心として、政民両党は固く手を握り合うこととなるべく、いわゆる政民連携運動が、従来と異なった形式をもって再燃するに至るであろう」。（「神戸又新」三月九日）

しかしながら、総選挙終了後、政、民連携を策するは、立憲政治を毒するというものがある。

「政友会と民政党とは、対立的の関係において国民の審判を受けたるもの、今それが連携したのでは、今回の総選挙の意味は全く没却されるであろう。対立するものが争うことによってこそ、立憲政治は運営されるのである。国民の意思を無視して、勝手に離れたり、合わせたりするのは、立憲政治を毒するものである。争うところをあくまで徹してこそ、今日の政党に生くる道があるのである。政、民対立の解消は、この立憲的な行き方を再び逆行せしむるものでなければならない。」（大阪朝日　二月二十三日）

四　国民の反省と政党の実力養成

「国民は政党を責むる前に、まず自己の挙措を反省三思して、正しく明るき憲政常道の復帰を期すべきであるとともに、われらは今日の有名無実の政党に向かって、この際、国民の期待に背かざる実力の養成を勧告するものである。」（北国新聞三月四日）

五　選挙粛正

「従来のごとく、圧迫と干渉と買収とによって、国民の意思が全く歪曲せられ、もしくは全然偽造せられて行われる選挙の結果であるならば、その結果から国民の意思を推定することはできないという意味で、選挙の結果と政局の変化とを無交渉の地点に置いてもよいのであるが、今回の選挙は、真に国民の自由なる意思がこの結果をつくり上げるのである。

五・一五事件以来、政党を極度の不信に置くものは、国民であると一般に言われてきた。その国民がいずれか一つの政党に絶対信頼の意思を粛正選挙において表明するならば、従来のこの憶断は根底から覆されなければならない。それでもなお、政党を政局の主役たらしめないとすれば、どこかに極めて険悪なる陰謀政治が行われつつあるものとしなければならない」。（新潟毎日　二月十三日）

10　左翼の議会政治観

左翼方面においては、大体において、議会はブルジョアジーの搾取のための協力機関であるとし、政党は資本家の代理者であると見るのである。したがって無産政党の拡大強化準備時代においては、政治の実際において資本家階級の露骨な独裁となるところの政党政治の復活は警戒しなければならないという。

「政党政治の復活、すなわち現在の軍部官僚の政権から、既成政党への移行が果たして政治上の進歩であるかどうか。政治的自由の伸張であるかどうか。無産階級は、政党内閣の当時における言論集会の自由が、現在よりも、むしろ極端に弾圧されたという経験を持っている。政党内閣制の復活ということは、形式においては、すなわち自由主義の復活にほかならない。けれども、我が国の政治の実際においては、むしろその逆であり、資本家階級の露骨なる独裁の復活を意味するにすぎない。国民に自由を保障する政治は、今や無産政党の政権以外にはあり得ない段階に到達しているが、無産政党の政権が、なお未だ今日の問題として日程に登場しない以上、政治の進歩的な方向は、無産政党の拡大強化を準備するということ以外にはないのであり、当面の課題としては、選挙粛清及び労働組合法（並びにその他社会立法）の獲得ということ、これである。この見地に立って政局を見る場合、無産階級の政治戦略は、いわゆる憲政の常道、政党政治の復活ではなくして、既成政党に対する軍部官僚の対立、換言すれば、支配勢力の内部分裂を促進激化することでなければならない。」（喜入虎太郎、時局新聞、二月十日）。

無産階級の政治戦略としては、以上のようなものがあるが、いったい無産政党の政治思想というものは、単に代議士の多数によって日本の政権を左右することができるという、ある種の政党政治思想であると批評するものがある。

「無産政党の思想は、一種のデモクラシーの思想である。その社会民主主義としての「数」の思想である。労働者と貧農との多数に基礎を置く無産政党運動は、単に代議士の多数によって日本の政権を左右することができるという、ある種の政党思想であるのだ。」（有田忠、「いばらぎ」二月二十八日）

この見解をやや裏書きするものとして、例えば議会解散と同時に発せられた全国農民組合の宣言を引用すれば、

「勤労大衆は一体誰に次の政権を委ね、どの政策を支持するかについて全く帰趨に迷い、重苦しきファッショ的雰囲気を破って、新興政治勢力の出現することを強く待望しているのである。ついで我々は、表明されたる民意の

上に立つ政治形態の一つとして、議会制度の原則を是認し、現在のごとき不備不完全な選挙法と議会制においてさえ、なおかつ一般民衆の政治的自由獲得のためにと、労働者、農民、市民の発言権とを最大限に生かすために、我々は我々の代表を議会に送らんとするものである」。

ところが、次のような見方のあることも注意すべきである。

「今日、衆議院の多数を占むるものは、既成政党である。しかしながら、政治の中心は、この多数の中に存せずして、既に他に移行している。魂を失える多数が、政治を決定した時代は既に過ぎ去って、少数といえども魂を具備するものが政治をリードする時代が開始されてきたのである」。（麻生久「日本評論」四月号）。量よりは質であるとして、政党政治の時代はすでに終わったとする見解にやや近いことが看取せられるであろう」。

さて、無産政党、特に社会大衆党の主張する」「新しき議会政治の建設」とは何であるか。

「それは議会の中に資本主義に対する革新的新興勢力労働階級、農民階級、中小商工階級、知識労働階級の生活を代表する勢力を進出せしめ、議会をして資本主義改革、国家革新の真の舞台たらしむることである。（安部磯雄、全国各選挙区有権者へのメッセージ、二月八日）

第二章　小選挙区制法案をめぐる攻防（第五十六回議会）

選挙法の改正は血の雨が降ると言われる。昭和四年、床次竹二郎が第五十六回議会に提出した衆議院議員選挙法中改正法律案（いわゆる小選挙区制法案）はその典型的な例である。このとき、野党は、法案阻止のため、戦前において「最も組織的・計画的」[1]な議事妨害を行い、大混乱の末に法案を廃案にし、所期の目的を達した。その経過は、政府与野党の対立の中で行われる議会審議とはどのようなものであるべきかを考えるのに欠かせない多くの問題を提起した。そこで、議会運営を考える一つのケース・スタディとして、床次提出の小選挙区制法案が審議未了・廃案に至る経過を取り上げることにする。

第一節　小選挙区制法案の提出

昭和三年二月二十日、男子普選法に基づく最初の総選挙が行われた。与党・政友会と野党・民政党との政権を争う戦いで、当選者は、政友会二一七人、民政党二一六人、無産党八人、実業同志会四人、革新党三人、中立その他一八人で、政友会はわずか一議席差で辛ろうじて政権を維持することができた[2]。しかし田中義一政友会内閣は、過半数（二三四人）を獲得できず、政局安定策のため多数派工作に出ざるを得なかった。この多数派工作に呼応して、床次竹二郎は民政党を脱党して、民政党の他の脱党者を率いて新党倶楽部を結成した。新党結成は、田中と床次の思惑の一致によるものである。田中は、新党倶楽部と提携すれば、衆議院において優に過半数を制し、議会乗り切りが容易だと考え、床次は、当面は田中内閣に対して是々非々で臨み、いずれは田中にかわって政権をねらえると考えた。こうして生まれた新たな政党状況の中で迎えた普選後初の通常議会（第五十六回）において、床次は、会期末に突如、政友会及び新党倶楽部所属の議員十九人の賛成を得て、小選挙区制法案を提出した。議員の利害及び政党の消長に直接かかわる法案が会期末に突如提出されたため、与野党の対立は一気に尖鋭化した。

法案の要旨は、⑴人口十二万七千人を標準とし、定員一区一人を原則とする。⑵大都市その他特別の場合は、一区三人までは例外として認める。⑶独立選挙区とすることができない小都市は、隣接郡部を併合して一選挙区とする。⑷大都市にして定員三人以上の人口ある場合は、これを二区に分ける。⑸選挙区の数は三一二区とし現行より一九〇区増加する。一人区は一七八、二人区一〇二、三人区三二とする。⑹定数は現行四六六より一二人増加する。⑺選挙区において一人でも欠員を生じた場合は、直ちに補欠選挙を行う。

提案の理由書には、「現行衆議院議員選挙法は、選挙区制においてはいわゆる中選挙区の主義を採用したるも、その実施上の成績に鑑み、当初の目的に副はざるものあり。且つ補欠選挙の方法においてすこぶる欠くるところあり。これ本案を提出する所以なり」とあったが、真の理由は別のところにあることが後の審議の過程で明らかになる。(3)

床次は、明治二十三年東京帝国大学政治学科卒、大蔵省書記官、県知事、内務省地方局長、内務次官、鉄道院総裁などを経て、原内閣の内務大臣兼鉄道院総裁、高橋内閣の内務大臣を歴任した。また、床次は、政友会総務から、大正十三年に政友会を出て政友本党を組織してその総裁に就任、次いで昭和二年に憲政会と合同して民政党を組織してその顧問に就任、次いで昭和三年に民政党を出て新党倶楽部を組織してその総裁に就任した。後に床次は政友会に復党する。その去就はすべて総理大臣への近道として彼自身が選んだものとされている。

（1）美濃部達吉「現代憲政評論」三四三頁
（2）衆議院、参議院「議会制度百年史」（院内会派編）

（3）『浜口雄幸伝』には『政権を求めて、昨日は西し今日は東することを常套とする床次氏のことであるから、表面の理由など深く追求する必要はない」とある。（前田蓮山「床次竹二郎伝」九六九頁）

第二節　小選挙区制法案阻止

三月九日

昭和四年三月九日の衆議院本会議を前にした午前中、当日の議事を協議した各派交渉会で、政友会及び新党倶楽部の議員は、日程を変更する動議を提出して共同提案にかかる小選挙区制法案（衆議院議員選挙法中改正法律案（床次竹二郎君外十九名提出））を緊急上程するよう主張し、民政党議員は、小選挙区制法案を審議引き延ばしによって廃案にすべく、小選挙区制法案の緊急上程に反対した。両者の主張は真向から対立し、互いに譲らず、各派交渉会は決裂した。その決着はすべて議場に持ち越された。

提出法案は、議事日程に載せられ、読会制ルールに従って、本会議において提案者から提案の趣旨弁明を聞き、法案の原則を承認した上で委員会審査に付され、さらに本会議で委員長の審査報告を聞いてからもう一度本会議で審議し、議決される運びとなる。

民政党は、政友会と新党倶楽部の党利党略性を暴露し、徹底的な論戦を挑んで法案の引き延ばしによりこれを阻止しようと、斉藤隆夫を初め三十余人を提案者と政府に質疑させる作戦を立てた。無産党も、小選挙区制導入による無産党の締め出しを阻止するため、全議員が質疑する作戦を立てた。これに対して、政友会と新党倶楽部は、野党の議事進行を妨害する質疑をある程度のところで打ち切って、一気に委員会に法案を付託し早期成立を目指す作戦を立てた。

午後一時二十四分、元田肇議長が本会議の開会を宣告すると、原惣兵衛（政友会）は日程を変更して日程第五十一小選挙区制法案を議題として直ちに審議すべしとする緊急動議を提出し、衆議院は、これを可決し、緊急上程された小選挙区制法案（床次竹二郎外十九名提出）の第一読会において提案者からその趣旨弁明を聞こうとしたところ、民政党から法案撤回の動議が提出された。議長はかまわず、提案者の床次竹二郎の名を呼び、趣旨弁明を促した。床次が登壇すると、政友、民政両党の何人かは、壇上に駆け上がって、押し合いへし合い、床次は立ち往生したまま発言できず、議場騒擾然のため、議長は休憩を宣した。

二時十五分再開。議長は床次に発言を許すべく指名すると、民政党と無産党の議員はどっと壇上に駆け上がり一斉に、法案撤回の動議を先決問題として小選挙区制法案より先に取り上げるよう議長に詰め寄った。議長は、小選挙区制法案を議題とする緊急動議が可決されたことを理由に撤回動議を受けつけなかった。壇上では政友会議員と民政党議員との間に小ぜり合いが始まった。その間に、工藤鉄男（民政党）は藤井達也（政友会）を暴力を振るったとして懲罰委員に付するの動議を提出した。これに対抗して、原惣兵衛（政友会）は工藤を同じ理由で懲罰委員に付するの動議を提出した。議長は床次に降壇を命じ、工藤と原にそれぞれ動議の趣旨弁明を求めた。懲罰動議は先決問題であり、懲罰の対象にされた議員は一身上の弁明の機会を与えられる。工藤も藤井も一身上の弁明を長々と行った。議長が懲罰動議を起立により採決しようとすると、異議の申し立てがあり、採決は記名投票とされた。記名投票中、民政党から、議場閉鎖の際に、入場しようとした民政党議員が閉鎖のために押し出されたとの抗議があり、議長は投票の無効を宣して、投票をやり直した。工藤の動議は否決された。原は、工藤懲罰動議の趣旨弁明をするに際して、「本案を委員に付託するまで本案の趣旨弁明、委員付託の動議、質疑もしくは討論終局の動議の外、一切の動議、議事進行の発言、身上の弁明を許さず」との動議をあわせて提出した。数の論理に従い、原提出の工藤懲罰動議は、記名投票の結果、可決された。すかさず民政党は、先決動議である議長不信任案を提出した。

記名投票に当たって、民政党は、新戦術として「牛歩」戦術を案出した。氏名点呼を受けると、民政党議員は、

「一人一人一歩一歩ゆるゆると葬列のような格好で、まるで病牛が屠所に引かれていくかのような調子で登壇して投票した」。一回の記名投票は一時間以上もかかり、議事は引き延ばされた。[4]

動議合戦のあと、民政党は、原が発言の停止動議を提出したこと、及び、議長が法案撤回と議長不信任案[5]の二先決動議を無視してほかの動議を諮ったことをルール違反も甚だしいと抗議すると、壇上で憤慨した民政党議員と政友会議員の間に乱闘が始まった。議長は、乱闘を制止しようと議長席周辺の議員に降壇を命ずるが効き目なく、五時十五分、与野党議員による大乱闘の中で休憩を宣した。

休憩後の各派交渉会では次の議論がなされた。（三月十日東京朝日新聞）

松田源治（民政）　議長不信任案は議院の構成に関することであり、先例によれば、すべての議事に優先する。しかるに議長は原の動議を取り上げて採決するとはけしからぬ。

議長　原の動議はすべての動議を提出すべからずというのであるから、これを先にし、議長不信任案は他の適当な機会に上程する考えであった。

宮古啓三郎（政友）　原の動議が成立した上は議長不信任案といえども提出すべきではない。

野田文一郎（民政）　議院規則によれば、議員発言中は懲罰動議以外は一切の動議の提出ができないことになっている。しかるに原は懲罰以外の動議を床次発言中に提出し、議長がこれを採用したのはいかなる理由か。不合理千万である。

原惣兵衛（政友）　議院は法律を制定する機関だから、院議があればいかなることもできる。

本会議再開を前にして、議長は、演壇下に守衛十数人を整列させて人垣をつくり無断で登壇する者を阻もうとした。九時二十五分に再開後、民政党は議長の阻止策に怒って議長席目がけて殺到すれば、政友会も負けてはならずとこれに従い、大混乱[6]がまた始まった。議長は振鈴を鳴らしたが効き目なく、九時二十八分、衆議院は散会した。

与野党の対立と乱闘の八時間の中で、床次は一言も趣旨弁明ができなかった。

政友会議員は混乱の原因を民政党に帰し、民政党議員三十五人の懲罰動議[7]を提出した。民政党は、これにより、三十五人一人一人発言の機会ができ、議事引き延ばしに好都合と喜ぶと同時に、これに対抗して、政友会議員の懲罰動議を提出した。

三月十一日

翌十日は日曜日、この日も審議せよとの政友会の主張は通らず、十一日（月曜日）に会議は午後一時十五分開会、直ちに休憩して各派で協議に入った。乱闘への反省から、これ以上の混乱を避けるため、前回までに提出され、まだ議題にならない懲罰動議、決議案、議事進行に関する動議その他一切をそれぞれ提出者から撤回もしくは取消の申し出をさせ、議長はこれをいずれも許可し、混乱前の状態に戻すこととし、今後議事妨害をしないことで与野党合意した。五時十五分再開し、議事は与野党合意に基づいて粛々と正常に進められた。まず、持ち越しとなっていた床次の小選挙区制法案の趣旨弁明が、第一読会(続)においてようやく行われ、ついで尾崎行雄の議事進行に関する発言と、斉藤隆夫（民政党）の質疑があった後、明日、質疑を続行することにして、午後十時二分散会した。

斉藤の質疑に入ったところで、元田議長は清瀬一郎副議長と交代した。質疑中、野党議員から定足数を欠いたとの注意があり、副議長は、出席者を計算させ、定足数を満たしていることを確認して質疑を続行させた。この定足数確認も議事妨害のための野党の作戦である。

床次の提案理由は次のとおりである。

「改正の趣旨は、中選挙区制を小選挙区制に改めること、及び、欠員を生じた場合は必ず補欠選挙を実施することにある。選挙区制と投票方法に関しては、学者や実務家の間で議論が幾多繰り返されているが、どの制度にも一利一害は免れない。小選挙区制に還元する理由は四つある。

1　選挙費用を節減し政界の革正を期したい。普選の実施に伴い、有権者の選挙に対する観念を一変し選挙費用の減少を来たすことが、普選に対するわれわれの期待の一つであった。しかるに昨年の総選挙の実施の結果では、遺憾ながら、この期待は全く裏切られた。有権者数の増加と選挙区制の拡大とにより、所要の選挙費用が著しく増加したことは顕著な事実で、この最大欠点は多額の選挙費用にあることは言うまでもない。その結果として政界の腐敗汚濁を来たしたので、その根源を矯正するにあらざれば、公明な政治を発達せしむることはほとんど不可能と言わなければならない。ゆえに、現状のままにしておいては、選挙の公正も政党の改善発達も、また政治の向上進展も、これがために阻害せられ、憲政有終の美をなすこと甚だ困難だと考える。現行法は選挙費用を限定しているが、実際は一つの空文に終わって巨額の運動費を要しているのが現状である。ゆえに小選挙区制に改めるならば、その費用を節約せしむることができる。今の中選挙区制では政見を全選挙区に徹底せしむることができない。それがため煩雑な運動方法を必要とし、結局、運動費の増加を来たすのである。すなわち小選挙区制に改めようとする目的の一つは、これによって選挙費用の減少を図り政治の浄化を来たさんとするものである。

2　政界の空気を清浄にし、まじめな基礎の上に政治の発達を図りたい。現行の中選挙区制においては、区域広過ぎ、有権者多きに失し、候補者と有権者との関係が密接でないという弊害が見られる。候補者の政見政策を選挙区の有権者に理解せしむることは困難である。この制度においては、いかがわしき候補者の一時的または煽動的な宣伝に惑わされ、人物の選択を誤るの危険が多いのである。これを小選挙区制に改めれば、選挙民の周密な監視があるから、おのずから責任観念が強くなり、政治道徳が尊重されることになる。その結果、穏健着実な人物の当選を可能ならしめ、その基礎の上に立憲政治を運用するならば、ここに初めて堅実な政治の発達を期待することができるのである。

3　政局の安定を図り国策の遂行を期し、もって思想、経済の動揺を防ぎたい。最近、わが国情は著しく政局の安定を欠き国政挙がらず、思想、政治、経済の各方面にわたり不安を感じ憂うべきものがある。これがために前議会においては国難決議を見るに至った次第である。政局不安の結果として、政争ますます激烈に向かうのおそれがあるのである。この状態においては、いずれの内閣でも安んじて国家的経営建設に当たることのできないのはやむを得ないところである。この場合に政党勢力を結集し政局の安定を講じて、もって強固な政党内閣の組織に便ならしめるは、急務中の急務であると認める。ただ一回の選挙の経験のみにより憲法付属の法典の改正を企てるの軽率なるを論ずる者もあるようであるが、過ぐる選挙後の政局不安定は、要するにその結果ではないか。かくのごとき状態を長く続けることは国家のために不利であると思う。

4　欠員の生じたたびごとに補欠選挙を行うことに改めたい。選挙区制を改める以上、議員の欠員を生じた場合に、その地方人をして代表者なしにしておくがごときは避けなければならない。補欠選挙の執行も比較的容易になるのである。」

床次の説明が終わると、ここで尾崎行雄は議事進行の発言を求めた。尾崎の三時間にわたる発言の要旨は次のとおりである。

憲政を重んずるならば、速やかに本案を撤回せよ

「会期の三分の二以上を過ぎた今日、憲法付属の法律改正を企てたについては、緊急やむを得ざる事情がなければならないが、その根拠について何ら説明がない。かかる法律は一応撤回して次の会期の初めに提出するのが当然である。また、さらに憲法付属の法律である以上は、枢密院等に対しても特別に審議の期間を与え、その承諾を得て提出するのが普通の順序で、かかる重要法案を軽率に取り扱うがごときは、憲法発布に際し下し賜った明治大帝の詔書の御趣旨にも反するのみならず、政府は枢密院を邪魔物にし、これを忌避したという

ほかはない。最高機関たる枢密院を忌避してなお総理大臣たらんとするの道に背かずと考えられるか。床次君は本案をもって選挙費用を少なくし政情の安定を図るというが、選挙区を小さくすれば、それだけ競争を激甚にして費用の多くなることは、従来の例に徴して明らかなところである。

次に小選挙区制にすれば、小党撲滅ができて大政党の対立ができるというも、実際に徴して見るも明らかなごとく、小選挙区制のとき大政党の対立ができなかったばかりでなく、かえって大選挙区制のときに大政党が発達したではないか。床次君は政情の安定を力説するも、みずからが一度ならず二度三度、政情不安定の原因をつくっておきながら、その不安定の原因を選挙法に転嫁している。それほど政情安定を希望するならば、今直ちに新党の全員を挙げて政友会に入党すればよいではないか。

これを要するに、冷静に国家本位に考えれば、提案の理由は全く消滅する。床次君においても紳士の体面上、殊に立憲政治を重んずるがために、この案は撤回して、本年の通常議会に政府を説いて正しき手続を踏んで提出すべきである。床次君及び政府の反省を切に希望する。」

次いで床次の趣旨弁明に対する質疑に入った。齋藤隆夫の午後六時二十五分から三時間にわたる質疑の要旨は次のとおりである。

「私は提案者と政府に質問するが、まず、政府は本案に賛成か反対かを聞きたい。選挙法は、言うまでもなく、憲法付属の大法典であって、その改正は極めて慎重に扱わなければならない。しかるに今度提出された案は、国家の根本を誤り、立憲政治を蠹《と》毒するものである。現行法は大正十四年、政友、憲政、革新の三党が腹蔵ない意見を述べて改正したもので、昨年の選挙の結果は、良好な成績を示している。しかるに単に一回の経験によって改正することは、何らその理由を認めず、党利党略にとらわれたものと言わなければならない。しかして与党が提出した以上は、政府は知らぬとは言えまい。また必要であるとすれば、政府はなぜ自から提出しなかったか。かかる大法案は、過去において当時の政府がいずれも全責任を負って提出している。すなわち第一回は山県有朋内閣、第二回は原敬内閣、第三回は加藤高明内閣である。政府は果たして賛成であるか、反対であるか。賛成ならば、何ゆえに全責任を負って議会冒頭に出さなかったか。田中首相の責任ある答弁を求めたい。

次に提案者たる床次君に質問する。改正理由は大体四つである。小選挙区制は費用がかからない、議員と選挙民との関係が密接になる、政界の安定を図ることができる、補欠選挙を行い得る。しかしこれは枝葉末節にすぎない。外国はいざ知らず、わが国の学者はことごとく小選挙区制に反対し、比例代表制を提唱している。申すまでもなく、選挙に最も貴ぶべきは、国民の総意が直ちに反映することである。昨年の選挙の結果がどうであったか。全国の投票を集めると、民政党は政友会より十一万票多かったのである。選ばれた議員数は、政友会二一七人、民政党二一六人で、両派の勢力が伯仲している。中選挙区制が比例代表制にも匹敵すべき良好な成績を示していることは、これを見てもわかる。中選挙区制がかくも理想に近く行われているにもかかわらず、一回の経験のみで改正するのは、いかなる理由であるか。殊に別表改正において極めて不合理に作成したのは、全国で政友会と新党倶楽部に都合よく区割りしたためで、すべては党利党略的に出たものである。」

次いで、齋藤は小選挙区制法案の不合理性を指摘する。まず、選挙区制の根本論をひとわたり説明し、選挙法別表の各区を、東京府を振り出しに全国各府県の三百十二の各選挙区について、その単位となっている各市、各郡、各区、各町村の人口を一々挙げ、改正案による区制の組み合わせがいかに不合理であるかを指摘し、その事実について一々党利党略案であることの理由を挙げ、「何ゆえにかかる組み合わせをやったか、その理由いかん」と質問する。この調子では何時間かかっても質問が終わる気配はない。齋藤質問を翌日に持ち越すほかなく、政友会、新党倶楽部はそれを申し入れ、野党は採決を明日に持ち越すことができるのならば、議事引き延ばしの効果はあったものと判断して質問を打ち切ることに同意し、明日は亀井貫一郎の質問から始めることとなった。齋藤は、全国各府県各区について質問中、十九府県について質疑を終わったところで、議場の空気を察して、三時間余にわたる発言をようやく打ち切った。

昭和四年三月十二日

午後一時二十分開会、冒頭、田淵豊吉（無所属）が議事進行の発言を求め、議員諸君の猛省を促した後、小選挙区制法案に対する亀井貫一郎（無産党）の質疑に入る。途中、元田議長にかわって清瀬一郎副議長が議長席に着く。三時間に及ぶ亀井の質疑の要旨は次のとおりである。

「提案者は、選挙費用を節減し、政界の空気を廓清し、政局の安定を図り、補欠選挙を速やかにすることを本改正の理由にしているが、それらの理由だけでは何ゆえこの大法典を改正しなければならないかという理由がわからない。今回の提案は小選挙区制と言われるが、二人区あり、三人区あり、決して真の小選挙区制ではない。」

亀井は演壇いっぱいに書類を広げて大正八年の小選挙区制と比較し、政友会や新党倶楽部にとって都合よくつくられたこの区制案は、アメリカのジェリー・マサチュウセッツ州知事がトカゲ形の選挙区をデッチ上げて、これを党略に供して以来、党略的区割りをジェリマンダリングと世人は呼んでいるが、今回の床次の提案を「床（とこ）マンダリング」と言った方がわかりいいだろうと酷評した。亀井は、政友会が野次れば、これ幸いと発言を中止し、引き延ばしにかかり、静まりを待ってまた発言し始める。

「区制の改正は、今後『十年間更正せず』と前回の改正法に明記して決めたはずである。それをただ一回の選挙をしただけで変更しようとするのは、余りにも軽率な態度ではないか。

普通選挙の目的は、あらゆる方面の代表者を議会に送る、言いかえれば、少数者の意見を代表させる機会をつくることにある。しかるに小選挙区制は少数意見を議会に入れさせない制度である。われわれ勤労無産階級の議会進出の機会は奪われる。議会に意見が入れられない少数者は、勢いのおもむくところ、暴力行為の横行となる。少数意見をも議会に入れて国民をして議会政治に期待を持たせるのが政治の妙味というものである。

中選挙区制の下では選挙費用が余計かかると言われるが、選挙費用は法定されている。法定額を超えて使用した者は処罰されることになっている。しかるに提案者の説明では、この制限が空文になっていると言わんばかりである。これでは一国の司法権に重大な侮辱を加えることになる。

中選挙区制の下では候補者と選挙民との間に密接な関係が維持できないと言われるが、政党と選挙民との関係が密接であればよろしい。何も個人対個人の関係を密接にする必要はない。

政局の安定を求められたが、現在、政局の不安定の最大原因は、床次君その一党のあいまいな態度こそ問題ではないか。二大政党制が政局安定の基礎と言われるが、決して正しい見方ではない。」

亀井はこのように述べ、社会進化の唯物論的解釈から政党論に移り、次いで労働運動の変遷史を説き、これらの諸問題と選挙権拡張の関係を述べ、解散を求めた。


「かくのごとく少数意見の反映を防げるがごとき選挙法は、明らかに勤労階級の議会進出を阻み、議会否認の思想を激成させるものである。政府はこのような重要法案が提出された以上、率先して衆議院を解散すべきではないか。」

この質問に対して、秦豊助（政友会）は提案者を代表して、「ただいまの質問は学理に偏したものが大部分だから、答弁の必要を認めない。普選と選挙区制が不可分の関係にあるとは思わない。大選挙区制であっても大隅内閣のときのように選挙干渉が行われたことがある。小選挙区制だから干渉が行われるとは限らない。比例代表制は実際問題とは隔たった理論の問題だから意見の相違として聞いておく。」と言いながら、三十分にわたる反論を行った。

次いで、二つの動議が提出された。すなわち原惣兵衛（政友会）の「本案に対する質疑をこの程度で終局し、本案を議長指名二十七名の委員に付託すべし」との動議と、武富済（民政党）の「本案に対する質疑を来る十四日まで延期すべし」との動議である。

清瀬副議長は、「先例によれば、延会の動議は質疑終局の動議より先に議題とすることになっている。武富の動議を議題とする」と宣告し、亀井の再質問ありとの抗議を退けて武富に動議の説明を求めた。武富は、動議提出の趣旨説明に名をかりて五時間半に及ぶ議事引き延ばしのための演説を始める。

「本案は、実に憲法付属の大法典で、我らは最も慎重な態度でこれを審議しなければならない。しかるに何ごとぞ、今、突如として議員の発言権を奪う動議を提出して議員としての責務を無視しようとしている。本案の内容に関してはいまだ疑義はたくさん残され、わが党の質問通告者は四十一人を残している。質問打ち切りとはもってのほかである。さらに、我らの最も聞こうと欲するところは、本案を急遽提出する必要がどこにあるかということである。会期も終わろうとする今日、本案を提出したのは、到底通過しないものと見越して出したのであるか。しからば愚も甚だしい。さらに通過させる見込みありと考えて出したとすれば、乱暴至極のことである。田中首相が本案の緊急上程に同意したという点についても大いに疑わしい。

案ずるに、首相は枢密院を恐れたのであろう。ねずみの猫を恐れるがごとしと言おうか、実に卑怯千万なやり方である。提案者においてみだりに職権を乱用し、法律をもてあそぶものと言われても仕方あるまい。政府は本案提出によって解散をやるかのように野党を恐れしめる卑劣な手段にしようとしているとも聞く。満身創痍、ようやくその残骸を保つにすぎない政府、その政府の策になんで恐れるものか。
さらに、提案者は選挙法全体についていかなる抱負を持っているか。また各選挙区についていかなる根拠により決めたものであるか、あるいは本案の最初の発表と本案の内容の異なる点、その他疑義は実に山積している。ゆえに、我らは本案の重大な案件たるにかんがみ、慎重審議の必要があると認めて、審議を継続すべしとの動議を提案するゆえんである。」

武富の動議に対する趣旨説明が二時間経過したところで、清瀬副議長はしびれを切らせて、「あと、どのくらい時間がかかるか」と聞いた後、夕食のため休憩を宣した。一時間休憩の後、午後八時五分再開。武富は、動議の説明の続きとして、今度は矛先を小選挙区制法案の別表に向けて、昨日の斉藤の説明が途中で打ち切られたのを補足する形で、各選挙区の不合理性を一つ一つ指摘し三時間半経ったところ、清瀬副議長は武富の動議の説明はもはやその範囲を超え、討議にわたるものと認め、発言を禁止した。

かくて武富は、十一時三十分、五時間半[8]にわたる質疑を終わった。

この間、工藤鉄男（民政党）から議事進行に関する発言要求、原夫次郎（民政党）、一松定吉（民政党）から武富の動議に対する賛成演説の発言要求、無産党から小選挙区制法案撤回の動議、原惣兵衛（政友会）から「本案を委員に付託するまで現に提出してある動議及び将来提出せらるべき動議その他一切の動議並びに議事進行その他一切の発言を禁じ、直ちに討論を用いずして本案を議長指名二十七名の委員に付託すべし」との動議が提出されるなど、動議合戦は激しく、各党の議場交渉係が議長席に動議を提出するため入れかわり立ちかわり登壇する姿が目立った。清瀬副議長は原惣兵衛の動議を先決問題と認め、原に動議の説明を許した。清瀬副議長は、時刻の切迫を理由に、その採決を翌日に延期した。武富提出の動議の採決もまた後に延期された。散会は午後十一時四十二分。

政友会は、会議の状況から、清瀬副議長が野党と通謀して議事妨害を援助しているのではないかと判断し、清瀬副議長を非難、副議長不信任案提出の構えまで見せた。

三月十三日

午後一時十八分開会、清瀬副議長は、昨日宣告したとおり、原惣兵衛提出の「本案の委員付託まで現に提出してある動議及び将来提出せらるべき動議その他一切の動議並びに議事進行その他一切の発言を禁じ直ちに討論を用いずして本案を議長指名二十七名の委員に付託すべし」との動議を問題にするとともに、原が、この動議に追加して、右の動議に対しても討議を用いずして直ちに採決せられたいと要求したため、この動議を討論を用いずして採決すべきかどうかについて院議で決すべく、清瀬副議長は起立によって採決したところ、民政党から異議があったので、これを認め、記名投票に入った。議員から記名採決の要求ある場合は記名投票によらなければならない。

投票総数三四二、賛成（政友会側）二一七、反対（民政党側）一二五で動議は可決された。次に原提出の（法案の委員付記）動議について採決に入り、二二五対一三八で可決、発言禁止は認められることになった。次いで武富の本案審議を十四日まで延期すべしとする動議を一四二対二二九で否決、さらに原提出の動議の後段「議長指名二十七名の委員に付託すべし」との動議を二三一対一五五で可決。かくて小選挙区制法案の審議は委員会に場を移して行われることになった。

選挙法案審議のための委員は、政友会一三人、民政党一〇人、新党倶楽部二人、第一控室二人、委員長には政友会の粕谷義三が選ばれた。

三月十四日

元田議長の辞任に伴う議長選挙が行われ、川原茂輔（政友会）が選出された。

委員会審議

委員会では、十五日から十八日まで四日間、提案者側と野党との間で熱心な質疑応答が繰り返され、すこぶる活気を呈したが、その主な内容は次のとおりである。（三月十九日東京朝日新聞）

小選挙区制法案の是非に関する原則論

1　代議政治の理想はできるだけ多数の国民の意思を国政に反映させることでなければならない。しかるに小選挙区制になれば、いわゆる死票の数が増加して少数意見は暗から暗に葬り去られることになる。普選の実施によって拡張された選挙権が、選挙方法の悪いために有効に議会に反映することのできない結果となることは、普選の精神を根本的に破壊するものである。この論難に対して提案者は次のように答える。小選挙区制の下においていわゆる死票が幾分増加することは認めるが、比例代表制を現在採用し得ない我が国情においては避けがたきものとしてあきらめるほかはない。しかして選挙権の拡張と選挙方法とは全然別個の観念であるから、小選挙区制が普選の精神を没却するものであるというようなことは反対の宣伝にすぎない。

2　小選挙区制は小党、殊に無産党の議会進出を防圧するという論調に対して、提案者は、政党の消長は政策に対する国民の信任いかんにあるから、区制の別によって特定政党の勢力がそがれることはないと弁明する。

3　小選挙区制は選挙費用を節約し得るというが、法定選挙費用額は小選挙区制になっても少しも変わりはない。法定外の費用に至っては、競争が激烈になる結果として、かえって小選挙区制の方が買収等によって費用がかかるという論調に対して、提案者は、無競争区が多くなる点と、区域の縮小による自動車代、推薦状代等の減少を挙げる。

4　小選挙区制は選挙干渉、買収を便利にして、結局、時の政府党が常勝の結果を来たすものである。

5　小選挙区制にすれば、政局が安定するというが、政局安定の意味が明らかでない。もし衆議院に絶対多数党をつくるということが政局安定であり、しかも小選挙区制においては政府党が常に勝つとすれば、それは憲政の発展上、由々しき大問題である。

これについても明瞭な答弁はなかった。

区制の組み合わせに対する議論

1　議員一人当たりの人口基準を十二万七千人とした点には何らの数字的根拠がない。現行法どおり基準人口を十二万として定員を増加することが当然ではないか。

2　基準人口を十二万七千人としても、府県の定員割当には、この原則に反するものが相当にあるではないか。

3　各区制の組み合わせに至っては矛盾、不合理の連続である。その著しき例は大阪府第八区、第九区、広島県第二区等で、基準人口十二万七千人に対して、理想的の一人区であるにかかわらず、わざわざ合わせて二人区としている。それらはいずれも政友会の党略上、何らの理由ないにかかわらず、勝手な組み合わせを行ったものと断ぜざるを得ない。

右区制の人口原則並びに区制の組み合わせに関しては、提案者はほとんど答弁に窮した模様であった。

十九日、委員会は本案を採決した。しかし、本会議上程は、野党要求どおりに、明日に延ばされた。

委員会採決に当たって、両党の間で妥協ができた。(1)法案は十九日に委員会採決、二十日に本会議に上程すること、冒頭、討議を行うこと、(2)本会議上程まで民政党は議事進行その他一切の発言をしないこと、(3)二十一日の祭日は休むこと。

三月二十日

本会議は午後一時五十分開会、小選挙区制法案の第一読会（続）に入る。冒頭、新任の川原茂輔議長は、各派交渉会の決定どおりに議事を進めること、各派の交渉係以外は登壇しないことを希望すると発言し、一々各派の交渉係を読み上げた。予定どおり会議は進行するかに見えたが、議長が、議事に入るに先立ち、原惣兵衛（政友会）から提出された「反対党の三十分間以上にわたる発言禁止の動議」を読み上げようとすると、民政党の交渉係は議長席に押しかけて抗議、動議の優先順序について意見が分かれ、政友会の交渉係との間に乱闘が始まった。混乱のうちに二時二十四分休憩。

この原惣兵衛提出の発言禁止動議の内容は次のとおり。

床次提出の衆議院議員選挙法改正案を議了するまで、委員長報告、討論、討論終局の動議、直ちに第二読会又は第三読会を開くの動議、記名投票の要求、可否決の宣告に対する異議申し立ての外、議員の一切の発言を許さず。本案に対する討論は発言者ごとに三十分以内に限ること。修正案の提出は第二読会の開会と同時に直ちに提出しその趣旨弁明を省略すること。修正案数個あるときはこれを一括して採決すること。但し修正案中原案と同一箇所あるときは原案につき採決すべきによりその点を除くこと。以上の動議はすべての動議の先決問題にして、かつその性質上、討論を用いずして採決すべき動議なるをもって直ちに討論を用いずして採決せられたし。

休憩中に交渉係の間で協議したが、決裂のまま、四時十六分開会、原は動議の説明に入るが、その間、民政党議員は多数登壇してこれを妨害する。与野党間での乱闘の間に、四時三十二分休憩。八時三十六分開会、騒擾のため八時四十九分休憩、十時四十八分開会、騒擾のため十一時十六分休憩、十一時四十分開会、議長は明日本会議を開くことを告げて延会を宣告した。

議場における暴力沙汰にかんがみ、政友会は民政党暴行議員四十五人を告発した。告発理由「被告発人らは暴行脅迫をもって議長及び演説者並びに守衛の職務の執行を妨害したるものにして、この行為は刑法第九十五条に該当し、しかも彼らの行動は議院政治を破壊するものにして、その情状重きをもって至急厳重御処罰相成度く憲政擁護のため告発に及び候也」

民政党は言論圧迫が騒擾を激発したとの声明を発表した。

一　本日、衆議院議員選挙法改正案を議するに当たり、政友会は、劈頭動議を提出し発言を禁止し、討論を三十分以内に限り修正案は趣旨説明を許さず、また全部の修正案を一括して採決すべしとの暴戻なる発案をなしたるは、これ言論の府たる衆議院の機能を無視し、立憲政治の根底を破壊する憲法違反の行動にしてその罪断じて許すべからず。

二　休憩後第二回の会議を開始するに当たり、議長は未だ開会を宣せざるに先立ち、政友会議員原惣兵衛君が議長の許可を待たずしてみだりに演壇に登り、前記暴戻なる言論圧迫の動議を説明せんとしたるがため、議場を空前の混乱状態に陥れ、ついには収拾すべからざる騒擾を惹起したり。これ全く川原議長及び政友会の責任にして吾人は極力その不法を糾弾せざるべからず。

三　我が党は前記の暴戻なる政友会の動議に先立ち、右のごとき言論封鎖の動議は本案のごとき憲法付属の重大なる法案審議前においては一切提出すべからずとの先決動議を提出したるにかかわらず、川原議長は政友会と通謀して右先決の動議を議題に供することを拒絶したるがため、議場の騒擾を激発したるは、これ実に政友会及び川原議長の暴戻に起因するものなり。

四　かくのごとき事態を黙過するにおいては、帝国の欽定憲法は全く政友会の蹂躙に委するものにして、全国同胞の断じて許さざるところ、吾人は友党と提携して、ここに憲法擁護のため憤然決起せざるべからず。

無産党を初め小会派も、議場混乱の責任を与党に帰し、言論封鎖の動議はクーデターに等しいとの声明を発した。

これに対する政友会の声明は次のとおり。

「民政党並びに無産党方面から発表したる声明書によると、昨日の議場における大混乱は政友会にその責任あり、すなわち本案審議の劈頭、動議を提出して言論を封鎖するがごとき態度をとったがために、かかる大紛擾を惹起したのであるとなしているが、これは全く事情を転倒したる議論である。けだし本案提出から委員付託に至るまでの議場の光景を考え、並びに、委員会における質疑応答の実況を知っている者から判断すれば、政友会がかかる動議を提出したことは万やむを得ない処置であるということを了解せらるると思う。

すなわち本会議における武富済君の六時間にわたる無意義な演説、斉藤隆夫君の三時間にわたる質問並びに無産党の亀井貫一郎君の三時間にわたる質問、しかして委員会において原夫次郎君が民政党の討議に基づかざる個人の修正案を提出し、徒らに時間を空費する等、あらゆる手段をもって、本案の審議を遅延せしめんとしたのであるから、この場合において、わが党として本案の審議につき必要なる言論を除く外、無意味なる・かつ議事妨害の言論を封鎖するは全く当然なことである。

しかるに反対党は、この動議の内容を逆用し曲解して、与党が多数を擁して必要なる言論を封鎖せるがごとき宣伝をなすは、我が党を誣（しい）るも甚だしいと言わねばならぬ。我が党は、前後の事情から判断し立憲政治の正しき運用をなすという点から考えて、現にとりつつある手段は、真に目下の事情においてやむを得ざる処置であると信ずるがゆえに、民政党その他の反対党の深き反省なき限り既定方針に向かって進むほかはない。

殊に小選挙区制は普選の精神を蹂躪するというがごとき言論は、聞くに堪えざる暴論である。すなわち選挙区制と選挙権とは直接関係なき別個の観念に基づくものであり、かつ普選においては、小選挙区制によるか、しからずんば大選挙区比例代表制によるか、二者その一を選ぶものであることは、世界の識者及び実際家の通論である。その取捨は一つに国情によりてこれを判断するものであって、尾崎氏を初め多数の識者がこの原理を知悉しながら故意に一般民衆を煽動しつつあるは、帝国憲政のため慨嘆に堪えない。我が党はこの方針において、恐れず勇往邁進、もって我が憲法の擁護の実を挙げねばならぬ。」

清瀬副議長は、第三回目の休憩中、議長から民政党との折衝を依頼され、その折衝中に議長が開会したのは議長の背信行為であると川原議長の議事進行の仕方に異論を唱えた。

三月二十一日

午後一時十分、皇霊祭を押して本会議は開会された。直ちに一時十一分休憩。与野党協議して、午後八時に再開。日程に入るに先立ち、川原議長は原夫次郎（民政党）提出の動議、栗原彦三郎（民政党）提出の懲罰動議、及び、大竹貫一（革新党）提出の修正案、亀井貫一郎（無産党）提出の修正案は、いずれも撤回されたことを報告して、さらに原惣兵衛（政友会）提出の動議の撤回を許可した後、小選挙区制法案の第一読会（続）に入り、粕谷委員長の報告を聞き、引き続いて第二読会を開いて、民政党、政友会、無産党、新党倶楽部からそれぞれ賛否の討論を聞き、委員長報告のとおり可決して第二読会を終了し、さらに原惣兵衛（政友会）提出の「明日第三読会を開くべし」との動議を可決して、午後十一時八分、散会した。（皇霊祭—春秋の二季、彼岸の中日に天皇みずから皇霊殿に出御して行なった皇霊の大祭）

三月二十二日

午後一時十五分、本会議を開いて第三読会を開き、起立多数により小選挙区制法案は原案どおり可決された。本案は、貴族院に送付されたが、一人の質問を行ったところで、会期切れのため審議未了に終わった。

（4）　三月十日東京日日新聞は「図にあたった議会新戦術」と題して、その状況を次のように報じた。「この戦術には政友会も相当閉口したと見えて『早く焼香しろ』などと叫ぶが、一向堂々めぐりがはかどらない。元田議長がもう済んだと思って『投票漏れはありませんか』といへば『まだある、まだある』とノソリノソリまた民政議員が出てくるという工合で、一つの採決に一時間以上もかかり、この新戦術で再度の休憩まで堂々めぐりばかりしていたのは滑稽とも笑止ともいふべく、民政側の議事引き延ばしはまんまと図に当たった形である。」

（5）　議長不信任案「衆議院は議長を信任せず。理由　議長は、その職務の執行上、不公平の処置少なからず、これに加うるに議事整理の能力なし。これが本案を提出するゆえんである。」

（6）　三月十四日、東京日日新聞は「演壇からコロコロと珍風景代議士の雨」と題して乱闘の壮絶さを次のように報じた。「守衛長の率いる一隊は壇の下に二列の人垣をつくり議員を一歩も演壇に近づけまいと議会始まって以来の珍風景を演ずる。これを見た民政党の村松代議士は守衛の垣はけしからぬと壇下で怒号すると、これをきっかけに低迷していた険悪な空気はついに爆発、議会始まって以来の大混乱大乱戦は約三十分にわたって演ぜられた。まず、猛りたった議員が政民双方から演壇目がけて駆け上がり、守衛と小ぜり合い中、漸く議長が出席したので、これを目がけて数十名の議員が波のごとく押し寄せ、もみにもんで、なぐる、ける、胸ぐらをつかむ、怒号する日比谷座恒例劇にしては少しく深刻過ぎた場面となり、その間、政友会の藤井代議士は民政の臼田久内氏をつきとばすと、臼田氏はもんどり打って落ちる。すると、友人の仇とばかり戸沢代議士が藤井氏をつきとばす。また駆け上がった青木（政）代議士が戸沢氏をつきとばす。ついで民政の山崎伝之助氏は横つらをなぐる。…」

（7）　「右議員はみだりに壇上に上がり、議長の降壇命令にも従わず、壇上において騒擾を極め、議事進行を妨げ、公務執行を妨害した。しかも振鈴の制止は絶対遵守せざるべからざることを先般、各派交渉会で改めて決めたところである。右議員は依然として騒擾を続け、振鈴の神聖を冒瀆したことは黙過できない。」

（8）　田中義一伝（昭和三十年）下巻にも五時間半とある。政友会の「声明」（前述）などに六時間説もあるが、それは誇張したものであって、筆者の議事速記録上の字数計算では五時間半ぐらいが正確なところであろう。

第三節　議事妨害と議会振粛

一　議事妨害の手段

かなり詳細に述べた以上の審議経過から、小選挙区制法案をめぐる与野党攻防の手段には次のものが用いられたことがわかる。

与党が議事促進のためにとった手段は、法案の緊急上程、発言の制限、討論を用いずに行う採決、登壇阻止のための守衛による人垣設置である。人垣設置は野党の非合法手段に対する与党の対抗策としてとられた。

これに対して、野党がとった議事妨害の手段のうち合法的なものは、質疑者の多数擁立、修正案の提出、先決動議の提出(法案撤回、懲罰、議長不信任、議事進行の発言、法案審議の延期、定足数確認要求)、記名投票の要求、投票におけるいわゆる「牛歩」、長時間演説、及び、非合法手段としては、壇上での抗議のための実力行使、議場閉鎖の際の妨害である。

二　議事妨害の正当性

議事妨害及びそれに伴う実力行使によって生じた乱闘は、議会の権威を失わせ、国民の議会に対する信頼を著しく傷つけた。その責任は誰が負うべきなのか。政党や議員、特に議事妨害に実力行使までして死力を尽くして抵抗した野党や野党議員は、大いに責められるべきはずであったにもかかわらず、不思議にも寛大に扱われ、その責任は問われずに済んだのである。それはなぜか。

馬場恒吾が言われるように(9)、「騒ぎの主体は野党である。平生ならば、議会を暴力化することは全社会の非難を受けるのであるが、今回だけは民政党の騒ぐのをとがめる気にはなれないと言われた。政府が余りにも理不尽な案を強硬突破しようとしたがゆえに、世人は野党の暴力沙汰を許す気持ちになったのであろう」。

このように野党が責任を免除されたのは、「政府が余りにも理不尽な案を強硬突破しようとしたがゆえ」であり、美濃部達吉教授の言葉を借りれば、小選挙区制法案の提出が甚だしく「正義感に反する」(10)からである。

この美濃部教授の言われる小選挙区制法案の「正義感に反する」点は、法案の内容と提出の手続の両方にあった。
1　手続的には、政府党の主張にもかかわらず、政府案として提出せず、議員の名をもってこれを提出させたのは、もし政府案として提出すれば、枢密院に諮詢せられることを要し、しかして枢密院の同意を得ることが困難であるために、その諮問を避けるためにした痕跡が著しいこと。

2　現行法は憲政会、政友会、革新倶楽部の三派一致によって制定されたもので、それはただ一回実行されたにとどまり、しかも法律自身にも十年間は別表を更正しないことを明言しているにもかかわらず、今にわかにこれを改正しようとするのは、党利のために法律を蹂躪するものであること。

3　内容的には、小選挙区制に改めると称しながら、一区二人または三人を選出するものとした区が甚だ多く、しかしてそれらは一に自党の利益のためにしたものであることが明瞭であること。(11)

床次の小選挙区制法案の提出がいかに性急であったかについては、同じく原敬の小選挙区制法案のときと比較してみると、その事情がよくわかる。小選挙区制は原の宿案であった。原は、第二次西園寺内閣の内相のとき、第二十八回議会（明治四十四年十二月〜翌年三月）に小選挙区制法案を提出したことを初めとし、その後実に七年を経て、総理大臣になったとき、第四十一回議会（大正七年十二月〜翌年三月）においてこれを実現した。その際、衆議院では憲政会と国民党が大選挙区制を固執したが、中立派が政友会の小選挙区制に同調した。貴族院は、政党の興隆よりもむしろ社会主義政党の興ることを恐れて大選挙区制を嫌い、小選挙区制に賛成した。元枢密院顧問官であり、枢密院に隠然たる勢力を有する山県有朋もまた小選挙区制に同意した。大正六年四月二日、原が山県を訪問した際の日記に、「余は一般に民主主義に傾く内情ある事を告げ、選挙法を改正して小選挙区となすは其弊害の大部分を除くものなる事を説きたるに、山県は其改正には賛成なる事を云へり(12)」とある。七年間に、小選挙区制反対勢力は徐々に弱められ、孤立化されていった。原の小選挙区制法案は、床次の四面楚歌の中で唐突に提出された小選挙区制法案とは全く違った状況の中で成立したものである。

要するに、余りにも与党の党利党略に過ぎることのために、野党は本来、野党に帰せられるべき責任を免れたのである。その党利党略振りは、次のような各方面の態度がそれを裏づけている。

三　議　長

1　不手際

i　三月九日、政友会の原惣兵衛が提出した日程変更の動議可決の後、床次竹二郎の小選挙区制法案の趣旨弁明に入るに先立って、「本案の趣旨弁明は許さず撤回すべし」との動議が提出されたとき、元田議長は先決動議であるにもかかわらず、これを取り上げなかった。一説によると、その動議は、書記官長の机の上で置きざりにされて、議長に無視されたと言われる(13)。

ii　同じく三月九日、原惣兵衛は、懲罰動議提出の際、これに加えて「本案の趣旨弁明、委員付託の動議、質疑もしくは討論終局の動議の外、一切の発言を許さず」との動議もあわせて提出した。動議の提出は床次の発言中であり、先例によると、発言中は懲罰以外の動議の提出は認められなかったはずである。しかし議長はこれを許した。

iii　同じく三月九日、議長不信任案が提出されたにもかかわらず議長をこれを取り上げなかった。

iv　同じく三月九日、休憩後の再開に際して、開会の振鈴の鳴る前に、議長は、野党議員が登壇し議事妨害するのをあらかじめ排除すべく、演壇への階段の上がり口に守衛を整列させて人垣をつくり、民政党の虚をついて一瀉千里に小選挙区制法案を通過させようとする政友会の作戦に加担した。それは、あたかも議長が民政党に対して宣戦布告したかの感を与え、極度に興奮した民政党議員を守衛に向かって突進させる動機となった。

2　少数者保護

議場の暴力沙汰による混乱は、元田議長または川原議長の主宰のときに生じ、これにかわる清瀬副議長主宰のときには混乱が起きてないことが注目される。清瀬は、第五十五回議会において、わずか三人という小会派の革新党に所属し、野党から推されて決選投票の末、副議長に就任している。

清瀬副議長に対しては、「連日の議事遅滞は暗に民政党と通謀して議事妨害を援助している」[14]との理由で、与党から不信任案の提出の動きがあったことは既に触れた。このことは、清瀬副議長の議事運営が与党・政友会には野党寄りと映ったことを意味する。清瀬副議長が野党と通謀していたなどとは考えられないが、少なくとも清瀬副議長が、少数者の主張を圧迫してまでして無理に議事を進行させようとする強引な態度に出なかったことだけは確かである。この事実は議長たるもののとるべき中立的態度について示唆するものがある。清瀬副議長が会議を主宰していなければ、三時間ないし五時間半の長時間演説はとうてい認められなかったであろう。こうした清瀬の態度は、彼自身かつて長時間演説をした経験と無関係ではなかろう。

戦後の国会にも似たケースがある。昭和四十六年、第六十七回国会、参議院の議長選挙において、河野謙三は、与党自民党に所属しながら、自民党の大部分から支持されず、「野党と結託して」自民党の正式候補の木内四郎を破って議長に当選した。河野参議院議長は常に「七・三の構え」で議事を運営し、名議長の名をほしいままにした。つまり、野党七、与党三に比重をかけるぐらいの心構えで国会運営に当たると、一般に中立的と見られるというのである。

議場が混乱した際に議事を主宰した二人の議長の場合はどうか。

元田議長は、もともと政友会に所属し、三度副議長、拓殖局総裁、逓信大臣、鉄道大臣などを歴任、議長就任とともに政友会の党籍を離脱したが、当時、七十三歳の高齢で、乱暴狼藉を働く議員たちの統制をとるには不向きなほど体力が弱っており、一年中風邪を引いていたような状態だったとも言われる。前年、議会開会前に既に健康上の理由で辞意を洩らし、政友会から、与党系の議長を失うことは政治的不利益をこうむるから慰留したと伝えられる[15]。「元田議長辞任の原因は、与党の理不尽なる態度によりて野党の激昂を甚だしからしめ、ために議場の静粛を期し得ざる点にあった[16]」とも言われる。

川原議長は、政友会創立のときからの生え抜きの党人派としてならし強引さが目立つと言われ、当時、七十二歳で、健康に優れなかった。党籍を離脱し、議長を旬日務めた後、五月十五日に死去している。川原議長は、元田議長の辞職の経過にかんがみ、「一面、野党の騒擾を取り締まるとともに、与党の態度に対しても、常にある程度の制肘を加えて、あくまで公正に議長の職責を尽くし、もって議場の秩序と議事の進行を図るべきである」[17]と期待されたが、その「公正な態度において欠くところ」があったとされる。

振鈴を何回鳴らしても議場が秩序を取り戻し静粛にならなかったことは、議長の威令が行われず、議長の権威が既に落ちていること、逆に言えば、議員は議長を信頼しなくなっていたことを意味する。以後、鳴らしても役立たない振鈴は用いられなくなり、「鳴らずの振鈴（または号鈴）」とされ、これを鳴らすときは議長の首が飛ぶという説まで登場するに至る。

3　議長党籍離脱

昭和七年四月版「衆議院先例彙纂」には次のように記載されている。

「第五十回議会、大正十四年三月二十四日、議長粕谷義三君ハ立憲政友会ヲ、副議長小泉又次郎君ハ憲政会ヲ脱会セリ、是ヨリ先、小山松寿君外十三名ヨリ衆議院規則改正案ヲ提出シ、同月二十四日、院議全会一致ヲ以テ之ヲ議決スルニ当リ小山松寿君外二名ハ更ニ議事規則改正ニ関スル希望決議ヲ提出シ、「議長ノ職ニ当ル者ハ不偏不当厳正公平タルコトヲ要スヘキヤ論ヲ俟タス今ヤ現任議長及副議長ハ此ノ趣旨ニ鑑ミ党籍ヲ離脱シ範ヲ将来ニ示シタリ　故ニ本院ハ、将来、議長及副議長ニシテ政党政派ニ属シタル場合ニ於テハ其ノ在職中ニ限リ党籍ヲ離脱セラレムコトヲ望ム」トノ希望決議ヲ全会一致ヲ以テ可決セリ

第五十二回議会、昭和二年三月二十六日（開院式当日）勅任セラレタル議長森田茂君ハ憲政会ヲ、副議長松浦

五兵衛君ハ政友本党ヲ脱会セリ　之レ第五十回議会ノ決議ニ基キタルニ依ル」

政友会の絶対優勢な時代、党籍が障害になって議会運営に問題が生ずる。その顕著な例は大正十一年二月、憲政会提出の普通選挙法改正案の審議に当たり、清瀬一郎の討論中、「下劣なる野次」云々の発言を「下劣なる議員」と聞き違え、奥議長はその場で取り消しを命じ、次いで懲罰委員会に付託するという事件に発展した。大正十二年二月、清瀬一郎所属の革新倶楽部から後任議長及び副議長は、政党に関係すべからずの決議案を提出、その翌日、奥議長は、病気のゆえに辞任し、その後任として、副議長の粕谷義三が議長に就任した。この決議案は否決されている。

大正十三年五月に総選挙があり、加藤高明内閣が成立した。名議長の呼び声の高かった粕谷議長は、選挙を行うことなく議長に再選された。その後、議長の党籍離脱決議案は全会一致で可決され、その決議に従って粕谷議長は党籍を離脱、党籍離脱の最初の議長となる。

大正十四年の第五十回帝国議会で、衆議院の粕谷義三議長、小泉又次郎副議長が、それぞれに立憲政友会及び憲政会を脱会した。衆議院は、これに賛成し、「将来、議長及び副議長にして政党政派に属したる場合においては、その在籍中に限り、党籍を離脱せられんことを望む」との希望決議案を全会一致で可決した。この議長の「不偏不党、厳正公平」確保のための党籍離脱は、以後、議長及び副議長にして政党政派に属したる場合においては、その在職中に限り、党籍を離脱せられることを望むとの希望決議案を全会一致で可決した。この議長の不偏不党、厳正公平確保のための党籍離脱は、その後の議長及び副議長に引き継がれたが、もしこれが形式的なものに終わるならば、さして意味を持たなくなる。

昭和七年、第六十一帝国議会において、秋田議長（政友会）は、「議長たるものは偏せず党せず、厳正公平にその職責を尽くさねばならない。党派に属するかどうかで分かれるものではない。これまで行われた正副議長の党籍離脱は形式的で、悪例と言わぬまでも、無意義である。私はこの際、党籍を離脱しないことにする。」と述べた。このとき植原悦二郎副議長も同じ態度をとった。議員の一部から、従来の院議を尊重せよとの決議案が提出されたが、否決された。この事例から見れば、議長の党籍離脱が直ちに慣行として確立されていたとは言いがたい状況にあった。

四　枢密院

次に、「憲法の番人」としての地位にある樞密院の態度について。

小選挙区制法案が両院を通過すれば、政府はこれに同意を与えて実施手続をする。すなわち、選挙法は憲法付属の法典であるため、政府は枢密院に小選挙区制法案を諮詢する。従来、枢密院は特に憲法違反でない限り議会の意思を尊重する建前なので、小選挙区制法案は可決されるものと予想されるが、枢密院は、次のような考えから貴族院で審議未了になることを内心希望していたと見られる(18)。

1　普選を実施した以上、理想としては、大選挙区制、進んでは比例代表制を採用すべきであり、少数代表を認めない小選挙区制は時代の進運に逆行するものであって、現行の中選挙区制は理論上は極めて曖昧なものであるが、当時、衆議院の三派が協定の上、立案したものであるから、比較的実際上には適合しているものと認められるわけで、それを一回ぐらいの選挙の結果、政友会にとっては不成績であったかもしれないが、選挙の全体から見て、特に不都合の点がないのを、しかも会期切迫の際に提案するがごときは、全く党利党略以外の何ものでもなしとの非難を受けても弁明の余地はないであろう。しかしながら、枢密院としては、両院の協賛を経て、政府がこれを承認する以上、重要政策を阻止すべき筋合いでなく、最初の選挙法も小選挙区制であり、その後原内閣時代にも小選挙区制を採用し、いずれも枢密院を通過している前例であれば、これを承認することになるであろう。

2　今回の改正案によれば、現行選挙法に、補欠選挙は二人以上の欠員を生じなければ行うことができないのを、一人の欠員を生じ次第、直ちに補欠選挙を行うことにしたのは、原則として一人一区の小選挙区制を採用する以上は、当然の改正であるから、この点は別に問題とはならない。

3　しかして枢密院も、見るところでは、会期の切迫している場合にかかる党利党略のみを本位とする重大案件を貴族院が果たして政府与党の期待するようにすらすらと通過せしむるや、すこぶる疑問であるゆえに、同院において慎重審議を遂げ、できることならば、審議未了となり、枢密院に返付する運びに至らないことを内心希望する。

枢密院の期待どおり、床次提出の小選挙区制法案は、衆議院で可決されたが、貴族院で審議未了に終わっている。なお、衆議院議員選挙法改正案は、このほかに六件議員提出されておりながら、いずれも審議未了に終わっている。

五　貴族院

貴族院では、小選挙区制法案提出の動機が不純であり、かつ党略案であるとの一般的世論を考慮して、反対の空気が強く、衆議院から小選挙区制法案を送付されても、すぐには審議に入らず、三月二十四日、会期最終日の前日に本会議に上程し、選挙法の専門家である藤沢利喜太郎の質疑を行ったのみで審議未了とした。藤沢の質疑は貴族院の意向を代表していたものと思われる。藤沢は次のように述べた。「選挙法は衆議院の多数をつくる重大なものであり、かつ衆議院がこれについて我田引水の立場を離れることができない以上、第三者の公正な審議を必要とする。衆議院の横暴な多数を制裁できるのは実質的には貴族院のみである。ゆえに、我々は、賛否は別にして、本案に対しては最も慎重綿密に審議し、人間として最大限度における公正な判断を下さなければならない。これは貴族院の使命である。選挙法については、衆議院のことだから貴族院は衆議院の通過した案をうのみにすべきとの主張もあるが、これは間違いで、貴族院で否決し去った例もある。」

言論界は貴族院に期待した。「衆議院の多数党が不自然の多数であり、偽造の多数によって構成せらるる以上、貴族院が衆議院にかわり民意のあるところを行動の上に移すことは、むしろ二院制度の妙諦を発揮するゆえんである」[19]。貴族院は、このような新聞論調及び民意に背かないことを期し、小選挙区制法案を審議未了・廃案にし、世論の一致した支持を受けた。大正デモクラシーの興隆及び普選法成立以来、貴族院は、とかく国民代表機関としての衆議院及び民意に逆らう邪魔物として扱われてきたにもかかわらず、小選挙区制法案を審議未了にしたとき、珍しく貴族院の妙用発揮とか、二院の本義が初めて実現されたと祝辞を受けたのであり、この実態は、世間の人気がいかに政府から離れていたかを証明する。[20]

六　天　皇

天皇も小選挙区制法案に対して危惧の念を持たれていたようである。田中首相が、小選挙区制にする理由を、政局安定、二大政党主義に求めたのに対して、天皇と田中首相との間に次の一問一答が交わされていた。それは天皇の危惧の一部をあらわしているものと推測される。「一流ノ人物ノ落選ヲ見ルカ如キ虞レナキヤトノ御下問ニ対シテハ無シト奏答ス」「投票ノ効果ヲ減殺スルノ結果、無産党ノ如キモノノ代表ヲ阻（はば）ミ、之ヲシテ逆ニ直接行動ヲ執ラシムルニ至ルノ虞レナキヤトノ御下問ニ対シテ、都会ノ選挙区ニ於テハ多少ノ代表見ルニ至ルヘク斯カル憂ナシト奏答ス」「比例代表ノ制ヲ行フノ意ナキヤトノ御下問ニ対シテハ、其ノ意ナキ旨ヲ奏答シタリ」[21]。

七　内務省

選挙法の所管官庁である内務省の態度について。

三月九日東京日日新聞には、「内務省與（あず）からず」との見出しで、「御本尊であるべき秋田内務副大臣がその相談に除外されて自分の選挙区をメチャクチャにされたといってどなり込んだというようなこともあったそうで、望月内相をはじめ内務当局は一向相手にされないところも面白い。」とあり、内務省が床次の小選挙区制法案の提出には関与しなかったことをうかがわせる。しかし小選挙区制法案が両院を通過すれば、内務省がこれを実施せざるを得ないことは言うまでもない。

八　学　者

学者の意見は、小選挙区制法案反対の点ではほぼ一致している。

政友会内部においてもこの提案を意外とし、その時期にあらずと考えた者も少なくないし、彼らは政友会に対して「除外例」を認めよと主張した。当時、政友会の領袖の一人であり、貴族院議員の前文部大臣水野錬太郎は、「国家学会雑誌」昭和三年三月号で、昭和三年二月実施の普選第一回の総選挙の結果、少数党に不利益であったとは思われないし、わずか一回でその利害得失を研究するには不十分であるとして、小選挙区還元論に反対している。同趣旨は、森口繁治「小選挙区制の提案を評す」（「改造」昭和四年四月号）、吉野作造「議事妨害論」（「中央公論」昭和四年五月号）、吉野作造「最近の政界に於ける上下両院の功罪」（「中央公論」昭和四年四月号）、美濃部達吉「議会に於ける議事進行妨害」（「法学協会雑誌」昭和四年六月号）などにもある。これらの事情は、多くの学者たちが、今回の提案を唐突であり、案の内容を未熟であると考えていたことを推測させるに十分である。

九　言　論　界

小選挙区制還元論に対して言論機関はこぞって反対した。提案するとの報道があった後の各新聞は、社説において、それぞれ反対の論説を掲げた。例えば三月六日の東京日日新聞「醜陋なる党略、小選挙区案を排す」、三月六日の報知新聞「敵本主義の小選挙区制案」、三月十日の東京日日新聞「貴族院を頼むのみ　衆議院態度喪失」、三月十日の東京朝日新聞「選挙法案と党略」、三月十二日の東京朝日新聞「床次君の還元案説明　政治的陰謀の暴露」、三月十二日時事新報「不当不理なる小選挙区制案」、三月十三日の東京日日新聞「わが政界の癌　床次氏の存在」、三月十三日報知新聞「無理押の教訓」、三月十五日の大阪毎日新聞「衆議院で握潰せ　区制還元案」、三月二十日の法律新聞「天下を愚にせる小選挙区制の提案」、三月二十三日の東京日日新聞「普選改悪案を葬れ　貴族院に望む」など。これらの論調から、言論界では一致して、小選挙区制法案を世論無視の提案であると考えていたと判断して間違いない。

十　国民運動

世論を無視した議会活動に対しては、国民の反対運動の盛り上がりが見られるものである。三月九日、全野党一致の普選擁護同盟が結成された。これは、院内の民政党の川崎克と中野正剛、無所属の尾崎行雄、革新党の大竹貫一、無産党の鈴木文治ら議員有志が主唱し、院外からは三宅雄二郎、須崎献堂、丸山鶴吉、小村俊三郎らが参加し、吉野作造、小野塚喜平次、菊地寛、新渡戸稲造も賛意を表明したことが知られ、インテリ、ジャーナリスト層への支持の広がりの一端をうかがうことができる。(22)

その結成趣旨「田中内閣によって普選の精神が蹂躪されている。すなわち昨年の総選挙には未曾有の干渉圧迫を加えたのみならず、特別議会の前後より金力と権力と暴力をもって議員の抱き込みをなし、さらに今度は暴戻なる小選挙区制を設け立法によって普選を毒殺せんとしている。これは憲法政治発達のため断じて許すべきでないから、民政党をはじめ反政府の各会派は一致して小選挙区制案の通過を阻止すべく、これがため院外における普選獲得運動当時の諸団体と呼応して国民的示威運動を起こさなければならない(23)」。

与党は、これに対抗して、小選挙区擁護連盟や区制案賛成白票懇親会をつくった。(24)

むすび

床次の小選挙区制法案に関して見られた政友会と新党倶楽部の余りにも露骨な党利党略振りは、民政党を初めとする野党の合法的な議事妨害戦術を正当づけたのみならず、非合法的な議事妨害戦術にも、やむを得ないものとして多くの人々の同情を寄せさせた。

議会に提案された法律案に対しては、世論がこぞって反対する場合、議会はよほど慎重でなければならない。これは議会政治の鉄則である。議会政治は「頭をたたき割るかわりに頭数を数える」数の政治であるが、議会の多数者が数にものをいわせて、世論がこぞって反対する法律案の成立を無理に強行しようとすれば、少数者の議事妨害に正当性が認められる。このことを示す典型的な例が床次の小選挙区制法案の廃案に至る経過であり、その中に、議事妨害が正当化され、国民に支持されるための条件が潜んでいるように思われる。

（9）「改造」昭和四年四月号
（10）美濃部達吉「現代憲政評論」三五〇頁
（11）前掲書　三五〇頁
（12）原敬日記⑦乾元社
（13）昭和四年三月十日東京朝日新聞
（14）同三月十三日東京日日新聞
（15）昭和三年十二月十二日東京朝日新聞
（16）昭和四年三月二十一日東京日日新聞社説
（17）同三月二十一日東京日日新聞社説
（18）同三月九日東京日日新聞夕刊

(19) 「普選改悪案を葬れ　貴族院に望む」同三月二十三日東京日日新聞社説
(20) 同三月二十九日東京朝日新聞
(21) 山室建徳「政党内閣期の合法無産政党」(「社会科学研究」三八巻二号所収)、同三月十九日報知新聞
(22) 同三月十四日東京朝日新聞夕刊
(23) 同三月十四日東京朝日新聞
(24) 同三月十四日、三月二十四日東京日日新聞

第三章　議会と統帥権干犯

はじめに

昭和五年のロンドン海軍軍縮条約締結とその批准に際して、海軍省は大臣を全権に送るなど政府に協力したが、海軍軍令部はこの条約下の軍備では国防に責任を負えないとして反対した。直前の総選挙（昭和五年二月）で敗北を喫した野党・政友会は議会でこれを取り上げ、海軍軍令部無視の統帥権の干犯だとして政府を激しく攻撃した。

明治憲法は「統帥権の独立」を規定する（第十一条　天皇ハ陸海軍ヲ統帥ス）。統帥権は天皇の大権（議会の召集・宣戦など議会の参与なくしてできる権限）の一つで、大臣の輔弼の外に置かれ、議会はこれに全く関与できないとされた。海軍軍令部その他もこの解釈に異論を唱え、兵力量の決定を統帥事項であるとし、海軍軍令部無視の兵力量の決定を「統帥権干犯」だと非難した。その当時までの憲法学説は、兵力量の決定は明らかに軍政事項であるとしており、陸軍もその通説に従っていた。通説に反対していたのは、海軍軍令部と枢密院の一部、及び、これらを支持する第五十九回議会の野党政友会であった。政府は、兵力量決定を統帥事項とすべきだという主張をも考慮して、実際には、兵力量の決定は海軍大臣と海軍軍令部長の合意によって勅裁を経て決定していた。昭和五年、ロンドン海軍軍縮条約問題当時、「兵力に関する事項処理の件」（内令第一五七号）で、「海軍兵力に関する事項は従来の慣行によりこれを処理すべくこの場合においては海軍大臣・海軍軍令部間に意見一致しあるべきものとす」と定められていた。それが、第五十九回議会の「統帥権干犯」騒動後の昭和八年に定められた海軍省軍令部業務互渉規程では、兵力量に関しては、軍令部総長（昭和八年九月に海軍軍令部を軍令部と、海軍軍令部長を軍令部総長と改称した）が起案し大臣に商議の上、天皇の裁可を仰ぐこと、艦隊の派遣は平時戦時ともに、また戦時編制も、軍令部総長が大臣に商議し自ら実施すること、平時編制は軍令部総長が大臣に商議して海軍省が実施すること、兵力の充実、出師準備、国防用兵については軍令部総長が大臣に商議することなどが定められた。これは「統帥権干犯」騒動のあとにおいて海軍軍令部の主導権が強化されたことを意味すると思われる。

当時の日本における戦後処理及び国際平和を考えれば、ロンドン条約締結は、やむを得ざる唯一の選択肢であったろう。浜口内閣は衆議院の絶対多数を与党にしていたからこそ、その決断ができた。その理由は、①不信任決議による倒閣の可能性はない、②統帥権干犯という批判は避けられる（軍令部の意見を最も尊重した、議会に対する国防上の責任は政府が負う）、③回訓に対する質問には答える必要はない（升味準之輔『日本政党史論』第五巻一八二頁参照）。兵力量が、軍人でなくて、政党内閣によって決定されたことは、海軍強硬派の主張に陸軍をも加担させ、軍全体が、内部の対立を超えて、政友、民政両政党に対して共同戦線を張って逆攻勢に転ずるきっかけとなった。

ロンドン条約問題は、日本の議会政治が民主化に向って進みつつある道を大きくカーブさせる転機になる。

第一節　ロンドン海軍軍縮会議

日・英・米・仏・伊の五か国によるロンドン海軍軍縮会議は、昭和五（一九三〇）年一月二十一日から開会された。日本からは全権として若槻礼次郎、海軍大臣財部彪（たからべたけし）が出席し、駐英大使松平恒雄も全権団に加わった。そして海相の留守中は、首相浜口が海軍大臣事務管理に就任した。このときには海軍も異議を唱えなかった。日本は、若槻、財部、浜口と三者間に一体性を持ち、このロンドン軍縮会議に臨んだ。

ロンドン軍縮会議の政治的目標は、世界的には世界平和に貢献し、国内的には各国いずれも軍縮により国費を削減し国民の負担を軽減するところにあり、さらに進んでは、軍費の節約を産業の繁栄に振り向けることにある。この二つの目標は、第一次世界大戦後の世界情勢として切実なものとなっていた。第一次世界大戦後の世界経済恐慌は、各国とも深刻を極め、世界的不景気を招来し、国民大衆の生活は窮乏していた。建艦競争による軍費増大の負担から逃れたい心理は各国一致していた。日本の実情からいっても、昭和二年に始まった金融恐慌は、さらに産業恐慌、農村恐慌に発展し、未曾有の不景気が蔓延し、この打開に浜口内閣も国民も苦しみ抜いていた。軍縮による国民負担の軽減は世論となっていた。

世界平和に貢献し同時に国民負担を軽減するために、浜口内閣がロンドン軍縮会議の妥結に協力したことは、政党内閣として当然なことである。しかるにこのロンドン海軍軍縮条約の内容と調印に関して、国内的には統帥権干犯の政治問題が発生した。ロンドンの若槻全権からの請訓に対する回訓案をめぐって、政府と海軍、外務省と海軍との間に意見の相違をきたした。海軍軍令部はロンドン条約の内容について始終不満の意を表明し、回訓案の決定に当たっても譲らなかった。海軍軍令部の反対は、総括的には対米七割が確保されているが、大型巡洋艦に関する対米比率が六割二分となっており、かつ潜水艦に関しては七万一千トンの現有力保持を主張したのに、五万二千七百トンに制限されているので、兵力量に不足をきたし、国防の安全性が失われるということにあった。そこで海軍次官の山梨勝之進は、政府と統帥部との間を斡旋したが、軍令部長加藤寛治と同次長末次信正は強硬に反対し了解しなかった。加藤は昭和五年四月二日、帷幄上奏した。※

最後に軍事参議官の岡田圭介が、現役の長老として、浜口首相と加藤軍令部長との間に立って政治的調停を試みた。この岡田の斡旋は後に問題化したが、そのときの事情は、「加藤も三度浜口首相と会見した。その三度目の会見のとき、岡田は軍事参事官の主席として、加藤と次官の山梨と三人で会見した。そのとき浜口の説明に対して、加藤は黙っていたが、岡田は政府が内閣の責任において決定するなら、海軍は、その範囲で最善の国防計画を立てると言った。浜口はそれで海軍が同意したものと認めて、全権に回訓を発した」（岩淵辰雄「現代日本の政治論」）と言われる。

※　帷幄上奏《イアクジョウソウ》（明治憲法下で、一般の国務外に置かれた軍の指揮・統帥に関する事項について、統帥機関たる参謀総長（陸軍）・軍令部総長（海軍）が閣議を経ず、直接天皇に上奏すること）

これを見てもわかるように、政府は内閣の責任において回訓案を決定するという建前をとっていた。その政府の態度に、海軍の岡田圭介が歩調を合わせるがごとき言動をとったのは、この紛糾に対して、元老西園寺がロンドン条約の成立を希望し、浜口の決心を促していた事実を知ったため、元老に配慮して、海軍部内の空気を緩和することに動いたのである。岡田は「国防費が議会の協賛を必要とする以上、国家の財政を伴わない国防計画は、机上計画にすぎない」という見解を持っていた。これは海軍の軍政派の意向を代表したものであった。ロンドンにいて妥協案に同意した海軍大臣財部にしても、次官の山梨にしても、岡田と同様な見解であった。だから、海軍自体において、このロンドン条約に対し相反する見解が対立していたわけで、軍政系の連中が岡田的立場をとったのに対して、加藤、末次を中心とする軍令系は反対するというように明確に二派に分かれたのである。

このようにロンドン条約に対する海軍部内の動きは微妙であったが、軍令部長の加藤寛治は、政府が回訓案を発した直後、声明を発表して、統帥部の立場を明らかにした。加藤は声明の中で、

「今度の回訓に対しては海軍は決して軽挙することなく、事態の推移に対応し善処することを確信する。しかし国防用兵の責任を有する軍令部の所信として、米国案を骨子とする兵力量には同意できないことは毫も変化はない。これは今日まで軍令部のとった態度で、御承知のとおりであるがゆえに、今日の場合及び今後の推移に対しては、軍令部はその職責と以上の所信をもって国防を危地に導かざるよう全幅の努力を払う覚悟である。」

と述べ、回訓案に同意しなかったことを明らかにした。

これより先、太平洋を隔てたアメリカでは、上院外交委員会において、昭和五年五月十二日から二十八日まで、スチムソン国務長官をはじめ、二十五人の参考人の出席を求め、ロンドン条約承認について綿密な審議を行っている。主な論点は次の通りである。

一　アメリカは、なぜ八インチ巡洋艦二十三隻の要求を放棄して、十八隻に譲歩したか。

二　なぜ対日比一〇対六を固守せずに六・四を認めたか。

三　イギリス所有の商戦隊及び根拠地を考慮せずに、漫然彼我艦隊の戦闘力のみを標準として比率を定めたのでは、アメリカが不利ではないか。

四　アメリカの八インチ巡洋艦の許容トン数は十八万トンとあるが、実際は十五万トンに過ぎないのではないか。

この審議の過程で、スチムソン長官は日本政府の軍縮努力を高く評価した。それは上院外交委員会の次の記録に記されている（一九三〇年五月十三日　上院三〇一号室）。

（日本の軍縮努力に対する米政府の評価）

「ワシントン条約で、日・米海軍の比率は一〇対六となったが、これは主力艦と航空母艦だけのことであって、日本側では、この比率を補助艦隊にも適用するイギリスの提案に反対したが、一九二七年のジュネーブ会議で、補助艦六割五分、潜水艦平等を要求されたという。日本は七月二十八日の英国側の提案、巡洋艦、駆逐艦、潜水艦をひっくるめた総トン数で六割五分を認めたとしている。実際は、英国側の提案が会議の席上に持ち出されたときに、他の全権は誰も反対せず、この数字はすでに米国側で承認済みであるということで、会議では必ずしも反対を固執せず、面倒なのは、ただ砲の口径の問題であるというのであった。言いかえれば、この前の会議では、日本は率直に三艦種をひっくるめて、一〇対七に近い数を要求し、他の全権は特に異議を差し挟まなかったというのである。

さて、日本との交渉は、日本艦隊の現勢を基本としなければならないが、日米巡洋艦の現勢は、八インチ巡洋艦、米国ではすでに水面に浮かべるもの二隻、ほとんど進水せんとしているもの一隻、建設中のもの五隻で、他にも取りかかっているものはあるが、それは始まったばかりである。要するに、米国の既成の八インチ巡洋艦は二隻だけである。しかるに日本は八隻の既成八インチ巡洋艦を有し、他にも建造中のものを含め、都合十二隻の八インチ巡洋艦を持っている。しかも六インチ巡洋艦九万八千トンを持っている。これに対して、米国の持っているものは七万トンにすぎない。そこで、私の立場としては、日本に対しては、米国の八インチ巡洋艦が日本の十二隻に対し十五隻に達し、なお引き続き残りの三隻が一九三六年までに完成あるいは完成に近いものとなるまで待ってもらうことを求める。つまり六年間、日本に八インチ巡洋艦を造らずに待っていてもらう。

そして六インチ巡洋艦では、今度の条約の日本の許容トン数は十万トンで、現有トン数が九万八千トンであるから、二千トンだけ造ればよいのである。日本が二千トン造るだけだから、米国がその間に七万トンから十四万三千トンに漕ぎつけるまで待っていてもらいたい、こういう交渉をした。小さい艦ならば、戦争が始まってからでも造れるが、日本では巡洋艦を造るのに三年間かかるというのである。

日本国内には、十対七を要求する運動が強くあって、主な新聞はいずれもそれを支持した。日本には強硬な大海軍主義を唱える一派があり、それが軍令部を通じて運動を指揮した。日本の軍令部は、憲法上、特殊の地位にあり、内閣に所属せずして、帷幄上奏の権を有している。

これらの点を考えると、日本当局の立場は甚だ困難であったろうと思う。日本全権も、また全権の行動を支持した日本政府も、内外に対し一番仕事がしにくかったろうと思う。しかも三国の平和関係に対して、より大なるフェースをもって仕事を成し遂げたのである。彼らの仕事がいかに困難であり、問題がいかに面倒であったかは、立場を代えて、彼らの立場に立ってみなければわからない。

これらのことに関し、米国全権一同は、日本全権及び日本政府に対し、これまでより一層大なる嘆称の念を抱いて帰ってまいった。他国が建艦において追い越すのに、また、もし一九三六年以後において、この条約が締結されないならば、他国がはるかに有利な地位に立つであろうのに、自分が静止しているという自己束縛の勇気を持つ政府は、実に困難な問題に当面するであろうと思われる。いかに結論を出してみても、この困難が大ならずという結論には到達しない。いかに製艦費などを云々したところで、そのため問題の困難が減ずるわけのものでない。どんな貧乏国でも、脅威されてなおかつ製艦競争に入り込まないということはない。私はこの条約については日本政府の前に脱帽する。

もし皆さんが今度の条約で八インチ巡洋艦では十対六、六インチ巡洋艦で十対七になったことをお考えになれば、こちらで駆逐艦十対七、潜水艦均等ということにしても、そんな譲歩はほとんど言うに足らない。潜水艦については、米国側の立場は、できるならば全廃したい、それができなければ、なるべくトン数を下げるというのであったが、今度の条約で日本もこれに賛成し、六万八千トンを五万二千トンに引き下げたのである。」

（統帥権干犯）

加藤軍令部長は、兵力量の決定は統帥事項であるから、軍令部長の同意を必要とすると主張した。これに対して浜口首相は、兵力量の決定は統帥事項であるが、内閣の責任において統帥機関の意見を参酌して決定することができると主張した。この主張の相違は、明治憲法第十一条「天皇ハ陸海軍ヲ統帥ス」と、第十二条「天皇ハ陸海軍の編制及常備兵額ヲ定ム」との関係の解釈の仕方にあった。

伊藤博文の「憲法義解※」によると、その第十一条については「本条ハ、兵馬ノ統一ハ至尊ノ大権ニシテ、専ラ帷幄ノ大令ニ属スルコトヲ示スナリ」と言い、第十二条については「本条ハ陸海軍ノ編制及常備兵額モ亦天皇ノ親裁スル所ナルコトヲ示ス。此レ固ヨリ責任大臣ノ輔翼ニ依ルト雖モ、亦帷幄ノ軍令ト均ク至尊ノ大権ニ属スヘクシテ、而シテ議会ノ干渉ヲ須タサルヘキナリ。」との解釈を下している。つまり編制大権は内閣の輔弼すべきもので、統帥大権は編制大権に及ばないとの見解が成り立ち得るわけで、浜口内閣はこの立場をとったのである。しかし、統帥部の見解は、憲法第十一条と第十二条とは相関連しているもので、編制大権にも統帥大権は及ぶから、帷幄の臣に諮らなければならぬということにあった。しかし、この統帥部の解釈にも、決定的な妥当性がなかったので、海軍では今後再びかかる紛糾を見ないために、全権を務めた財部彪（たからべ・たけし）海相が帰朝すると加藤軍令部長と財部とで協議し、軍令部と海軍省の間で「省部の意見一致」の覚書を交換して一応解決を図った。そして加藤と末次軍令部次長は昭和五年六月十日辞職した。さらに海軍では同年十月軍令部条例を改正して「軍令部総長の同意を必要とする」と、条文に明記し、憲法解釈によって乗ぜられる余地をなくした。

※　「憲法義解」（帝国憲法と皇室典範の草案を枢密院で審議する際、井上毅の筆になるという逐条説明書が配布された。この文書は、枢密院で修正の後、草案起草関係者（金子堅太郎を除く）及び穂積陳重・富井政章・末岡精一らによって共同に検討され、「大日本帝国憲法義解」と「皇室典範」となった。両義解を一冊にまとめ、伊藤博文の私著として国家学会によって一八八九年六月に公刊されたのが本書である。ブレーン出版「現代政治学事典」）

この統帥権干犯問題は、ロンドン条約が枢密院に諮詢になったときに議論になった。枢密院の空気は、初め、副議長の平沼騏一郎と精査委員長の伊東巳代治を中心に、統帥部の見解を支持する傾向が強かった。例えば倉富議長から政府に対して、「海軍巨頭の兵力量に関する奏答文を見せよ」と要求したり、伊東が精査委員会で、政府に向かって前軍令部長の加藤寛治の出席を要求したりした。しかし、これに対して、政府はことごとく拒絶した。浜口内閣は当初から枢密院と抗争する気構えを示し、もし枢密院があくまでも反対するならば、反対上奏し、政府の主張が嘉納されたときは、枢密顧問官を更迭してしまうという強硬態度をとった。政府側の参謀は、法制に明るい法相の江木翼であった。枢密院側の動きの背後には、この機会に政友会が便乗して政権奪取を策していた事実がある。政友会総裁の犬養は、枢密院の軟化を知らずに、昭和五年九月十六日の大会で、統帥権干犯を指摘して、枢密院擁護の演説を行っている。これは政友会幹部が枢密院と呼応して倒閣の気勢を上げようとした策略であった。しかし枢密院側は、政府の異常な決意を見て、逆に屈服し、自己保存の態度に軟化した。九月十七日の精査委員会で合意を得て、ロンドン条約は枢密院を通過した。

　これでロンドン条約問題は一応解決したが、統帥権干犯問題と海軍部内の対立は残った。海相財部は、一段落ついたのを機会に、十月三日、責任を感じて辞職し、後任に大将安保清種※が就任した。以上の経過と結果から見られるように、ロンドン条約に対して、浜口内閣は、終始一貫、海軍軍令部の反対も、枢密院の反対も一蹴し、あくまでも所信に邁進した。これは議会の絶対多数を背景とする政党内閣の自信と信念を示したものといえよう。

　浜口内閣の政治は、このように政党政治として一種の体裁を整えていた。政党政治は政策を異にする政党の対立を中心とする議会政治を意味する。しかし政友会、民政党両党は、資本主義政党として本質を同じくし、従来、両党の対立には政策的に根本的相違が少なかった。これでは政党政治の意義が薄れる。そこで同じ資本主義政党の範疇でも政策的相違をもって対立し、政党政治の体裁を整えようとする意識が政治傾向にあらわれてきていた。例えば浜口内閣の経済政策は金解禁（昭和五年一月十一日断行）を中心に、デフレ政策をとった。これは田中内閣と政友会が積極放漫政策でインフレ的政策をとっていたのに対して、対照的な政策をなすものであった。そして、その後の政友会の犬養内閣は再び金輸出の禁止を行って、民政党の財政経済政策との対立を示している。

※　安保清種《あぼきよかず》（日本海海戦時の「三笠」砲術長、浜口内閣の海軍大臣）

しかし両党とも資本家擁護の点では同じである。この当時、政友会は金融資本、民政党は産業資本の利益を代表するともいわれたが、浜口内閣の井上財政を見ると、やはり金融資本を擁護している。金解禁を断行した直後、生糸の値段が暴落し（三月）、生糸恐慌が起こったとき、井上は製糸業者と金融業者の不満に対して、糸価安定補償法を発動して融資を行い、これを救済している。また、井上は公債の非募債主義の立場から、公債の価格安定政策をとり、公債所有者である財閥と銀行を擁護した。浜口内閣の経済立て直しは、一面からいえば、金融資本主義を安定させることにあった。つまり民政党内閣にしても、政友会内閣にしても、金融資本主義擁護に偏していた点は変わりがない。

これに反して、勤労階級あるいは無産階級を擁護する政策は、政友、民政いずれの内閣によっても軽視されている。これは浜口内閣についてみても、例えば救護法（第五十六回議会）の実施を延期し、資本家の要求を入れて労働組合法を反動化したことを見てもわかる。これら新興階級の利益を代表する無産政党は、議会でわずか五つの議席を有するのみで、微々たる勢力であったから、無視されがちであった。特に浜口内閣の緊縮政策、産業の合理化は不景気に拍車をかけ、失業群を増大させた。同時に、金解禁によって物価は下落し、農村恐慌を一層深刻化した。しかるにこの農村恐慌に対して、浜口内閣はほとんどこれを重視しなかった。当時の実情からいうと、昭和二年の金融恐慌に始まった日本の経済恐慌は、産業恐慌から農村恐慌に拡大し、農民の生活は逼迫していたのである。それがさらに農産物価格の崩落、農村金融の途絶と悪条件が加わったのであるから、農村恐慌を一段と促進し、農民の窮乏は深刻を極めた。この国民生活の窮乏は、労働争議、小作争議を増加させ、支配階級と被支配階級の分化を促し、極左運動を発生させた。浜口内閣はこれに弾圧を加えた。

こうして浜口内閣の内政は、ロンドン条約の解決後も、経済の立て直しが軌道に乗らず、不景気の深刻化で、人心は浜口内閣から離れていった。こういう中で、浜口首相は、昭和五年十一月、東京駅で一右翼青年に狙撃され、重傷を負った。そのとき浜口は「男子の本懐」と言ったと伝えられるが、幸いに致命傷にならなかった。しかし第五十九回議会を控えていたので、政府と民政党は急遽、外相幣原喜重郎を、民政党に入党させることなく、首相代理に据えて議会に臨んだ。

幣原の首相代理は、民政党の内部対立を激化させないための安全策であったとされる。首相代理は党籍のある現役閣僚から選ぶのが政党政治の原則である。幣原は、民政党の外交を代表し、また三菱財閥との関係からいっても、民政党員に近い立場の人であったが、首相代理になっても入党しようとしなかった。民政党内では安達謙蔵内相と江木翼法相が次期総裁候補と目され、両者鋭く対立していた。

第二節　幣原首相代理失言と問責

野次と罵声渦巻く議場、ひどい品位低下

（昭和六年二月二日　東京朝日新聞）

黙過し難き昨今の衆議院

見よ、我らの国政は道化場にて議さる、野次と漫罵、連日議場を圧倒、醜状は年毎に加わる。

「我が国に憲政布かれてここに四十二年、議会の開かるる、ここに五十九回に及んでいるが、その中心たる衆議院の品位は、年とともに低下し来たり、議場の昨今は、連日下劣を極めた野次と漫罵に圧倒せられ、騒擾と乱闘はしばしば繰り返されて、憲政の殿堂は今や道化場と化した観がある。本紙はかねてより低劣な議員等の野次行為が、一つには新聞による売名手段なることを知り、従来努めてこの種の行動を黙殺してきたのであるが、昨今の醜状は、国民とともに看過しがたきものであることを感ずる。しかもその醜態に対し、議長も政党幹部等も、これを救正せんとする熱意なく、全く放任のままである。もし彼ら議員等にして、今日において、その愚と醜とを猛省するところがなければ、彼らは憲政のため、自ら墓穴を掘るものであり、既に事実に現れているごとく、国民全般の風教に驚くべき悪感化をも与えつつあるもので、このままの状態が続くならば、議会政治に関心を持つ大衆の間からも、議会排撃の声が起ることとすら測りがたいのである。こうして神聖なるべき国政が道化場において議されている観あるこの事実を、国民は果たして何と見るか。

心ある新聞はつとめて議会昨今の醜態を黙殺しているのであるが、今試みにまだこれを実見せざる読者のため、その場面を二、三記してみれば、大体左のごとくで、これは実に連日、行われているところで、重大な議案の上程された日などは、これよりもさらに甚だしいのである。」

朝日新聞はこう断り書きを付して数例を挙げるが、ここでは最初の一例の一部だけ紹介すれば、議場の光景を推測するのに十分であろう。

「演壇では政友のHT君、蔵相説明の法律案に反対質問をやっている。民政側のヤジ騒然……政友の野次が独特のなまりで、「しめい（悲鳴）をあげるな、しぼさい（非募債）主義の破綻ざねえか」といきりたつと、民政のU「うるさいわい、ギャかましい」とたけりたつ。「ウマカタ、ラッキョー、デボチン、だまれ」と、これは政友のOだ。Uもまけていず、「何を円タク、三十銭に値切ってやるぞ」……と、はじめての人にわからぬような符牒で、演壇そっちのけの野次交換に、たまりかねた議長、「U君、静粛に願います。」。Uは議席から答える。「だってウマカタとむこうこうから呼んでいます」……議場哄笑（こうしょう―大声で笑う―引用者）。

その翌日、昭和六年、第五十九回議会で、幣原首相代理の失言問題が起こった。それは昭和六年二月三日の衆議院予算総会における政友会中島知久平のロンドン条約質問に対する幣原首相代理の答弁である。以下、予算総会におけるその経過を東京朝日新聞の記事で追っていく。その記事は、当日院内警備に当たった「守衛の報告」においてもほぼ同様である（渡邊行男「守衛長の見た帝国議会」一四五ページ以下）。

予算委員会審議経緯

昭和六年二月三日　衆議院予算委員会総会第九回（質疑応答）

中島知久平（政友会）質問　先日内田君の質問に対して、安保海軍大臣は予算総会において、ロンドン条約の兵力量をもってしてはわが国家を防衛する作戦計画を遂行する上に、兵力の不足を来たしたということを言明しておられる（拍手）。ゆえに、浜口首相及び幣原外相の免るべかざる重大なる責任は、初めてここに明らかになったのである。この重大責任に対して浜口首相及び幣原外相は、いかなる処決をとる決心であるか、この決心に対して幣原首相代理の明確な返答を承りたいのである。」

幣原首相代理　この前の議会で、浜口首相も私も、このロンドン条約をもって、日本の国防を危うくするものでないという意味は申した。現にこの条約は御批准になっております。御批准になっているということをもって、このロンドン条約が国防を危うくするものでないということが明らかであります。

竹内委員長　静粛に……静粛に……静粛に……静粛に……入ってはいけません。傍聴人は入ってはいけません。静粛に願います。静粛に……静粛に……静粛に……静粛に願います。

（発言する者多く議場騒然）

島田委員（政友会）　議事の進行について一言したい。海軍の問題について質問応答のあるについてわれわれは緊張している。しかるに、ただいま幣原首相代理の御答弁を拝聴いたしまするとこのたびのロンドン条約の結果として得られたる兵力量については、何らわが国の国防上について欠陥はない、その証拠として現にロンドン条約は御批准を得ているではないか。そのことは、首相代理としてはもとより、外務大臣として、国務大臣として、輔弼の責任を忘れ、責を陛下に帰するものであると言わなければならぬ。この責任をどうするか

（発言する者多く議場騒然）。

ロンドン条約の責任を天皇の批准に帰するような発言をなしたため、政友会議員は「天皇に責任を帰し奉るとは何事であるか」、「単なる失言ではない」、「取り消しではすまぬ、総辞職せよ」などと絶叫し、幣原首相代理の席に迫り、委員会室は大混乱に陥った。混乱一時間にして委員会は再開され、島田俊雄（政友会）より、「政党人でない幣原君を首相代理とすることの不都合についてしばしば警告してきたが、これを無視して今日に至り、この失言問題を引き起こした。議事進行については委員長に一任するが、今、幣原首相代理が釈明に立つようなことがあれば、数をもっては解決し得ざる問題のあることを注意しておく」旨の発言があって散会、首相代理はじめ各閣僚は「守衛の人垣に囲まれて野党側の怒号の中から退席した」。（二月四日朝日朝刊参照）

二月四日

政府は朝から、数度閣議を開いて対策を講じ、一方、円満に議事を進めようとする民政党は政友会としばしば折衝を重ねたが、政友会はあくまで強硬な態度を持し、幣原首相代理失言の責任を追及しようとして譲らず、同日午前九時半から議長応接室において予算総会理事会を開いたが、何ら決定を見ず、物別れとなり、午前中再度開く予定の理事会は開かれず、予算総会は午後二時に一度開かれただけで、直ちに休憩に入った。午後四時十分から再度の理事会を開き、民政党側から「四日中には質問を終了すべきこと、議事の円満なる進行を図るため何らかの妥協策を講じたいこと」が提示されたが、政友会側は「自分の方から妥協すべき方策を持たぬ」と述べ、何らの協定に達せず、結局、総会における成り行きに任すこととし、ともかく四時五十分再び予算総会を開会すべきことを申し

合わせて、四時四十分理事会散会。しかしながら議事の進行については両派の間に妥協が成立したわけではないので、ともかく再開することに決するや、両派の議員は続々予算委員会傍聴席に詰めかけ、議員傍聴席はたちまち満員になり、議場外にはまた両派の院外団が肩をいからしてたむろしており、午後五時、幣原首相代理が入場すると、政友会の傍聴議員はこれに襲いかかり、首相代理は守衛と民政党議員に守られて、かろうじて大臣席に着席するという状況であった。かくて武内作平委員長が開会を宣するも、喧噪を極めて徹底せず、島田俊雄（政友会）に発言を許すも、「守衛を除け」、「戒厳令下に議事が開けるか」、「幣原自決せよ」、「民政党は国賊をいただいてどうする」と罵声と怒号の飛び交う混乱の続くこと約三十分、委員長は「この状態をもってしては議事を進めることはできないから散会し、五日午前十時から開会する」ことを宣告し、午後五時四十五分、首相代理は多数の守衛に守られて怒号と歓声のうちに大臣室に引き揚げた。（二月五日朝日朝刊、夕刊参照）

二月五日

藤沢幾之輔議長の斡旋で政民両党間で交渉のため、小委員会を開くこと三回、安達謙蔵内相と望月圭介政友会総務とが局面の打開について折衝すること二回、その他予算委員会の理事会を開いてしばしば協議するなど、緊張した中で頻繁に交渉を進めたが、政民両党の主張にはなお越えがたい溝が残されており、数回にわたって開かれた予算委員会も、ただいたずらに喧噪に終始し、五回目は流会となり、議事は少しも進められず、解決は六日に持ち越された。

なお、民政党の牧山耕蔵、加藤鯛一、木檜三四郎各院内総務は、五日午前十一時、議長室において藤沢議長及び小山正壽副議長と会見し、与党院内総務会の模様を伝えた後、先日来の予算総会の騒乱は誠に遺憾であるから議長として遠慮なく警察権を行使せんことを要求し、与党としては暴行又は公務の執行を妨害した者に対してはどしどし告訴する方針であることを述べて、その了解を求めた。続いて三氏は院内大臣室において江木翼、安達謙蔵、井

上準之輔各大臣と会見し、問題の趣旨を伝達した。（二月六日朝日夕刊参照）

また、当日の委員会に東京憲兵隊東部軍事高等課憲兵軍曹横尾弥三郎、丸之内署警部補高等主任警部補中村嘉三郎外私服巡査二名が入っている事実が政友会議員によって発見されて問題となった。政友会では、議院法、衆議院規則によれば、院内の警察権は議長の執行するところであり、かつ警察官吏の警戒区域は議事堂外とし、議長の特に命ずる場合に限って議事堂内の警備を行うことができると明記されているが、当日の憲兵、刑事は果たして議長の命によって入場したものか、あるいは単に政府がひそかに潜入せしめたものかについて、政友会は次の本会議において議長の答弁を要求し、安達内相の責任を徹底的に追及することを決めた。

右の件につき山道襄一民政党総務は、同日の幹部会の席上、次のように報告した。「衆議院の事務局でその内容を質したところ、従来より衆議院は官吏の委員室出入券を正式に発行している。しかしてその枚数は各議会ごとに百十三枚を発行し、特に第五十四回議会（田中内閣）には百二十三枚を発行した」。

なお、右のうち、警視庁に交付してあるものは、報道によれば、「第三十一回議会（山本権之兵衛内閣）より毎回三枚で、特に第五十四回議会は、右三枚のほか追加二枚、計五枚、他に丸の内署に三枚となっている。今議会においては警視庁に追加、三枚ほか一枚、計四枚を出している。丸の内署には二枚を出している。また憲兵隊司令部には第五十三回議会（田中内閣）以来、毎回一枚交付してある。今回予算委員会において問題となった中村、本田両警察官は警視庁高等係で、吉原は丸の内署高等係であって、ともに慣習により合法的に入場している。しかるに政友会はこれら警察官に暴行を加え、多数の所持品を強奪したのであって、これは不当な野蛮な行為である」。（二月六日朝日朝刊参照）

二月六日

失言問題の紛争により、すべての議事は一時中断された状態となり、この間、政府筋の狂奔、藤沢議長の斡旋もあったが、ついに何らの功を奏せず、朝野両党は醜い戦術でもって、いかに自派を有利に導くかに専心する状態となったが、五日夜に突発した憲兵並びに刑事の予算委員室潜入問題が新たな波紋を起こしたので、事態の推移は混とんとし、当日唯一の議事である予算委員会は開会間もなく休憩、結局、前日同様、開会しては休み、休んでは開くのみで、院外団も加わって大乱闘に終始し、流血の惨事を演じ、衆議院は全く空白状態に陥った。（二月七日朝日夕刊参照）

このような予算委員会の大混乱を憂慮した藤沢議長は、

一　現下の情勢では七日の本会議を開けばいかなる事態を招来するか計られぬため休会とすること

一　七日以後、予算総会開会に際しては、交通遮断区域を定め、予算委員会室及びその区域内には議員、国務大臣、政府委員、新聞記者以外は一切入れざること

を決定、六日午後七時、各派代表者に理解を求めた。

なお、民政党は六日の予算総会における政友会議員の暴行に対し、これを公務執行妨害脅迫暴行罪として東京地方裁判所に告訴した。（二月七日朝日朝刊）

二月七日

乱闘また乱闘、議事そっちのけでこの数日を暮らしてきた衆議院は、六日、ついに流血騒ぎとなったが、七日に至って民政、政友両党の対立状態はますます悪化し、今日まで無抵抗主義で行くと称していた与党も、予算委員の顔ぶれを変更し腕に覚えのある代議士をもってこれに当て、その上、早朝から少壮気鋭の代議士を派して議員傍聴席を独占せしめるなど無抵抗主義を放棄して強硬策をとり、政友会側また既定方針通りあくまでこれに対抗し、かくて両派のものすごい対立のまま、午前十一時から開かれるはずの予算総会に臨んだ。一方、議院の方では乱闘を

予期し議員、新聞記者以外は、一歩も委員室に近づけさせず、厳重なる警戒網を張ったが、予算総会は開会に先立ち、十時ごろから早くも政民両派議員入り乱れての大乱闘となったので、開会を宣するに至らなかった。

かくのごとく議会は殺気横溢、全く収拾すべからざる状態にあるので、藤沢衆議院議長は七日午前八時、犬養政友会総裁を訪問し、議会の混乱騒擾は甚だ遺憾に堪えぬところであると、議長としての苦衷を述べた後、幣原首相代理の失言はそれとなく取り消すこととして円満解決に進む道はないであろうかと打診したに対し、犬養総裁は、首相代理の発言は男らしくあっさり取り消すことにしてはどうか、姑息なる手段をとろうとすることは、かえって事態をまぎらわしめるだけであろうと答え、藤沢議長はその旨、与党幹部に伝えることを約したところ、犬養総裁は、

「今日のごとく事態悪化している際に無理に予算委員会を開くことは考えものだ。失言問題の善後処置を講じ、懸案の円満解決をみた上で開会した方がよい。御来訪の趣旨はよく了解しており円満解決はもとより望むところで、いま自分は病気で引きこもっているが、なるべく早く登院してできるだけ努力しよう。」

と述べ、種々の懇談を行った後、藤沢議長は、午前十時半、衆議院議長室においても所属の尾崎行雄と会見し、犬養総裁に対して述べたと同趣旨を伝えて事態の円満解決方を依頼した。これに対し尾崎行雄は、至極同感の意を表明し、事態の解決に尽力することを約した。

なお、議長は、午前十時、民政党院内総務と会見した。

「現在の議会の状態は誠に遺憾に耐えない。予算総会の議事進行に関してはいろいろ手を尽くしてみたが、ついに打開の方策が立たなかった。よって自分はこの際、議員の長老たる犬養総裁、尾崎行雄と相談して局面打開の方法を論ずるよりほかに道なしと考え、七日朝、犬養総裁、尾崎行雄ともそれぞれ会見し、局面解決の

策を求めた。ついては七日の午前十一時開会の予算委員会を一時間延ばしてくれないか。」

この提議に対して、議長は、議長において何らかの方法を講じたいと述べた。よって与党幹部は直ちに幹部会を開いて対策を協議したが、すでに七日は予算分科会最終日である、議長が予算総会の開会を一時間延ばせといえば、開会は午後一時になって、当然二時間の開会延期となる。しかもこの重大問題がわずか一、二時間で解決すると思われない、よって審議権を重んずる見地から、予算総会は総会で定刻に開会し、一方議事進行の相談を進めるのが適当であるという意向で一致し、この旨、議長に回答する一方、森田茂、山道襄一、中野正剛の三氏が院内大臣室に政府側を訪問してその意向を伝達した。

尾崎行雄は、幣原、安達両大臣と会見した。両大臣は種々事情を説明し、政府の苦衷を述べた後、七日の貴族院本会議で幣原首相代理が志水小一郎の質問に答弁したところ（後述）と同様の意味で、問題の取り消しをなし、それをもって万事を解決したい意向を示して斡旋を懇請したので、尾崎は、午後一時五十分、犬養政友会総裁を訪問し、首相代理の失言問題に起因する衆議院の混乱状態の打開方策に関し懇談したが、これに対し犬養総裁は党の者と相談した上で善処することに努めると回答した。

なお、幣原首相代理は、七日の貴族院本会議において、志水小一郎の質問に対する答弁の中で問題発言を取り消した。

「私が衆議院の予算委員総会におきまして、この問題に関して私の申し述べたる言葉が元になりまして、会議の混乱を生ずるに至ったのでありますが、御批准奏請につきまして政府が全責任を負うことは、もとより申すまでもないことであります。当時私の述べました言葉は、海軍条約については軍部との間にも意思の疎通を遂げて、御批准奏請の運びとなったことをもってしても、本条約が国防を危うくするものでないということが察し得られるということを意味するつもりであったのであります。何ら国務大臣としての責任を回避する趣旨は含んでおらなかったのでありますが、私の用いましたる言葉のためにいろいろ物議を生ずるに至りましたことは、誠に遺憾とするところであります。よって右、私の用いましたる言葉は、機会を得次第、衆議院の予算委員会におきまして、全部これを取り消したいと考えておるのであります。この際、御了承願います」（昭和六年二月八日貴族院議事速記録十二号一三一頁）

二月八日

安達内相と望月政友会総務とは、八日午後四時、衆議院内議長室において会見、まず安達内相より、

「時局の紛糾いよいよ華々しく、これがため議会の品位を傷つけ国務の運用を妨げることは誠に遺憾に耐えない。よって政府はこの点を考慮し、七日、尾崎行雄と犬養政友会総裁との会見により政友会の意向を大体了解できたから、その意向を参酌して解決案を作成した。よって政友会においても政府の考えを諒として問題解決に努めてもらいたい。」

と述べて、ぜひこの際、互譲の精神をもって円満解決を図りたい旨を告げたところ、望月総務もまた、

「事態の混乱によって国務の遂行が妨害され、議会の権威を失墜するがごときは、同様遺憾であり、政友会としては一日も早く円満解決を希望しているが、幣原君の言辞は、ただ用語の不十分とか不徹底という意味でうやむやに葬るがごときは、到底承認することができない。よってこの際は、その事態紛糾の原因を明らかにして問題を根本的に解決したい。」

と答えた後、安達内相より、双方代表的資格をもって交渉に当たるべきか、あるいは従来の関係上、個人的に交渉すべきかについて相談したところ、望月総務は、自己の立場を述べ、この会見は代表的資格というよりも、むしろ

個人的関係において一身を挺して解決の任に当たるがよいと提議したので、安達内相もその意を諒とし、あらかじめ持参した次の妥協策の原案を提示した。

「二月三日予算総会において中島知久平君の質問に対し私が（答弁内容は既出）答えたことは、私の真意を尽くしたものでなく、失当の言葉でありましたから、その全文を取り消します。」

というものであり、これと同時に民政党より提起した一切の告発は、これを取り下げる旨を付言したものであった。

これに対し望月総務は、安達内相のこの問題に対する誠意を諒とするとともに、その妥協案も従来のそれと大いに異なり、政友会の意向に接近しているが、なお考慮を要すべき点があるから、

「犬養総裁並びに党幹部とも十分商議して、できるだけ解決に努めるが、政府の方でもなお考慮してもらいたい。」

と答えて、同夜九時、議長官舎において再び会見することを約し、五時二十分、会見を終了した。その後、望月総務より安達内相に電話にて、

「御提示の案では党内が収まりそうもないから、今晩の会見は延期したい。聞くところによると、政府にはさらに第二案、第三案があって、御提示のもの以外に最後案があるというのではないか。」

と質したが、安達内相は、「そういうことはない。しかし政友会がそういう事情であれば、九日午前八時半、内相官邸で会見したいから何とぞ御尽力を乞う」旨を述べ、問題は九日に持ち越された。（二月九日朝日朝刊参照）

二月九日

失言問題が暗礁に乗り上げて三日以来六日間もめ続けた局面も、九日朝、安達内相と犬養政友会総裁との直接交渉によって、ようやくその打開を見るに至った。この朝午前八時から内相官邸において望月政友会総務と会見の上、いわゆる政府の最後案について協議する予定であったが、望月総務が折悪しくぜんそくが起こったため会見不能となり、急に内相と犬養総裁との直接会見となったのである。よって安達内相は午前八時四十分四谷南町の自宅に犬養総裁を訪問し、同五時五十分から九時二十五分まで妥協の基礎案について隔意なき懇談をとげた結果、

「過日中島君の質問に対し（議会答弁の内容略）答えましたる私の答弁は失言であります。全部これを取り消します。」

との「協定案」を得た。よって安達内相は直ちに辞去、院内における閣議に報告するとともに、民政党幹部にもこれを提示して了解を求め、与党並びに政友会では、それぞれ幹部会に引き続き代議士会を開いて改めて態度を決定し、ここに最後の解決点に到達するに至った。（二月十日朝日夕刊参照）

なお、予算委員会は、九日午前十時に開会する予定であったのが、失言取り消し問題のため開会に至らず、正午の理事会で午後一時まで延期したが、政民両党幹部会が長引いた関係から、その後、三時に延期し、さらに六時に、次いで九時にと四度延期された後、午後八時から開かれた理事会において次の二項を決定した。

一　九日中には各派交渉会を開きがたいから、九日は流会にし、十日午前十時から開会すること。

一　予算審議期間の延長、分科会に付託すべき日取りその他の事項に対しては、十日の各派交渉会で協議されるはずであるから、交渉会の終了後、さらに理事会を開いて協議すること。

また、政府は与党側幹部と協議した結果、「事あるごとに議会の紛擾を来たすは立憲政治のため甚だ遺憾のことで

あるから、この機会に、お互いに何らかの申合わせか、又は何らかの方法を講じようという議論があり、これについては後日さらに政友会と交渉することに意見の一致をみた（二月十日朝日夕刊参照）。

なお、五日夜の予算総会での暴行事件に関し、七日、吉原巡査部長から強盗傷害、公務執行妨害罪で告訴されていた政友会所属の木村正義、安藤正純、東郷実、名川侃市、本田義成、寺田市正、宮脇長吉、犬養健、原惣兵衛の九人の議員は、九日朝、吉原巡査部長を相手取って誣告の告訴を提起することに決し、同日午後、東京地方検事局に訴状を提出した。（二月十日朝日夕刊及び二月七日朝日朝刊参照）

二月十日

幣原首相代理の失言問題によって引き起こされた騒擾事件の善後処置に関連し、これを機会に何らかの処置を講ずべしとの意向は各方面でささやかれていたが、政友会も民政党も、これにかんがみ、十日午前八時、議長官舎に民政党富田幸次郎、桜内幸雄、山道襄一、政友会秋田清、熊谷直太、森格の各議員が会合し、議会の品位向上については、

一　暴行その他による議会内の一切の醜事を排除すること。

一　告発事件については、幣原首相代理の失言に関連する暴行事件の告訴を取り下げるのみならず、懸案になっている熊谷、松田、名川氏等に対する告発事件も一切解決すること。

を申し合わせ、両派とも幹部会並びに代議士会の承認を経て委員を選んで、右二点を骨子とする具体案を作成し、左の申し合わせをなし発議することになった。

申し合わせ

一　議会政治の向上発達を期する際、特に両党において委員を挙げ、適切な方法を講ずること。
一　議会内において生じたる懸案は、速やかにその全部を解決すること。

この会合に参加した両派の出席者は、実際上、両派を代表し得べき人々であったから、この会合をもって幣原首相代理の失言に関する暴行事件が解決されたのみならず、政友会側の提起にかかる民政党の枡谷（マスタニ）寅吉議員の告発を取り下げることになり、懸案も解決されることになって、紛擾以来八日目で本筋に立ち返ることになった。（二月十一日朝日夕刊参照）

前述の申し合わせに基づいて政民両派から選ばれた議会革正委員は、午後六時、院内各派交渉室において第一回の会合を開き、民政党側からは、頼母木桂吉、森田茂、山道襄一の各総務、富田顧問、桜内幹事長、政友会側から熊谷直太、秋田清、森格、島田俊雄、秦豊助の各幹部出席、告訴問題、議会浄化策に関し意見を交換した結果、次の申し合わせを行った。

一　告訴の取り下げを実行すること。
右は現実に起こっている告訴問題のみならず、両派の院外団から提起されている一切の告訴にも及ぼすこと。
一　右の付帯条件として、議会の向上発達を期するため速やかに両党首会見を求め厳粛なる申し合わせを発表すること。
一　議会の向上発展を期するため委員を設け、議院法、議事規則の改正その他適切なる方法を講ずること。

右の議会革正委員の申し合わせに基づいて、政友会の秋田清は、十日午後、犬養総裁を訪問し、議会浄化のためにする両党首会見について総裁の意向を求めたところ、犬養総裁は快くこれを承諾した。よって秋田は直ちに院内において民政党の山道襄一と会見し、この旨を伝えたので、山道院内総務は午後七時半、院内大臣室に安達、江木両相を訪問し、秋田との会見内容を伝え、夕刻の議会革正委員会の申し合わせの趣旨を説明して両相の意見を求めたが、両相は、「議会浄化のためにする両党党首会見ならば進んでこれに応ずるにやぶさかでない。但し浜口首相は病気中であるから、安達内相を代理として両党首会見に代えよう。しかしてその会見において議会革正に関する意見を交換して、これを天下に発表し紳士的協定をすべきである。」との旨を伝えたので、山道は折り返しこれを政友会側に回答した。したがって両党首会見が近く行われるべき膳立ては全く整ったが、議会浄化には犬養総裁も全く同感なので、その会見の結果、ここに一種の覚書が発表せられ、今回の騒乱を動機として議会革正に一歩を踏み出さんとする気運濃厚となるに至った。（二月十一日朝日夕刊参照）

二月十一日　紀元節

二月十二日

議会政治向上に関する政友会民政党両派議員は、十二日午前九時から院内交渉室に会合し、民政党の富田、頼母木、森田、山道、桜内、政友会の島田、秋田、秦、森、熊谷の各議員出席し、議会の向上策並びに同日の予算委員会開会までに至る一切の処置について協議した結果、次の「申し合わせ」をした。

「一　速やかに両党首の会見を行い具体的意見の交換に移ること
二　議会政治向上に関する研究につき両派より各五名の委員を挙ぐること（但し委員は従来の委員をもって当てること）
三　右研究会には議長副議長の参加を求めること
四　議会内事件に関する一切の告訴告発を十二日中に取り下げること
なお、右申し合わせにより、予算総会議事に関する一切の紛議は、最後の解決をみたものとして、同日午前十一時より開かれる予算総会の議事を円満に進行せしむること に意見一致し、両派委員は各院内総務にその旨伝達した。閣議では揚げ足をとられないよう慎重に答弁すること が話し合われた。

かくて衆議院予算総会は、十二日正午、形式的に開会、直ちに休憩した後、午後一時三十五分再開、まず武内予算委員長より、理事会の決定により、議院法第四十条第三項により、予算審査期間延長を議長に要求し、十日の本会議において五日間延長することに決議された旨を報告した後、幣原首相代理及び政友会島田俊雄委員から次のような議事進行の発言があった後、議事は十日前の中島知久平の質問の続行に立ち戻ったのである。

幣原国務大臣（首相代理）　過日中島君の御質問に対し「現にこの条約は御批准になっております。御批准になっておるということをもって、このロンドン条約が国防を危うくするものでないということは明らかであります。」と答えましたる私の答弁は失言であります。全部これを取り消します。

と言って、首相代理は政民妥協の失言取り消し文を読み上げ、問題の言葉を完全に取り消す。このとき議場は水を打ったように静かに緊張の気に満たされ、一言も発声する者なし。次に議事進行に関し、島田から次の発言があった。

島田俊雄委員　私どもはこの場合、他の機会において、又他の形式によって、この問題を論議追及するということを別として、この問題を原因として起こった各種の事件に関して、はなはだ遺憾であるが、立憲政治の大義を動かすがごとき言動ありたる場合には、寸毫たりとも仮借したいという覚悟と決心とが、国民の中に多々あることを知らしめておき、これ以上追及することはいたさない考えである。」（二月十二日衆議院予算委員会議録第十三回二一–三頁、なお、二月十三日朝日夕刊参照）

かくて失言問題は解決して暗雲一掃、議事の進行は常規に復すのである。

二月二十三日

（議会革正の両派交渉委員会申し合わせ）

議会浄化に関する政民両派の交渉委員会は、二十三日午前十一時、議長官舎に会合し、民政党より、富田、頼母木、山道、桜内の諸氏、政友会より、秋田、島田、森、熊谷、秦の諸氏、及び、藤沢、小山正副議長、田口書記官長出席の上、民政党並びに衆議院事務局より提出の議会革正に関する具体案を基礎として種々協議を重ね、次の通り申し合わせをした。

申し合わせ

一　両党首会見は、浜口首相登院の上、適当の時期をみて実行すること。

一　議会革正案は多数あるから、議長の手元に置いて成案し、近く両派交渉委員会を開いて決定すること。

なお、議会革正に関する民政党委員は、さきに政友会の要求により腹案を練っていたが、大体山道委員の手許で左の革正私案ができ上がったので、同党委員長は二十三日午前十時から院内で会合し、原案につき審議した上で、同日午前十一時議長官舎において開かれる政民両派委員会（議長、副議長、書記官長参加）に参考案としてこれを提示した。

民政党議会革正私案

一　議員は、議会において公然言論等をもってするのほか、営利を目的とする個人団体及び会社等の依頼を受け、

行政府官吏に対し直接交渉及び媒介をなすこと得ずと議院法に規定することの可否
二　会期延長の可否
　右を可とするも、憲法の改正を要するがため困難なりとすれば、全院委員会又は予算委員会を継続委員会とし、あるいは別に議案審査大委員会を数部門に分かって新設し、これを継続して定期議会前に各種法律案及び予算案の審査を終局しおくの可否
三　議院に理事三名を選挙し、議長を補佐して専ら議場の秩序安寧維持の任に当たらしめ、任期は一年、重任を妨げざることとするの可否
四　従来の懲罰委員会を改め、又はそのほかに査問会と称するものを設け、正副議長、理事及び五名の互選委員をもって組織し、一種の議院裁判所たらしむるの可否
五　議院内において暴行脅迫の言動をなし、また暴行によって文書器物を棄損したる者は、その会期中議案に対する賛否の決に加わるのほか、一切の議員としての職能は停止す。もしこれを犯したるときは、その会期中出席を停止し、かつ一か年分の歳費を没収し又はこれに等しき金額を徴収するの可否
六　他人の身上にわたる言論をなし、よって他人の名誉を傷つけたる者は、査問会に付し、もしこれを実証し得ざる場合は、その会期中発言を停止し、さらに損害賠償の責めに任ぜしむることの可否
七　議長及び理事を侮辱し、又はその制止、勧告等に服せざること三回に及ぶ者は、一カ月間出席を停止し、その命令に反抗する者は、その会期中出席を停止し、かつ一か年分の歳費を没収し、又はそれに等しき金額を徴収するの可否
八　議事進行に関する発言は、日程に関係を有するものは、その日程に入るに先立ってこれを許可し、しからざるものは全部の日程終了後においてこれをなさしむることの可否
九　委員会は、国務大臣及び政府委員の出席を求めず、審査用文書図画機具等を政府に要求し、ただ関係政務官

のみ委員として出席せしめて自主的審査を行うこととするの可否
十　委員会の傍聴議員の数は各派按分率をもってその人数を委員と同数とし、委員長の許可を得て意見のみを述ぶることとするの可否
十一　議院法及び衆議院規則を全部にわたり改正を行うため、議員を主とし官吏及び学者の参加を加え、委員会又は審査会を組織するの可否
十二　議院の先例を整理し、悪例はこれを廃し、権威ある先例彙纂を編成することの可否
十三　演壇は儀礼に関する議事及び特に議長の許可を得たる場合のほか、これを使用せず、議員の発言は自席においてするを通則とするの可否
十四　各政党の院内役員幹部及び国務大臣、政務次官、参与官は、議場の前方の議席に着席せしめ、すべて公共性の質疑応答及び討論の任に当たらしむることの可否
十五　衆議院に議席を有せざる国務大臣及び政府委員は特別席（例えば現在の大臣席及び政府委員席）に着席せしむることの可否
十六　議場のテーブルは前方の数個のみにとどめ、他はすべてイス（ベンチ）のみとし、音声の徹底を期することの可否（二月二十三日朝日朝刊参照）

二月二十四日

議会革正問題について民政党は、二十四日の代議士会において、大いに議論し、改革案をまとめてみたが、政民両派委員会の場では、政友会が何ら具体的対策を示さず、殊に非公式にもせよ、右委員会の審議を今期議会終了後に延ばしてもよいとの主張をなすなど、全く誠意を欠くものとして、民政党幹部をはじめ多数者から不満の声が上がった。よって民政党としては、本問題については、さらに政友会を督励して実現の促進を図ることとなり、委員

に対しその旨、種々の希望がなされた。（二月二十五日朝日新聞）

その後、三月九日、幣原臨時首相代理解任、浜口首相、三月十日登院せしも、病状思わしからず、四月四日再入院、同月十日、浜口内閣総辞職の方針決定、四月十三日辞表奉呈、同十四日、若槻内閣成立、八月二十六日、浜口首相死去等の出来事が続いたため、両党首会談は行われるに至らず、議会浄化の最終的結末は、以下に取り上げる第六十一回臨時議会以降に持ち越されることになる。

第三節　混乱の収拾

この一週間にわたる議会の空転状態をどう考えるか。二月三日の予算総会における幣原首相代理の失言問題に端を発し、議会は、衆議院を中心にして、混乱に混乱を重ね、本会議はもとより、委員会も連日全く議事を進めることができず、加えて、警察官の入場問題は、事態を一層険悪にし、ついには院内にいた院外団も加わって、乱闘になり負傷者まで出すに至った。

政民二大政党は、この混乱の原因及び責任を互いに相手になすりつけ合った。野党政友会が声明書を出して、「政府は憲法政治の名の下にクーデターを行うもの」であると言えば、与党民政党も声明書を出して、政友会の行動が「凶暴無道、計画的に議会を暴動化して政権奪取の野望を遂げんとする」ものであると応酬し、両党は互いに相手を「議会政治を否認する」ものと批判し合った。

幣原首相代理の失言は、その言葉通りの意味においては、重大な失言であるに違いない。権限を有する天皇が「すでに御批准のあったことによっても国防上の欠陥のないことは明白である」と言っているのであるから、「君主無答責・大臣責任」の原則を踏み外し、責めを天皇に嫁するものであるという非難は、ストレートに解釈すると、むしろ当然と言わなければならない。しかし、官僚内閣の時代ならばいざ知らず、普選を基礎にして、二大政党が互いに政権交代をしつつ国政を進めていこうとする時代において、首相代理が自分の責任を棚上げして天皇の責任に嫁すなどということは到底考えられないし、さらに批准奏請についての一切の責任が内閣にあることを言明しているのだから、問題はないようにも理解できる。首相発言の趣旨は、おそらくは、すでに批准を奏請した以上、内閣が国防上欠陥なしと信じていることは、それだけで明瞭であるという意味のことを言わんとしたのであろうと推測される。会議録の上にあらわれた言葉は、発言の生の言葉がそのまま速記法によって記録され、口から言われなかった言葉をつけ加えないのが原則であるから、あるいは舌足らずの失言のように誤解されることがあるのかもしれない。こういう場合、日常の言語活動では、省略される言葉があっても、自然に話の前後と関連させて、スリップした言葉を補って理解するものであり、それゆえ誤解を生ずることはないのである。

誤解された言葉を失言だとして、野党がこれを非難することは、議会活動の現場ではあり得る。それゆえ、大臣や議員に対しては、発言の訂正権が認められている。しかし、その場の足らざるところを衝いて、発言内容の言い違いであると殊更に主張し、発言訂正の機会を与えず、首相代理が故意に企てた「不臣不敬の言動」ととらえ、「思想精神の根底より発せる僭上（せんじょう）不敬の言明」であるとし、執拗に紛擾を続けることは、決して野党のとるべき態度ではない。もちろん、少数党の議事妨害も正当性を認められる場合もある。それは、多数党の側において無理に横車を押そうとする場合のやむを得ざる正当防衛の手段としてのみ認められる。幣原首相代理失言の追及は、そのような正当防衛が認められるような状態ではないし、執拗な追及は議事進行を妨害するにとどまらず、言論の府を「妨害の府」「暴力の府」たらしめるのだから、議会は自から議会政治を破壊するとの非難を甘受しなければならなくなろう。議会の空洞化は国民の直接行動を誘発する要因となる。

第五十九回通常議会において幣原喜重郎首相代理の失言問題に端を発した議会の混乱を収拾するため、議会内に議会革正、議会浄化の機運が生じたが、その後、浜口首相辞表奏呈（昭和六年四月十三日）、満州事変勃発（同九月十八日)、協力連立内閣構想をめぐる民政党二派の対立、若槻首相辞表奏呈(同十一月十一日)、犬養内閣成立(同十二月十三日)、第六十回通常議会召集(同十二月二十三日)、衆議院解散(昭和七年一月二十一日)、総選挙(同二月二十日)と相次いだため、議会革正、議会浄化の問題は日程に上がらず、昭和七年三月十八日召集の第六十一回臨時議会において、秋田清が衆議院議長に選挙されるに及び、ようやく議会革正問題が再び取り上げられることになる。すなわち第六十一回議会閉会後、秋田議長は、政党政治不信の時局にかんがみ、議会の振粛に関し調査研究の必要ありとして、各派より委員の選出を求め、昭和七年六月四日午後六時から自からの提唱にかかる議会振粛委員会の第一回会合を開き、次のような開催の趣旨を述べ、議長私案(後掲)を配付した後、島田俊雄(政友会)の提議により、九日、第二回会合を開き、小委員会を設けて審議に入ることを申し合わせて同七時散会した。当日の出席者は、秋田清議長、植原悦二郎副議長のほか、政友会は久原房之助、浜田国松、山田又司、森格、島田俊雄、山崎達之助、民政党の頼母木《たのもぎ》桂吉、小泉又次郎、山道襄一、松田源治、小山松寿、第一控室の清瀬一郎であった。

(秋田議長の挨拶)

「近時議会に対する不満の声は世間に相当多い。われわれ自身も満足してはいない。したがって改善改革の必要を認めるのであるが、ただ浄化というと、何となく消極的にも聞こえ、かつ従来の議場を不浄視するに似て、先人に対しても相済まない感じがするので、むしろ積極的に議会振粛といった方が適当ではないかと考える。すなわち議会本来の使命機能を十分に発揮すべく刷新を図ることが、最も必要なると同時に、それによって自然に議場は粛正されることとなるので、この意味において一切の改善改革を企てることを主眼としたい。

元来、私は、わが国はわが国独特の立憲政治をどこまでも維持擁護して、これによってわが国策を遂行し、もって国民生活の充実向上を図り、国運の進展興隆を期すること、それがわれわれの政治の目的であると心得ている。しかして立憲政治は、何としても究極は政党政治となることを認めるのほかはない。同時に既成政党の欠点や短所や弊害のみを見て、もって政党政治そのものに対し、根本より失望するがごときは当たらぬことと思う。そこに改善の方法も改革の道もあろうし、新政党の生まれることもあろう。議会政治には政党政治を認めるほかなしとすれば、議会振粛の根本は、一に政党の改善改革にありといってよろしい。単に議場におけるやじとか暴行の取り締まりなどは、実に枝葉末節の問題であって、真に政党の改善が行われ、その信用が回復せられるときは、やじや暴行は議場にその跡を絶つであろう。

しからば政党改革の根本的対策はいかにということになるが、これは実は議長としては、立ち入り過ぎるきらいがあってこれ以上申し上げることをはばかる。ゆえに抜本策に関しては、一に各政党領袖の御研鑚に委ねることとし、ただ議長としては、議場振粛のために現行議院法規、すなわち議院法、衆議院規則等改正の必要ありや否や、ありとせば、いかなる点か、いかにして改正するか、その経過的処理方法、すなわち申し合わせ等の必要なきや否や等の事項について、すなわち限定した範囲における題材で御協議を願い、かつそのお世話役を務めるのほかはないと考えている。」

議長は、私案の主な項目を次のようにまとめて、具体的な内容を「改正要綱」として示された。

一　議院法を改正すること。
　議場振粛に関する事項については議院法中改正すべき点あるをもって、その改正を期すること。もっとも議院法改正については貴族院及び政府に関係あるにより、政府、両院議員、学者等より任命した委員会を設け、これが調査を付託すること。
二　衆議院規則を改正すること。
　衆議院議員中より委員を設けてこれが調査及び改正立案を付託すること。

三　議場振粛に関する申し合わせをなすこと。

議院法及び議院規則改正には相当の日時を要するにより、とりあえず申し合わせをなして振粛を図ること。なお、法規をもって明定する以外申し合わせの必要あり。

改正要綱

一　議長の権限に関する事項

1　議事進行はその趣旨をあらかじめ議長に申し出ること。議長はこれが許否及びその時期を決定す。

2　演説者の言論法規に違反するときは、これを中止するは論を待たざるが、不穏当なるとき又は議題の範囲を超越したりと認めたる場合、議長注意し、なお改めざる場合は議長その演説を中止す。

3　規則第七十九条（演説妨害）を厳守すること。議長の注意を肯ぜず、静粛を欠くときは、議長は退場を命ず。

4　規則第百八十条（許可なく演壇に登らざること）を厳守し、犯したる者は議長注意し、肯ぜざるときは退場を命ず。演説を中止せられ降壇せざる者また同じ。

5　議長の退場命令に服せざるときは、議長は登院停止を宣告すべし（議院法改正を要す）。この登院停止は三日とする。登院停止中は議院内に入ることを得ず。登院停止の命に服せずして退院せざる者及び登院停止中登院したる者は会期中出席を停止しその歳費を支給せず。

二　議場設備に関する事項

1　拡声器を議長席に備えつけること。議長の宣告は常に議場に徹底せしむべきものなるゆえ、拡声器を議長席に設け、必要ある場合にこれを使用す。

三　議長副議長議員に関する事項

1　議長副議長及び議員の位列を高むること。

2　副議長を二名とし、内一名は第二党より選出すること（議院法改正を要す）。

四　会期に関する事項

1　閉会中常置委員を設け閉会中に提出せられたる法律案の審査を付託すること。会期は憲法に定めらるるところにして、これを改正することは容易ならざるをもって議会閉会中各省所管別常置委員を設け、提出議案を審査し、次の議会開会を待ってこれを議院に報告するものとす（議院法改正を要す）。

五　委員会に関する事項

1　委員会にありては傍聴席と委員席とを全然区別すること。

2　政府委員の随員の数を制限すること。

3　委員席には議員及び事務局職員の外一切出入を許さざること（委員外の議員と委員と打合わせを要する場合は委員席外においてなすこと）。

4　委員長の委員会場の整理権限に関しては議長の権限に準ず。但し出席停止に関しては議長に上申して指揮を受くるものとす。

六　一般申し合わせを要する事項

1　本会議はなるべく午後六時ごろをもって散会す。

2　野次はこれを慎み、殊に議院の品位を傷つくる言辞を用いざること。

3　一切の動議を封ずるの動議はこれを提出せざること。動議に次ぐ動議をもってし明らかに議事妨害と認めらるるときは、議長においてこれを禁ずること。

4　院内に酒類の販売及び搬入を禁止すること。但し儀礼の場合はこの限りにあらず。

七　選挙権被選挙権に関する事項

1　将来議院内における事犯により処罰せられたる者は、議員たると否とにかかわらず五カ年間衆議院議員の選挙権及び被選挙権を停止すること（選挙法中改正案に挿入すること）。

八　通院記章に関する事項

1　前代議士及び政党事務員の通院記章の数はなるべくこれを少なくすること。

2　前代議士及び政党事務員は議事堂内の指定区域以外に出入することを禁ず。

九　傍聴券に関する事項

1　傍聴券に紹介者の氏名を印刷すること。

2　臨時券は請求議員にこれを交付する。代人をもって請求する場合は、本人の捺印したる名刺を持参すること。但し交付を受けた者はその際、警務課備付けの帳簿に記名すること。

十　政党に関する希望の事項

1　将来、議院内において暴行をなし、騒擾の主因をなしたる議員は、党の役員たらしめざること。

（昭和七年六月五日朝日新聞）

第四節　議会振粛要綱

議会振粛委員会は、その後、十三、十五、及び十六日に委員会を開き、十七日より小委員会を開会し、同年七月十五日、全部の審査を終了、次の議会振粛要綱を決定した。

昭和七年七月十五日　　議會振粛各派委員會

議會振粛要綱

議會振粛ノ根本對策ハ宜シク立憲的公民教育ヲ施シ議會政治ニ對スル國民ノ覺醒ヲ促スニ在リ、選擧法ヲ改正シ政黨ノ組織運用ヲ改革シ議員ノ自制ヲ求ムルコト亦當面緊要ノ對策タリト雖、凡ソ左記各項ヲ速ニ實行セハ議事ヲ圓滑ニシ議會ノ品位ヲ向上シ其ノ機能ヲ發揮シ、以テ議會振粛ノ目的ニ資スル所アルヘシ

(一)　議長副議長ニ關スル事項

一　議長ノ權限ヲ擴張スルコト

院内警察及秩序ニ關スル議長ノ職權十分ナラサルモノアリ、之カ擴張ヲ爲スハ議會振粛ノ第一義ナリ

議長カ議場整理ノ爲議員ニ對シ制止取消又ハ發言中止ヲ命スルモ其ノ命ニ從ハサルトキハ更ニ退場ヲ命スルコトヲ得ルハ現行法規ノ定ムル所ナリト雖、尙依然トシテ喧噪ヲ止メサルトキハ遂ニ休憩又ハ議事ヲ中止セサルヘカラサルヲ以テ議事ノ圓滑ナル進行ヲ防クルコト尠カラス、依テ議長ハ議場ノ秩序ヲ紊ル議員ニ對シ登院停止ヲ爲シ得ルコトトシ、議長ノ議場整理ノ權能ヲ發揮セシメムトス、此ノ外議事進行ノ發言等議事ノ取扱ニ關シ議長ノ權限ヲ擴張セムトス

二　議長副議長ノ地位ヲ高ムルコト

立憲政治ニ於テ議院ヲ代表スル議長ノ地位ヲ相當高位ニ置クハ當然ノ事柄タリ、之ヲ歐米ノ實狀ニ見ルニ概ネ内閣總理大臣ト相比肩ス、然ルニ我國ニ於テハ近時官吏ノ地位荐（しき）リニ進ムト雖、議長副議長ハ依然トシテ昔日ノ地位ニ在ルヲ以テ、事實上甚シク低下シ今ヤ一地方ノ行政長官ニ及ハサル奇觀ヲ呈ス、是レ寔（まこと）ニ憲政ノ本義ニ戻（もと）リ時代ノ趨勢

ニ適應セサルヲ以テ速ニ之カ改正ヲ爲シ其ノ位列ヲ高メ、議長ハ宮中席次第一階第三樞密院議長ト同列、副議長ハ同第一階第十一親任官ト同列トシ親任式ニ依テ任命スルコトトセムトス、尙議長副議長ハ次回ノ總選擧ニ選擧ヲ用ヰスシテ當選セシムルコトトシ、且退職後ニ在リテハ相當優遇ノ方法ヲ講スルト共ニ、議長副議長ハ黨籍ヨリ離脫シ獨立公正ヲ保維セシメムトス

三　副議長ヲ二名トスルコト

議院ノ事務逐年繁劇ヲ加ヘ加之常置委員ヲ設ケ閉會中ト雖委員會ヲ開會スルニ至リテハ副議長一名ヲ以テシテハ不便尠カラス、且閉會中ニ於テハ假議長選擧ノ途ナキニ依リ副議長ヲ增員シテ議事ノ圓滑ヲ圖ラムトス、而シテ副議長ハ皆一黨一派ヨリ選出スルコトナク尠クトモ其ノ一名ハ議長ノ屬セサル黨派ヨリ選出スルコトトシ議會振肅ノ目的ニ副ハムコトヲ期ス

㈡　立法府經費ニ關スル事項

四　立法府ノ豫算ハ之ヲ大藏省所管ヨリ獨立セシムルコト

㈢　議會ノ召集ニ關スル事項

五　召集詔書公布ノ日ヨリ召集日迄ノ期間ヲ短縮シ二十日ト爲スコト

㈣　會期ニ關スル事項

六　會期延長及之ニ代ル方法ヲ講スルコト

會期ヲ延長シ議事ヲ圓滑ニスルハ議會振肅上最有意義ノコトナリ、唯會期ノ規定ハ憲法ノ定ムル所ナルヲ以テ之カ改正ハ容易ナラス、故ニ成ルヘク會期延長ヲ奏請スルノ慣例ヲ作リ、尙新ニ常置委員會ノ制度ヲ設ケ、閉會中ト雖議案ノ審査ニ當ラシメ、議會開會ヲ待ツテ之ヲ報告議決セシムル等、議會ノ働ヲ擴充シ以テ會期ノ短キヲ補ハムトス

㈤　部屬及委員ニ關スル事項

七　部屬及委員ニ關スルコト

部ハ現今殆ト其ノ效用ヲ失ヒ唯僅カニ常任委員ノ選擧母體トシテ存スルニ過キス、故ニ寧ロ之ヲ廢止スヘシ

八　全院委員會ノ制度ヲ改正シ其ノ活用ヲ爲サシムルコト

全院委員會ハ公開ノ制トナリ居ルモ、之ヲ改正シテ常任委員會及特別委員會ト同樣、一般傍聽ヲ禁シ懇談的ニ議案ノ審査ヲ爲サシメ、以テ重要案件ヲ付託シ質疑應答セシメムトス、

九　常置委員ヲ設クルコト

議會ノ開會中閉會中ヲ通シテ常置ノ委員ヲ設ケ、議會中未決議案ノ審査ヲ要スルモノハ之ヲ審査セシムルハ勿論、閉會中審査ヲ要求セラルル案件ニ付テモ亦之ヲ

審査シ、會期ノ短キヲ補フト共ニ時事ノ問題ニ對シ政府ニ説明ヲ求メ質問ヲ爲シ、議會ノ行政監督權ヲ發揮セシメムトス

十　繼續委員ヲ廢止スルコト
常置委員ヲ設クル以上、現行繼續委員ノ職務ハ之ニ包含スルヲ以テ廢止セムトス

十一　建議案處理ノ常任委員ヲ設クルコト
近年建議案ノ提出漸ク多ク時ニ四百件ヲ超ユルコトアリ、然ルニ建議案ノ議事日程掲載ノ順序ハ政府提出議案及議員發議法律案ノ次位ナルヲ以テ、上記諸案ノ輻湊スル近來ニ於テ、建議案ノ審議ハ概ネ會期切迫ニ際シ十分討議ヲ爲スコト能ハス、甚シキハ會期ノ最終日ニ二三百件ヲ上程スル有樣ニテ寔ニ遺憾ニ堪ヘス、仍テ建議案審査ノ爲特ニ常任委員ヲ設ケ、建議案ノ提出セラルル毎ニ直ニ審査ニ入リ其ノ終了ト共ニ會議ニ上程セムトス

(六)　議案ニ關スル事項

十二　議案提出ノ贊成者其ノ他ノ員數ヲ二十名ニ改ムルコト
上奏案、建議案、豫算修正案、質問主意書ノ提出、採決ニ對スル異議申立等ハ、三十名以上ノ贊成者アルコト又ハ三十名以上ヲ以テ要求スルコトトナリ居ルモ、法律案ノ提出ハ二十名以上ノ贊成者ニテ足ルヲ以テ、之ト均衡ヲ得セシメムトス

十三　議員提出ノ議案及質問ハ出席議員三分ノ二以上ノ多數ヲ以テ議決シタルトキハ政府ノ同意ヲ經ス政府案ニ先チ議題ト爲シ得ルヤウ改ムルコト

(七)　議事ニ關スル事項

十四　議事進行ノ發言ニ相當制限ヲ附スルコト
現在衆議院ニ於テハ議事進行ニ關スル發言ハ直ニ之ヲ許可スル慣例ナルカ爲、却テ議事ノ圓滿ナル進行ヲ防ケラルルコト尠カラス、故ニ議事進行ノ發言ト雖、直接議題ト關係ヲ有スルモノ又ハ直ニ處理セサルヘカラサルモノヲ除キテハ、其ノ發言ヲ許可スル場合ヲ一ニ議長ノ裁量ニ委ネムトス

十五　一切ノ動議ヲ封スルノ動議ヲ禁スルコト
一切ノ動議ヲ封スルノ動議ハ言論ノ府ニ於ケル機能ヲ阻止スルモノタルノミナラス、之ニ依テ屢〻騷擾ヲ誘起スルヲ以テ、一切ノ動議ヲ封スルノ動議ハ爾今之ヲ禁セムトス

十六　豫算不可分ノ原則ヲ緩和スルコト
特別會計豫算ハ總豫算ト分離シテ成立スルコトヲ認メラルル今日、特別會計豫算中ノ一省所管ノ特別會計ハ他省所管ノ特別會計ト全然相關セサルニ拘ハラス、一

特別會計ノ不成立ヲ以テ特別會計豫算全部ヲ不成立ニ終ラシムルハ、國務ノ遂行ヲ妨クルモノニシテ何等ノ實益ナシ、故ニ之ヲ改正セムトス

(八)　請願ニ關スル事項

十七　政府ヲシテ請願處理ノ經過ヲ毎年報告セシムルコト

(九)　秩序ニ關スル事項

十八　議院内ニ酒類ノ搬入、販賣ヲ禁止スルコト

(十)　通院徽章ニ關スル事項

十九　前代議士元代議士及政黨事務員ノ通院徽章ノ數ハ相當整理スルコト

二十　政黨事務員ハ議事堂内ノ指定區域外ニ出入ヲ禁スルコト

二十一　政府委員隨員ノ徽章ヲ相當整理スルコト

(十一)　傍聽券ニ關スル事項

二十二　傍聽券ニ紹介者ノ氏名ヲ印刷スルコト

二十三　臨時傍聽券ノ交付方ヲ改正スルコト

(十二)　懲罰ニ關スル事項

二十四　懲罰委員會ノ權威ヲ發揚スルコト

懲罰委員ノ人選ニ付各派ニ於テ特ニ考慮ヲ拂フ慣例ヲ作リ、同委員會ヲシテ權威アラシメムトス

二十五　懲罰權ヲ議院構内ニ及ホスコト

現行法ニ於テハ懲罰權ノ及フ場所明瞭ヲ缺クヲ以テ、議院構内全部ニ及フコトヲ明ニスルヤウ改正セムトス

二十六　出席停止ヲ登院停止ニ改ムルコト

(十三)　設備ニ關スル事項

二十七　議場ノ構造ヲ改メ議事ヲ懇談的ニ進行セシメ得ルヤウ爲スコト

二十八　委員會ノ座席ヲ改造シ出入者ニ相當制限ヲ附スルコト

委員會ハ委員席ト傍聽席トノ區別ヲ爲シ、委員席ニハ委員ノ外妄リニ出入セシメサルコトト爲シ、又政府委員ノ隨員ヲ初メ出入者ニ相當ノ制限ヲ加フヘシ

二十九　議長席及演壇ニ擴聲機ヲ備付ケ必要アル場合ニ之ヲ使用スルコト

(十四)　議院ノ品位ニ關スル事項

三十　議院内ノ犯罪ニ依リ處罰セラレタル者ハ議員タルト否トニ拘ハラス一定ノ期間衆議院議員選擧權被選擧權ヲ停止スルコト

三十一　議院内ニ於テ暴行ヲ爲シ騒擾ノ主因ヲ爲シタル者

ハ政黨ノ役員タラシメサルコト

三十二　黨議拘束ノ程度ヲ緩和スルコト

この三十二項目の決定に際して、次の各派申し合せがなされた。

各派申合（案）

議會振肅要綱ヲ實現スルニハ關係諸法規ノ改正ヲ爲スヲ要ス、仍ホ議會ノ振肅ハ法規ノ改正設備ノ改良ノミニ依テ達成スヘキニアラス、須ラク議員ノ自制ニ待ツモノアルカ故ニ、各派胸襟ヲ開キ此ノ精神ニ則リ、左ノ申合ヲ爲シ、以テ當面ノ急ニ應スル所アラントス

一　演説者ノ言論法規ニ違背スルトキハ之ヲ中止スルハ論ヲ俟タサルカ議長ニ於テ不隱當又ハ議題ノ範圍ヲ超越シタリト認メタルトキハ議長ハ注意シ尚改メサル場合ハ其ノ演説ヲ中止スルコト

二　規則第百七十九條（演説妨害禁止）ヲ嚴守スルコト議長ノ注意ヲ肯セス靜肅ヲ缺クトキハ議長ハ退場ヲ命スルコト

三　規則第百八十條（許可ナク演壇ニ登ラサルコト）ヲ嚴守スルコト議長注意シ肯セサルトキハ退場ヲ命スルコト

四　演説ヲ中止セラレ降壇セサル者亦同シ

四　本會議ハ成ルヘク午後六時頃ヲ以テ散會スルコト

五　彌次ヲ愼ミ殊ニ議院ノ品位ヲ傷ツクル言動ヲ爲ササルコト

六　懲罰委員會ヲ權威アラシムルヤウ其ノ組織ニ付特ニ考慮スルコト

七　擴聲機ヲ議長席及演壇ニ備付ケ必要アル場合ニ之ヲ使用スルコト

八　院内ニ酒類ノ搬入及販賣ヲ禁止スルコト（但シ儀禮ノ場合ハ此ノ限ニ在ラス）

九　衆議院議員選擧法ノ改正ニ當リ將來議院内ニ於ケル犯罪ニ依リ處罰セラレタル者ハ議員タルト否トニ拘ラス五箇年間衆議院議員ノ選擧權及被選擧權ヲ停止スル規定ヲ設クルニ努ムルコト

十　將來議院内ニ於テ暴行ヲ爲シ騷擾ノ主因ヲ爲シタル議員ハ政黨ノ役員タラシメサルヤウ努ムルコト

十一　各政黨ニ於テ黨議拘束ノ程度ヲ緩和スルヤウ努ムルコト

十二　定例日ノ質問ハ成ルヘク之ヲ為サシムルヤウ努ムル　コト

前記の議会振粛要綱に関し、衆議院から意見を求められた貴族院においては、前年以来設けられていた貴族院制度調査会にこれを付議し、十一月十七日、同制度調査会副委員長侯爵細川護立から議長公爵徳川家達に対し、その審議の結果の報告があったので、議長は同月二十九日の各派交渉会に対し、貴族院制度調査会において決定した事項につき、十二月二十日までに各派の意向を議長まで回答するよう申し入れた。その結果、次の通り賛否の意見が表明され、衆議院に回答された。

三　副議長を二名とすること。……右は賛成するに決した。
四　立法府の予算はこれを大蔵省所管より独立せしむること。……右は否認するに決した。
七　部属はこれを廃止すること。……右は部属を存置するに決した。
十一　建議案処理の常任委員を設くること。……右はその必要なしと決した。
十二　議案提出の賛成者その他の人数を二十名に改むること。……右は賛成するに決した。
十六　予算不可分の原則を緩和すること。……右は賛成するに決した。
十七　政府をして請願処理の経過を毎年報告せしめること。……右は賛成するに決した。
二十一　政府委員、随員の徽章を相当整理すること。……右は賛成するに決した。
二十九　議長席及び演壇に拡声機を備え付け、必要ある場合にこれを使用すること。……右は賛成するに決した。

貴族院は以上のように三十二項目中九項目について賛否の意見を表明したが、自余の項目については賛否の意見表明をなさなかった。その後、昭和八年一月十三日、衆議院は、議会振粛要綱の趣旨の徹底を図るため、貴族院に趣旨説明の申し入れを行い、衆議院から秋田衆議院議長ほか十名が出席して説明の後、貴族院の制度調査会及び各派交渉会の各委員の質疑に答えた。かくて一月二十一日、貴族院は、さきの回答に対し、別段の変更を加える要なき旨、衆議院に連絡した。

なお、衆議院側では振粛要綱の実現の方法については次の通り決定した。

一　議院法の改正を要する事項は貴族院と交渉の上、次の通常議会に提案すること。

二　右のうち建議委員会の新設については、今議会より実施することとして、二十四日の常任委員の選挙に当たり議長より常任委員中に四十五名の建議委員を設けることを提議し、院議をもって建議委員会を新設することを議決し、今議会より一切の建議案は請願同様、右委員会において審査せしめること。

三　各派の申合わせによって実行に着手し得べき振粛原案十二項目を採択し、今議会より直ちに実施すること。

この結果、前記の「各派申合」が成立したのであって、これにより院内に酒類の搬入禁止並びに議長席及び演壇にマイクロフォンを据え付けることなどが実現されることになったのである。(八月二十三日朝日朝刊参照)

議院法の改正案は、第六十四回通常議会において、各派共同提案で、議院法中改正法律案として、昭和八年二月十七日に衆議院に提出された。法律案は翌十八日直ちに可決され、貴族院に送付されたが、貴族院では審議未了となった。第六十五回、第六十七回の両議会にもこの法律案は提出されたが、いずれも衆議院において可決されながら、貴族院においては審議未了となった。

第五節　議会制度審議会の幕引き

近衛内閣が革新政策中重要なものとして着手した議会制度審議会は、水野会長の下に議院制度、貴族院制度、選挙制度の三部会に分けて審議を行ってきたが、議院制度に関する答申が昭和十三年十月二十八日の同部会で、続いて十一月十七日選挙制度部会で、それぞれ答申案を決定したが、ひとり貴族院部会のみは、内部の複雑な関係から容易に答申決定に至らず、単に部長よりの審議報告を政府に取り次ぐこととして、ひとまず審議を終了、かくて十二月二十八日の選挙制度改正答申決定の総会を最終として、議会制度審議会は政府諮問事項全部の審議を終了した。

右答申の骨子は次の通りである。

議院制度

一　議会の開会期　1　十二月末を開会期とすること、2　年末年始の休会は一月十日までとし、五日間延期することを得。

二　予算の審査期間　予算審査期間は、従来通り二十一日とし、五日間延期することを得。

三　審査能率の増進　一―①委員会では、主として政府委員をして説明の任に当たらしめること、②演説時間等については、両院において適当に考慮すること、③議案に私の直接利害関係を有する議員は、なるべく委員たることを避けしめること、④質疑の要目はなるべく予め文書により提出すること、二―①　略　②衆議院の建議案は提出を慎重にすること、③政府提出の法律案は、なるべく議会の半ばまでに提出すること、三―①議院内外における議員の政務調査施設を充実すること、②議会会期中、議事堂に国旗を掲揚すること、③議事堂内外の施設において国体を明徴にし、殉公（ジュンコウ）忠誠の精神を涵養し、両院要覧に国家統治の基本資料を提供すること、④議員の待遇を改善すること、四　議長の地位を向上すること、なお副議長は二名にすること、五　その他①継続委員会の活用、②議会召集に関する議院法第一条の期間四十日を二十日とすること

選挙制度改正答申の骨子要点　略

貴族院制度改正案の骨子要点　略

以上の答申を得た近衛内閣は、その政治的責任上からも、これが実現に努むべきであったが、右答申後間もなく総辞職し、後継平沼内閣においても、第七十四回議会に対し、これに基づく何らの提案なく、結局、時局に韜晦して、またもこれら諸懸案の解決を持ち越し、その結果は、七年目の好機たる十四年七月の貴族院有爵議員改選に役立つ機会を失ってしまった。

議会制度審議会官制（昭和十三年勅令第四一一号）

第一条　議会制度審議会ハ内閣総理大臣ノ監督ニ属シ其ノ諮問ニ応ジテ貴族院及衆議院ノ機構其ノ他帝国議会ノ制度ニ関スル重要事項ヲ調査審議ス

2　審議会ハ前項ノ事項ニ付内閣総理大臣ニ建議スルコトヲ得

第二条　議会制度審議会ハ総裁一人及委員五十人以内ヲ以テ之ヲ組織ス

2　前項定員ノ外必要アル場合ニ於テハ臨時委員ヲ置クコトヲ得

第三条　総裁ハ内閣総理大臣ノ奏請ニ依リ之ヲ勅命ス

2　委員及臨時委員ハ内閣総理大臣ノ奏請ニ依リ関係各庁高等官、貴族院議員、衆議院議員及学識経験アル者ノ中ヨリ内閣ニ於テ之ヲ命ズ

第四条　総裁ハ会務ヲ総理ス

2　総裁事故アルトキハ内閣総理大臣ノ指名スル委員其ノ職務ヲ代理ス

第五条　内閣総理大臣ハ必要ニ依リ審議会ニ部ヲ置キ其ノ所掌事項ヲ分掌セシムルコトヲ得

2　部ニ部長ヲ置ク総裁又ハ総裁ノ指名スル委員之ニ当ル

3　部ニ属スベキ委員及臨時委員ハ総裁之ヲ指名ス

4　審議会ハ其ノ定ムル所ニ依リ部ノ決議ヲ以テ審議会ノ決議ト為スコトヲ得

第六条　関係各大臣ハ会議ニ出席シテ意見ヲ陳述スルコトヲ得
2　内閣総理大臣ハ必要ニ依リ又ハ総裁ノ要求アルトキハ関係各庁官吏ヲシテ会議ニ出席シテ意見ヲ陳述セシムルコトヲ得
第七条　審議会ノ議事ニ関スル規則ハ内閣総理大臣之ヲ定ム
第八条　審議会ニ幹事長及幹事ヲ置ク内閣総理大臣ノ奏請ニ依リ内閣ニ於テ之ヲ命ズ
2　幹事長ハ総裁ノ指揮ヲ承ケ庶務ヲ掌理ス
3　幹事ハ上司ノ指揮ヲ承ケ庶務ヲ整理ス
3　幹事長及幹事ハ臨時上司ノ命ヲ承ケ第一条ノ事項ノ調査ニ従事ス
第九条　審議会ニ書記ヲ置ク内閣ニ於テ之ヲ命ズ
2　書記ハ上司ノ指揮ヲ承ケ庶務ニ従事ス

附　則

1　本令ハ公布ノ日ヨリ之ヲ施行ス
2　議院制度調査会官制、貴族院制度調査会官制及選挙制度調査会官制ハ之ヲ廃止ス

註　この勅令は、昭和十三年六月十日に公布され、即日施行された。
議会制度審議会官制廃止ノ件（昭和十五年勅令第三三八号）により、本令は昭和十五年五月二十二日をもって廃止された。

第四章　議会制度改革

昭和一桁期の議会政治は、大正デモクラシー高潮のあとを受けて、第一回普選実施（昭和三年）を経て順調に民主化の道を歩むかに見えたが、世界恐慌、満州事変、国際連盟脱退、軍部クーデター、五・一五事件、松島遊廓、東京市会、私鉄、売勲の各疑獄事件など、内外の政治状況の影響を受けて「危機の時代」へと大きく屈折を余儀なくされた。「危機」乗り切りのため、有識者の中から新たな議会改革論が唱えられたが、時勢にかき消され、議会政治は、政党の解体、翼賛議会を経て破滅への道を転落していく。往時における有識者の議会改革論はどのようなものであったか。

第一節　議会制度改革論

一　立法機関から政治批判機関へ（美濃部達吉、西本稔）

まず、議会の主たる機能を立法作用に置くのは、経済的、社会的情勢の推移によって不適当になったから、むしろ議会の主な機能を政治批判にすべきであるという主張があらわれた。

美濃部達吉（「中央公論」昭和九年一月）

美濃部は、最近において政治と経済とが密接に結合し、政治問題はすなわち経済問題となり、政治家は経済に関する知識を必要とするに至ったがゆえに、常識政治家の議会における役割が非常に異なってきたとして、次のように論ずる。

「議会の最も重要な機能たる立法及び予算に対する協賛権が、ほとんどただ形式にとどまって、事実においては、立法も予算も、ほとんどすべて政府の立案したところがそのまま議会を通過する有り様にあるのも、これがためにほかならない。名義上はなお立法府と称せられながら、立法についての実権がすでに久しく政府の手に移り、議院法の改正とか、選挙法の改正とかいうような、経済と関係のない純然たる政治問題に関するものを除いては、議会はほとんどただ政府の提案にかかる法律案を機械的に通過させるにとどまり、大げさにいえば、議会はすでに立法者たるの実を失ったと言っても大なる不可はない状態にあることは、何人も否定し得ない事実である。しかしてそれは、立法の内容が常識に基づく議員の自由討論によっては決しがたい問題となったことに、その主なる原因を有するものである。（中略）

果たして然りとすれば、議会制度はついに否認しなければならぬのであろうか。

私は、議会が真正の意味においての立法府であることの働きをなすことの多くを期待することは、不可能であると思う。それは従来においてもすでにほとんどその実を失っていたものであって、いわんや将来においてその機能を回復することは、一層望みがたいことと思う。議会が内閣組織の原動力となり、議会、殊に衆議院の多数を占むることによって、当然、内閣組織の大命を拝することを期待することも、将来においては望みがたいことであり、またそれが将来における社会情勢に適するゆえんとも信じがたい。議員としての経歴によってのみ、政権の衝に当たるの資格を得たことも、恐らくはもはや過去のことであって、将来における政治家は、単純な政治常識や、議員としての経歴よりも、一層専門的な知識や経験を必要とするに至るであろう。

もしこれらの点における議会制度の機能をもって議会制度のすべてとなし、議会がこれらの機能を失えば、それはもはや議会で全くなくなったと等しいとするならば、私は、議会制度の将来は、ほとんど望みのないものと言わねばならぬであろうと恐れるものである。

しかし議会制度の機能は、必ずしもこれらの点にのみとどまるものではない。最も重要なことは、それが国政に対する公の批判機関であり、国民に代わって民心を表白する機関であり、また間接にとは言いながら、国民の権利及び自由を擁護する機関であることにある。しかして、これらの点における議会制度の役割は、将来においても決して失われないであろう。

なかんずく、私は議会制度を全然否認する独裁政治をもって、国家のために甚だ危険なりとなすもので、その危険を防ぐためにも、議会制度を存置し、これをして公の批判機関としての機能を十分に働かしむることが欠くべからざる必要であると思う。」

すなわち、教授は、立法機関としての議会を今日の事態においては不適当であると主張するのであるが、国政に対する公の批判機関ないし国民に代わって民心を表白する機関としての必要は、これを認め、その面での活躍を期待するというのである。

評論家西本稔も美濃部と同様の論調である。（「社会運動往来」昭和九年四月）

「そもそも議会制度なるものは、その発生の淵源にさかのぼってこれを探ぬるに、国家の主要なる任務がないまだ数においても少なく、かつ性質においても消極的なりし時代において、すでにこれを見るのである。けだし、議会は、ともすれば少数者の専制が多数の利益を蹂躙するを妨げ、政局にある者をして反省せしめるの機会を与えんがために生まれたのである。この見地よりするならば、代議政体なるものも、今日なお存在の価値があり、また、かくのごとき職能を果たすものとしては、これ以外に適当なる機関を考え得ない。さらにこれを詳言すれば、現下の複雑なる社会問題について、具体的なる立法を行うにはほとんど無能力ではあっても、多数の不平を表白する機関として、また専門家の立案したる具体案について大まかなる賛否の討論を行う限りにおいては、議会は恐らく最も適当なる道具と言わねばならぬのである。

されば吾人の今日考え得べき問題は、もっぱら議会が複雑なる立法を創造する職能を遂行する上において全然無能力という点である。上来縷言せるごとく、議会はその本来の成立の態様に見て、専門家より成る実行委員会でもあり得ないし、またさようなものであっては、かえってますます事態を紛糾せしめるのである。要するに、議会は、専門家である行政機関が慎重審議の上決定した案の配布を受け、これに対して、賛否を表白する以外の何ものでもないのである。換言すれば、議会は立法機関と言わんよりは、むしろ諮問機関としてその真面目を発揮すべきではなかろうか。

論より証拠、行政機関たる内閣が、立法についての実権を掌握し、議会においては、単に大原則を決定せしむるにとどめ、時に従って、よろしきを制すべき個々の具体策は、挙げてこれを命令（閣令、省令）に委ぬるというのが、今や非常時局に処する世界各国の一般的傾向となりつつある。これ畢竟、議会が立法創意の能力なく、単なる批判の機関としてのみ存在し得べき所以を示すにほかならない。例えば数百の代議士より成る議会は、土地所有権の国有化が望ましきや否やの問題を討論することはできても、その具体的手続を決定するに不適当である」。

また、経済国策研究会の船口萬寿氏も、議会をして輔弼機関に対する批判、是正の機関たらしめんとするもののようである。

二　議会内部機構の改善（蠟山政道、佐々木惣一、馬場恒吾、山田武吉、松岡洋右）

第二は内部機構の改善である。

蠟山政道（「日本政治動向論」昭和八年）

蠟山は、まず、「議員不規律の改良方策」を取り上げ、次のように論ずる。

「議会制度の含蓄する根本主義・原理を否認せず、ただその主義・原理の未発達や歪曲や欠陥や、さらに進歩したる社会事情に適応する政治形態として不足せる個所を改造することが､自ら社会進歩主義の目標となる。この目標は、現在の議会がいかなる個所において、右に述べたような症状を呈しているかを考察せしめることになる。政治制度の改廃は、その現状に対する省察を離れては不可能なのである。議会の症状に対する改良方策の第一は議員不規律の改良である。議員の不規律不節制ということは、最も皮相的な、外形的な、末節的な症状であるが、今日の衆議院議員の行動の不規律不節制の程度は、それがいかなる根本原因に由来していようとも、まず一個の問題として考究するに値する。すなわち、その行動が常軌を逸し、会議全体の迷惑となる場合においては、いかにその原因に諒とすべきものがあっても、一定の制裁に服すべきものであり、院内には秩序が確立されていなければならない。

議会制度の本質は、もと暴力と陰謀とをもって行われてきた政治形式を、一定の条規の下に、言論と公明とをもって行うところに存する。故に、会議秩序の議事手続は、議会政治の生命なのである。政治自体は何時なりとも暴力と陰謀とに走り得る傾向を有しているのであるから、それを一定の軌道の上に走らしめるための技術は、議会制度にとって極めて重要なのである。しかるにわが国の政治の実態はかなり変化しつつあるにかかわらず、その議院法、議院規則及び議事先例は、大正十四年の改正以来、不断の改正を経ることなく、議院自律の名目を楯にとって、外部からの批評を無視し、ほとんど旧態を保存しているのである。議員の行動が不規律を極むるのは他の重大な原因に関係があるが、これの法規先例の時代遅れな点に胚胎していることも見逃せない事実なのである。この点について考慮すべきは次の三点であろう。

①　議場統制に関する議長の権威

大正十四年の第五十議会における普選案討議に関して起これる紛擾に鑑み、議場統制に関する議長の地位権威を重くするため、議長副議長の党籍離脱を行うことになったが、これが極めて名目的な結果に終わったことは、今日全く明白である。議長在職中、党籍を離脱したとしても、その後の保障が与えられない以上は、決してその効果は期し得られないのである。故に、その保障を与えるためには、大阪毎日の高石真五郎氏の提唱しているごとく、議長の個人的社会的地位について考慮し、改革を実施することが急務である。もちろん、これは法律上の定めによるのみでは足りないのである。一般に会議組織における議長の地位を尊重し、その職責の重大なことを認識していないことは、単に議会の場合ばかりでなく、一般にわれわれ日本人の欠陥であるから、この衆議院議長の権威を高めることは、一般社会の改良に重大な影響があろうと思う。

議長の社会的個人的地位を高め、これを保障するとともに、その院内における権能にも改正を施す必要がある。今日、議会の不秩序の原因は、議長の権能が足りないからでなく、その裁量に党派的偏差があるためであるというのが、一般の定評である。しかし、議長職権の改正というのは、必ずしもその権限の拡大をのみ意味するものではない。それは議長の職責の性質を変更するものでなければならぬ。前に述べた議長の社会的個人的地位を向上及び確保するということは、この議長の職責の性質の変更を伴なわねば無意義なのである。(中略)

これを要するに、議長の地位が今日のごとく権威低きものであり、その職責の運用が正当でない限り、党争の激化はますます大になり、議会の秩序と議事の整理は不可能であるというのである。

② 懲罰事犯の裁定機関

今日の議会の紛擾が容易に拡大する原因の一つに、懲罰事犯の裁定機関の不備なることが多くの人々によって挙げられている。懲罰委員なるものは、議院法第九十五条、議院規則第四十四条の規定によって設置される常任委員であるが、その基本的権利たる議院の懲罰権なるものは、もとより議院の自律のために与えられたる特権である。法規の建前は、この特権を妥当に行使するときは、議院の秩序は別の国法の制裁を待たずして維持せられるであろうという前提の上に立っている。しかるに近時わが国の議院の状態は、この懲罰委員に付せられる場合が非常に多く、むしろ乱用に近いと思われるほどである。しかもその結果は何ら効果なく、議場はそのためにかえって紛擾をかもすに至っている。

これは明らかに党争の組織的激化の今日においては、現在のごとき懲罰審査及び裁定の機関が、いわゆる議院の自治に委せられるという建前では、十分なる機能を発揮し得ないことを示すものである。（中略）これに対しては、懲罰規定を特別に設けるとともに、その規定の適用に当たるべき第一審たるべき懲罰委員の数を少なくし、特定数の互選委員をもってこれに充て、その委員長には議長もしくは副議長をもって充てる必要がある。かくのごとく、懲罰委員の組織と手続とが司法裁判化するときは、その審査及び裁定は議院の尊重するところとなるとともに、それによって議院の自律をも保持し得るであろう。

③　議員の個人的活動

わが国における議会は最初より内閣の統制力が強大であったため、個人たる議員の立法的職能はほとんど認められなかった。最近のごとく政党内閣に至っては、ますます個人たる議員は単に頭数を表現する単位にとどまり、その上、党議に拘束されることが加わってきた。かくて首領連以外の陣笠議員の院内における活動は正当なる軌道の上において行われる余地がますます限局せられ、彼らの行動はますます無節制となり、不規律となることを余儀なくせしめられているのである。（中略）

したがって、かような事態を矯正するためには、その根本にさかのぼって、議会の職能について考察を加えるとともに、院内の党争をしてその首領もしくは代表者たちによって行われる政策上の争いたらしめ、一般ランク・アンド・ファイルに対しては、委員会その他の制度を改正して、各自その役目を果たさしむるとともに、その精力のはけ場を与えなくてはならぬのである。それはあたかも子供に玩具を与えず、遊場を与えないで、家の内部でおとなしくしろといっても無理なのと一緒であろう。

第二は議会不能率の改良方策である。前項に述べた議員不規律が世論に非難せられる最大の理由は、それは議会の能率を妨げ、議会の機能を阻害するがためである。したがって議会改造の第二の目標は、議会不能率の一切の原因を挙げて究明することでなければならぬ。今多くの人々によって一致した見解となっている議会不能率の主要なる原因は、会期の短少なることと、委員会の組織及び手続の不完全なることである。しかし、そのいかに改良すべきかの案策に至っては、意見必ずしも一致せざるのみならず、いかなる方策にしても、その実行は決して容易でない。これについては会期の延長と委員会制度の改革が考えられるが、ここでは前者についてのみ取り上げる。

会期延長の具体的方法

わが国憲法はその第四十二条において「帝国議会ハ三カ月ヲ以テ会期トス必要アル場合ニ於テハ勅令ヲ以テ之ヲ延長スルコトアルヘシ」と規定している。この三カ月も、事実上、休会期間を考慮すれば、正味二カ月と少しばかりにしかならぬ。（中略）

この短き会期が議会の不成績をも来たす原因なることを、最も熱心に主張されている清瀬代議士の論述するところによれば、次の六個の憂うべき事情がこの会期短少に胚胎しているという。いわく議会の糾弾的態度、議場の混乱、審議粗漏、責任支出、緊急勅令の乱用、枢密院の跋扈、これである（「法律時報」第三巻第三号）。いずれも議会の不能率を来たしている症状たるばかりでなく、根本的に議会の権能を弱める原因と言わねばならぬ。

しからばこの会期延長を妨げている事情如何。もちろんその最大なるものは、それが憲法の改正を要するということである（中略）。そこで会期延長問題は、憲法の改正を行う場合のほかは、今日の委員会制度の改革と同時に考えねばならぬこととなる。」

上げる。

佐々木惣一（「改造」昭和七年一月）

佐々木の所論は、大体において選挙制度の改革、議会内部の粛正及び会期の延長、継続委員会の制度等の提唱でであるが、議会内部の粛正として「言論の尊重」及び「議場秩序の保持」を論じている。しかして「議場秩序の保持」に関しては、議長を有力ならしめる制度を立てることが必要であるとし、そのために議長補佐の機関を提唱するのである。これらの議論は蠟山氏の所論と大体同じなので省略し、佐々木の会期の延長及び常任委員会の設置を取り上げる。

「制度上の方面からも、今日、議会の討究の能力が不十分であって、したがって議会の活動に限界が付せられていることを忘れてはならない。その一つは会期の制限である。

人の知る通り、わが憲法上、議会の会期は三カ月である。必要ある場合には勅令をもって延長することを得るのであるが、かかる特別の処置はなかなか容易にとりがたいから、実際上は、三カ月であるとして問題を考えなければならない。この三カ月の中にも休会の期間が多いのであるから、正味はざっと二カ月にすぎない。議会創設のときなら別であるが、今日のような複雑な社会生活を営んでいる時代において、かかる短期間において国民生活に関して必要な事項を慎重に論議し、決定するということは、もとより不可能である。その時々に支配しているところの多数党及び政府は、なるべく会期中にある事項を決定したいと思う場合には、勢い圧迫するのである。勅令をもって会期延長することができるのであるが、これも議会に慎重の討議の機会を与えるというよりも、結局、政府がその方針によって議案の取り扱いを左右するということに悪用される恐れがある。ゆえに、勅令をもって容易に会期を延長するという例を作ることは、むしろ不適当である。それゆえに、会期の延長を実現するには、やはり制度上適当に長い期間を定めておくか、または一つの議院において一定数以上の議員の請求があるときは会期は延長せられるとするか、しなくてはいけない。しかし、これはいずれも帝国憲法の改正を要することである。しかれば帝国憲法の改正を行わないという建前にあっては、会期の延長をなさずして、議会の活動を長からしめる方法を講ずるのほかはない。そこで、かの継続委員制を運用して、継続委員会を置くという方法が考えられるのである。」

議会の活動を不十分ならしむる制度の第二番目として、現行の委員会制度を挙げなければならないが、後述の「常設委員会」の項に譲り、佐々木の改革趣旨の要点を挙げれば次の通りである。（「改造」昭和七年一月「我が議会政治の再吟味」）

一　選挙制度の改革　選挙権者の範囲の拡大及び比例代表制の新設、選挙の粛正
二　議会内部の粛正　言論の尊重、議場秩序の維持
三　議会制度の修正　会期の延長（継続委員会の問題）、常設委員会の設置

佐々木の所論は、政党政治家の多くが抱いている議会制の改革論とほとんど大同小異である。また、佐々木は、議会政治の改善のために、国民の政治教育をも重視するのである。

馬場恒吾（「議会制度改革論」昭和三年十二月）

馬場は、個人の自由主義信奉者、政党政治擁護論者として次のように言う。

「議会をいかに改革すべきか。制度としては衆議院はすでに普通選挙にまで到達した。この上になお選挙有権者の年齢低下、婦人参政権の問題が残るけれども、衆議院を改革する中心の問題は、むしろその運用の方法にある。選挙の腐敗、議員の買収、政党の政権欲、それらを制肘することは国民の政治的訓練を待って初めて可能である。民主主義的制度はこの訓練を国民に与える。われわれはあえてこの制度に失望する必要はない。」

すなわち馬場は、議会制度の運用、国民の政治的訓練に重点を置いているのであって、制度の改革にはあまり言及していない。また河合榮次郎も「選挙制度の改革」、「言論の自由」、「国民の政治教育」等を強調する。

以上は、大体において自由主義的政治学者の所論であるが、次に右翼陣営に属する一派に、代議士の質を向上させることによって議会の「更建」を主張する者がいる。その代表的なものは山田武吉、田辺宗英、松岡洋右である。

山田武吉（「明徳論壇」昭和十年二月）

山田は、既成政党の存在によって、本来の議会制度が歪曲されていることを述べ、新興勢力の議会進出によるその「建て更へ」を主張する。山田は次のように言う。

「ここにおいてか、議会制度の再建は既成政党の排撃または解消ということに帰着するも、既成政党には派閥または官僚の残存分子が加わったおり、その勢力は全国各地にわたっており、これを支持する自由主義者も多いという事実に鑑み、その排撃ないし解消は容易な業ではない。しからば、すなわち、これをいかにすべきかと言えば、昭和維新の雄叫びとともに起こった政党政治の克服を旨とする種々の新興政治団体を連結して、合法的大国民運動を行い、総選挙の場合、その代表者を当選せしめて衆議院に送り出すことである。衰えたる今日でも、既成政党の全国各地における地盤は保たれており、地方自治機関には党人が参加しており、政友系、民政系とも別かれているから、総選挙に新興政治団体の全勝は期し難からんも、政治的に目覚めた青年を中心力として、全国各地に選挙母体を作らしめ、これを通じて新興政治団体の代表者を自力的に選挙せしむることとすれば、相当の議員数を得るであろうと思う。選挙法による他力的選挙のみではだめである。選挙母体のことはすでに再三説いたところであるが、自由主義者にして議会政治即政党政治の論者たりし憲法学者の美濃部博士も、最近ある新聞紙上で選挙母体のことを述べた。国民の権利にして同時に義務たる衆議院議員の選挙を適切に行うには、政府と議会とでつくった選挙法のみに依頼せず、国民自ら選挙母体を作って、真個の国民代表者を選挙することにせねばならぬ。

従来の選挙は、政党に脅かされ、金力と権力と干渉に左右され、運動員や選挙ブローカーに支配され、そして国民個々の自意識を曲げた全くの他力的なものであった。府県会や市町村の議員選挙も同様であった。これは選挙権を有する国民の政治的無自覚によることで、国民自らその罪を負うべきものだが、既成政党と対蹠的関係にある種々の新興政治団体が国民の政治的自覚を促し、その指導に努め、已に政治的に目覚めたる地方の青年を中心として、強固なる選挙母体を作らしめることとせば、従来の不純なる他力的選挙の弊は漸次改善され、この選挙母体を通じて真個の国民代表者を選挙する自力的選挙が行われると思う。衆議院議員の選挙が他力的より自力的へと改まれば、政権病者や功利主義者たる党人にあらざる有為の質的人材が選挙されて衆議院に送り出され、既成政党の量的勢力はそれだけ減殺され、既成政党のために歪曲された議会制度を再建し得られるであろう。」

また、田邊宗英（「明徳論壇」昭和十年二月号）の所論も、山田武吉のそれと大体同じである。彼は議会に忠誠達識の新人を送って、議会の更新を図らんとし、議会更新会を設立し、一大運動を起さんことを提唱したのである。

松岡洋右（「なぜ既成政党の解消を呼ぶか」昭和八年）

松岡は、昭和八年十二月に、突如、政友会を脱会して「政党解消」運動を提唱して、全国講演行脚の途に就き、各地に政党解消連盟を設立して活躍したのであるが、松岡の議会制度改革論は実に政党解消の一語に尽きるのである。

すなわち、松岡の説くところによれば、政党政治は、世界を通じてすでに老廃機構と化しているから、議会制度の改善を政党の連携とか、政党の革正とかによって求めることは不可能であると言い、端的に、既成政党の解消を叫ぶのである。しかして彼の目指すところの政党なき議会とは具体的にいかなるものかというと、松岡は次のように言うのである。

「帝国議会は、わが国情とわが国民性に基礎を置き、徒に外国を模倣することをやめて、かなり大きな改造を要するが、それは帝国憲法の範囲内でできることと思う。

しかし、すでに述べた通りの理由で、私は今はその改造案を示さない。仮に今のままの議会を継続することにしても、何も政党がないからといって、やっていけぬことはない。現に帝国議会の半分は貴族院であるが、明治二十三年以来、貴族院は政党によらずして結構やってきているではないか。一口に議会と言わるるが、衆議院が議会の全部ではない。貴族院は政党なしに審議協賛の実が挙げられるが、衆議院は政党なしでそれができないという論拠がどこにあるか。近年貴族院に、ますます政党分子が入り込んで大分悪くなったと、むしろ慨嘆されているではないか。それでも貴族院ではまだ全然政党政派の采配の下に審議討論が行われていない。そしてそこに国民は、むしろ衆議院よりか、貴族院の論議の方に傾聴すべきゆえんを見出しつつあるではないか。

また今でも、政党別を審議論争の基調としていない市町村会は、わが国にいくらでもある。その取り扱う問題は、帝国議会の一部たる衆議院の取り扱う問題に比して、大小、軽重、繁簡、難易の差こそあれ、多人数寄って議論し、採決で定めるという点に至っては、少しも差はない。現に政党の深く食い込んでいる地方自治体はいずれも困っているではないか」。

かくして彼は「党議」「党心」によらざる議会を要望しているもののようである。しかし彼の政党解消運動の重点は、「昭和維新突進のための掛声」ないし「昭和維新への捷径」としてであって、単なる議会制度改革のための運動ではないのであるが、それにしても、政党を解消しただけで、議会が非常に改善されるもののように解釈される。以上の所論は、佐々木惣一、蠟山政道等を始め、山田武吉、松岡洋右等にしても、議会制度の機構の根本的改革を主張するのではなくして、その機構内部における議員の質の向上とか、選挙制度の改正、あるいはまた国民教育ないし若干の議会制度の軽微な改革等を提唱するのである。

三　常設委員会制度論（蠟山政道、佐々木惣一、島田久吉、五十嵐豊作）

議会政治の危機が叫ばれるや、これに対応する改革案として、あるいは職能代表制が唱えられ、あるいは議会外における国策審議機関の設置が提案されたが、これらのもろもろの提案と並んで、相当有力に提唱されていたものに委員会制度の改革論がある。当時、わが国において、議会内部に各種の委員会があった。資格審査委員会、予算委員会、決算委員会等が存在し、また法案ごとに特別委員会を設置していたのであるが、これらはほとんど活発な活動をしていなかったもののようである。そこで議会の能率化と専門化の問題について、委員会制度の改革が論ぜられたのである。この種の論者の代表的なものとしては蠟山政道、島田久吉、佐々木惣一各教授が挙げられる。

蠟山政道（「日本政治動向論」昭和八年二月）

蠟山は委員会制度の改革について二つの方策を提案して次のように論ずる。

「委員会の制度が議会の不能率に至大な関係あるは容易に想像せられたるところである。しからば現在の委員会制度をどう改革すべきか。ここに考えられる二つの方策がある。

第一は、委員会に責任ある地位を与えることである。すなわち委員会の組織を今日の内閣及び行政官庁の組織と対応せしめ、各政党より按分比例に選出せられたる委員をもって組織し、各委員会の議長（委員長より強化するの意か―引用者）は各省大臣がこれに当たり、内閣は院内にあってはそのまま一般総務委員会となるの仕組みである。これは英国地方議会の委員会制度に例を見出す仕組みであるが、今日のあらゆる国々の議会における委員会制度とその本質を異にする。もし議会の能率という点からのみこれを見るならば、これくらいビジネスライクの仕組みは考えられないが、国会と地方議会との本質的相違はこの案をして実行を不可能ならしめる。それゆえ、この案はしばしば提唱せられるにかかわらず、英国においてすら、これを国会に応用することには反対が多くて実現に至らなかった。なぜであるかというに、国会は地方議会と異なり、主権的機関であり、その権限は地方議会のごとく制限されたものでないだけ、一方において内閣または政府はかくのごとき委員会に責任を移すことを拒むであろうし、他方において、院内の政党も常に多数党内閣の強力な指導を夢みて他党と委員会において責任を分かつことを好まないに違いない。この傾向は政党内閣主義の確立が行われれば一層強大となるのであって、委員会制度の趣旨とは根本的に合致しないのである。

そこで第二に考えられる委員会改革の方策は、右に述べた委員会の組織は大体同様として、ただその権能においてこれを責任的・権限的機関たらしめず、単に諮問的機関たるにとどまらしめ、またその開会の時期を通常議会の開会前、例えば毎年十月下旬または十一月に会合せしめ、いわゆる重要法案と称する内閣の政綱に触るるものを除き（これは通常議会に譲る）単に各省法案と予算案のみを審議せしめ、委員会の報告を作成せしめ、これを通常議会に提出せしめるのである。かくて会期の短き通常議会において無数の各省法案の審議に貴重な時間を費やすの愚をやめるとともに、時に全然審議も経ずに可決するがごとき危険が避けられるのである。すなわち、これは通常議会をして専ら重要法案、またそれに関連する予算案の審議に精力を集中せしめ、内閣をしてその政綱の実現に十分の機会を与えしめるとともに、その不通過の責任回避の余地なからしむるの妙案なのである。

また、この委員会ならば、いかに内閣責任主義を振りかざしてきても、その権能は内閣大臣の信任を問い得るものでないから、全く仕事は事務的に運び得るし、また議員の個人的活動として各自の知識経験技術を発揮し得る機会にもなるし、議員をして同時に行政官庁の内部の事情に通暁せしめ得るのである。今日の状態の下において、委員会制度の改革によって、議会の不能率を匡正するの道は、これを措いて他に求められないのである。また、会期延長の具体策もこれをもってするのほか他に実行可能な案策はあるまいと思う。」

その上、蠟山の主張する委員会制度は、各政党より按分比例で委員を選出し、各省大臣が議長となって委員会を組織せんとするものであって、この委員会においては各省法案と予算案のみを審議せしめ、これを政府の諮問機関となさんとするのである。

このような委員会の改革を前提にして、蠟山は、第三の問題「内閣無責任の方策」を取り上げる。

「内閣は一方の脚を議会の多数党に、他方の脚を巨大なる行政官庁に置く国政の中心機関である。政党内閣主義が確立すればするほど、内閣の地位は国政の中心となる。一切の政策上のイニシアチブはここに発し、重要問題の処理はこの機関によって行われる。故に、この政党内閣は一に総選挙による政変によってのみ動き、他の反デモクラチックな勢力によって動かされてはならない理由が理解される。そして多数党の支持ある限り、ほとんど独裁に近き権能を有するのである。

ここに問題が生ずる。内閣にかくのごとき権能と責任とを与える政治上、道徳上の理由はわかるとして、その内閣が総選挙によって、信を国民より得たる政綱政策が実現されず、議会を通過したるものはいかなる内閣においても通過予想され得るいわゆる各省法案 departmental measures たるに過ぎざるがごとき場合において、徒に多数党の支持によって議会を切り抜けたとして、それで責任が果たされたと言い得るであろうか。われわれ現代行政の学徒はいわゆる内閣法案と各省法案とを区別する理由の重要なことを力説しなければならない。各省の属僚的専門的行政官吏の立案せる法案のごときは、前述せる如き諮問委員会の審査決定によって事務的に処理すべき性質のものであって、あえて内閣と議会とが多大の労力を注ぐべきものではない。内閣は今日の階級的利害と国際的関係に至大の関係ある重要なる政策の立案・討議・通過に努力すべきものでなければならない。今度の議会を通過せる六十余件の法案中、一として、この重要政策に触れたるものありや。各省法案のごときは、ますますその数を増加するであろうが、それがいくら通過したとしても、内閣の成績にはならない。」（「日本政治動向論」昭和八年　三五五―三五七頁）。

もう一つの「内閣無責任の方策」は「議会外における組織された経済的勢力の統制」である。

「国政の中心たるべき内閣が、従来は古き反議会的勢力、例えば枢密院、軍閥等に牽制されてきたことは周知の事実であるが、今日は新たな組織された勢力が議会を通さずして直接に内閣に運動し、これを圧迫するようになった。産業資本家連盟や金融資本家団体の結成はそれであり、やがては労働組合の結成も見られるであろう。また各種の職業的、技術的協会の名における経済的利益の組織的運動が、大小となく見られるようになった。これらは確かに議会外における内閣牽制の勢力であって、その発生はやむを得ざる必然性を有している。これらの諸勢力に対して、内閣が一定の軌道に基づく統制を行い得ざる限り、内閣の権能は根底において覆えり、その責任は名目的のものとならざるを得ない。ここに現代政党内閣制の当面せる最も重大にして困難なる問題がある。

これに対する根本的対策は、もとより単に技術的に取り扱い得ざる政治の流動的な本質領域に属するが、立憲制度の要諦が、元来、暴力と陰謀とを条理と公明の軌道の上にもたらすにあるにかんがみ、現代の議会制度はこの新たな勢力を統制してその軌道の上に立たしむる努力をしなければならない。その困難なるは言うをまたないが、その前例と方向とは決して少なくないのである。つまり、これらの諸勢力の運動をして内閣への直接行動たらしむることなく、一定の憲法的機関を通過せしむるのほかはない。すなわち欧州戦後世界各国において試みられたる経済会議の新設がこれである。この機関の組織や権限をここに説く必要はないが、今日歴代の内閣によって設けられる調査会の類を一掃して、この種の大規模の機関を設け、その内容を内閣と各省との二方面に適当に配列し、その委員選出、議事方法等を考案し、今日の経済的行動を立憲化する必要がある。これは一方において、あくまで諮問的・陳情的機関にすぎざらしめ、もって内閣の責任と権威とを回復するに資し得るものたらしめねばならない。」

佐々木惣一（「改造」昭和七年一月）

佐々木は委員会制度の改革について次のように言う。

「委員会は議院全体の議事に対する準備機関であって、その必要なものであることは言うまでもない。それは議院法において定められ、また議院法に基づいて貴族院及び衆議院の両院が各会議規則をもって定めている。その常任委員は、貴族院においては、資格審査委員、予算委員、懲罰委員、請願委員、決算委員その他必要のものに分かれ、衆議院においては予算委員、決算委員、請願委員、懲罰委員その他必要のものに分かれる。法律については、個々の法律ごとにそれぞれ委員を設けることになっており、これは常任委員とは別のものである。この制度について考究の余地がありはしないかと思われる。予算、決算、請願、懲罰及び貴族院においては資格審査、こういうものについて常任委員を置くということは適当である。しかし、法律について、各個の法律ごとに委員をその時々つくるということは、おそらくは適当であるまい。これについても常任委員を設けるがよい。しかしながら抽象的に法律一般というものについて常任委員を設けることは実益がない。ゆえに、外国の法律にもあるとおり、具体的に、関係事項によって委員を設ける。例えば税制委員、経済政策委員、交通委員、教育制度委員、社会政策委員などの類である。法律とは関係ないけれども、外交委員のごときものを設けてもよい。その委員に所属する者を常任的に定めておく。しかしてその事項に関しては、当然これらの委員が審査するのであって、個々の場合に特定の人が選定されるというようなことがないのである。」

「これらの審議はあらかじめ一定の期間を制限すべきものではない。その事項によって自然に期間が定まるのである。もっとも議会全体の意思をもって期間を定めることは、もとよりやむを得ない。そこで、かの継続委員の制を実行するのである。法律案中には、必ずその年度内に成立また不成立の決定を必要とするところのものもあろうが、しかし必ずしも常にそうとは限らない。かかるものについては、その年度を越えて審議の効力を認めることが適当である。すなわち、会期の終了による議事不継続の原則に従わないで継続委員を置くのである。これはもちろん現行制度上できることである。」

こうして佐々木は、具体的な関係事項について、例えば税制委員、経済政策委員、交通委員、教育制度委員、社会政策委員などのように常設委員会制度を提唱するのである。（「我が議会政の再吟味」「改造」昭和七年一月）

島田久吉（「委員会政治論」（「法学研究」十四巻二号昭和十年　慶応義塾大学））

島田久吉は、委員会制度に関する詳細な研究を発表し、次のように言う。

議会政治に対する非難攻撃は、各方面から加えられ、その観点も種々あり、その論拠にもいろいろあるが、実際政治の技術的側面から見て妥当だと思われるものは、議会政治の非能率的であることと専門的能力を欠いている点から起こる非難であると結論し、これへの対応策として常設委員会を提唱される。

島田はまず常設委員会制度が現在要請されるゆえんを論じて次のように言う。

「民主政治の一要請と久しくみなされていた古風の権力分立あるいは相互牽制の原則は、今日、理論においても実際においても支持し得られないところとして排斥せられ、議会政治はこれによって利するよりも失うところの多きに悩んでいると言われる。今日の議会政治において最も緊急必要なことは、立法及び政策樹立におけるスピード化であり、しかもこのスピード化を議会政治の機構内において行わんとすれば、ぜひとも立法執行両権の協力を強化しなければならない。また、現代の社会状態、経済問題の複雑化は到底、専門知識を持たない従来の単なるいわゆる「……百頭顱（とうろ）」の政治を許さない。もし議会政治が時世から置き去りにせられるのを免れんとするならば、どうしても自ら能率化し専門化して、時代の要求を解決するに足るの力量を示し、もってデモクラシーに対する幻滅感を解消せしめなくてはならない。

立法部、執行部の協力による政治の能率化と、立法部が自ら専門化することによって行政部内に対する監督の権威を増進すれば、あるいはデモクラシーの原則を堅持して、しかも時勢の要求する政治を行い得るかもしれないのである。少なくとも議会政治の救済もしくは独裁政治の進出に対する議会の自己防御としては、こんな方向に進むほかあるまいと考える。

しかして議会の能率化と専門化の問題について最も重大な示唆を与えるものは、各国に行われている議会の常設委員会制度である。もちろん今日、各国に行われている議会委員会の価値は完全なものではない。またその得失について判断に苦しむ点も往々ある。しかしながら、もしこの制度の運用よろしきを得れば、政治の能率化に寄与するところ少なしとしまい」。

島田はこう述べて、イギリス、フランス、アメリカの議会における委員会制度を詳細に紹介し、次のように各国の特色をまとめる。

「以上、英米佛の議会委員会を一瞥したが、英国のごとく内閣が議会を指揮し、立法及び政策の決定について、議会は単に内閣に追随するにすぎないところでは、委員会が重要な地位を占めないのはむしろ当然である。そもそも英国の議会なるものは、在来の学説によれば、少なくとも立法について最高権を掌握しているわけであるが、実際においては政府の意思の下に働く一個のベンチレーチング・チェンバーたるにすぎない。しからば立法の実力は内閣に帰一し、内閣は名実ともにこれを独裁しているのかというに、事実は内閣で各省官吏によって動かされているのである。これ米国において事実上の立法をなしているのはシビル・サービスなりと称せられるゆえんである。英国における立法の実状は、議会は単に大綱を決定するにすぎず、いわゆる骨組立法 skelton legislation であり、その大部分は規則命令 Rules and Orders によって補填せられるのである。ここにおいて各行政官庁に対する委任立法 delegated legislation の流行を見ることになった。」……これに対する理由として、「今日においては議会に対する立法の要求が過重であって、議会は行政立法の詳細に立入ってその任を尽くすを得ないことと、今日の時勢の要求する法律は専門的技術を要するから、議会の立法に適さないという点が挙げられているが、もし今日の議会の立法の量が過去に比してはるかに膨大であるというならば、これは事実を強いるものである。十九世紀中葉における英国議会の一年の平均立法量は欧州大戦以後における立法量の二倍に上り、しかもそれらの法律は今日の法律のごとく専門的であり包括的である上に、今日のごとくその細則と規則命令に任せてはいないのである。すなわち一八六六年より一八七一年に至る一般公共法律通過の平均数は百十二法律であるのに、一九二〇年より一九二九年に至る十年間の平均数は五十八法律にすぎないという。

ドノモア Donoughmore 氏を委員長とする委員会を組織して委任立法に関する調査を開始したが、同委員会の報告は、正常なる委任立法はやむを得ずとするも、これの精査は議会における常設委員会をしてこれに当たらしむべしという結論に達しているのである。」

「すでに度々述べたとおり、立法府及び政府監督機関としての議会の無能は、実にその負担過重もしくは負担過重と思われているところにあるのであって、自由放任主義旺盛の時代にあってすら、ジョン・スチュワート・ミルは、委員会の必要を力説しているほどである。しからば今日のごとく国民に対して社会的活動の要求せらるること甚だしく、したがって立法量の逐次増加が避くべからざる時代においては、常設委員会制度によって議会の能率を増進する必要があるであろう。しからざれば、いよいよ委任立法の旺盛を招来して議会はいわゆる庇（ひさし）を貸して母屋を取られるのは必定である。

次に議会における専門的能力の欠如は、議会に対する信任を喪失せしめ、議会外における各種委員会あるいは審議会の設置によってこの不足を充たさんとする傾向が各国において見られている。政務の煩雑化と専門化の著しい今日、かかる便法も一概に排斥すべきではないが、およそかかる制度は国民に対する責任の確保という点において欠くるところあるのが普通である。議会は国民の意思を代表し、国民の意図を最も理解し得るものとすれば、議会の常設委員会をして自らかかる任務に当たらしむる方が適当であろう。

もちろん、このために委員会と各行政部門との間に競争意識を発生し、前者が後者に不当の干渉を加え得ることは、フランスの例に徴しても起こり得ることであるが、要は、程度の問題であり、かつ一方から言えば、むしろかかる競争こそ、かえって政治の能率を高めるゆえんとならないことはない。

また、議会の補助機関たる常設委員会が行政各部に干与するをもって、かえって政務の渋滞を来たすものとなし、あるいは権力分立の原則に対する違反としてこれを非難する論者もあるが、元来、行政の専制化を防止するには、ぜひとも議会の監督によらざるを得ず、しかるに行政全般に対する全議会の一般的監督というものは、結局、理論倒れに堕する憾みあり、もしこの監督を有効に行使せんとすれば、行政各般に対する常設各専門委員会の個別的監督に待たなくてはならぬ。さらに常設委員会の行使する監督は、いわゆる予防的監督であって、権力分立というものは畢竟、権力協力であり、また協力たらしめなければならないとすれば、この協力が最も有効に行われるのはこれら委員会であるから、あえて監督という言葉に拘泥する必要はないのである。

常設委員会制度は、政治家の養成にとって重要なる方法であろう。旧時代の政治家はこれを措き、現今のごとく専門家的政治家を要求する時代にあっては、かかる専門的素養を育成するのは、常設委員会の大きな任務である。けだし今日、議員の素質低下が云々されているのは、一つは議員に対して重要な活動範囲が与えられていないのと、議会における通常議員の無力感より生ずる怠慢とであろう。もし彼らをしてことごとく常設委員会に配属せしめ、十分なる研究題目と活動範囲とを与え、進んでは政治家としての登竜門たらしめば、議会の沈滞を救うこと少なくないと思う。」

最後に、島田は、「アメリカの Public Hearing（公聴会）制度を導入して、委員会の所管とする法案の審議に利害関係者の意見、または院外専門家の意見もしくは国民一般の意見を聴聞斟酌する範囲を拡充すれば、国民の国会議事に関する関心を刺激する上において得るところが多かろう」と結んでいる。

その他安達謙蔵一派の国民同盟は常設委員会を提案する。

「今日の議会に対する不満足の一つは、その国策に対する建設的寄与の乏しきことである。これは主として議会会期の短いことから起こっているが、議会会期は憲法で定まっている。わが同盟は、現行憲法に手を触れずして会期短少の欠を補うため、各院に常設委員会を設けるべきことを主張する。

一　常設委員は、議員五分の一ぐらいをもって定員とし、これを内政、外政、軍事、財政の数部門に分かつ。

二　議会閉会より次期開会までを任期とする。

三　政府は常設委員会に次の会期に提出せんとする議案の審査を求むることを得。

四　委員は常時必要なる事項につき政府に質問し、その報告を求めることを得。」

なお、その他、民政党も、議会の機能を発揮するため、継続委員会を設けることを主張しているのである。（「民政」昭和七年八月号）

以上の諸論によって知られるように、議会における委員会の制度を改革しようとする主張は、「議会制度の補強工作」ないしは「議会制度の自己防御」であって、それは多く議会政治擁護論者から叫ばれているのである。それは執行権の拡大化に反対し、あくまでも立法権の執行権に対する優位を保持しようとするものである。

この常設委員会制に対し、それが議会政治の欠陥を匡正し得るか否かについて深刻な疑問を抱いている者に、五十嵐豊作教授がいる。

五十嵐豊作（「国家学会雑誌」昭和九年十月号「米国議会の委員会制」）

五十嵐は、「国家学会雑誌」において米国議会の委員会制度を考察し、最後に次のように述べている。

「現代の議会は単なる「政策の登録掛」であり、少数の指導者の仕事を喝采するか、あるいは質問するにすぎない。これは一方においては、議会の仕事の量が圧倒的であること、他方においては、政府のもろもろの目的のために要求せられる専門的知識が従来の地域代表では不十分なることに起因する。しかしてこれが対策として主張せらるるのは、委任立法と職能代表である。現今、各国に常任委員会制度の発達を見るのは、それが法律案の審議を議会より委任されること、及び、委員が専門化する傾向あることの理由により、まさにかかる対策への議会の無意識的な歩みの表現ではあるまいか。かかる点より見れば、アメリカの委員会が、立法機関としていかに不完全であり、技術的改善を必要とするかは、すでにわれわれの見たとおりである。

われわれが初めに述べたように、連邦議会は右の技術的必要と、さらにデモクラシーの要求により、比類なき委員会制の発達をもたらしたが、その結果は寡頭支配となり、市民的デモクラシーに立つ代議政治の自己否定となった。Reinsch も言っている。

「すべての議員ができ得る限り権力の行使を共同にしなければならないというデモクラシーの衝動に従い、議院の仕事はますます増加する委員会に漸次分配せられた。しかし、かくして生ずる無政府状態からの脱出は、高度に集中せる権力の創出による以外は不可能であった。」

いかに議会の、特に代議院の権力が少数者に集中しているかは既に見たところである。その寡頭政への推移は、議会の仕事の重心が委員会に移ったことと照応して、デモクラチックな審議の舞台としての議会の意味を失わしめる。議会は舞台裏に退いた。形式においてはデモクラシー、実質においては寡頭政たることを明白にし、社会組織の化石化と、その腐朽を露呈した。これは Michels の指摘するごとく、「現代社会の過大なる経済的・社会的隷属関係」がデモクラシー実現の基礎を奪っているからである。したがって、かかる関係が止揚せられざる限り、議会政の無力を委員会制によって補強せんとする試みは、デモクラシーの犠牲において技術的必要に応ぜんとするものであり、議会政自らの、自己否定の方向への歩みを意味しはせぬであろうか。」

かくして五十嵐は、「議会政の欠陥は委員会制度によって矯正し得るであろうか。議会政の腐朽が単なる技術にのみ原因するものにあらざることと関連して疑問なきを得ない」と喝破するのである。

四　国策審議機関に関する論調（美濃部達吉、河合榮次郎、山本鉄太郎）

昭和六年の満州事変の決着、国際連盟対策などの応急措置に忙殺され、また疑獄事件頻発に対する国民の批判を受ける中で、政府に国策樹立の能力なしという声が挙がり、特に政党内閣制が崩れて、挙国一致内閣になると、国策樹立実現の機関が政府に求められるようになる。学者の中にも、今日のように政治が経済を支配しなければならない時代においては、議会制度は、従来のままではとうていその存続を維持することができないと論じて、議会の外に、国策審議機関の設置を提唱する者があらわれる。その代表的な者が美濃部達吉、河合榮次郎、山本鉄太郎の諸氏である。

美濃部達吉（「中央公論」昭和九年一月）

美濃部は「議会政治の修正」と題して次のように主張する。

「議会制度は決して否認せらるべきではないが、しかし一方において、その従来保有していたような政治的機能は、もはや今日の社会変転期に適しないとすれば、われわれが将来の政治機構は、果たしてどこに赴かんとするのであるか、また、それをいかにするのが最もよく国家及び社会の利益に適するゆえんであろうか。

第一に、疑いのないことは、それには強力な政府の存立を必要とすることである。国民の経済上の利益は、国内においても資本と労働、都市と農村、産業資本と金融資本、生産者と消費者、大企業と中小商工業というように、さまざまの関係において利害相衝突することの甚だしいものがあるのに、それらの利害を調和して、その全体を国家的統制の下に置き、もって国際的の経済戦に当たろうとするのであるから、それらの全体を統制し得るだけの実力ある政府でなければ、成功を期し得ないことは当然である。（中略）政府をして強力ならしめるためには、これを擁護し支持するために、議会の外になお強力なる委員会をつくることが望ましい。それは法律上は内閣直属の諮問機関たるにとどまってもよいが、事実においては経済問題に関する重要な国家の政策を審議立案する機関たらしむべきで、これを構成する分子としては、重要産業、金融、労働等、国民経済の各部門にわたる重なる代表者を集めることが適当であろう。」

すなわち、美濃部は、議会政治の修正論として、「法律上は内閣直属の諮問機関」として「事実上は経済問題に関する重要な国家の政策を審議立案する機関」として、議会の外に、強力な国策審議機関を設置すべきことを主張するのである。

河合栄次郎（「ファシズム批判」昭和九年三四〇頁）

河合は、いわゆる「国策調査会」の熱心な提唱者であり、次のように主張する。

「議会制度の欠点は、複雑なる現代の政治内容を処理するに適しないことにある。この点については英国思想家の批判は、さすがに議会制度の長い歴史を持つだけに傾聴の価値がある。これがためには内閣直属の大規模の国策全般にわたる調査研究の機関をつくるべきである。各省に分立した調査では互いに有機的連関が欠けているから、各省から独立した新機関を設け、そこにそれぞれの専門家を集め丹念な研究と立案とをなさしむべきである。そしてそれと付属して、さらに各方面のやや高度の人材を集めた諮問機関を設け、調査機関の成果にして政府の賛成を得たならば、この諮問機関を経て、最後に議会の同意を求めるのである。かかる調査機関を新設することは、議会制度の補強工作をなすことで、毫も議会主義と矛盾することにはならない」。

河合は次の具体的な提案をする。

「この調査会は英国の王立調査委員会の如くに、世界観の異なる各方面の人材を網羅し、官庁の所有する一切の資料を提供して、自由なる活用に任せ、同一資料の上に立脚して対策を案出せしめるのである。さらに英国の委員会の如くに、調査会は必要な場合には、日本におけるいかなる人をも招致し、いかなる資料をも提供せしめる権限を持ち、招致されたる人は裁判の法廷に立てる証人と同じく、正確に一切を陳述する宣誓をなし、もし虚偽の事実を申し立てた場合には偽証罪をもって起訴し得るものとする。また各調査会は呑気な討論会ではなく、非常時克服の任務を持つが故に徒に甲論乙駁に時日を経過することを許されないから、多くとも六カ月の期限を付して、成案を報告せしめねばならない。報告は機密にわたらない限り、調査会の陳述討論の一切の速記とともに印刷刊行して民衆に公表する。

調査報告は、大体二つまたは三つの種類を予想し得る。従来と異なる調査報告であるだけに、右翼または左翼という範疇をもって分類することは困難ではあろうが、大体保守的なものと進歩的なものと中間的なものとがあらわれるに違いない。各政党が報告のいずれを支持するかを明らかにした後に、政府は英断をもって議会の解散をしたがよい。」

すなわち、河合は、各方面の専門家を集めた調査研究機関及び政府の諮問機関の両者の設置を提唱し、「調査会」は英国の王立調査委員会のような構成にしようとするものである。河合はこの国策調査会の新設によって、議会政治の補強工作を意図するのである。（河合榮次郎「ファッシズム批判」）

山本鉄太郎（「国策」昭和十年三月）

山本は、現在の議会制度の下において地域的に選出せらるる議員は、あまねく経済的社会的各方面にわたる切実なる利害と意思を代表するわけではなく、また議員自身が当面の経済社会問題について十分な理解を有することを保障されたものでもないから、国策の樹立、殊に建設的な統制方策の樹立には不適当であると主張する。かくして彼は議会の外に国策審議会の設置を提唱して次のように言う。

「国防、経済、社会の国家統制機関としての現存のごとき議会政府共に十分な機能を発揮し得ないとすれば、ここに国民全体の社会生活ないし活動の意思と利害を代表せしめつつも、専門的知識と能力とを有する人士を集めて、国策を調査審議せしむる常置機関をつくり、もって議会なり政府なりの足らざるところを補い、外は雄大なる対外政策を樹立し、内は国防を充実すると同時に、経済上の利害を調和し、国民全体としての経済的、社会的福祉を増進せんとするのは極めて自然の勢いである。

国策審議機関の設置は時代の要求であると言える。英国のブレーン・トラスト、英国の経済諮問委員会、フランスの国家経済審議会等いずれも、世界不況に伴う民衆生活の前途不安に対して、議会政治の不備、政府の弱点を補強して政策樹立に新しい普遍妥当性を発見せんとする努力のあらわれであった。この点、わが国もまたは例外ではない」(「内閣審議会の政治的意義」「国策」昭和十年三月所収)

また、中野正剛も、その著「国家改造計画綱領」において山本と同じことを提唱している。

以上のように国策審議機関は、議会制度を今日の社会的経済的状態に適応せしむべく、多くの論者から提唱されていたのであるが、昭和十年の春、ついに岡田内閣の手によって、内閣審議会及び内閣調査局が設立された。この「調査機関」が、右に述べた論者の意図する「国策審議機関」と一致するか否かは疑問でもあるが、大同小異のものであることは想像され得るところである。

昭和九年十二月、国策審議会が内閣に設置されることが閣議で決まる。審議会の構成は次の通り。

一　目的　真に権威ある総合的国策の審議に当たることを目的とする。したがって軍事・外交に関する事項を除いた財政・経済・産業・思想・教育等、国民生活に関係ある一切の国策を審議する。

二　組織　①会長は総理大臣が兼摂し、委員は大体十名—十五名以内とする。②会に直属する専門委員会または付属調査局を設置する。③審議会の委員は何人が見ても首肯し得る第一流の人物をもって当たらしめること。④委員は常任委員のほかに臨時委員を置くことができるようにする。⑤専門委員にはあまねく人材を網羅する方針の下に、学界、民間の有能の人士の協力を求め、同時に各省有能官吏をそれぞれ兼任せしめ、調査・立案に当たらしめる。⑥専門委員会または調査局は適宜部門を定め、調査の衝突、重複を避ける。
三　政府との関係　純然たる政府の諮問機関とし、国家的見地から総合国策の審議に当たり、場合によっては政府に建議する。
四　委員会の待遇　特に考慮せざること。
五　内閣の更迭によって途切れざるよう恒久性を持たしめること。

こういう性格の相当大規模な審議機関とし、これに要する経費は一か年約二十万円の予定で、これは追加予算として審議会に提出することになっている。

なお、国策審議会は内閣審議会と内閣調査局とから成る。内閣審議会は内閣に隷属し、重要政策について審議する諮問機関とする。大臣は委員には入らず、会議に出席して意見を述べることができる。内閣調査局は、内閣審議会に関する庶務を掌り、審議会に提出すべき資料、議案等の整備をなす。調査局には、長官、参事官等の専門職員を置く。職員は、官吏たる専任職員の外に、特別事項調査のために専門委員または調査委員を任命する。専門委員、調査委員は、官吏、学者、実業家その他朝野の有識者を網羅する。

第二節　議会制度改革要綱及び改革案

一　議会制度改革要綱（河合良成、中野正剛、北一輝）

河合良成

河合はその著書「国家改造の原理及実行」において議会制度改革の基本を選挙に置いた。

一　衆議院議員選挙法を改正し、職業代表制に重点を置くこと。

（職業代表選出の方法）

職業代表は、農業者、工業者、商業者、労働者、会社員、官吏、軍人、教育家、新聞記者、弁護士、医師、技術者、芸術家等より選出することとし、農業者、工業者、商業者、労働者、会社員等の代表については、さらにこれを種類別又は地方別によることを要する。

（地方代表）

右各方面の職業代表といえども、必ずしも完全に国民を代表するものと言い得ないので、これを補完する意味において地方別による一般民衆代表を認める制度を併用すべきである。一般民衆代表の選挙方法はなるべく大選挙区制を採用することとし、その議員数を衆議院総数の三分の一ないし五分の一としたい。

二　貴族院議員中、多額納税議員を廃止し、有爵位議員数を減じ、勅選議員を中心勢力となすこと。

勅選議員は、政府の奏請ほか、民間の一定機関より奏請するの途を開くこと。

貴族院制は政治の整調機能に期待して、これを存置する。但し、多額納税議員を廃止する。

中野正剛

彼の著書「国家改造計画綱領」に議会制度改革要綱が見られる。

一　一定年限を限り、議会より、非常時国策遂行に必要な独裁的権限を内閣に委任する。

（説明）国民内閣の要求は必ずしも議会政治の否定ではない。しかし議会は時局の重大なるに鑑み、政府に対し必要な一定の独裁的権限を委任することが必要である。かかる権限の移譲については、イタリア及びドイツにおいてはもちろん、現に民主国アメリカにおいてさえ広範囲にわたって実施されている。しかして今や大統領はこの方法を用いて画期的統制経済政策を推進しつつある。非常時日本においてもまた、この方法によるほかに、打開の進路を見出すことができない。

二　衆議院選挙法を改正し、職業代表に重心を置き、従来の一般代表議員数を総議員数の一定割合に減ずべし。

（説明）衆議院の組織上、職業代表に重心を置く理由は、衆議院をもって真に国民の利益を代表し、溌剌たる活動、国家に立体的縮図たらしめることにある。けだし、従来の一般代表制は地域的代表なるが故に、その働きは極めて消極的であって、そこに活動的代表作用を発揮することができない。

しかして職業代表は、商業者・工業者・労働者・会社員・官吏・軍人・教育家・新聞記者・弁護士・医師・技術者・芸術家等より選出することとし、商業者・工業者・農業者・労働者・会社員等の代表については、これを種類別又は地方別とする。但し、職業代表といえども必ずしも完全に民意代表の実を挙げられないため、その補充的意味において地方別により一般民衆代表を併せて承認する。その選挙方法は、大選挙区制とし、その議員数は衆議院議員総数の五分の一程度に限定する。

北一輝

北は「日本改造法案大綱」において、顧問院の設立、貴族院の廃止、国家改造議会の創設を提出する。

顧問院　天皇を補佐すべき顧問院を設置する。顧問院議員は、天皇に任命され、その人員を五十名とする。顧問院議員は、内閣会議の決議及び議会の不信任決議に対して天皇に辞表を捧呈すべし。総定数を五十名とす。但し、内閣及び議会に対して責任を負うものにあらず。

審議院　貴族院を廃止して審議院を置き、衆議院の決議を審議せしむ。

審議院は、一回を限りとして衆議院の決議を拒否するを得。審議院議員は各種の勲功者間の互選及び勅選による。

国家改造議会　戒厳令施行中、普通選挙による国家改造議会を召集し、改造を協議せしむ。

二　議会制度改革案（佐々井一晁）

佐々井一晁「新日本の政治機構」（「錦旗」昭和七年十二月号所収）

佐々木は、「日本建国の本義に基づき、大要、左のごとく国会を規定する。

国会ハ、天皇ノ召集ニ依リ、国民ノ総代相会シテ、重要国務ヲ審議建策スル民意奉答ノ最高機関トス。

国会ハ、天皇ノ諮詢ニ遵ヒ、枢密顧問官を奏薦ス。

国会ハ、検察院ニ於ケル不正ヲ指摘シ、之ヲ弾劾スル権能ヲ有ス。

国会ハ、一院制トスル。ソノ議員資格左ノ如シ。

1　郡会総代　一郡一名選出。ソノ総数約三〇〇名。

2　市会総代　一市一名選出。但シ特別都市トシテ、東京一〇名、大阪四名、京都、名古屋、横浜、神戸ハ各市三名選出。ソノ総数約一〇〇名。

3　専門職能総代

教化一〇、国防一〇、学術一〇、医術一〇、産業三〇、法律一〇、財務金融一〇、外交五、交通通信五、社会施設五、合計一〇五名

総計　五〇五名

専門職能総代ハ職能団体ノ推薦ニヨリ、国務総理大臣之ヲ任命ス。

国会において、国防、行政、産業、教育、法律その他万般の国務を審議するとともに、これが予算を審議するは当然であり、形式的に見れば、従来と多く異なるところはないのであるが、将来は、在朝在野の対立的党派は存在せず、それゆえに、議会の審議いかんによって直ちに倒閣運動とはなり得ないのである。ただ、政府の不正に対しては検察院の権威的法治の存在があり、民意に反する執政に対しては、国会において決議をもって上奏の途が開かれ、さらにこれを枢密院へ御下問あって慎重審議の後、内閣の更迭となる。しかし、国会本来の立場は、天皇諮詢機関であるべきである。

日本は国家本来の性質上、一国一党の国である。一君萬民党もしくは挙国一家党というべきもののほかに、党員はないはずである。徹頭徹尾、全国民一致協力、互いに争わず、互いに助け合うべき国家成立の根本義を奉じている国民なのである。それゆえに、二大政党の対立により、相互に政権を獲得するをもって憲政の常道なりと考えていた人々のごときは、全く日本本来の国風の美を破っていたのである。かくしてここに新国会に与えられたる重要権能は大体三つある。

その一、前述の重要国務を審議し、かつ建策するとともに、予算を裁定すること。

その二、枢密顧問官総数の三分の二、すなわち十名を推挙奏薦すること。

その三、検察院における不正を指摘し、これを弾劾する権能が国会に与えられていること。

終わりに

以上において、昭和十年前後の議会制度改革に関する諸論と諸案を取り上げたのであるが、これらの全体を通じて、そこに大きな対立的な潮流が見出されるであろう。一つは、議会政治危機の原因を議会制度内部の技術的欠陥や国民思想の悪化に求め、その改革論においては、議会内部の粛正改革、国民の政治教育、議会会期の延長、その他常設委員会の設置等を提唱するのである。これに反して、他の一つは、議会政治危機の原因を社会的経済的情勢のうちに求め、その改革論においては、議会の機能を単なる批判機関としようと主張し、または一般投票的独裁政治の形態に改めようとするものである。前者は自由主義者、政党政治家、国粋主義者が多くこれに属し、現行議会制度を擁護しようとする傾向であり、後者は、一部の少壮政治学者、社会主義者、現行議会制度を根本的に改革しようとする傾向である。こういう動きが、やがて政党を解体し大政翼賛会を中心にした議会に代わり(昭和十五年十月十二日大政翼賛会発足)、戦時体制に突入する（昭和十六年十二月八日太平洋戦争起こる）前の状況であった。

第五章　軍部による議会改革論

第一節　五・一五事件、二・二六事件

第三章第四節ですでに取り上げたように、昭和七年、五・一五事件のあと、議院制度の改善に関する注目すべき提案がなされた。議会振粛各派委員会は、「議会振粛ノ根本対策ハ宜シク立憲的公民教育ヲ施シ議会政治ニ対スル国民ノ覚醒ヲ促スニ在リ、選挙法ヲ改正シ政党ノ組織運用ヲ改革シ議員ノ自制ヲ求ムルコト亦当面緊急ノ対策タリト雖モ、凡ソ左記各項ヲ速ニ実行セハ議事ヲ円滑ニシ議会ノ品位ヲ向上シ其ノ機能ヲ発揮シ、以テ議会振粛ノ目的ニ資スル所アルヘシ」との趣旨から次の項目を取り上げた。

まず、議長権限の拡張・地位向上、副議長を二名にすること、立法府の予算は大蔵省所管から独立させること、会期を延長すること、全院委員会を改正し、もっと活用すること、時事問題について政府に質問できるようにすること、議案提出に要する賛成者数三十名を二十名に引き下げること、議員提出の議案及び質問は出席議員三分の二以上の多数で議決したときは、政府の同意を経ずに政府案に先立ってこれを議題にできるようにすること、議事進行の発言に制限をつけること、議場の構造を改め、議事を懇談的に進行できるようにすること、議長席及び演壇に拡声器を備えつけること、党議拘束の緩和等であって、これらの趣旨を実現できるように関係法規の改正が具体的に提案された。

さらに、法規の改正のみならず、議員の自粛自制について「各派胸襟ヲ開キ」協議し、法規を改正せずに実行で

きるものは即時実施すること（例えば演説者の言論が法規に違反するときは中止するはもちろん、議長は不穏当または議題の範囲を超えた発言に注意し、改めない場合はその演説を中止させること、許可なく演壇に上らないことの厳守、やじを慎み、議院の品位を傷つける言動をなさざること等）を申し合わせたのであった。

この振粛案は、多くの重要な改善事項を含み、法律改正のみならず、議員の自粛に待つところが多かったが、後に述べるように、提案にとどまり、法改正も自粛も見るべき実績を上げ得なかったのである。

昭和十一年二月二十六日、陸軍の皇道派青年将校による首相官邸襲撃事件が起きた。この二・二六事件後、陸軍は、粛軍に当たり、皇道派勢力を一掃し、代わって寺内寿一陸相らは、皇道派に対立していた統制派を新たな軍の主流派として実権を掌握し、広田内閣の組閣に干渉したり、軍部大臣現役武官制を復活させるなど、軍部の政治的発言力を著しく増加させ、合法的に軍部ファシズムへと乗り出した。広田内閣はクーデターに終止符を打つため「庶政一新」を図ったつもりであったが、これが国家体制を全体的に戦争に近づける役割りを果たすことになる。この点が決め手になって、広田首相は、太平洋戦争開戦に何ら指導的役割を果たさなかったにもかかわらず、占領軍に戦争責任を追及され、文民ではただ一人、極東軍事裁判において死刑に処せられた。

第二節　「庶政一新」と議会改革

粛　軍

広田内閣は、政友、民政の二政党から二名ずつ閣僚を採用し、外相には外交の経験豊かな有田二郎を迎え、大蔵大臣には、高橋財政を修正し公債増発と増税による積極政策をとる馬場鍈一を起用し、国防体制への移行に踏み切った。升味準之輔『日本政党史論』（第六巻三五五頁）によれば、「原田日記」には、軍側は大臣各党二名の要求を各党一名に削るよう求めたが、一名では政党の了解が得られず組閣を断念せざるを得ないというぎりぎりのところで組閣を完了したことが記されている。

内閣のスローガン「庶政一新」は、「粛軍」と見合う政治的表現であり、陸軍が要求する国防第一主義の基本原理に基づく諸改革を実践することであった。軍部大臣現役武官制は、明治の藩閥、軍閥時代にあったものの復活であり、陸軍省軍務課政策班長であった佐藤賢了の「佐藤回顧録」には、「二・二六事件で将官を去った者が陸軍大臣にでもなるようなことがあれば、不祥事件が再発するということを恐れたからである」とその理由が説明されている。今後、軍部は、軍部大臣現役武官制により、内閣の死命を制することができる武器を得たことになる。陸軍は粛軍を行い、十人の大将のうち七人が退役し、西、植田、寺内の三大将が残った。寺内陸相のもとで関係者の大掃除が始まる。しかし陸軍は政治から手を引いたわけではない。この年八月、陸軍省軍務課政策班長になった佐藤賢了は「二・二六事件のあと、陸軍は政治について次の三つの選択肢から一つを選ばなければならなかった。すなわち①政治から一切手を引き、軍紀を緊粛して軍を建て直す。②公然と政治の舞台に乗り出して必要な改革を断行する。③革新の推進力的立場をとる」。①も②も不可能、③をとるほかなかった。」と述べている。（「佐藤回顧録」、升味前掲書三五五頁）

その「革新の推進力」とは、首班奏薦や閣僚人事に注文をつけ、軍事予算や国防計画について過大な要求を出し、思い通りにいかなければ、クーデターやテロの再発をもって威嚇し、陸相推挙を拒否したり陸相引き揚げを図ることであり、その「推進力」は破壊的なパンチ力を持っていた。

議会開会中、広田内閣が、政友、民政の両党から受けた反対は、浜田国松の「粛軍演説」（昭和十二年一月二十一日）ぐらいで、国民の拍手喝采を受けたが、軍部は国民の声に耳を全く傾けず、寺内陸相は逆に軍部批判に怒って政党を反省させるために解散を主張した。しかし政党出身の閣僚と海軍に反対され、広田首相は「閣内不統一」を理由に総辞職のやむなきに至った。これは陸軍が内閣に加えた最初のパンチであった。

広田内閣は、粛軍、庶政一新の名の下に、まず中央行政機構の改革に乗り出した。一方では、内閣直属の統制と調査機関の強化のため執行権の集中化が、他方では、産業合理化と国民精神の作興、植民地支配の強化、航空・船舶・港湾の拡充のため戦時体制への編成替えが計画された。

貴族院改革

貴族院では、普選実施以来、改革を求められてきたが、二・二六事件を契機として、かねて貴族院制度改革に関する調査研究を重ねていた公侯爵議員中心の火曜会首脳部は、積極的に貴族院改革に乗り出した。昭和十一年五月十二日、貴族院は貴族院機構の改正に関する建議案を可決、これに対して、広田首相は同意する旨の意思表明を行なっている。火曜会の近衛文磨公は、貴族院議長の要職にあるにもかかわらず、進んで貴族院改革に取り組み、その成り行きが注目された。近衛公などの企図する貴族院改革案は相当革新的なもので、公侯爵議員の世襲廃止、伯子男爵互選の定員の改正、勅選、多額、学士院議員の制度に対しても思い切ってメスを入れ、さらに機構改革にとどまらず、その運用においても時代に順応した方策を講じ、貴族院における政党色排除の方法についても相当思い切った考慮を払っていた。

貴族院改革の動きに呼応して衆議院も改革に乗り出した。衆議院は、斎藤内閣以来、三回にわたって常置委員会設置を中心とする議院法改正案を可決したが、貴族院によって三回とも握りつぶされたことから、政府・貴族院と密接な連絡をとりつつ、三者相提携して議会制度改革を実現する方針のもとに、「政府は議会の振粛のため特別調査会を設置し、速やかに立案の上、次の通常議会に議院法改正法律案を提出すべし。」との決議を行い、政府にこれの実行を約束させた。

議院法改正案の要点

衆議院改革の趣旨は次の通りである。「最近のように予算膨張著しく、かつ法律案の輻輳しているときにおいては、三カ月の会期では短か過ぎる。会期延長が困難であれば、せめて現行議院法第二十五条に規定されている（各議院ハ政府ノ要求ニ依リ又ハ其ノ同意ヲ経テ議会閉会ノ間委員ヲシテ議案ノ審査ヲ継続シムルコトヲ得）いわゆる継続委員会制度を改革して、三、四十名内外の各党派代表を委員とする常置委員会制度を新設し、政府提出議案の特別事項の審議をなすほか、法律案の研究、立案並びに法律の実行上に伴う予算案の調査・研究に当たるようにしたい。すなわち岡田内閣当時、政府は内閣調査局を設置し、大いに行政権の拡大強化を図ったが、一面に立法部の強化策を図らないときは、真に民意を国策の上に反映せしめることができず、官僚ファッショを招来する恐れがあり、真に挙国一致、官民協力の実を挙げ、非常時を突破することはできない。」

常置委員会

常置委員会は次の利点がある。

①　政党においては各派とも政務調査機関をもって、それぞれ国策の調査を行っているが、各党派間に何らの連絡がないために議会に臨み、例えば政府提案の米穀、繭糸等の重要法案に対しても、意見の一致を見ず、ついに流産に終わるという結果を招くことがしばしばあった。常置委員会が設置されれば、平時重要法案の骨子を協力研究して互譲・調和することができるから、議会に政府案が正式提案された場合には短時日で審議を終了し、議事の審議を促進し、会期の短いのを補正できる。

②　両院は法律案の発議権を持っていながら、各派を統合する研究準備機関を持っていないため、せっかくの機能を発揮できない。常置委員会はこの弊を矯正することができる。

③　政府部内においては、常置委員会制度をもって、平時行政に専念できないとの立場から反対するようであるが、攻撃せんがための政府攻撃をなす政党の弊風は、漸次薄らいできているのみならず、今日の重大時局に直面しては、かかる不真面目なことは許さるべくもなく、政府はむしろ中央の意向を地方に伝え、地方の声を中央に反映

させ、国論を統一して時局に対処すべきの秋である。

④　貴族院の小会派においては政務調査機関のないものもあり、常置委員会の設置は必要である。

議長、副議長の優遇

議長、副議長の待遇を向上し議会の品位を保つべしとの論もあるが、形式的向上ばかりでなく、各党派は政党政派を超越して人格主義、識見主義をもって、公平無私、真に院内を通じての第一人者を議長、副議長に選挙するようにして、実質的に地位の向上を図るようにすべきである。

調査・研究の環境整備

政策調査・研究のため衆議院の控室を完備し、一人に一室くらいをあてがい、秘書、タイピスト等の補助者を国費をもって配置する。

政党法制定

議院法の改正と同時に政党法を制定し、政党に法人格を持たせる。①党費の公開、②極端なる党利党略を取り締まるなどの挙に出で、政党の宿弊を矯正し、政党の信用を回復すべきである。

昭和十一年五月二十二日、第六十九回議会において、町田忠治外五十二名は、議会制度革正ニ関スル決議案「時勢ノ推移ニ鑑ミ衆議院ノ機能ヲ一層発揮シ其ノ能率ヲ図ルハ方ニ緊要ナリト認ム仍テ政府ハ速ニ議会制度ニ関スル調査会ヲ設ケ之カ改正案ヲ次期議会ニ提出スヘシ　右決議ス」を提出し、可決された。また同時に、衆議院議員選挙法改正に関する決議案も可決された。

第三節　議院制度調査会

政府は、第六十九回議会における衆議院の議会制度革正に関する決議、及び貴族院の機構改革に関する建議に基づいて、それぞれ調査会を設けて調査を進めることとし、官制を公布した。

議院制度調査会官制

第一条　議院制度調査会は、内閣総理大臣の監督に属し、その諮問に応じて、議院制度に関する事項を調査、審議す。

第二条　議院制度調査会は、会長一人、副会長二人及び委員三十六人以内を以ってこれを組織す。特別の事項を調査、審議するため、必要あるときは臨時委員を置くことを得。

第三条　会長は内閣総理大臣を以ってこれに充つ。副会長は内閣総理大臣の奏請により、これを勅命す。委員及び臨時委員は内閣総理大臣の奏請により、関係各庁高等官、貴族院議員、衆議院議員及び学識経験ある者の中より内閣においてこれを命ず。

第四条　会長は会務を総理す。副会長は会長を補佐し、会長事故あるときは内閣総理大臣の指名する副会長、その職務を代理する。

第五条　議院制度調査会に幹事を置く。内閣総理大臣の奏請により、関係各庁高等官の中より内閣に於てこれを命ず。幹事は会長及び副会長の指揮を受け、庶務を整理す。

第六条　議院制度調査会に書記を置く。関係各庁判任官の中より内閣に於いてこれを命ず。書記は会長、副会長及び幹事の指揮を受け、庶務に従事す。

附則

本令は、公布の日よりこれを施行す。

（議院制度調査委員会構成）

会長　内閣総理大臣

副会長　貴衆両院議長

委員　三十六名　議長、副議長及び両院各十名、内閣書記官長、法制局長官、調査局長官、大蔵次官、貴衆両院書記官長、学識経験者八名、幹事六名（内閣、法制局、調査局、貴族院、衆議院の各書記官、大蔵省主計局長）。

広田首相の挨拶要旨

昭和十一年七月二十七日、議院制度調査会第一回会議が開かれた。

「議院制度は、立憲治下においては、国内の思想及び必要を直接反映するものとして、極めて重要な任務を行うものである。したがって議院における論議は音波のように四方に放散され、その放散された論議はいろいろの形で世上にあらわれ、ここに世論を生じ、また世論はさらに反響を起こして議会に入ってくる。各議院における新しき論議を調整されて、議会と社会との間に絶えず意思の交換が行われ、これによって政府及び世論と接触される作用をなすものと思う。したがって議院制度は、複雑多岐な国務の審議に対して十分効果的のものたることを要する。しかるにわが国における議院制度は、その制度の創定後、既に幾多の歳月を閲（けみ）しながら、大体において旧態を持続し、創始のときとほとんど異なっていないのであるから、外部における事実及び情勢のその後の著しい変化によく対応し得るや否や、疑問なきを保しがたいのである。したがって今は相当の改善を施すべき時期に到達しているのではないかと考えられる。

時あたかも第六十九回帝国議会に当たって、貴族院において「貴族院機構の改正に関する建議」がなされた直後、衆議院において「議会制度革正に関する決議」がなされ、制度の改正に大いに促進的気勢が加わった次第である。ここにおいて、政府は、他の調査会とともに、この議院制度調査会を設け、議院制度に関する調査・審議をお願いする次第である。何とぞ各員の御努力により時代の要望に合し、国家の帰趨に貢献する最良の改善案が得られることをひたすら希（こいねが）ってやまないものである。」

広田会長挨拶の後、「諮問第一号、議院制度ノ運用ニ関シ改善スベキ事項如何」を議題として総括的に審議を進め、意見の多かった会期変更に関して特別委員会を設置することを決定し、正午散会した。当日、当調査会の権限、会期変更、常置委員会の設置等が取り上げられたが、政府側代表の次田法制局長官は、諮問の説明に当たり、左記五項目中心の審議を要望した。

① 議会開会期の変更
② 議事法の改善
③ 議院内の調査設備の管理
④ 議会の品位と威信の向上
⑤ 常置委員会制度の設置

各委員から左の点が指摘された。

① 本調査会は貴衆両院の組織に関して除外する必要はないではないか。
② 五項目に限定して審議する必要はないではないか。
③ 議会の開会期を四月と九月とする両説があるが、政府の意向はどうか。

④　会期を変更しても、会計年度変更の必要はないではないか。
⑤　議会の会期三カ月は短かすぎると思うが、いかがか。

これに対して、政府は次の意見を述べ、方針を示した。

①　調査会の権限(政府は貴族院制度に関しては別個に調査し、また別に選挙制度調査会を設置し衆議院の組織を研究しつつあるから、当調査会においては特に両院の組織について審議することを除外したい)。
②　議会開会期変更（四月と九月の両説があるが、政府としては予算の施行等に鑑み、九月説がよいと思う)。
③　会計年度変更（議会の開会期変更に伴い、会計年度は当然変更すべきである)。
④　会期問題(議会の会期が三カ月では短かすぎるという意見があるが、会期変更は憲法改正を要するので、ほとんど不可能である)。
⑤　常置委員制度（憲法、議院法等について疑念を有するので、直ちに賛意を表しがたい)。

かくて一旦休憩の後、議会の開会期変更に関する特別委員会設置を決定し、委員の数及び氏名については会長に一任することとなった。

最後に政府は、前述五項目の参考資料のうち、前四項目については衆議院の決議に基づき善処する方針であるが、常置委員会制度については賛成しがたい旨を述べた。審議は二時間五十分行われた。

第四節　軍部の議会改革案

軍部が「庶政一新」として考えた主な点は、中央行政機構の改革と議会制度の改革であり、後者については、軍部大臣の提案は、「国運の進展並びに議会の現状に鑑み、議院法及び選挙法を改正し、議会を刷新す」という抽象的なものであった。これを受けて、政府側では、議会制度改革については内相潮恵之輔、法相林頼三郎、農相島田俊雄、商相小川郷太郎、拓相永田秀次郎の五相会議を設置して審議することにした。

官設の議院制度調査会のほかに、もう一つ閣僚委員会である五相会議をつくったことが、議会改革を異常に紛糾させた。改革の方向についてほぼ的確な見通しをつけておくことによって、「論議がいたずらに多岐にわたり、議会機能を増進して、万機公論による国民的挙国の実を挙げ、国民参政の内容充実を期することの妨げとなる」（大阪朝日一〇・三一）ことを避けるために、政府側も五相会議で調査研究することは決して間違っていないし、寺内陸相が閣内協力一致して改革の実効をあげようとする趣旨にも合致する。しかし、問題は、軍部内部の改革案が意外に広範にわたり、かつ憲法にも抵触する大改革らしいというので、鎮静化しつつあった事件後の政治的混乱をかえって再び激化させるという結果を招いた。

陸軍の改革意見は、公表されなかったため正確には把握しにくいが、後に発行された「政友」四三六号（昭和十一年十二月号）によれば、次のような内容であった。

一　国体明徴の精神に基づき国政運用における議会の地位につき確乎たる認識を持たせること。

一　日本の今日の議会はいわゆる英国流の議院内閣制を取り来たったので、議会は、立法、予算に関する協賛権の行使よりも、むしろ政府の行政監督権の行使に主力を注ぎ、ために議会は政権争奪場と化し、肝腎の立法、予算の協賛が軽視されている。よってこの際、米国流のごとく議会と政府とを各々独立の機関とし、もって立法、行政、司法三権分立主義を確立し、議会に多数を占むる政党が政府を組織するがごときことを禁止し、政党内閣制を完全に否定する。

一　議会における政党の地位に関しては、政党法とも称すべき法律を立案し政党の行動範囲を規定すること。

一　政府対議会関係のごとき国家の現行重要機関が対立抗争を建前として設置してあるから、これを改め、相互協力の日本精神の趣旨を指導方針として諸制度の改革を企図すること、したがって議会には政府弾劾のごとき決議をなす権限を持たせぬこと。

一　議会に職能代表議員の進出を図ること。

一　貴族院の機能を改変し経済参謀本部を設置し、これを衆議院に付設して、衆議院が経済立法を行う場合の知能とすること。したがってこの経済参謀本部には、できるだけ民間経済界の権威、専門家を網羅し、官僚政治の弊害を是正する。

一　現行普通選挙実施の成績に鑑み、選挙権は家長（戸主）または兵役義務を終わった者に制限する。

このように陸軍が推進しようとした陸軍改革意見は、政党政治を制度的にも破壊し、議会政治を無力なものにするのみならず、憲法の改正にも触れる重大性を持っていた。しかし、この陸軍案は、当初、正確には公表されず、非公式なものとして、新聞等を通じて断片的に報道されたので、その真意がつかめず、関係者のみならず、多くの国民に疑心暗鬼を生じさせたのである。

第五節　新聞論調

軍部案は、非公式なものとはいえ、政治に対して軍部が実質的に大きな影響力を持つところから見ると、極めて危険な改革案である感じがする。殊にその内容中、例えば貴族院を改変して経済参謀本部とし、衆議院の経済立法に対する知能機関たらしめるという意見などは、明白に憲法第三十三条の両院制度の条項に抵触する。また、その構成分子を民間経済界の権威ある専門家とする点は、同三十四条に皇族、華族及び勅任議員をもって組織するとある憲法の条項に抵触する。こういう意見は学問上の問題としては意義はある。また、失敗に終わったが、かつて大戦後のドイツにおいて経済議会として実際に設置された先例がないわけではない。しかし憲法前文に「敢テ之カ紛更ヲ試ミルコトヲ得サルヘシ」とあり、「在廷ノ大臣ハ朕カ為ニ此ノ憲法ヲ施行スルノ責ニ任スヘク朕カ現在及将来ノ臣民ハ此ノ憲法ニ対シ従順ノ義務ヲ負フヘシ」とある点に着目すれば、憲法改正は軽々に行うべきでないことがわかる。改正の場合は「議会ニ付シ議会ハ此ノ憲法ニ定メタル要件ニ依リ之ヲ議決スルノ外」に実現の方法はない。また、政党内閣制のような政治慣習に属すものは、慣習の自然の推移に任せる方がいいのであって、立法によって禁止することは本来的には適当ではない。また、選挙権の縮小については、大正十四年にようやく男子普選を実施したばかりであり、言語道断である。軍部の改革案は一種の専制政治の実現を指向しているやに見える。議会はその名のみ存してその実を失う。憲法第五条は「天皇ハ帝国議会ノ協賛ヲ以テ立法権ヲ行フ」と規定し、言うまでもなく帝国議会は天皇の立法権の輔翼機関である。その憲法の枠の中で、政党は、国民の支持を受けつつ、議会を国民代表機関に育て上げ、イギリス流の議院内閣制を実現してきた。そういう政治の民主化傾向を、吉野作造は「民本主義」により、美濃部達吉は「天皇機関説」により、それぞれ理論的に補強してきた。しかるに軍部の改革案はその流れに全く逆行するものである。美濃部の「天皇機関説」は、昭和十年二月既に、貴族院では菊池武夫議員の排撃演説により攻撃され、衆議院では「国体明徴」を名とする排撃決議により否定されていた。

新聞各紙は、こぞって軍部案を取り上げ、批判した。

軍部案なるものはなかなか公表されなかったが、東京朝日新聞（十月三十一日）は「議会権限の圧縮論」と題して警鐘を鳴らした。

「政府が中央地方を通ずる行政機構の改革とともに、議会制度の改革についても、さらに根本的問題につきて調査研究せしむる方針を決定して以来、議会制度の改革に関し、議会政治ないし政党内閣制を否認するがごとき陸軍部内の意向なるものが頻りに伝えられるために、政党方面は少なからざる衝撃を受け、既に民政、政友両党の幹部会においては、議院制度調査会委員をして政府の真意を糾明せしむることとなったが、本問題が政党方面に与えている衝撃は相当深刻で、政府が、伝えられる軍部案のごとき方針をもって議会制度の改革に着手するにおいては、議会政治の擁護のために必然的に政民両党の共同戦線が結成さるべしとて、政党方面の空気は緊張を呈している。もっとも現在のところ、政党首脳部では、陸軍当局が議院制度の改革につき広田首相に要望せるものは「憲法の条章に規り時運の進展に鑑み、議会の現状に徴し、議院法、選挙法を刷新すべし」との抽象的意見であって、具体案を提示しているわけではないようだから、今直ちに政党としての態度を正式に決定することは、尚早であるとはしているが、政党内の意見を総合するに、もし改革の意図が政党内閣制の否認、議会の政府弾劾権の剝奪、議会又は政党圧縮の方向を狙うものであるならば、それは政府組織の独裁化、戦時体制化を目標としているものである。しかもおおよそ国民大衆の意図を無視した独裁政治によって最後の戦勝をかち得たためしなきことは、欧州大戦当時におけるドイツとイギリスの政治体制を比較引証するまでもなく、歴史の実証するところであって、今日わが国の新官僚が軍部を先頭に押し立ててこれに便乗し、その地歩を固めんとしつつあることは、わが光輝ある立憲政治のため痛心すべきことであるとの見解を持っている。いずれにせよ、近く開会される議会制度調査会特別委員会では、政府側との間に本問題をめぐり大論戦が展開されるものと見られている。」

陸軍の改革案は、直接政党の生命を制するので、その内容が明らかになるにつれて、これに対して政党は猛烈な反対姿勢を示し始めた。政府でもこれを重視し、十一月六日の閣議で論議した結果、寺内陸相は、改革意見は陸軍の真意にあらずと言い、閣議後、陸相談を発表し、誤解を解くべく次のことを明らかにした。

「わが国体の本義に基きあくまでも帝国憲法の神髄を発揮するごとく、わが独特の立憲政治発達に邁進すること。帝国憲法所定の議会の権限に恪楯（かくじゅん）し、その運用を適正ならしむること。正しく民意を暢達し、公正なる世論と国民の知能を十分国政に反映せしめること。憲法の改正に触れる意思のないこと」

これで陸軍と政府は問題解消に進むかと思われたが、政党は事の重大性にかんがみ、容易に納得しなかった。議会制度の調査を委嘱されていた議院制度調査会の政党側委員は、特に硬化し、広田首相に対して強い不満を表明し、陸相の説明を要求した。軍部の政党否認的言動に対して、新聞各紙からは政党の奮起が期待された。東京朝日新聞は、十一月四日の社説「議会政治死守と政党」で政党を激励した。

「前田鉄相は議院政治を死守せんと言い、島田農相は議会政治否認の言説に対しては、憲政の本義に則って断乎これを排撃すると言う。憤せずんば啓せず、長い失意状況にますます闘志の衰えた既成両大政党が、たとい正式の提言ではないにせよ、軍部の一角から投ぜられたと称せられる議会権限縮小、政党否認的の爆弾論議に異常の衝撃を感じ、起って何らかの態度を整えんとする昨今の状勢は、民意暢達のために善用せらるべきものである。この刺激により、多少でも政党の弛緩状態が矯められ、更生邁進へ、たとい一歩でも踏み出し得る機会がつかめるなら、むしろ軍部の爆弾に向かって感謝して可なりであろう。

これに加うるに、選挙制度、議院制度両調査会との関係において、五相会議による議会制度改革の政府処理方法が政党の感触を害したのは一応もっともの次第である。恐らく政府首脳部といえども故意に政党側を軽視したのではなく、外部から強く迫られる行政機構改革に一方の血路を開くため、いわば窮余の策として考案した四相会議、五相会議とも受け取れるのであって、事ここに至らねばならぬ今の状勢は、両制度調査会や、貴革調査会設置当時に予想し得られなかったとも言えるのであるから、その情状を諒とすれば、政府の相も変わらぬ無定見は嗤（わら）い得るにしても、これを大した悪意として抗議するのに値しない。政府側もあわてて五相会議と三調査会との円満連携につき釈明もし、画策もしているから、たぶん無事に解決を見得るであろうが、しかし大局から見て、政府と政党とに新しい摩擦の生じたのは否認し得ず、たださえ軽視されがちの政党に一層焦燥感を増させたことは疑いを入れない。

焦燥、憤懣の結果、議会政治死守の叫びが上がるのは、むしろ歓迎すべし。議会政治に肉薄する挑戦的論議が具体的に凝結しない前に、憲政擁護的気迫が民衆的威力をもって示されるのは、幾たびかの怯惰(きょうだ)、退嬰(たいえい)に民意暢達の機会を失した過去の過誤を償うゆえんであると信ずるが、ただその方法、条件には思慮と反省が強く要請される。いたずらな感傷語では政治は動かない。議会政治死守が真剣の叫びである限り、吾人は満腔の誠意をもってこれを支持するものであるが、ただその叫びを基礎づけるに足る政党の良心的内省と、国策検討への精進がない限り、権威をもって死守の実を示すことはできないし、後続する同志の隊群もあるまい。政党に建設的批判力が皆無であり、国策樹立に関して指導力を欠く最近の為体（ていたらく）が改められない限りにおいては、千百の壮語も畢竟、犬の遠吠えにすぎない。その政治道徳的方面の改善に関しても、かの民政党の党費公募のごときは、吾人は衷心よりその成功を祈るものであるが、しかしこれを成功せしむるに足るだけの基礎工事について何ら見るに足る努力の跡なく、地方党員のこれに対する冷淡、むしろ迷惑の態度が歴然な今日の実情をもってして、これに多大の期待が繋げないことを遺憾とするものである。奮起の烽火は、外に向かって上げられる前に、まず内に向かって大いに上げなければならぬのではないか。

みずから侮るものは他から侮られる。両大政党が現内閣にその党員を閣僚として列せしめながら、その連携を通わして、あえて党の意見を実現せしめんとする熱意なく、常に受け身的態度に終始して官僚、軍部製造の国策を眺め、これに漫談的標語を加うる以外に能事なく、党出身の閣僚、また今日では所属政党を忘れ果てて、遊技的存在としてほしいままの言動を逞しうして怪しまないのであって、百難を排し政党分子を挙国内閣に加えて、民意暢達を幾分でも図らんとした当初の趣旨は、今ではほとんど忘却せられている。今さら軍部方面の意向として伝えられる政党内閣否認説に聞くまでもなく、政党自ら政党の国政関与権を放棄しているのではな

いか。（略）

かくまで跪（ひざまず）いて弱っている政党が、さらに蹴られ叩かれるとならば、曲がりなりにも歪みなりにも、現存の民意暢達機関の運命問題として国民は看過し得ないし、それと同時に政党を激励し奮起を促すとともに、積悪の根本的芟除（さんじょ）、機能の徹底的改善に向かって峻厳な要請を発するのは当然のことであると思う。」

第六節　政党による軍部案批判

昭和十一年十一月六日、大阪毎日新聞は、「三政党が決起、議会政治否認を排撃」との大見出で次のような各党の動きを報じた。

民政党

民政は護憲の錦をかざして、五日午後二時から東京新橋東洋軒で開かれた民政党の憲政擁護有志代議士会では、まず発起人を代表して武知勇記氏は、「来議会は政党及び議会政治の浮沈興亡に関する重大転機である。殊に先日来、軍部の一角から、議会の権限を縮小し、憲政の基礎を乱さんとする言動をなす者あり。この際、吾人は一大決心をもって時局に対処する要がある」と述べ、討議に入り、諸氏こもごも立って、憲政擁護のため決死の覚悟で起つと信念を述べ、運動方法協議の結果、代議士会は、次のような強行決議をなし、かつ出席者一同一団となって団体を結成し、これを「五日会」と名づけ、決議の主旨に従って今後、連続護憲運動に邁進することを申し合わせ、世話人を選んだ。なお、護憲運動は党派を超越した問題なので、政友会はじめ他の会派にも呼びかけるべきだとの意見もあったが、これは機を見て行うこととし、世話人は町田総裁及び永井幹事長を訪問、次の決議文を手交した。

決　議

最近、議会政治の本質を究明せずして種々なる異説をなし、国民をしてわが光輝ある立憲政治の真の意義を誤解せしむるがごときものあるは、すこぶる憤激に堪えざるところなり。かくのごときは、わが立憲政治の伸張、擁護を責務とするわれらの断じて認容しがたきところなり。よって左にその態度を宣明す。

立憲政治の本義を宣揚し、ファッショ思想の撲滅を期す。現役軍人の政治関与を断固として排撃す。議会の権能を発揮し、政党の機能昂揚を期す。

一方、軍一部の政党否認的議会改革論に関する善後措置を一任された首脳部は、五日午後二時から東京丸の内日本クラブに会合、町田総裁、桜内筆頭総務、永井幹事長の三氏が協議の結果、委員を挙げて首相、陸相などに会見するを適当とせず、とりあえず党出身の頼母木、小川両相をして適当の機会（六日閣議の前後）に寺内陸相に会見させ、左の二項について軍の意向を聴取し、その上でさらに対策を講ずることに決し、永井幹事長は直ちにその旨を両相に通達した。

陸相への質問事項

一　寺内陸相は、第六十九議会で、陸軍大臣のみが国務大臣として国政に関する意見を発表するのであって、その他の現役陸軍軍人は、将来、個々の政治上の意見を発表することはないと言明されたが、最近陸軍の一部における政治上の意見と称するものが往々新聞に掲載され、世人に多大の刺激を与えている。右は真に陸軍の一部から出た意見なのか。もししかりとせば、陸軍大臣の議会における声明を裏切ることになるが、陸軍大臣はいかなる見解を持たれるか。

二　議会制度改革に関する陸軍の提案中には、何らかの具体的なものがあるかどうか。もしあるならば、差し支えない限り報告されたい。

政友会

政友会は五日午後二時、総務会に引き続き定例幹部会を開き、安藤幹事長から、行政機構の改革と議会政治の消長について前田、島田両相との会見顚末、並びに馬場蔵相を訪問して産業、予算の重視を力説した旨報告し、次いで宮田顧問らから、「最近行政機構案その他、軍部案として種々新聞紙上に現れているが、その真相を調べて実体をとらえねば、われわれはこれに向かって批判することができないから、実相を突きとめ真相を明らかにしたい。」と述べた。

これに対し、安藤幹事長から、「政党政治の進展のために万全の策を講ずる決心である」と答え、島田農相から四日の五相会議の経過を述べて散会したが、同幹部会の要望に基づいて、同党では、議会の権限縮小、議会政治排撃に関する一部の言説に対し、その出所を確かめ、責任を厳に追及するとともに、政府に対してその所信を質すことに決し、まず議院制度調査会特別委員に列する党出身委員である浜田国松を介して六日の特別委員会席上、厳に政府の信念を問うこととなり、五日午後、安藤幹事長は浜田委員と会見、重要打ち合わせを遂げた結果、左のごとく意見一致した。

「憲政に対する政府の所信を質すについては、民政党選出委員その他と緊密な連携を保ち、政府の確信に基づく所信を聴取すること。いわゆる軍部の意向に関しては、その出所を確かめ責任を追及すること。」

社会大衆党

五日午後、党本部に麻生書記長以下各常任委員出席、「選挙制度並びに議会制度改革」に関する協議会を開き意見交換した結果、今回の軍部案のごとく大衆から政治権を剝奪するごとき政府、軍部の態度は絶対に容認し得ずとの強硬論が起こり、反対闘争を開始することを申し合わせ、大要左のような声明書を発表した。

声明書

「最近、選挙権、議会制度に関するいわゆる軍部提案なる形で反動的な暗雲が低迷している。第一に、国民の選挙権を戸主と兵役終了者に制限せんとすることは、官僚と既成政党の意図と一致するものである。第二に、議会の権能を減少し、議会から国民の政治監視の機能を奪わんとすることは、実質的に議会政治の否認であって、われらのともに断乎として排撃するところである。由来、軍部は、国防の上に全国民の協力を求めながら、その半面、国民大衆の大部分を参政権の埒外に放逐し、実質的に議会政治を否認せんとするがごときは、それ自体矛盾撞着である。かくのごときは革新にあらずして旧軍閥的なる反動政治のあらわれである。われらはかくのごとき反動的傾向に対して断乎として反対するものである。」

なお、社大党では、六日、麻生書記長以下所属代議士十二名は、各閣僚を歴訪、党の主張する政治機構改革の実現を要望し、声明に基づき厳重抗議することとなった。

第七節　陸軍の弁明

これら新聞の抗議や政党の反撃に対して、寺内陸相は、議会の権限を縮小する考えはないと弁明した。

議会制度の改革問題は、政府が行政機構改革とともに議会制度の改革をも特定閣僚会議において調査・研究せしめる方針を決定して以来、陸軍部内の意向として政党内閣排撃の主張が報道されたため、政党方面の政府並びに軍部に対する態度は極度に硬化し、五日には民政党は有志代議士会を開き、伝えられる陸軍案について陸相の真意を質すことを決議し、また同日の政友会幹部会においては問題の出所を追及する方針を決定するほか、社会大衆党においても強硬な反対決議を行うなど、軍の議会制度改革が政党各派に深刻な反響を呼んでいるのにかんがみ、六日の閣議の席上、寺内陸相は自ら議会の権能に関し軍部の抱懐する明快な所信を披瀝し、同日午後、陸相談の形式をもって次のように発表した。なお、陸相は、閣議の席上、海軍も陸軍の見解と同一であると付言した。

一　国体観念を明徴にして、わが国固有の憲政の確立を希望し、議会の権限を縮小するがごとき観念は毛頭なし。

一　憲法に従い議会の権限を明確適正にし、民意を正しく暢達する議会たらしめることを希望するにほかならぬ。

一　政治に関する意見については、陸海軍大臣を通じてのみ発言する従来の建前に何ら変化なし。

一　巷間伝えられる議会改革に関する陸軍の言説なるものは、陸軍は何ら関知せず。

また、六日の閣議後、寺内陸相は、次の談話を発表した。

国運の進展並びに既往の実績にかんがみ、議会刷新に関して自分の要望するところは次の通りである。

1　わが国体の本義に基づき、あくまで帝国憲法の神髄を発揮するごとく、わが独特の立憲政治発達に邁進すること。

2　帝国憲法を所定の議会の権限に恪遵（かくじゅん）し、その運用を適正ならしめること。

3　正しく民意を暢達し、公正なる世論と国民の知能を十分国政に反映せしめること。

（昭和十一年十一月七日東京朝日夕刊）

第八節　議院制度調査会特別委員会

広田首相の真意が明らかになるまで審議を中止していた議院制度調査会の特別委員会は、林委員長が広田首相から、「いかなる改革も支障を伴うものであるが、議院制度調査会で決定されたことを、支障を避けて実現することに努める」との意思を確認して、六日、審議を再開した。委員会は寺内発言の真意に質問が集中し、議事は紛糾した。質問は四点に絞られた。

1　政府は一面において議院制度調査委員会を設けながら、一面において五相会議を設けたのは屋上屋を架するもので、委員会を軽視する感がある。その間の事情はどうか。

2　軍部が内閣に要求した文書によれば、時運の進展、議会の現状にかんがみ、議院制度を刷新するとある。果たしてしからば、刷新を要する現状とはいかなる事柄を指すか。また刷新をいかなる程度において行おうとするのか。

3　全国新聞紙の伝えるところによれば、軍部の議院制度革新の目標は、議会機能圧縮、政党内閣制の絶対否認、制限選挙の復活等にあるもののようであるが、これらはすべて憲政の逆転ではないか。

4　新聞記事が一片の憶測にすぎず、その責めが新聞紙側にありとすれば、言論機関の取り締まりに関し厳重な方針をとる現内閣として、国民に一大ショックを与えたこのような重大な政治事項に関して、何故に取り締まりをされないのか。もし軍の一角から、かかる意見が放送されるものならば、第六十九議会における寺内陸相の言明による粛軍の実がまだ挙がらざるものにして、その責めは政府にある。

これに対する次田法制局長官の答弁。

1　五相会議の本質は調査委員会と並行する機関であっても、委員会に対する発案・答申処理の準備機関にすぎないのであって、決して委員会を軽視するものではない。

2　五相会議の調査検討要目は、目下研究中で、まだ確定していない。

3　新聞紙上に軍部側の意見として伝えられる各項目は、現内閣の全く関知せざるところで、憲政逆転に類する思想は、政府のあえてとらざるところである。この点に関して、今日、寺内陸相が閣議において意見を発表されると聞いているので、しばらくその経過を静観したい。

4　伝えられる意見が陸相の意見でないことはもちろんにして、軍の一角から放送されたかどうか調査中であるが、今日までのところ、その経過は不明である。いずれにしても、政府は全力を尽くして、天下の誤解を解くことに努力する。政府の意のあるところを了解されたい。

ところが、六日の閣議で寺内陸相が議会の刷新に関して発言した内容の内閣側発表は、陸軍側を著しく刺激した。すなわち陸軍側では、六日の閣議で寺内陸相（陸軍中将）が文書朗読で自発的に発言したのは、議会の刷新のみに関するものであって、その全文は同日の閣議散会後、寺内陸相談の形式で陸軍省から発表されたとおりである。しかるに閣議散会直後、内閣側より発表された陸相の発言内容には、陸相が閣議の席上一、二閣僚の私的質問に答えた点、すなわち「政治に関する意見については、陸海軍大臣を通じてのみ発表する従来の建前には何ら変化なし」、「巷間伝えられる議会改革に関する陸軍の言説なるものは、何ら関知せず」等が付加されていて、しかもこの私的質問に対する答弁も誇張されている。これは偶然の誤りではなく、故意に陸軍の意図を歪曲し、議会の刷新、庶政一新に対する陸軍の態度をもって、強いて微温的なるかのごとき印象を一般に与えようとする作為とも見ざるを得ないと憤慨の色濃く、しかもこの種問題の発生は一再にとどまらないので、結局、内閣側に対し厳重抗議を発する模様

で、本問題の成り行きが注目された。（十一月七日中外商業新聞参照）

議院制度調査会審議

十一月十六日の議院制度調査会は、午後二時から約三時間にわたって政党方面から鋭い追及があって、政府側広田会長（首相）自ら答弁にあたり、白熱の意見交換が行われ、同四時五十分散会した。同総会では政党出身委員、浜田、斎藤、植原、山桝、木村、倉元、工藤、青木、田川等の各氏は、ことごとく発言を求め、特に「陸軍方面の底流となっている議会政治否認の思想」「陸海軍次官の政治関与」「満州国協和会発会に関する植田関東軍司令官の声明」等の諸問題に関しては、いずれも痛烈な言辞で首相に迫り、あたかも議会における委員会のように論戦が戦わされ、最後に陸相の出席を求めて議会政治に関する陸軍の意見聴取を要求した。政府は直ちに同意を与えず、考慮する旨を述べたので、会議は二度まで騒然を極めた。しかし広田首相としては、果たして陸軍側が委員会の要求に応ずるか、さらに陸相が出席して説明することによって円満解決を見るか否か、その間種々複雑な事情もあり、殊に議会開会を控え、同問題の紛糾はいよいよ政府を窮地に陥れる恐れがあるので、これが打開に腐心した。

その十一月十六日の議院制度調査会における質問応答は次の通りである。（議院制度調査会総会議事速記録参照）

斎藤隆夫（民政）　陸相の声明によるわが国固有の立憲政治とはいかなるものか。今日までの議会政治の運用が、これにもとっていたか。もとっていなかったら、今更そんなことを言う必要がどこにあるか。「議会の権限に恪遵し」とあるが、これまで議会は権限に恪遵してなかったというのか。

広田首相　立憲政治を発揚することについては熱心である。議会の権限縮小など考えていない。陸相もそうだと思う。

浜田国松（政友）　陸相の言われる「独特の憲政」とは何か。

広田首相　わが憲法は西洋諸国とは異なった独特の発達を遂げていることを指すのである。

浜田国松　九月十八日に植田関東軍司令官が発した協和会の訓令の中には議会政治を否認する言説あり（満州帝国の政治は民主主義的議会政治のひそみにならわず、専制政治の弊に陥らず、民族協和し正しき民意を反映せる官民一致の独創的王道政治を実現する）。しかもその際に、これが日本精神と一致すると言っている。そうすると、これは満州のみならず、日本内地にも適用せしめようというのではないか。大体こういう思想が軍人にあるからこそ、今度のような議会政治を否認するごとき言説が出るのである。四相会議では陸海軍両次官から軍の改革案の内容を聞いたそうだから、その内容についても詳細説明を承らないと、われわれの疑いは解けない。

広田首相　満州国では、その指導者は議会制度を不適当なりとする意見を発表したもので、わが国とは関係ないことである。わが国においては、われわれはあくまで議会制度を尊重する。

（首相は議会制度尊重を繰り返すのみで、何ら具体的答弁をしなかった。）

植原悦二郎（政友会）　閣議における陸相の声明に関する内閣の発表と、陸相が発表したものとの間に相違があるが、いずれが真であるか。閣員が議院制度調査のため四相会議とか五相会議とかいうものをつくったが、本調査会との関係いかん。

広田首相　陸相の発表の方が本当である。

次田法制局長官　政府と本調査会の権限は少しも重複しない。閣議に出す前に下相談をするのであって、電力四相会議の場合と同じである。

山桝儀重（民政）　①陸相の発表した案は、世間ではかつて陸軍の意見だとして伝えられ、世間を騒がせた議会政治否認の意思を抽象的に表わしたものと考えているが、首相の所見いかん。

②あの陸軍の意見と称するものに対して、陸相は「関知せず」というが、現役軍人が何ら語らざるに、あのような所説が出るものではない。その責任者を調べたか。

③陸海両次官を四相会議に招致して、行政機構や議会政治に関する意見を聞くことはいかなる権限によるか。

かようなことを許すから、軍人政治関与の端を開くものだ。

広田首相　①自分はそうは思わない。②陸相が、関係した者は一人もないというから、それを信じた。③国務大臣たる陸海両相の意見を最もよく知っている両次官の意見を聞いたのである。次官は閣議には出席できないが、大臣を補佐、代理することができるから四相会議に出席させたので、別に差し支えないと思う。

（こう答えると、「理屈になってない」等と叫ぶ者あり、議場騒然。）

木村正義（政友）　陸相は抽象的声明を出したが、いやしくも国務大臣がかような声明をなす限り、具体案を持ち合わせないようでは、甚だ無責任である。首相は具体案を聞いたか。

広田首相　聞いていない。また陸相から聞く意思もない。

斎藤隆夫　首相の説明では陸相の意思は明瞭にならない。したがって国民の疑惑は解けない。故に次の会には陸相の出席を要求する。

浜田国松　われわれは攻撃する意思ではない。陸相の真意を聞き、またわれわれも真意を述べ、国政の円満な進行をはかりたい。かくのごとき意味で陸相の出席を要求する。

（と述べ、青木精一（昭和）、田川大吉郎（無所属）、工藤鉄男（民政）の諸氏もごもごも立ち、この提案に賛成し、首相に迫る。）

広田首相　本調査会の議事規則第七条（調査会は必要に応じ関係官を会議に出席せしめ、意見を聴取することができる）によって、陸相の出席し得るや否やなお疑問であるが、私としては陸相を出席させる必要を認めない。本日はこの程度で散会しよう。

（と述べると、会場では発言する者多く、騒然となり、）

田川大吉郎（無所属）　首相の意味は、われわれの提案を拒否するつもりなのか、あるいは考慮する意思なのか。

水野錬太郎（貴族院）　規則などに拘泥せず、陸相はあっさり出席し、フリートーキングをなしてはいかん。

（と述べ、田川、工藤両氏はこれに賛成し、）

広田首相　それでは御希望を考慮してみることとして、散会したい。

さらに、本問題は極めて重大だから、明日にも会議を開くべしとの意見もあったが、結局、なるべく早く次会を開くことで散会した。

懇談会

議院制度調査会の寺内陸相出席要求に対して、陸相は拒否した。「陸軍としての議会制度改革に関する意見は、去る六日、陸相が閣議で述べた通りで尽きているから、たとい陸相が出席しても、あれ以上の説明は困難であり、広田首相が代わって述べたところをもって十分である。」（昭和十一年十一月十九日　大阪毎日夕刊）。しかし国家的非常時に際して、このような問題で軍部と政党が感情的対立のまま議会を開くことはすこぶる遺憾であるとして、妥協の努力が続けられた結果、議院調査会以外の席上で陸相が出席して調査会委員と懇談するという形で、陸相の真意を聞く会が開かれた。

懇談会は、十二月二日、首相官邸で、議院制度調査会長たる広田首相司会の下で開かれた。出席者は、副会長たる富田衆議院議長以下委員側、水野錬太郎、伊沢多喜男、倉知鉄吉、渡辺千冬子、黒田長和男、前田利定子、松本蒸治（以上貴族院）、添田敬一郎、植原悦二郎、倉元要一、木村正義、青木精一、清瀬一郎、山桝儀重、田川大吉郎、河上丈太郎（以上衆議院）、塚本清治、西野元、堀切善次郎、山崎達之輔、林博太郎伯、浜田国松、斎藤隆夫（以上学識経験者としての委員）、藤沼内閣書記官長、次田法制局長官、吉田調査局長、川越大蔵次官、長、田口貴衆両院書記官長（以上政府側委員）であった。

当日の懇談会は、首相の周到な準備の下に開かれ、懸念されていた波乱を生ずる状態に至らずに終わったが、これは政党側においても今日の情勢上、直ちに事態の破局に陥ることを警戒した結果と見られ、したがって来たるべき議会においては、軍の抱懐する議会政治改革案の具体的内容について論議が行われると見られる状態に変わりなく、実質的には問題を議会に持ち越したものである。

その結果、十二月二日、陸相と調査会委員との懇談会が開催され、その席上、寺内は、陸軍の改革意見は、軍務局の一員が不用意に語ったものであることと、これは陸軍の真意ではなく、陸相談の見解が正しいことを述べて釈明した。これでこの問題は一段落したが、このような議会政治の根本に触れる改革意見が、陸軍の内部にあったことは注目すべきことである。しかもこの改革案を背景として、後に述べるように、当時政界の裏面で、親軍的な新党運動が台頭していたのである。そしてこの議院制度の改革は、憲法の改正に触れることがはっきりしたので、陸軍はこれを回避し、運用によってその実現を期する態度にトーンダウンしていく。後に東条内閣になってから、推薦選挙と翼賛政治会の結成によって政府と議会との表裏一体関係が実現されたことを見れば、この当時の陸軍の議院制度改革意見は、寺内が言うように、軍務局一員の考えではなくて、陸軍の有力な意見であったとさえ考えられる。

寺内陸相の談話

陸軍省発表の寺内陸相の談話の要旨は次の通りであった。

「本席は、特に議会刷新に関して、お互いに隔意なき意見交換の機会を与えられたことは、まことに結構なことである。十月末、陸軍一部の意見なるがごとく報道された議会制度に関する新聞記事は、軍の何ら関知するものでないが、本記事により陸軍の意見なるものが種々忖度、論議され、ややもすれば軍の真意が誤解される恐れがあったので、十一月六日、議会制度刷新に関し、閣議の席で五大臣に自分の有する基礎的観念を述べ、かつこれを公表したのである。これをもって議会刷新に関し、その意のあるところを表明し、刷新の具体的事項はそれぞれ関係機関により研究されるものとして、これに触れることは差し控えるを適当と考えたのである。

以上は、既に識者の諒得されるところと信じていたが、なお疑念をはさみ、公式に陸軍が発表したものでもない新聞報道をとらえ、あるいは陸軍の意見を憶測して、甚だしきは陸軍が憲法の改正や議会の否認でも企ているかのごとく宣伝されるがごとき情勢にあったのは、私の甚だ遺憾とするところで、これらはいたずらに世論を刺激、紛糾せしめるのみならず、何ら益なきことと考えるので、私の所信を重ねて披瀝したい。

私は議会制度運用の上に万一わが国体に悖戻（ハイレイ　さからいもとる）し、わが憲法に背反し、わが議会の本質を淫乱するような欧米民主主義的思想を基調とせるがごとき観念があってはならぬと信ずるのである。この基礎的観念に基づき、純正な民意の暢達されるようにして、公正な世論と国民の知能を十分国政に反映せしめるごとく議院法と選挙法が改正され、わが国独特の憲法を基礎とする立憲政治が発達されることは、特に現下の世運に鑑みて切要であると信ずるのである。

以上は国体観念明徴の徹底を希い、軍紀の振粛とともに、庶政一新を強調してきた私が、衷心からその実現を望むところである。今や内外の情勢は真に挙国一体、国難打開のためあらゆる機関が自粛自戒、一大反省を遂げ、これに邁進すべき秋であると思う。相ともに積弊の粛正、国軍の発展に全幅の努力を傾注したいと思う。

なお、現役軍人の政治関与について述べたい。現役軍人の政治関与に関する法的根拠は、衆議院議員選挙法及びこれに準ずる法令並びに陸軍刑法、軍隊内務書等の法令、諸条規においてその禁止を明示せられた事項、すなわち、

一　各種議員の選挙権、被選挙権の行使

二　政治に関し上書、建白、請願をなし、あるいは演説もしくは文書をもって意見を公にすることなどである。

しかし、陸軍省等の職員が、国防政策に関する件はもちろん、国務大臣である私を補佐するため職務上必要

なる行為をなすことは当然である。ただ、軍人の本分と軍の団結上、職務上必要なもの以外の一般軍人個々の政治的行為を厳に禁止すべきことは、私がすでに全軍に訓示したところであるのみならず、また法規の禁ずるところである。」

後に新聞の報ずるところによれば、懇談会の最初に、寺内陸相から、これ以外に次のような内容の説明があった。

「十月末の新聞記事は、軍務局のある一人をある新聞記者が訪問した際に、政治に関してその人の個人的意見を述べたようである。新聞記者がそれをそのままではなく、付け加えたりして記事としたものと考えられる。したがって、その人はあのような意見を持っているのではないが、慎重を欠くものありと考えたから適当な処置をとった。内部のことは何とぞ私に一任されたし。」（昭和十一年十二月三日東京日日新聞夕刊）

議院制度調査会答申

「政府案は時代錯誤、議院制度調査会難航」（昭和十一年十二月四日東京日日新聞）

寺内陸相との懇談会によって、政党、軍部間の感情対立を緩和した議院制度調査会総会は、三日午後二時、首相官邸に開会、広田会長以下各委員、幹事出席、まず広田会長より挨拶があった。

前回の総会において寺内陸相の出席を希望されたが、二日の懇談会で陸相の所信を承り、御了解になったと思う。今日は政府の参考案に基づき自由討議を進められたい。

諮問第二号「帝国議会の議事方法改善に関する件及び議院内の調査設備に関する件」を議題として審議に入り、次田法制局長官から議事方法改善に関する十四項目にわたる政府参考案の説明をなし、これを審議した結果、そのうち第一の副議長増員、第二の年末年始休会期間短縮の二項を除き、残余の十二項目については政党側委員は全部反対で、斎藤（隆夫）、浜田、山桝、木村その他委員より、

「本案はほとんど全部が議会の権限を縮小し、議員の行動を束縛する極めて官僚的な改悪案である。われわれは現下の時局に鑑み、議会の権威を高揚し機能を増進せんと努力しているのに、かくのごとき時代錯誤的案が提出されたことは驚くほかない。」

と痛論し、本諮問案の撤回を要求すべしとの意見もあったが、結局、この諮問案を議題とせず一蹴し、他の一般問題の審議に移ることに意見の一致をみたが、議院制度調査会はまさに一難去ってまた一難の観があり、政府は議会を目前に控えて、さらに政党側に反撃の端緒を与えることになった。

三日、議院制度調査会総会に政府側より、次の議事方法の改善等に関する幹事案が提出された。

貴衆両院副議長は二人ずつとする。年末年始の休会の期間を短縮する。各派交渉会を法制化する。予算を伴う法律案といえども、財政法そのものにあらざる限り、まず貴族院に提出するを妨げず。会議における質疑は、その項目をあらかじめ書面を以って政府（各院書記官長を通じ）に通告する。もっとも政府の答弁に関連する事項につき、その場で質疑するはこの限りにあらず。一省限りに関する事項は予算総会で質疑せず、なるべく分科会に譲る。事実に関する質疑は、たとい質疑者が大臣よりの答弁を求むる場合といえども、政府委員において答弁し得る。質疑は、付議せられある当該案件に直接関連ある事項にみに限局する。ただし、予算総会は例外とする。質問の提出、上奏または建議、請願事件付議の要求に必要なる議員の数を二十人以上とする。参考書類の提出を要求するについては、①なるべく早めに要求をなす。②要求をなすに当たり、その書類がいかなる点を審査するに必要なるかを、口頭または文書で簡単に明示する。③政府はなるべく速やかに右要求に応ずる。予算委員は登院不能の場合のほか辞任せず。④秘密会ではその内容漏洩を防止するため、ｉ説明のため文書を配布したときは、秘密会終了に際し取りまとめ回収する。ⅱ秘密会で知り得たるデータ秘密を議員が院内において漏洩したるときは、院内にての責任を負う。⑤傍聴禁止に当たりての傍聴人退場に関しては、議院法の規定による。⑥以上に関連し秘密漏洩を防止するために必要なる法規の改正をなす。会議の時刻は政府側及び議員側ともに励行する。政府委員以外の官吏等にして委員室に入るものは、なるべくその数を少なくする。

議院制度調査会総会は答申案を、委員提出の修正案を否決した後、原案通り可決した。次田法制局長官より、「政府は調査会より答申の出る場合は、来年早々その趣旨が達成されるよう努力する」旨を述べた。答申案は左のごとくである。（昭和十一年十二月二十三日東京日日新聞）

議会開会期変更に関する件

一　政府は十一月半ばを以って帝国議会通常国会召集相成るよう奏請するを適当と認む。

附帯決議

一　議院法第一条の四十日の期間は、これを二十日に短縮するを適当と認む。

一　停会中の期間及び年末年始における各議院の院議による休会の期間は、これを予算審査期間中に算入せざるを適当と認む。（原注・議院法第一条　帝国議会召集の勅諭は集会の期日を定め、少なくとも四十日前にこれを発布すべし）

予算審査期間に関する件

一　議院法第四十条第一項及び第二項の二十一日の予算案の審査期間はこれを二十五日として、これを第七十回帝国議会より適用するを適当と認む。

この改正案は実現されなかった。議院制度調査会は「竜頭蛇尾」に終わった。その後、議院法改正案の動きは全くなく、昭和二十二年国会法の施行に伴って議院法は廃止された。

第九節　国民代表機関と決定権の所在

議会政治が「憲政の常道」となった第二次護憲運動（一九二四年）以降、五・一五事件（一九三二年）までの八年間においてその最後を悲劇的に飾った浜口雄幸（民政党、ロンドン海軍軍縮問題が原因で狙撃される）と犬養毅（政友会五・一五号事件によって殺害される）の二人を除けば、加藤高明（憲政会）も若槻礼次郎（憲政会・民政党）も田中義一（政友会）も、歴代総理大臣は政党の総裁ではあっても、衆議院議員ではなく、国民代表とは言いにくい貴族院議員であった。政党内閣の最高指導者の半数以上は自らに対する選挙の洗礼を受けなくて済む立場にあった。ただ二人衆議院議員であった浜口と犬養は、国民から選ばれた首相であったが、政府が何をするかについて国民に直接訴えることも、支持を求めることもないまま、右翼や軍部の凶弾に倒れた。吉野作造流に言えば「民本主義」を「民主主義」に変えていく力が、まだ政党にも国民にも欠けていた。

国会議事堂内に建てられた憲政功労者の像は、いずれも国民から選ばれることのなかった伊藤博文、大隈重信、板垣退助の三者である。第一回総選挙から連続当選を続けた憲政の神様・尾崎行雄は功労者には扱われていない。現在の「憲政の常道」では、国民が選んだ者が首相になる。日本国憲法第六十七条「内閣総理大臣は、国会議員の中から国会の議決で、これを指名する。」（憲法第六十七条）

なお、外国には「憲政功労者」の概念はないが、イギリスでは議事堂構内に国王を処刑したオリバー・クロムウェル像が建っている。クロムウェルが国王と戦って国民の自由と権利を守った功労者と国民に認知されるまでには二百年の歳月がかかった。アメリカ連邦議会の議事堂構内には女性下院議員第一号ジャネット・ランキン（モンタナ州選出）の像が建っている。一九四一年、アメリカが日本の真珠湾攻撃に対抗して参戦を決める際、宣戦布告を認めるかどうかの下院における採決に、彼女は、同僚議院による厳しいブーイングの中で、反対したただ一人の議員である。像が建つまでにはやはり年月がかかった。

陸軍は、軍部大臣現役武官制の確立により、軍閥体制を完成し、いよいよ政治支配に乗り出す態勢を整えた。この陸軍の意図は粛軍の代償として庶政一新を要求することを口火として表にあらわれた。軍部の政治支配は政界の上層部や政党人が思いもつかない巧妙さで展開されていく。軍部は議会改革を庶政一新の基本問題として、昭和十一年九月末ごろ、陸相寺内寿一と海相永野修身とが広田弘毅首相を訪ねて、軍部側の改革試案を示したことに始まる。その改革案は、「国運の進展並びに議会の現状に鑑み、議院法及び選挙法を改正し、議会を刷新する」と抽象的に表現したものの中身であった。議会改革が結果的には何一つ実現しなかった中において、軍が国策の決定権を掌握することによって、改革意見通り、政党政治を制度的に破壊し、議会政治を無能力化することに成功したのである。

軍部はどのようにして決定権を掌握したか、どうしてそれが可能であったか。帝国憲法下では、「天皇ハ陸海軍ヲ統帥ス」（旧憲法第十一条）、「天皇ハ陸海軍ノ編成及常備兵額ヲ定ム」（同第十二条）とされていた。統帥権は憲法上天皇の大権事項の一つであった。現在、自衛隊法第七条では、「内閣総理大臣は、内閣を代表して自衛隊の最高の指揮監督権を有する」と定めている。自衛隊の統帥権は内閣総理大臣が保持する。

明治憲法第一条は、「大日本帝国ハ万世一系ノ天皇之ヲ統治ス」とうたい、主権も統帥権も天皇にあった。議会は天皇の翼賛機関にすぎなかった。天皇は無答責であり、天皇の補佐機関が責任を負う。

天皇の補佐機関として立法、行政、司法の三つの機関が存在した。重要国策の事実上の決定権は具体的には次のように分かれていた。

①　「内閣閣議」。内閣官制は「左ノ各件ハ閣議ヲ経ヘシ」と規定し、「一法律案及予算決算案、二外国条約及重要なる国際条件」を挙げる。国務に関する責任は国務大臣にあり、閣議決定は国務大臣全員の同意と解釈されている。閣議は官制上認められている政府の意思決定機関であった。議会の権限は、決定権ではなくて「協賛権」である。

②　「五相会議」。「五相会議」は広田内閣時代に重要国策を検討する場として設置された。内閣総理大臣、陸軍大臣、海軍大臣、大蔵大臣、外務大臣の五大臣を構成員とする。五相会議は第一次近衛内閣時代、支那事変処理の国策検討に活躍した。それは、官制上の機関ではないが、重要国策を内閣の決定事項とするには必ず五相会議を通していた。五相会議で決定したことはほとんど異議なく閣議を通る例である。したがって法制上問題はないが、五相会議メンバー以外の十余人の大臣の意思が無視され得るという政治の運営上の問題は免れなかった。五相会議は臨時的な閣議前の政府の意思決定機関であった。

③　大本営・政府連絡会議構成員をメンバーとする御前会議は、国家最高の意思決定機関であった。

④　大本営・政府連絡会議は御前会議に次ぐ国家意思決定機関である。しかし、昭和十年代の重要国策は、すべて統帥に関連するものばかりであったので、行政権を預かる国務大臣は決定に預からず、統帥権を預かる大本営の陸海軍幕僚長の連絡機関である大本営・政府連絡会議が、戦時態勢に入った日本の最高国策を決定する場となり、数々の重要国策を決定したのである。

⑤　四者会議も、程度の差はあれ、重要な国策の決定の場に使われるが、憲法上は規定がなかった。

⑥　御前会議　主権者である天皇の前で開催する会議を呼称したもので、官制にはなかったが、ⅰ国務大臣を集めて重要国務を決定する場合、ⅱ大本営において重要統帥事項を決定する場合、ⅲ国務と統帥の混合した重要国策を決定する場合に開かれる。

重要国策の起案または発議は軍部によるものが多い。このことは、多くの重要国策が軍部のイニシアチブの下に決定されたことを暗示する。これは国策が軍事優先となり、国策遂行を軍事力をもって実現するに至る危険性が秘められている。（本章末尾別表「重要国策一覧」参照）

一般に発議または起案を行う者は、その政策について主導権を握るものであり、その主張通り実施したがるものである。こういう主導権を軍部が握り、軍の主張通り国策を進める場合に、持ち前の軍事力を背景に強く国策を進めようとしたらどうなるか。武力による政策の実施は、戦争につながる危険極まりないものである。こういう杞憂は実際に現実となってあらわれた。それが軍の政治干渉、軍の独走または軍の横暴といわれるものである。

重要国策の遂行には膨大な予算が必要である。国の予算は憲法第六十四条により必ず予算として毎会計年度に議会の協賛を経なければならないことになっている。しかも予算の編成権は内閣官制第五条第一号により必ず閣議を経なければならないことになっていた。したがって国の財政の責任は内閣にあった。この点は、政治介入の著しい軍部においても、侵すことのできないものであったが、軍部内に秘密規定があった。

陸軍省・参謀本部・教育総監部関係業務担任規定（大正二年七月十日裁可）、海軍省・軍令部業務互渉規程（昭和八年内令二九四号）の二つの法規により、重要な統帥事項を発動するには、統帥部は必ず軍部大臣の了解をとっておくことが必須条件と定められていた。軍部大臣が統帥部に了解の回答を出すことは、予算関係については内閣の了解を得ていることを示すものである。したがって、事、財政に関しては内閣が実権を握っていたのであるが、戦前の昭和十年代には重要な財政措置が施してあった。これが臨時軍事費特別会計法（昭和十二年法律第八十五号）である。この特別会計により、重要国策決定に関する予算措置は、比較的大きな制約を受けることなく、なされたと推測される。このことは重要国策決定上の最も大きなブレーキがあらかじめ緩められていたことを意味する。

さらに、決定された重要国策は大部分、国家の最高機密として取り扱われている。また、内閣官制第七条は、帷幄上奏を認め、国防保安法（昭和十六年法律第四九号）は、重要国策決定を高度の秘密事項として、その漏洩者に対して刑罰を科することを認めている。当時としては、国際スパイ戦の横行する中での重要国策決定であるから、最高度の機密保持もやむを得ないと考えられたのであろう。独裁主義国家にあらざる現在の民主主義国家において、このような情報の秘密性は、国民不在、国民の知る権利無視であるとの批判を免れ得ないであろうが、情報公開と国家機密との関係は大いに議論されるべき問題を含んでいる。

終わりに

二・二六事件は、憲法及び法律を無視し、しかも建軍の本義にもとる歴史的な未曾有の事件であるが、軍隊蜂起事件を裁いた裁判所の判決理由書には次のような政党批判が書き残されている。

「この非常時局に処し、当局の措置徹底を欠き、内治外交ともに委縮して振るわず、政党は党利に堕して国家の危急を顧みず、財閥また利欲に汲々として国民の窮状を思わず、特にロンドン条約成立の経緯において統帥権干犯の行為ありと断じ、かくのごときは畢竟、元老・重臣・官僚・軍閥・政党・財閥等いわゆる特権階級が国体の本義に悖り、大権の尊厳を軽んずるのいたせるところなりとなし、一君万民たるべき皇国本然の真姿を顕現せんがため、速やかにこれら特権階級を打倒して、急激に国家を革新するの必要あることを痛感するに至れり」。

判決は、その事件の動機を政党、財閥、特権階級の腐敗堕落に帰している。もちろんこの点は認められるが、軍部はこの動機を強調して政治の指導力獲得を正当化したのである。

事件の結果、国民から遊離した非合法の国家革新運動は、成功の余地ないことが明らかになったし、その後、非合法ファッショ事件は姿を消した。しかし、それにもかかわらず、日本の軍国主義は衰えないばかりか、逆にこれを契機として合法的に強力に進展し、国民を戦争の惨禍に陥れた。この皮肉な現象は、二・二六事件後、陸軍の首脳部が、恐らくは統制派の一派と言うべきなのであろうが、合法的に軍国主義を進めていった結果生じたものであり、片や議会政治の牽引車たるべき政党幹部が、与野党ともに、二・二六事件の衝動におびえ、ただひたすら事態の鎮静のみを期待し、判決の言うように、「党利に堕して国家の危急を顧み」なかったために防ぎ得なかったのである。日本国憲法は、国民主権をうたい、国会を「国権の最高機関」として位置づけたが、仮に議会政治の牽引車たる政党が党争に明け暮れし、国会の外に実行支配する見えざる権力の存在を認めては、かつて歩んだ議会政治に逆行する悲劇への道を再び歩むことになろう。

別表

重　要　国　策　一　覧

決定年月日	国　策　名	最終決定機関				起　案　元
		御前会議	連絡会議	閣　議	五相会議	
昭和						
13・1・11	支那事変処理根本方針	○				陸海外３省協力
13・4・1	国家総動員法			○		企画院
13・6・24	今後の支那事変指導方針				○	
13・7・8	支那現中央政府の屈伏せざる場合の対策				○	
13・11・30	日支新関係調整方針	○				参謀本部
15・1・8	日支新国交調整方針要領			○		
15・7・27	世界情勢の推移に伴う時局処理要綱		○			参謀本部
同上	基本国策要領			○		企画院
15・9・12	佛印問題爾後の措置に関する件				○	陸海軍統帥部
15・9・19	日獨伊三国条約締結に関する件	○				外務省
15・11・13	支那事変処理要綱	○				陸軍省
15・12・26	泰佛印に対し採るべき帝国の措置		○			外務省
16・1・19	泰佛印紛争調停に関する緊急処理要綱		○懇			陸海軍省
16・1・30	対佛印泰施策要綱		○			参謀本部
16・2・3	対獨伊蘇交渉案要綱		○懇			外務省
16・4・13	日ソ中立條約締結			○		外務省
16・6・25	南方施策促進に関する件		○			陸海軍統帥部
16・7・2	情勢の推移に伴う帝国国策要綱	○				参謀本部
16・9・6	帝国国策遂行要領	○				陸海軍統帥部
16・11・5	帝国国策遂行要領	○				陸海外３省
16・12・1	対米・英・蘭開戦	○				連絡会議

「懇」とは懇談会

別表

旧憲法下における重要国策の決定について（後藤新八郎「旧憲法下における重要国策の決定について」「憲法研究」十六号参照）

第六章　議会政治と「庶政一新」

坂本勝「屈折」の一節。

「普選下最初の国会議員選挙が施行された。私は河上丈太郎候補の選挙事務長を勤めた。河上さんは当選した。ここに生涯の政治的苦楽をともにする深いえにしが結ばれた。それはまさしくわが国民主政治の黎明であった。少なくとも暁闇であった。夜明け前であった。二人とも若かった。満で数えて私は二十七歳、河上さんは三十七歳であった。」

しかし暗雲はすでに垂れ込め、前途が危惧されていた。昭和三年の第一回の普選において、選挙干渉は厳しかった。鈴木内相は、「政友会は皇室中心主義をとるに反し、民政党は政綱において議会中心主義を徹底せしめんことを高唱しているが、これは帝国憲法の精神を蹂躙するもので、わが国体と相容れない」と声明を発し、選挙運動に干渉圧迫を加え、無産党には特に厳しく対応した。労農党委員長大山郁夫、日労党党首麻生久、片山哲、布施辰治らは苦杯をなめた。

普選は金のかかる腐敗選挙を誘発した。浜口内閣が、綱紀粛正を看板に意識的に政友会の旧悪を剔抉したから疑獄事件が発覚した。選挙腐敗の摘発は、公正な選挙の実現を求めるというよりも、ライバルの政友会を罪悪の集団のように一般に印象づけ、相手候補者を不利にする作戦であったと見られる。

大正末から昭和初期にかけて、松島遊郭事件、東京市会疑獄事件、売勲事件、五私鉄事件、山梨事件が相次いで世間をにぎわした。これらの疑獄事件にかかわった者は、取り調べに政治的考慮を加え、証拠不十分として無罪になるか、軽微な刑を科せられたにとどまったが、政治的に世道人心に与えた影響は大きかった。政党内閣がこの疑獄事件を取り上げて処理した主たる目的は、それによって政界の罪悪を一掃するということよりも、反対党を恐怖せしめ、同時に政治的打撃を与えることに重点があったと推測される。したがって、政党の実体をよくする粛党運動は盛り上がらないばかりか、政民両党は、腐敗堕落の事実を暴露し合う泥仕合を演じ、自ら幕穴を掘るに至るのである。

昭和七年五・一五事件（犬養首相暗殺）により、ようやく歩み始めた「憲政の常道」を基盤とする政党内閣は瓦解した。政民両党を基礎とする挙国一致の斎藤内閣が成立した。昭和十一年二・二六事件直後、陸軍大臣候補の寺内寿一は組閣本部に現れ、「事件後の粛軍に、政治家もまた自粛自戒をもって協力すべし」との理由の下に、自由主義者の入閣反対、あるいは重要閣僚就任に反対の意向を表明し、これを広田首相に要求した。それは既に内定し、あるいは進行していた組閣工作に干渉しようとするものであった。そのとき、寺内が、陸軍の要求として広田に示した条件は、①吉田茂の外相就任に反対、②政党人の内相就任反対等の庶政一新であった。広田は、陸軍の要求を入れて、組閣方針を変更し妥協を図った。軍部は政党からの入閣者を両党二名づつと制限した。広田内閣は完全な挙国一致内閣として、昭和十一年三月九日成立した。軍部大臣現役武官制が復活し、軍部による政治支配体制が整い、広田内閣は「軍部の操りロボット」と化した。

ちょうど第六十九回議会の開会中、議員の中に軍部大臣現役武官制復活のもたらす政治的影響に気づく者はほとんどなく、ただ斎藤隆夫（民政党）の粛軍演説に溜飲を下げるばかりであった。斎藤演説は、五・一五事件以来、政党人が言いたくて言えなかった軍部に対する鬱積した感情を大胆率直に言ったものであり、久しぶりに議場を緊張させ、国の内外の多くの人を沸かせた。それだけに軍部の衝撃は大きかった。

以後、軍部の意に反する内閣は存在しなくなる。軍部の意に反する内閣をつくろうにも、軍部の反対で軍部大臣を得られなければ組閣を断念せざるを得ない。軍部の粛軍人事も行動派が抑えられ、軍閥体制は強化された。軍部は完全に内閣死活の権を掌握した。こうした状況の中で、昭和十一年秋、十九年の歳月と巨費を投じた新国会議事堂の落成を迎える。広田内閣の掲げた「庶政一新」下の議会はいかに運営さるべきかについて、斉藤隆夫演説後に有識者が院外で語った意見の一部を以下に紹介する。

一　元内務政務次官　衆議院議員斎藤隆夫

「英国選挙の結果と政局の動き」

昭和十年十一月二十日　於　日本倶楽部

英国の政治・選挙に対する一般的観察

世界の注目を集めていた英国の総選挙は去る昭和十年十一月十四日に行われて、その結果は、政府党の大勝利となった。ついては、これより、この選挙について私の感想を述べてみたい。

御承知のごとく、英国は立憲政治の祖国であって、今日、世界各国に行われている立憲政治は、いずれもその源は英国より流れ出ている。もとより政治は各々その国情に副わねばならぬのであるから、今日、立憲政治の行われている実際の有様を見れば、各国ともそれぞれ違いがある。すなわち英国には英国流の立憲政治が行われており、また米国には米国流の立憲政治が行われている。また、わが日本には、日本流の立憲政治が行われているのである。かくのごとく立憲政治の運用方法にいたっては、国々によって多少相違はあるけれども、しかし立憲政治の根本であるところの議会制度、すなわち民選議員をもって議会を組織し、その議会において国政の諸般を議し、政府はこれに基づいて諸般の政治を行うという、この憲法政治根本の原則に至っては、世界の立憲国の共通一致、少しも変りがないのであって、もしこの原則が行われないところがあるならば、その名は立憲国であっても、その実は真の立憲国ではないのである。

要するに、英国は立憲政治の祖国であり、かつ数百年の歴史を重ねているから、英国における立憲政治の基礎は極めて強固で、いかなる風波に打たれても、牢固として動かされない。それ故、ヨーロッパ戦争後において、ヨーロッパの大国であるロシア、ドイツ、イタリー、その他二、三の国々においては、あるいは政変が起こり、あるいは革命が起こって、立憲政治を破壊し、民意を蹂躙して、一種の暴力的独裁政治が行われている国もあるが、英国の立憲政治は、これがために何らの影響を受けない、その基礎の上に微動だもしない、厳然としてその存在を全うしていることは、今日、ヨーロッパの政治界における一種の異観であるとともに、英国国民の政治的堅実性を最も雄弁に物語っているものである。

しかして立憲政治は国民政治である。国民世論の向かうところによって国の政治を行っていく。これ、すなわち立憲政治の大衆化であることは今さら申すまでもないが、その国民の世論は何によって外部に現れるかといえば、すなわち選挙を通じてである。選挙は国民の総意を表現する唯一無二の方法であるとともに憲政運用の基礎となるものであるから、勢い立憲治下の国民である以上、議員選挙については最大の関心を持たねばならぬことはもちろんのこと、同時に全国民の熱烈なる政治運動が選挙に向かって集中するのは当然のことである。もしこれに反して、国民が選挙に当たって冷淡、無関心であり、あるいは政府の不当干渉等によって、かりそめにも政治運動の自由が妨害せられ、萎縮するようなことがあれば、立憲政治の精神はここに破滅するのである。この点については、英国国民は実に立憲的模範国民であり、英国の政府は実に立憲的模範政府であると申しても、決して過言ではないのであって、これが英国の選挙に対する私の一般的観察である。

議会解散の特異性

次に、英国の議員の任期は、以前は七ヵ年となっていたが、近ごろは五年となっている。しかしこれまで議員の任期を、全部終了するまで議会が無事に続いた例は、ほとんど見られない。いつも会期終了前にて解散するのが常例となっている。しかして、いかなる場合において解散が起こるか。わが国などにおいては、議会や政府に対して不信任案を提出する、あるいは政府の重要政策について政府と議員との間に意見の衝突がある場合に限られている。英国においては決してこれのみに限られているのではなく、むしろ他の理由によって解散する場合が多いのである。それはいかなる場合かというと、例えば前内閣が辞職して新内閣が成立した場合に、新内閣に対する国民の信任を問うがために直ちに解散をすることがある。例えば議会において政府党が多数を占めていても、前の選挙以来相当の年月が経過して、この間に外部情勢が変わってきたとか、前の選挙のときに予想しなかった重大問題が起こってきたというかかる場合においては、政府はそれらの問題を処理するために、まず国民の世論を問うてみる。こういう場合に解散が行われるのである。

しかして今回の解散は、これらの中のどの場合に該当するかというと、大体最後の場合に当てはまる。すなわち現内閣は保守党を中心とする一種の連立内閣であるが、解散当時における議会の形勢を見ると、議員総数六一五名のうち、保守党を筆頭として、その他二、三の少数政党を合わせて、政府党の議員は五一三名、これに対して在野党の議員は、労働党を頭として、合わせてわずか九九名、その他三名欠員となっていて、政府党は在野党に比して実に五倍以上の多数を有しているのである。これで政府の政策が行われないわけはないのであって、かかる場合において解散するがごときことは、わが国などにおいては想像もつかないことである。

しかしまた一面より見ると、前の選挙以来ちょうど約四ヵ年を経過して、この間の政情も大分変わってきている。殊に現内閣は本年六月成立したのであるから、新内閣に対する国民の信任を問うてみたいという意味も含まれている。

また、近ごろイタリー、エチオピアの戦争を初めとして、そのほか国際上にも相当に重大な問題が起こっているのである。それやこれらの事情を総合してみると、この場合に断然解散をして、新たに国民の総意を求め、これによってつくられた新しい内閣を背景として、最も勇敢に国政を処理していくことが、国家を背負って立つ立憲政治家としてとるべき堂々たる態度であって、解散を恐れてびくびくしているところの臆病なる旧式政治家などの夢にも想像することのできないことである。英国の政府はかくのごとき決心をもって、去る十月二十五日、突如として議会を解散して疾風迅雷的にわずか三週間の期間を置いて、選挙を行うことに決めたのである。

選挙結果

さて、この選挙における朝野両党の陣営はいかなるものであったかを見ると、連合政府党の候補者は五八五名、同じく連合在野党は七六〇名の候補者を立てて、候補者の数においては、在野党ははるかに政府党を凌駕しているのである。しかして政府党の中心は保守党であって、解散当時の議員数は四六三名、在野党の中堅は労働党であって、解散当時の議員数はわずか六一名であって、ほとんど比較にならない少数である。しかるに今回の候補者の数を見ると、保守党の五一一名に対して、労働党は実に五六八名の候補者を立て、この数においては、労働党は保守党を凌駕しているのである。英国の政治界は、過去百年以上の間、保守党と自由党との二大政党に分かれて、この両大政党が華々しく政治上の戦いを続けてきて、英国の立憲政治史上に躍如として光彩を放ってきたのである。しかるところ、近年、自由党はほとんど凋落して、見るべき勢力はない。そうして、これに代わって労働党が現れてきた。労働党が初めて議会に代議士を送ったのは、今より三十五年前、すなわち一九〇〇年の選挙のとき、わずか二名の代議士を送った。それが漸次勢力を増して、選挙ごとに労働党の代議士は増えるばかりで、一九二九年、前々回の選挙に当たって、保守党の二六〇名に対して、労働党は二八九名の当選者を得て、英国の政界において見事に第一党の地位を獲得するに至ったのである。また一九二四年には、英国において初めて労働党内閣ができた。また前内閣において総理大臣であったところのマクドナルド氏は、かつては、長い間、労働党の党首であったが、前年、故あって、労働党の本流を離れて、国民労働党を作り、今日では政府党の連合軍に加わっているのである。

労働党の歴史は大体かくのごときものであるが、この労働党が前回の選挙に当たっては、これこそ急転直下大敗を招いて、二八九名の議員が一挙にして五〇名に転落したのである。もっともその後四ヵ年間における補欠選挙等の関係から、解散当時には六六名となっているが、それでも保守党のわずか八分の一の勢力しかない。この労働党が今回の選挙に当たっては、保守党を凌ぐだけの候補者を立てて選挙戦に臨んだ。この勝敗の結果は別にするも、その勇気は驚嘆に値すると思う。同時に、今回の選挙がいかに激烈であったか、選挙界がいかに活気を呈したかということは、はるかに海を隔てても想像に余りあることである。

選挙の結果を見ると、予定のごとく政府党が勝ち、在野党が負けたのであって、政府党は在野党に比して二倍以上の当選者を得ている。しかし解散当時に比べると、朝野両党の勢力関係に一大変化を来したことは事実である。すなわち、政府党は勝ったには勝ったけれども、議員の数は著しく減った。また、在野党は負けたけれども、議員の数は著しく増えている。殊に在野党の中堅であるところの労働党議員が約三倍に増加したことは、労働党の前途に対して、確かに一縷の光明を与えたのであって、今より幾年かの後には、再び労働党の天下に復帰することは、今日これを予言して決して誤りでないと思う。

しかるにまた、他の方面を見ると、この選挙によって政府党は大勝利を収めて、現内閣の基礎はいよいよ強固になったのであるから、政府はこの大なる新しき国民的背景を基礎として、これからの国家の内外にわたって思う存分の政策を遂行することができるのである。この点において、私は現内閣の成功を祝福せざるを得ないのである。

日英両国選挙の相違

次に、英国の選挙と日本の選挙と違っているところを少し述べたい。英国においては、男女平等選挙であるから、選挙人の数は全国民の過半数に達しているが、わが日本は婦人参政権がまだ認められていないから、選挙人の数は全国民の約四分の一である。わが国において婦人参政権が実現するかしないかは、政治上における一つの問題であるが、しかし結局、実現するとしても、その前途はすこぶる遼遠ではないかと思われる。

次に選挙運動のやり方であるが、日本の選挙法は極めて窮屈にできていて、選挙運動の自由がよほど制限されている。例えば選挙に当たって、戸別訪問は一切相ならぬ、ポスターを貼ることができない。飛行機を使うことができない。ラジオも使うことができない。事務所、運動員、使用人にも制限がある。演説会には四人以上弁士が出てはならぬ。また、運動員以外の一般国民は原則として選挙運動をすることができない。ただ、演説会、推薦状によって運動はできるが、それでもいろいろ難しい制限があって、実際はほとんどできないことになっている。そのほか、それやこれやとまことに細かい、うるさい制限があって、この法律に絶対背かないように運動すると、全く手も足も出ない、国民はほとんど政治運動の自由を奪われているのである。英国の選挙法は全然これと反対で、こういう制限は一切ない。選挙が始まると、老若男女を問わず、大手を振って盛んに選挙運動をやり、戸別訪問、飛行機、ラジオも使う、活発に無制限に演説をやる。買収なし。かくのごとくにして国民の自由意思は最も如実に選挙の上に現れる。これが、すなわち真の選挙である。言うまでもなく立憲政治は世論政治であって、国民に政治運動の自由を許すところに立憲政治の大精神がある。国民の政治運動は、選挙において向上する、また向上しなければならないのである。しかるにわが国においては、その大切な時にあたって、かりそめにも政治運動の自由を抑圧するがごときことがあったならば、いわゆる角を矯めんと欲して牛を殺すものであって、これによって真の選挙が行われるわけはない。真の選挙の行われないところに真の立憲政治があるべき道理はないのであるから、この点はお互いに深く考え直す必要があると思う。

偉大な教訓

今回の英国選挙においては、ずいぶん政治家が落選しているが、その中で英国における政治界の大立者であるところのマクドナルド氏、このマクドナルド親子が揃いも揃って落選したことは、政治に志がある全世界の人々を驚かしたに相違ないが、これと同時にわれわれに向かって偉大なる教訓を与えたのである。マクドナルド氏は、多年労働党の党首であったが、四年前に故あって労働党を脱党した。脱党の理由は何であったか。いわゆる国家のためであるという一言に帰しているのであるが、由来、政治家は自己の進退去就を理由づけるために、国家の名を乱用することが珍しくないのである。しかし、いずれにしても、政治道徳の上から見れば、政治家の生命であるところの節操を売ることは、変節政治家に相違ないのである。

元来選挙なるものは、ある意味においては、政治家に対する国民的裁判の執行である。しかる以上、この種類の政治家に向かって国民がいかなる審判を下すかということは、これによってその国民の政治的知識及び道徳、ひいては立憲政治、政党政治の真価を知ることができるのである。マクドナルド氏は、二回まで大英帝国の総理大臣となったところの世界的の大政治家であるにかかわらず、一度政治家として節操を擲つや、英国国民は敢然として選挙場裡に彼を葬り、彼に向かって政治的死刑の宣告を下したことは、今回の選挙に当たって、政府党が大勝利を得たより、より以上の大事件であって、この一事によって、英国国民の政治的制裁がいかに強烈であるか、かつ、いかに徹底せるかを事実の上に証明して余りあるとともに、英国の立憲政治上不断の光彩を沿えるものであると思う。

わが国においては、解散の有無にかかわらず、明年は総選挙が行われるのであるから、これに対して全国の有権者諸君は、願わくば、過去四ヵ年間におけるわが政治界の変遷に思いを及ぼすとともに、この新しき生きたる教訓を引きさげて、来たるべき選挙場裡に臨まれんことを私は衷心より希望してやまないのである。

昭和十一年六月三日　於　東京帝大講堂

二　衆議院議員　河上丈太郎「わが国議会政治の現状と将来」

軍部官僚より政党への政権移譲

日本の帝国議会は厳格な意味において、議会政治というものを持った時代は非常に少ないと思っている。なぜか。議会政治というものは存在するが、パーラーメンたリズムはない。パーラメンタリズムは、少なくとも衆議院における多数党が政権を取る、この一事が原則として行われなければ、私は厳格な意味において議会政治ではないと考えている。そういう意味におけるパーラーメンタリズムは、わずか大正七、八年ごろから満州事件の起こるころまで、やや理想的な形において行われたと考える。

明治二十三年から確かに議会は存在したが、政権の中心は軍部と官僚であり、議会はただ一個の批評の機関にすぎない状態であった。議会は幾度もその軍部・官僚の政治勢力を倒すために、議会においてしばしばいろいろな政治的な闘争を展開したが、依然として軍部・官僚の勢力は牢固として抜くべからざる力を持っていた。大正七、八年ごろから変わってきて、今度は政党中心に政権が動き出してきた。この政党中心に政権が動き出してきた時代に厳格な意味におけるパーラメンタリズムが日本において行われたのである。その軍部・官僚中心から多数党中心に政権が移動していく、これがパーラーメンタリズムであり、その転換は、日本の資本主義経済が産業資本主義の時代から金融資本主義への発展の過程で見られたと考える。日本の資本主義が産業資本の時代においては、日本の政治の中心が、軍部・官僚にあって、金融資本の時代に日本の資本主義が移ってきたときに、日本に政党主義の政治が出現してきたということは、大体認めて差し支えないところの説明だろうと私は考える。それで日本のパーラーメンタリズムは、ある意味において、日本の金融資本の政治的確立の第一歩である、こう見ているのである。

休止か死滅か深刻な問題

それで、パーラーメンタリズムのその機構は、満州事変を中心として今日、頓挫した。将来、再びこれがパーラーメンタリズムに厳格な意味において帰るかどうかということは、後にお話すべき問題であるが、少なくとも一頓挫していると私たちは見ている。その原因はどこにあるかと言えば、これを私はもちろん、日本の政党が道徳的に腐敗したとか、あるいは政党の中にいろいろなところの異動があったというようなことより、やはり満州事変を中心として日本の金融資本が強固になり、しかも独占企業の形態が日本に毅然として確立したことに、私はこの原因を見ていくことの方が、今日の議会を観察するに正しい見解ではなかろうかと思っているのである。

それで、現在の日本の議会政治というものは、ある意味においてパーラーメンタリズムが、今日は停止している時代である、こう極言しても差し支えないと思う。なぜならば、議会というものと政権の移動というものに何らの関係がない。大正七、八年以前において、軍部・官僚が日本の政治の中心であったと同じような形式をたどっている。それは全くパーラーメンタリズムの一つの休業状態であるということを私は言うのである。議会があり、総選挙があり、代議士が存在していても、パーラーメンタリズムの厳格な意味において政治形態は休止の状態にある。あるいはこの休止の状態が死滅の状態になるかどうかということは、われわれに投げ与えられている一つの深刻な政治上の問題であるというふうに私は見ざるを得ないのである。

パーラーメンタリズム時代の傾向

私は大体においてそういう観点で考えているが、日本の厳格な意味におけるパーラーメンタリズムの行われている時代の大きな傾向の一つは、今までの軍部・官僚の政治勢力をして、できるだけ押さえつけていこうというこの傾向が、パーラーメンタリズムの時代における一つの傾向である。これにはいろいろな意味があるが、現実の問題としては、あれは山本内閣のときであったか、入閣する者について、政友会が山本内閣を支持するために、官僚の先輩が政党に加入することを条件として官僚の先輩を政友会が支持したということもある。そういうように今までの官僚が政党に籍を持たなければ閣僚に選ばれることができないというような条件の下に押し込められて、形式的であろうが何であろうが、政党主義の立場に内閣の組織、全体の組織が置かれている。そういう傾向がその一つである。

さらに政党員でなければ閣僚になれないという状態がその二である。それであるから、官僚の首魁というものは、陸続として政党の中に入っていった。われわれの帝国大学の先輩の多くは、御承知のとおり、官僚の門を潜って官僚の中に政治的勢力を確立していたが、その厳格な意味において、パーラメンタリズムの確立と同時に、われわれの先輩も官僚を捨てて政党に入っていることは御承知の通りである。そういう一つの傾向が見られる。

もう一つの傾向はどこにあるかといえば、軍部の軍事予算、軍備拡張に対する反対的な、制限的な態度をとってきているのが第二の傾向であると思う。第二次西園寺内閣時代における二個師団減少、あるいはその他における軍事予算に対する制限、反対的なものをもって軍部の意向を抑えていこうとする傾向が第三の傾向である。その傾向の中には、あるいは植民地における武官を廃して文官にすべしというような議論、今日の諸君から考えるならば、滑稽とも思われるようなことが、その当時は、相当大きな政治上の問題であったのである。さらに、御承知の通り、数日前に枢密院の会議が開かれたのであるが、陸海軍大臣は現職の者でなければならないという原則を破って、予備に編入されている者を大臣に持ってきても差し支えない、こういう原則を作り上げた。

こういうふうに軍部の中心勢力に向かっていろいろなところの、そういう機構の上から制限を加えると同時に、予算面においても、この時代においては抑えていく傾向が見られた。軍備縮小の空気に支配されていたが、その傾向のパーラメンタリズムの最後を飾るものは、浜口内閣におけるロンドン条約を中心とする軍備縮小問題。こういうふうに日本のパーラメンタリズムの行われた時代におけるところの官僚に対する、また軍部に対する状態は、大体以上のような傾向の下に置かれて満州事件の直前にまでやってきたのである。

議会政治の再認識

それであるから、今のパーラーメンタリズムの時代における日本は、軍備縮小をやや中心とする傾向の中で、デフレーション政策をとり、軍人が政治上からやや後退した、そういう傾向をもってきたのであるが、これがある意味において日本のパーラメンタリズムの華やかな時代に当たって世界恐慌にぶつかり、さらに満州事件にぶつかって、日本の政治界は大動揺を来たしている。私は、満州事件を中心とするこの時代を一転機として、日本の議会政治を再認識しなければならないと深く感じている。なぜならば、世界恐慌を中心として起こってきたところの、この資本主義の動揺の中で日本が満州を抱き込んだ。満州を抱き込んだために日本の資本主義はかえって動揺を大きくした。私自身としては、この満州問題を日本の資本主義が咀嚼することができるかどうか、これが今、掲げられている私たちを取り巻く根本的な政治問題であると私は思っている。もちろん満州問題を放棄して、日本の昔に立て籠もる満州放棄論をとるならば、これはまた別であるが、少なくとも一歩進められた状況において、この問題を日本の資本主義が背負って立てるかどうか。もしも背負って立てるならば、解決ができようけれども、背負って立てなければ、日本の資本主義は一種の矛盾の結果、崩壊してくるに違いない。その上に、今日の議会政治がどうあるかというふうに見なければ、今日の議会政治の現状、そして将来を達観することは不可能であると私は考えているのである。

で、浜口内閣の終わりごろにおいて、井上財政のデフレーション政策の結果と同時に、産業合理化運動により、相当な成績をあげていたが、満州事件を転機として日本はもうデフレ政策を放棄してしまった。インフレーション政策への墓地へ進んできていることは諸君の御承知のとおりである。

それで、満州事件を転機として、日本の政治は、インフレーション政策の道を進んでいる。このインフレーション政策と同時に、産業合理化運動は、いわゆる産業統制の問題に転換してきていることを見るのである。殊に満州事件以来、日本の産業はすべて統制主義の中にどしどし追いやられている。日本の今日の政治の状態は、一方においては財政上デフレーション政策をとり、産業上統制経済の道を辿っている。これが今日の行く道であるように私は考える。

それで、満州事件を中心として、日本においては、要するに、金融資本の独占企業の土台ができて基礎工事ができ上がった。その基礎工事の上におけるところの上層工事がこの数年間に行われてきている。その結果、今日の日本の議会政治はどう変わってきたか。どういう形で日本の議会政治はどう動いていくかということを見極めたいと私たちは考えている。

満州事件と資本主義

満州事件を中心として、大軍事予算の要求があったけれども、この膨大な予算を直ちに呑み込むだけ日本の資本主義の胃袋は強力でなかった。その咀嚼の努力はされた。昭和十一年度予算編成において「公債の漸減により、軍部の財政膨張圧力に対抗し得る」とした高橋蔵相の公債漸減方針。広田内閣の馬場蔵相は、「日本の軍事進出は日本の商権と経済力の拡大につながるから、国防費は不生産経費と考えてはならない」、この認識に基づいて軍事費支出を別枠処理で認めた。これにより日本は満州問題を咀嚼する胃袋ができる。」との考えから、満州事件を無条件に呑み込み、咀嚼しようとしているのが、今日の政権に象徴された馬場財政であると私は見ている。

日本の資本主義は、そういう呑み込むだけの強力な力がなかった。植民地も少ない。重工業の発展もそれほどでない。日本の富の力も強くない。海外貿易も多少はよいが、それほどでない。象徴的な事件は、例の満鉄の社債問題である。ゼネバにおいて、世界各国を相手にして啖呵を切って国際連盟を脱退して帰ってきた英雄・松岡洋右氏も、日本の資本家の前には頭を下げなければならなかった。しかしながら、日本の資本主義はこれをどうかして呑み込まなければならない。日本の資本主義が自己を防衛しながらこれを咀嚼する二つの道がある。今までのデフレーションに返そうとする政策を捨てる。一方において、日本内地の経済を高度の統制経済にする。これが今日の時代傾向であると私は考えている。

この間の予算委員会で、政友会の堀切善兵衛氏が馬場蔵相に向かって、「追従財政をやめろ。軍部の言いなり次第になるな」と言ったことは、少なくとも満州事件以来の、日本の資本主義の代弁的な考え方であると私は思っている。日本の資本主義は、その崩壊を防ぎながら追従していく。今言ったインフレーションと産業統制政策の二つによって、満州問題を日本の資本主義の胃袋の中に入れて咀嚼しようとしているのが今日の現状である。果たしてそれが咀嚼されて出てくるか、あるいは下痢をして出てくるかという危険な状態に今の日本は立っている。

統制経済の労働者、中小工業への影響

さらに今日の経済組織は、独占企業形態になりつつある。それはこの議会における各種の統制法案を御覧になればわかる。貿易、商工業、米など、議会の重要法案の一切が独占企業形態において統制しようとする。これはまさに日本の軍部の要求と相まっている。しかし、その際、最も深刻な影響を受けるのが日本の労働階級であり、無産階級である。重工業の発展を見、その利潤は高まっているにもかかわらず、労働賃金は低下する。最も悲惨なのは、昭和八年、日本の工場、重工業において、年に四百人近い人が死亡している。日本の内務省は、工場法始まって以来の大きな数字であって、まことに痛嘆すべきものであると報告している。私が議会でこれを言うと、既成政党の代議士諸君は言う。「それは謬見だ」と言って私の演説を罵るが、日本の軍需インフレーションを中心とする重工業の発展、資本の利潤増大の陰には、全国において毎日一人ずつ労働者の血が日本の重工業で犠牲となって流れている。これは深刻な事実である。総理大臣官邸において血を流すことは、国民の脅威であったかもしれないが、日本の労働者は一人ずつ毎日血を流していき、しかもその家族が困る。死んでも鐚一文もくれない。わずかな退職手当をくれる工場はあろうが、日本の今日の重工業は人間の生命を奪い、あるいは傷つけている。数年前、神戸の三菱造船において、大量首切りがあった。そのとき、私の家を尋ねてきた者はけが人である。足のない者、手の折れた者、耳のない者、指の欠けた者、そういう不具者がたくさん不具を理由として首を切られた煩悶と不平を訴えられた。

もう一つ中小工業の問題がある。日本の中小工業は、独立した存在でなく、大資本経営に従属せる存在である。それは重工業である。大資本家の企業に使われている労働者と中小工業に使われている労働者との賃金の比較を見ればわかる。

だから、日本の今日の現状において、満州事件を中心として軍需インフレーション政策や統制経済をやってそれを呑み込もうとされるが、無産階級の労働条件の劣悪、生活の窮乏ということの事実がそこにあるということは、厳然たる事実として看過できない。それゆえ、日本の資本主義は下痢を起こすか、腹痛を起こすかという重大な危険がそこにあると思っている。

今期議会の当面の問題

私は、日本の今日の経済上の事情をかくのごとくに観察して、今日の日本の議会、今度の議会の現状を少し申し上げたい。

議会政治というものは、当時の資本主義勃興時代における階級闘争の一つの現われである政治上の機構だと考えている。英国の歴史を考えても、英国の議会の進出なり闘争も、その背景をなす経済上のいろいろな階級的な相違の上から生じた。だから、議会政治の存在するところの社会経済の変革を忘れて議会政治の本体を考えることはできない。したがって日本においては、金融資本がやや確立せんとする時代にあり、そして金融資本が高度に達して統制経済を強力にやる時代になってきたときに、満州事件が起こり、これを中心として日本のパーラメンタリズムは休業状態になったと私は言うのである。

今日、議会において民政党、政友会が政府の御用党を務めているこの傾向、斎藤内閣以来の伝統的な傾向、岡田内閣においては、政友会は反対したが、議会に不信任案を提出するほど反対はしなかった。馬場財政が追随財政であれば、政党も追随政党である。議会において、今日の経済上の深刻な闘争を展開しているか。それは否と言わざるを得ない。今日は、パーラメンタリズが一時休止してしまっている状態である。それであるから、議会の論争も低調になる。ここに二つの問題がある。

一つは、斎藤氏の議論によって代表される、軍人は政治に関与すべからずという問題。もう一つは、政友会、民政党の共同戦線である選挙粛正に関する人権蹂躙問題、経済的な統制と思想的な統制、軍事スパイに関する取り締まりとか、そういう統制していこうとする傾向が認められる問題、これが今日の状況である。

しかも粛軍に関する問題、斎藤氏の演説に対して、寺内陸軍大臣は、「御同感である」という簡単な言葉で頭を下げられたが、その後いろいろな質問によって見るに、結局、元通りである。軍人が政治のことを言うのは仕方がないというような答弁に、結局、持っていかれた。これでは斎藤さん一代の名演説もあだ花になってしまう。

無産階級陣営の展望

この間の議会に無産党代議士が初めて登場したので、将来、無産政党が発展するかどうかという問題が、少なくとも諸君にとって興味ある問題であろう。現況の下に議会を見るに当たって、日本の無産政党が議会において過半数を占め、とって代わって政権を獲得して、その政策を実現することができるか。これには私は非常な疑問符をつけている。日本のパーラメンタリズムは、この無産階級の進展を妨げていくべき大きな政治的遺産を残しているのである。無産階級の政治的自由を弾圧する、その進路を妨げるべき各種の法律がある。ここに私は、日本の無産政党が英国のごとくに、自然的な、自由な発達のできない大きな原因の大部分を見るのである。私は今日の現状を見るとき、おそらくインフレーション政策をますます行い、資本主義を強化するならば、恐らく赤字公債を大衆課税によって賄う、大衆課税による財政インフレーションは将来重大なる危機に直面する。ある意味において、日本の無産階級が英国におけるごとく、合理的勝利に入る前に、日本の今日の経済機構は、一つの大きな坩堝（るつぼ）の中に追い込まれるときがあるのではなかろうか。その坩堝の中に追い込まれたときに、果たして誰が勢力の中心に立つか。これが今日考えなければならない問題ではなかろうか。あるいは軍人政府が確立されるかもしれない。そのとき、この虐げられていた農民、労働者の結合の力がどう発展するか。これがわれわれにとって重要な問題である。大いなる躍進を邪魔する者の陣営が崩れると同時に、わが味方の陣営が強化することを必要とする。そして、真実の勝利者となる者は誰であるか。この答案はわれわれの組織力の強化にあることを私は予言することができる。日本の現在のプロレタリアートは、その組織力、統制力において微弱なることを残念に思うけれども、私たち無産政党としては、どうしてもその局面にぶつかるに違いないと考えている。私は日本の議会政治について以上のような意見を持っているのである。

三　衆議院議員　麻生久　社会大衆党書記長

「わが国議会政治の現状と将来」

昭和十一年九月十九日　於　青山会館

前二内閣と現内閣との相違

御承知のごとく、広田内閣は二・二六事件のあとを受けて、昭和十一年三月九日成立した。五・一五事件から、斎藤内閣、岡田内閣、広田内閣の三内閣は、形においては全く似ているが、しかし成立の経過からいうと、広田内閣と前の二つの内閣とは根本的な違いがある。官僚あるいは軍部が中心になって内閣をつくったという形においては広田内閣も同じであるが、斎藤内閣、岡田内閣は、今日の日本の情勢をどう認識したかという点で違っていた。五・一五事件あるいは満州事件が日本の社会の上に撒き散らした砂塵は、しばらく待っていれば鎮まる程度のものであった。言いかえれば、五・一五事件によって政権が政党政治より離れて、官僚、軍部中心の政権が生まれたが、しかしこれは憲政の常道の変態であって、しばらくじっと待っていて、政党の信用回復によって、もう一遍、憲政の常道に戻れる、政党内閣に戻してもよい。そういう認識のもとに、斎藤、岡田両内閣は生まれたのである。だから、斎藤、岡田両内閣の目的は、積極的に何かをするということではなくて、熱い風呂の中に入ったつもりで、砂塵が鎮まるのをじっと待っていることがその目的であった。

かくして四年の歳月が経って、外面から見ると、砂塵は鎮まったかに見えた。しかしながら、去る二月の総選挙の直後の二・二六事件突発に遭って、もうもうたる砂塵がまた日本全体を覆った。このときも前の事件のように静まると思われたが、そうはいかなかった。砂塵対策の積極的な工作が必要になった。ここに現状打破・庶政一新・国家革新を建前にした広田内閣が生まれたのである。

広田内閣は革新を断行できるか。前の二つの内閣は何もせずに静まるのを待つ内閣だから、じっとしいればよかったが、広田内閣は「国家革新」を掲げたのだから、何かをやらなければならない。何をやるか、やらないか。答えは簡単明瞭。ノーならば国民からすぐ批判が出る。次の国会でそれが試された。

広田内閣は何もしなかった。「広田内閣、庶政一新断行能力なし」ということを天下にさらした。広田首相の議会答弁。「私は命がけで首相になった」というせりふ以外に何も言わない。「組閣の心境如何」の質問に対して、「私は湊川の楠公の心境で組閣した」という、討ち死覚悟の悲壮な答弁をされただけで、何をするのかわからない。「まだ、的が決まっていないから、調査研究の上、的が決まったらお答えする」以外に答弁のしようがなかったのであろう。私は、無理もない、正直な答弁であると思う。「資本主義をどう認識しているか」の質問に対して、「麻生君の言う資本主義は俺にはわからない」と答弁された。少なくとも全世界を挙げての苦悶と改革の中心は、かつての封建制度が資本主義に代わってきたその歴史的な経過と同じ意味において、今日の資本主義が次の時代に移っていく、その苦悶が、全世界の苦悶であり、日本の非常時であるということは、ほとんど常識的であるにかかわらず、首相は「わからない」というのである。二・二六事件が大変だということには感づくが、その大変な事件が起こった原因については「俺は知らない」という答弁である。

しかも、この総理大臣の下にいる財政の中心、馬場大蔵大臣はどうか。就任にあたって、軍部から威嚇されるし、何もわからず、とにかくやってみよう。「庶政一新」という観念論にあふれて、驚天動地の一大改革をやるつもりで、おそらく大蔵大臣に就任したであろう。今までの内閣を見れば、大蔵大臣の評判のよい秘訣は、兜町の株価を下げないこと。株価を下げ、財界に向かって犠牲を強いるような政策をとらないこと。亡くなられた高橋さんが大蔵大臣として評判がよかったのは、あの人は資本主義の権化であったからである。資本主義改革といえば、思わず身震いする。高橋さんが大蔵大臣になってから兜町の株は下がらない。健全財政と称して資本主義を守っていくことを信条とした。兜町は安心して、財閥の連中は高橋さんが神様のように見えた。しかし悲しいかな、国民大衆はそういう手段を持たない。反対に、大衆課税で、タバコのバットは上がる。高橋さんはバットを吸ったことがないから国民の気持ちはわからない。貧乏している国民は、高橋さんのあのダルマのようにニコニコしている顔を見て迷わされたのであろう。

すべて改革ということは、特権階級の犠牲なしにはできない。明治維新はどうしてできたか。いわゆる将軍という特権階級がこの世の中から姿を消し、大名という特権階級が姿を消し、武士の特権階級が姿を消して、初めて封建制度から新しい明治日本に移ることができた。この特権階級の特権を断固として廃して、封建制度をやめさせたのはいかなる人々であったか。西郷、大久保、木戸、三条、岩倉という人々は、武士階級ではあったけれども、決して特権階級に属する人々ではなく、軽輩の人々であった。隆盛の伝記を見ても、ずいぶん生活に苦労したことがわかる。三条、岩倉などは、徳川三百年の歴史においては、とにかく位こそあったけれども、経済的には幕府から圧迫され尽くした階級である。手内職をしなければ生きていけない、おやじが死んでも葬式さえ碌に出すことができなかったこれらの人々が、とにかく時代に目覚めて、日本の革新を目指して、政府の弾圧を受けながら、千辛萬苦のもとに明治新政府を作り上げた。それで断固として階級の特権を廃して、明治維新を断行することができた。

広田内閣も庶政一新を目指して、明治維新と同じだけの改革をなさなければならない立場にあるが、果たして広田内閣の中に、西郷、大久保、木戸、三条、岩倉のような人々がいるか。私は個人として、今日の内閣の諸公ことごとくつまらない人であると言うのではない。しかしながら、内閣の中に真に資本主義を改革するために、支配階級から弾圧を受けて闘ってきた人は一人もいないが、広田内閣は革新政権への一里塚としての役目を持って誕生したと私はを申し上げるのである。

四　衆議院議員　民政党政務調査会長　山道襄一

「庶政一新時局批判」

昭和十一年九月十九日　於　青山会館

心の一大変革・改革が大事

広田内閣成立以来、特に「庶政一新」という言葉が天下にかまびすしく飛び交う。庶政一新についていろいろの方がいろいろのお考えで検討されている。私も職務の関係上、この問題について少なからざる関心を持って考えつつある。昨今の日本の状態から考え、また世界の実情から考えてみても、「庶政一新」の形にとらわれて、姿を改めることをもって「庶政一新」と考えておられる方が多いことを甚だ遺憾に思う。「庶政一新」はもちろん、政治、経済、社会、いろいろの方面において姿の改革をも要求するが、その主たることは心の変革、心の一大改革である。もし心を考えず姿のみ、形のみにとらわれた「庶政一新」であったならば、恐らくその「庶政一新」は何ら人類、国民の上に福利をもたらすとは信じられない。

何とならば、今日まで口に「庶政一新」とは言わないけれども、歴代内閣は、いろいろの政党、諸団体を通じ、「庶政一新」を従来しばしば実行してきたのである。しかしながら、その「庶政一新」が、従来においてことごとく成果をあげたとは認められない。それができないがゆえに、この積もり積もった行き詰まりの挙句、広田内閣が「庶政一新」を叫び、世論もまた、その要求をしなければならないような状態に立ち至ったのである。人間はお互いに姿を正しくすると同時に心が正しくなければ、徒に姿のみ整っても、何らの意義はない。肉と霊と相まって完全になって初めて万物の霊長ということができる。強いものがえらいとすれば、猛獣は非常にえらいものと言わなければならない。われわれは力の強いこともある場合には必要であり、身体の健全なことも必要であるが、正しき心を有せざるものが学問をすれば、それはことごとく人間、人類、国民に向かって不幸を与える。今日まで警察あるいは裁判所の厄介になった人を見ても、その中の最も深刻、悪辣、辛辣なことを行っている者は、着るものに物なく、食うに飯なき者ではない。一番辛辣、悪辣な犯罪は、多くは相当な知識、地位、実力を有する者が犯している。

われわれは学問の進歩、技術の発達、教育の向上を喜ぶ。しかしながら、われわれが血の出るがごとき金を国府県市町村に納めて巨額の教育費を支出しているにかかわらず、教育、学問、技術の進歩発達に相伴って、世の中に辛辣な犯罪が増えつつあるのである。われわれはかかる悪事がなくなるように、国民ことごとく幸福な生活をするようにということを願えばこそ、教育、学問の進歩発達を喜ぶ。しかるに、いよいよ学問、技術の進歩発達に反比例して、ますます脅威を感ずるに至ったことは、ただ財を知り、金を知り、学問を知り、科学を知り、力を知り、しかして心の正しきを願うことなきがゆえに、今日の行き詰まりを来したのだと思う。今日の法律、制度などをどれほど改正しても、日本国民の心のどん底を入れ替えることはできないし、いかに形を変えても、断じて「庶政一新」の実行はあり得ない。私どもが庶政一新の要求をいたすのは、この意味においてである。

昭和一一年一一月一三日　於　明治大学講堂

五　東京帝大教授　蠟山政道

「行政機構と議会制度の関係」

議会制度・行政機構問題をめぐる情勢

私の申し上げたい問題は、最近、新聞紙上で論議されている議会制度の問題と行政機構の改革の問題とが、どういう関係を持っているか、この問題の将来の動向について所感を申し述べてみたい。

二・二六事件の結果として成立した現在の内閣は、その重要な政綱として、庶政一新なるスローガンの下に、それぞれ項目を盛ったところの改革方針を示している。その中に、行政機構の改革という一項目が加わっている。しかしてこの行政機構の改革については、主としてその発議をした者が、軍部と通常言われている方面からなされたこと、かつ、それは陸海軍両大臣の名において、具体的な意見書として政府に進言されたことは一般に公にされている。その意見書の中に、行政機構の事項のほかに、議会制度の改革も含まれていた。前者についてはかなり具体的に詳細にその改革内容が暗示されているが、議会制度については、単に抽象的な趣旨が述べられているだけで、その改革内容ははっきり示されていなかった。

それに関連して、その改革内容がどんなものであるかを知る必要があり、かつその改革の熱意について、その真意を知る必要があること、これは国民として当然のことであったが、たまたま報道を任務とする新聞は、この点について、非公式ながら、この改革案の内容がどんなものであるかについて、軍部方面の意見を報じた。その内容は後に、陸軍大臣、海軍大臣によって公然と否認されたのである。すなわち公の意見でないということになったのである。しかし、それらの意見を何らかの人が持っているという事実は、疑うべからざる事実であろう。それが軍部の総意であることは否定されたのであるが、そういう考えがあることだけは疑うことができないのである。

その議会制度の改革として言われた点は、かなり広範囲にわたっていて、必ずしもそのいずれも十分に検討された意見でないことは、一見して明らかであったが、案そのものの示すところは極めて重大なものがあった。例えば議会の権能について制限を加える。あるいは議会の多数を基礎にして今後内閣を組織するような、政党内閣を否認する。さらに、政党の組織活動について法律上の制限を加えるというような趣旨において政党法を制定する。さらにまた、議会の組織内容について、現在のような選挙制度によらないで、職能代表を加味するというようなことも含まれていた。論点は、かなり多岐にわたり、そのいずれをとっても、現在の議会制度の趣旨とはかなり違う。したがって、これらの意見が新聞に出たとき、それは政党方面に非常な衝撃を与えたのである。

国民の無関心とその原因

ところで、政治はあらゆる人間の社会問題に関係しているのであって、政治はひとり少数の人々の関心事ではなくして、国民全体の関心事でなければならない。まして、行政機構及び議会制度は、われわれの日常生活に関係するところ多大なものがある。しかるに、日本国民は自己の問題に密接な関係を有するこれらの重要な政治機構の改革が問題になっているときに、どういう態度を持し、どういう考えを持っているであろうかということを観察してみると、この問題には、ひとり最近の二・二六事件以後の政治情勢に対する関係ばかりでなく、ここ数年間におけるわが国の政治上の非常時時代における変革について、国民は全く受動的な態度であり、全く積極的な意見を持たないかのごとき状態に置かれているのである。

これは果たして国民の気力がないためであるか、また国民の政治意識が低調なためであるか。国民の意識は必ずしも低調と言えないかもしれない。国民の気力は必ずしも少ないのではあるまいと思う。なぜならば、今日のわが国の情勢を広く観察してみると、非常時とは言いながら、かなり活発な活動にめざましいものがあり、驚くべきものがある。いわゆる躍進という言葉が用いられるくらい、かなり活動的であるところにおいて、国民がひとり政治の問題について極めて受動的であることは、はなはだ解すべからざる現象と言わなければならない。

それは要するに、これらの重要な問題は、その重大性にもかかわらず、また実際問題として争われているにもかかわらず、国民がこの問題について積極的に自己の態度を明らかにできないのは、余りに問題の性質なり、問題解決の方針なりについて、明確を欠いているものがあるためではないかと思う。議会制度は何がゆえに改正を要するのであるか、また、各方面において、それぞれ改革意見があるとするならば、それらの改革の方向は一体何であるかという点について、国民の注意を喚起し、国民の意識を高めるに、その明確なるものを持たないがためではないか。したがって国民は、それらが自分の問題であるということを知らない。自分たちの問題であると考えるような気持ちにならないのではないか。つまり、この問題に対するところの指導者の責任が重いのではないかと私は考える。結局において、われわれ自身の問題であり、国民の問題ではあるけれども、われわれ国民というものは、それぞれ日常生活があり、日常の業務を持っている。自己の生活の環境を離れて、広く天下国家の問題を考察し、問題の意義を明確にするというような余裕を持たないのである。したがって、それらの問題が、重要性を帯びている以上は、この日常生活の問題について積極的に考える暇がない国民に対して、問題の性質を明らかにし、問題の方向を明らかにすることが政治家の任務でなくてはならないのである。

しかるに、そういうステーツマンの任務を忘れて、いわゆる軍部といい、政党といい、政府なるものが、その間に意見の衝突があり、意見の一致を見ないで、自己の問題、自己の頭上にかかっている問題を処理するのに汲々として、この問題自体の性格を国民の前に展開するだけの余裕を持たないのである。これこそわれわれ国民の指導者であるという意識を欠いているという事態が、かくのごとき国民の無関心状態を惹起しているのではないかというふうに私は考える。

政治家の任務と国民の立場

最近、圧倒的多数を以て当選されたルーズベルト米国大統領は、一九三三年三月一日に発行した彼の演説集の一節において、「政治家、ステーツマンの任務というものは、国民に対して常に共同の立場に立たなければならない。問題の性質を常に明らかにするように、国民に対しても、また自己の同僚に対しても、各方面に対して説得しなければならないし、ある場合には、自らの地位を犠牲にしても、問題の意義を明らかにするように努めなければならない。要するに、ステーツマンの任務は教育にあると言っている。むべなるかな、彼自身の言動は、常に彼自身と国民の間に横たわるいろいろな問題を明らかにし、理解することの努力に捧げられている。したがって、彼自身が言ったように、アメリカの政界の問題は、非常時革命的な変革を遂げているにかかわらず、エボリューション（漸新的変化）という言葉さえ用いられている。喧々諤々、ある場合においては闘争の血潮を流して行われなければならないような社会革命が、投票箱の前で極めてスムースに、極めて円滑に行われている。これは、彼が政治の問題を国民の理解の前に、国民の胸の中にいつも納得のいくように教えているという事実に帰着するのではないか。したがって、彼は自由主義的・民主主義的な政治家であるにかかわらず、ほとんどの国、どの独裁国家の独裁者よりも、イタリーのムッソリーニよりも、ドイツのヒトラーにも劣らないだけの、国民の総合的支持を得ているのではないかと考えられる。

政治家はかくのごとく国民の教育とその効果の上に現在当面しているところの改革を断行しなければならないとするならば、このような政治家の任務というものは、日本の政治の中に欠けているのである。日本の「政治」については、辞書の中にはかくのごとき「教育」という文字が忘れられている。これは現在、国民が無関心であり、政治の方向が言葉の上では、「庶政一新」とか、大きなことを言っているが、その実、甚だ不明瞭、曖昧模糊としているということの根本的原因ではないかと思われる。

この不明瞭であり、お互いに何を目的として、何を理由に争っているかわからないようなわが国の政界上層の存在がある限り、われわれ国民がまじめになって、その議会制度の問題や行政機構の問題を真に自己の問題として考えることができないのは当然であろう。この点、私は一般国民に対して同情の眼をもって見ているのである。

しかしながら、実際問題として、かくのごとき理由は是認せらるべきものであるとしても、無関心であるという事実は打ち消すことができない。無関心という事実は余りにもはっきりとした事実である。政治の問題に対して国民が無関心であるということは、国民自身の意思にかかわらない政治が行われても、これに対して何らの抗議も批評もできない、いわゆる独裁主義、専制主義の発生を黙認することを意味する。われわれはこのジレンマの前に立っている。

政党を非難することはやさしい。しかし政党を離れて、われわれはいかにして国民としての政治上の意見を発表し得るか。政府をおいてどこに現在の問題を解決する力があるかと考えてくると、政府の無能力を非難する前に、われわれ自身が、政府に対して何らかの支持を表明すべく、積極的な立場に立たなければならない義務を忘れていると言わなければならないのである。軍部に対して、仮にわれわれが不満を持っているとする。しかし、どうしてそれを表明するか、どうしてその不満を明らかにするか。それらについて自ら考えなければ、われわれ自身の立場でなくなる。要するに、現在、国民の無関心な状態を一方是認しながらも、われわれは実際問題として、この状態に満足ができないのである。

共通の地盤発見

しからば、その二つのジレンマの原因を総合して考えるときに、われわれはどうしてもここに何らかの形において積極的な見解を持たなければなるまいと思う。それはどこに求められるか。どうすれば国民が単なるセクトとの争い、単なる部分的勢力の争いではなくして、真に国民的支持をもって、国民的一致をもって問題を解決し得るところの共通の地盤を発見できるかという問題である。われわれは行政機構の改革でも、議会制度の改革でも、その内容に至っては、なお調節しなければならないいろいろな反対、矛盾、対立というようなものがあろうが、まず問題自身を取り上げるところの共通の地盤というものがなかったならば、われわれは論争をすることができない、公然たる論争をすることができない。いわば今日の政治は各々違った地盤の上に立って、不平や不満を言い合っているようなものである。

憲法とは何か

しからば、どういうところに共通の地盤が求められるか。私はそれをわが国の立憲政治の根幹である憲法政治に求めたいと思う。

憲法というものを各々の勝手な解釈によって、この制度を自己の政治目的達成の道具にしてはならない。歴史的には、ある一派の学説は、「憲法とは、ブルジョア階級が自己の政治的権力、権利を主張するために、専制国家に対して憲法を要求した結果としてできたものである。いわゆる自由権の保障、人権の保障というがごときものは、既にある一定の階級が、その自己の権利、利益を伸張し、保障する道具としてつくったものである」、こういう解釈を下す。しかし、かくのごとき解釈が絶対的なものであろうか。もし憲法がある特定階級の利益伸張の具であると解釈するならば、他の階級は、そういう憲法はわれわれの利益にとってはためにならないと感ずるであろう。つまり、憲法あるがゆえに、ある特定の者の利益目的は到達することができない――例えば今日、軍部の一部において、議会は邪魔なものである、何とかこの権力を制限しなければならぬというような考えがあるとすれば、やはり憲法というものを自己の政策の手段と考えているからである。それは政党が憲法に対してある特定の利害関係を感ずるのと同じ考えであって、共に憲法を功利主義的に解釈しているのである。また、現在の経済機構、殊にその根幹である資本主義機構を打破しなければ、われわれの政治目的に到達することができないという共産主義者は、この憲法はブルジョア階級の私有財産制度擁護の機関であると考えるであろう。

かくのごとく銘々勝手に自己の立場から憲法を解釈するときに、憲法とはいかなるものであるかという疑いを国民が抱くようになるのではないか。私どもはかかるときに個々の階級的集団的見解よりして、憲法を自己の政治目的達成の道具と考える功利主義的見解に反対したい。現在の憲法、その奥を流れているところの根本精神は、かくのごときものであってはならない。憲法とは政治を正しく行うところの共通の基礎である、国民の各層において、各方面において、各々政治目的は違うかもしれないが、その政治目的を達成する場合において、共通の拘束を受くべき共通的基礎でなければならない。憲法そのものの精神として、われわれが新たに再認識しなければならないところであろうと思う。憲法に対して異議を持つ国民が違った見解を持っている他の国民層とともに、その革新の論議を闘わすべきルールであるというふうに考えるときに、憲法は新たなる意味を持ってくる。それは特定の歴史的時代内容を超越した政治の根本原理を表明するものである。

現に寺内陸相は、この問題のいわゆる軍部案と称せられたものを否定されたときに、われわれは憲法の条章にのっとってやるのであるということを言われた。そのとき、いろいろの疑いがそれによって解消したではないか。憲法の条章によるとはいかなる意味であるか。私はそれを個々の条文の問題、個々の規定の問題にあらずして、憲法全体の根本義と解釈したい。そうなれば、ここにいろいろの疑いというものはなくなるであろう。そこで、争われている論点ありとすれば、国民はそれを判断するだけの知能はあろうと思う。政党の出す案がよいか、軍部の出す案がよいか。はたまた政府閣僚の案がよいか。それがもし共通の地盤に立っているとすれば、国民自ら積極的にいずれがよいか判断を下すだけの能力は十分にあるであろう。ところが、どこに共通の地盤があるかわからない。この改革はどこまでいくのであるか、この改革はどんな含蓄を持っているかわからないときには、疑心暗鬼のみがそこに存在するのであって、国民はそれに対してまじめに判断することができない。

また真に改革せんとする意思があるならば、政党にしても軍部にしても、本当に相手の支持を求める必要がある。また反対する者も徒に反対することなく、実質がよければ協力しようという態度をとらなくてはならない。真に革新を断行するのに、国民の支持なくしてできるものではない。また、真に国を憂うるならば、志を同じくする者に対して協力する信念がなくてはなるまいと思う。これがないときにはいかなる革新もできない。私どもは軍人のごとく、官僚のごとく、自己の一生を捧げて国政に参与しているものではない。われわれはおのおの業務を持っている。一個の公民としてのみ、大政に翼賛するのである。この大政に翼賛する道は、憲法によって与えられている。この憲法こそは、国民の政治的使命の宿るところである。

今や革新の時代である。それがたまたま現在の要求する行政機構の革新にしろ、七大国策の実現にせよ、ある場合においては私有財産制度の根幹に触れるような経済革命が行われるかもしれない。あるいは、われわれの子孫が、その負担に耐え得なければならないような財政上の改革にわれわれは応じなければならない。戦争といい、平和といい、国家国民の根本的問題が決せられなければならないような情勢がくるかもしれない。いずれにせよ、いわゆる革新の時期において、われわれは政治的に何らかの積極的態度を示さなければならないであろうが、それの共通の地盤、約束がなかったならば、それはできないのである。したがって私どもはまず革新の前提として、この憲法の意義を再認識することを強調したいと思う。

行政改革の議会制度に及ぼす影響　その一

次に、その前提が仮にあったとするならば、その革新の意義というものをどこに求めるか、方向をどこに求めるかという問題が出てくる。私はその一、二の根本問題を申し上げて、皆様の御参考に供したいと思う。

第一は行政機構がもし改善、改革されるとすれば、議会制度はどういう影響を受けるかという一点である。第二は、議会制度というものが、すなわち行政機構の改造ではなくして、議会制度そのものにおいてどういう点が大事であるかという、この二点を申し上げたい。

行政機構というのは、要するに、現在の国策の内容が変わってきたために、これに応ずるところの機構を変えることにほかならない。その国策の内容の変化は何であるかというと、一言にしていうならば、国策の内容は年々計画的になる。つまり、今日において将来を予言し、予断したことを今日において備えるということが計画である。今日の国策は、国防をはじめとして、教育にせよ、土木にせよ、動力、治水の問題にせよ、すべてが年々限りの問題でなくして、それは相当長きにわたって計画的に事を行わなければならないのが、今日の国策である。したがって、その事業計画といい、それに伴うところの費用、予算の問題も、年々継続的になるのである。この計画性と継続性を帯びてきたところの国策を処理するのに、従来のごとき極めて幼稚なところの資本主義産業形態を持っていたところの明治十年ごろにつくられた行政機構が適合しないということは、何人にも火を見るよりも明らかなところである。

わが国の議会制度の内容及び行政官庁の組織は、すでに五十年の歴史を持っている。人生五十年というが、制度といっても、組織といっても、やはり五十年は相当長い期間である。この五十年の歴史を持っているところの、既に古い革袋、今やわが国の当面しているところの内外の情勢は、各国策内容に応じて徹底的に計画的ならしめ、徹底的にその内容を科学的技術的ならしむる必要に迫られている。この新しき酒を盛らなければならないのに、古い革袋が役に立たないのは当然である。それが今日、軍部を中心として行政機構の改造において、ある計画的機関を設置しながら各省の統合を行い、廃合を行おうとする主張の生まれてきた原因である。これは、われわれが十分に吟味して、理由があるところには賛成を惜しんではならない。軍部がなしたからといって徒らに反対することはしない。軍部がなしたことでも、反対すべきことには反対しなければならないのは当然、これまた国民の立場である。その意味において、私は議会制度に対する軍部の手前勝手な意見などに対しては、絶対に反対であるけれども、理由のあるところの行政機構の改造には、ある程度まで賛成を惜しまない。

もし仮に四省会議の結論として、この軍部案に近いような行政機構の改造が断行されたとすれば、議会はそれに対していかなる態度をとるべきかの問題が当然発生するのである。しかるに認識不足というか、甚だ低級というか、今日の政党のわが国策に対する認識は、この行政機構の改造の方向と全く違うのである。甚だその点において食い違いを生じている。彼らの大多数は、なお明治の初めにおいて憲政の首脳者、主張者が考えたような考え方において、行政機構の批判、監督ができるものと思っている。また、彼らの近ごろの言動は、その事実を証明している。ここに議会というものが全く盲腸的存在になりつつあるのである。彼らが自覚しなければならないのに、何ら反省をしない、実に矛盾した言動があるのである。その意味において、今、中央の行政機構の改造が断行されたならば、議会はその中央の行政機構がもたらしてくるところの立法にしろ、予算にしろ、これを検討し、審議、協賛する力を発揮し得るところの組織を、議会の中に持たなければならないではないか。しかるに、半年間も政府との間で議論している、その見識の低いのに、われわれは驚かざるを得ない。今日の委員会制度も議院法も、徹底的改造を要する。しからざれば、ますます強化し、強大性を加えていく彼らの力、その専門的知識訓練ある頭脳に対抗することはできないのである。

行政改革の議会制度に及ぼす影響　その二

今日、種々なる立法が彼らの手によって行われ、議会は何らこれに対して重大な修正も何もできないような状態ではないか。それは彼らの機構が盲腸的存在であるからである。われわれは議会に対して中央行政機構がもたらす立法草案について、その計画的な具体案に対して、大所高所より国民生活に立脚して、これを指導し、批判する機構を要求したいのである。しからざれば、徒らに中央行政機構に追随するのほかない。したがって、議会は次第にその無用を主張されたことが証明されることになるのであって、議会は自らその必要を主張しながら、実際において無用を証明することになってしまうであろう。国民がどんなに議会を尊重して、われわれの大政を翼賛すべきシンボルである新しい議事堂を仰いで、ここにわれわれの国民生活が象徴される一つの場所を仰いだとしても、その中身が盲腸的存在であったのでは、どうすることもできないと思う。ここに議員はその審議の方法について根本的改造を要するものではないかと思う。

さらに、その議員の質を変える必要がある。われわれは選挙制度の改正について徹底的な要求をしなければならないのである。ある英国人が申したが、今日の政党人というものは、選挙ということ以外には専門家でなくなった。選挙というものだけが専門であって、他のことは全く素人であると言っているが、その言は、われわれわれ日本の代議士諸君にもよく適切に当たるように思う。彼らは選挙をいかにするかについて日常の精力を傾けている。国策を考える暇がない。毎日毎日選挙区の培養に苦心する。

そんなことに精力を出していたのでは、代議士たる役目を果たせるものではない。ますます強化され、ますます計画性を帯びて来る国策の批判はできないと思う。我々は選挙区のことなんか心配しなくてもよいような大人物を議会に送らなければならない。今日の代議士諸君の実情を聞いてみると、全くお気の毒である。そういうような告白を聞くと、私は責めるような気にはなれないが、それで議会制度が伸張され、刷新されるものではない。根本的に議会制度を改造するには、今日、選挙に苦労しているようなくだらない苦労をなくさなければならない。金が要るばかりではない。貴い時間、頭脳、精力というものを傾けて、しかも村会議員か県会議員くらいの仕事しかできないとなれば、天下の代議士たる意味、資格はなくなる。現に議会の内容は次第に県会化、村会化しつつある。天下の問題、国家の問題は官僚がやっているのが、今日の実情である。

これは根本的には選挙制度が悪いからである。選挙制度を徹底的に変えることが私の第二点である。

さらに足りないものがある。いかに選挙制度を改造しても、いかに議院法を改正しても、今日の議会制度は、次第に強化されていく統制経済、計画経済の台頭に対抗できない。議会は立法権の一部を、ある場合には移譲しなければならないであろう。議会は自己の力に余る問題が出てきたのである。私は議会の権能を制限しようとは言わないし、断じて制限すべからざるものであると考える。しかしその立法協賛権をいかにして行使するか。現在は昔のような立法ではない。昔のような予算ではない。帝国議会の第一議会においてはわずか八千万円の予算である。東京市の今日の予算の十分の一ぐらい。それが今日は、二十数億、三十億になんなんとする予算内容になっている。それを同じ予算協賛権というだけでは済まされない。

すなわち、この問題に対しては、協賛権そのものは維持しながらも、技術的に協賛の実を上げるように、審議の実を上げさせるような大改造を施す必要がある。いわゆる職能議会というような問題もその一つであり、職能委員会もその一つであり、継続委員会もその一つである。そのようにいろいろな工夫がある。ただ、それについて争いがある。憲法規定の議会の一般協賛権を制限せんとする主張があるから、議会はこれに対して反対するであろうが、われわれは議会の協賛権を剥奪する必要はないと思う。問題は、その協賛権を行使するような技術的工夫をいかにするかにある。この点について軍部も政党も考えるがよいと思う。今さら議会の協賛権を奪おうということは、憲法の根本規定を剥奪し、または制限するものであって、憲法そのものが革新の基礎であるということに矛盾してしまう。そんなことはできない。しかし政党は、いつまでもお題目のように、「俺たちは民意の表現である」とか、「国民の総意だ」と言っていても、果たして民意を表現しているか、国民の総意がその予算、立法の審議にあらわれているかは、事実が証明するではないか。具体的に技術的にその制度の機能を発揮することが問題である。これに対していろいろの改革を考えたらよいであろうと思う。これが、私が立法権、予算協賛権移譲を考え、ある場合においては、議会自ら委員会を設置して、委員会に機能を移譲してよいではないかと思う。議会自ら能動的に自己の審議方法を考えて改造を施すべき必要があるように考えるのである。

議会そのものの重要点

問題を最後の点に戻して、行政機構の改造に関連してでなくて、議会そのものがいかなる意味において、今後伸張せらるべきであろうかという点、私はこれについて一点にしぼって申し上げる。それは今後議会に——現在の憲法及びその憲法内容に規定されているところの改正条項の適用を含んで、憲法そのものの規定をある場合において必要ありとすれば改革する、憲法改正するということを含んで、その上で憲法というものがあらゆる革新の基礎であるとすれば、議会はその憲法に従って自己の地位を強化する必要がある。どういう方面に強化するかといえば、要するに、議会制度そのものを覆えして立憲主義によらない革命を断行しようとする実力行使に対してである。共産主義は公然と実力行使の理論を公にしている。これがために、議会は治安維持法という法律を布いて弾圧したのである。

今やまた右の方面から、あるいはファッショ、あるいはナチスといって、議会制度そのものを覆そうという運動がある。われわれはこの運動に対しても、議会自ら機能を発揮すべきではないか。いかなる意味においても、実力、暴力をもって現存秩序を破壊しようとする者に対しては、断乎として制圧することが必要である。つまり議会は今日の複雑なところの国民思想の中で、現存秩序に対して種々なる革新意見が出るであろうが、この革新意見に対して、それが憲法の規定の命ずるところにとどまるよう、すなわち合法的に運動をなすべく命ずることが、議会最大の任務であり、最大の権能でなければならないと思う。この一点に対して、議会がその方針を堅持して、国民の各方面に向かって、憲法の範囲内においてその運動を限定し、憲法の規定を遵守することを命ずるならば、私は議会に対する審議権を増大することができるであろうと思う。その根本方針の下に、現在の時代が要求し、現在の国家が要求する政策を十分に審議するところを、技術的、技能的に能率を上げるようにしたならば、議会制度というものは今後、かつての半世紀を支配してきたように、来るべき半世紀においてもなお政治に忠実たり得るのではないか。そして時代が要求する進運に即していくことができるのではないか。私はこう考えている。

終わりに

極めて簡単に議会の改革を要すべき点、議会自らが行政機構の外において改革すべき点について申し上げたが、私の力点を置きたい点は、議会改造の方向ではなく、現在どういう方向に向かって革新が行われるかである。二・二六事件以来「庶政一新」というが、どこにいくか判然としない、その不明瞭を解消していくための指導精神を確立することが、まず先決問題である。憲法の精神、根本義をその基礎に置く。われわれは国民として、憲法に対する忠誠を、道徳的責任を感ずる義務がある。憲法の解釈を、憲法の思想的意識をセクト的にやる前に、われわれはまず憲法によって、おのおの政治的主張をなす道徳的義務があることを銘記すべきではないか。この道徳的支持を受けていない憲法は一片の紙にすぎない。この道徳的基礎を持たない政治制度は物質にすぎないのであって、最近落成したあの堂々たる議事堂の建物は、単なる物質である。議会制度は、永田町にあるのではない、銘々の心の中にある。これが私の議会制度と行政機構との関連を説いて、立憲主義を確立することがその先決問題であるということの意味である。

六　衆議院議員　田川大吉郎

「政界の諸問題と議会改革」

昭和十一年十一月二十六日　　於　日本橋区公会堂

議会で名を上げた者

過ぐる春の議会は、二・二六事件の際に起こった人心動揺を平定せしめなければならないという目的の下に開かれた議会である。そしてその議会においては、多年の友人である斎藤隆夫君の名が朝野に喧伝されることになった。今年の春の議会は、他の何らの働きがなくとも、斎藤君のあの一場の演説によって、永久に記憶せらるべき議会となった。その主張は、今さら私が繰り返し申し上げるまでもないが、あれは議会主義を主張した演説（昭和十一年五月七日の軍部を攻撃した粛軍演説）である。自由主義と申すと、今日の時代には古いかもしれない。今日の時代の中心勢力をなしている軍部の方々の御機嫌に触れるかもしれないが、あれは自由主義を主張した演説である。その演説が議会を通して国民に訴えること多大であった。新聞雑誌の論調から考えると、存外ああいう趣旨の演説、ああいう種類の主張に国民は共鳴するもののように思われる。私は斎藤君と議会主義、自由主義に関する主張を同じくしている一人である。

私は、時代がいかように変動しようとも、議会主義並びに自由主義をもって終始したいと考えている。斎藤君が春の議会において名をなしたほかに、あの議会で著しくその存在、勢力を認められたものが社会大衆党である。社会大衆党の働きはかなり勇ましいものがあった。私は社会大衆党に多くの友人を持っているわけではないが、政友会、民政党の相当名をなした方々の議論より、社会大衆党の方々の議論の方が、はるかに優れている、一段も二段も上であった。時代の変遷がうかがわれる。

尾崎不登壇の経緯

私は尾崎先生についてお話をしなければならない。私は、二・二六事件以後の春の議会において、尾崎先生の演説なかるべからずと思った。尾崎先生は余り演説したくないと仰せになった。私は「ぜひ」とお願いした。準備してくださった草稿を見ると、余りにも長いので、「一時間以上は長過ぎる、せめて五十分ぐらいに切りつめてください」と御相談申し上げた。新聞に先生が演説なさるという報道が現われると、私のところに、あちこちから、先生に演説を見合わせ願ってくれと電話がかかてきた。名は言えないが、大政党の幹部から、一度ならず二度も、先生の演説を見合わせ願ってくれというお申し出である。

先生に演壇に立っていただくためには、どうしても衆議院の一致を必要とする。そうでない舞台に先生に立っていただくことはお気の毒である。「衆議院の父」と言われる尾崎先生である。大多数の党派が迷惑がって非難し、波乱を侵してまでして演説をしていただくことは、私の本意でない。先生に願うときには、どの党からも迎えてくれるような舞台を備えなければならない。それを整えることが私の務めだと考えていた。

私は議会各派の交渉会に臨んだ。その各派交渉会の相談は、尾崎先生が演説されるや否やの一点にかかっていた。いずれの代表者も、こもごも先生に出ていただかがないで、町田君が予定の順序であるから、その通りにしたいという意向である。私はここに至って、それを押しきってまでして先生に演説を願うことを主張する気にはなれない。だから、「そういうわけであるならば、これから先生にそうお願いしましょう。先生は何もあなた方のいやがるのを押し切って演説しようと思っていらっしゃらないに相違ない」と申し上げた。
ところが、おかしなことには、そういう相談を終えて部屋の外に出ると、かなたからも、こなたからも、先生に演説を願いたいという声が起こる。こんな場面を惹起したのは、私の不徳のいたすところであった、あなたがたの前におわび申し上げる。

議事堂は立派・中身は？

次に、日本の内輪の争い、陸軍にも派閥の争いがある。粛軍の目的は、すでに達せられて、陸軍の内輪における派閥の争いは全く跡を断ったのかといえば、皆様はそうおっしゃるかもしれないが、私はまだまだ安心して、そうは言えないのである。その方面の話をしようと思ったが省略して、次に新築の国会議事堂の問題を取り上げたい。

あの議事堂の建物は、明治以後、日本における第一の建築物と誇るだけの価値あるものであろう。金は二千五、六百万円ほどかかっている。しかしながら、私は、日本銀行の方が金がかかっていると思う。そして日本銀行内の部屋々々の設備は、日本の議事堂内部の設備よりも、もっと立派であり、もっと美しい、もっと金がかかっている。日本はずいぶん銀行の建物には金をかける国である。日本銀行の建物は世界の大銀行の中においても珍しい建物である。それに比べてみると、帝国議会の建築以上のものがないとは言わないけれども、あの議事堂の建物は、近年の日本の工業界におけるあらん限りの知恵を尽くして造り上げられた建物である。計画を起こして十九年、実際の工事に着手してから十七年、立派な建築である。

であるが、ここで申し添えるのも変であるが、あれでは部屋が足りないので、おかしなことを申し上げるが、新しい立派なものができ上がったと申し上げるその刹那において、部屋が足りないと申し上げなければならない。既に建て増しの計画をしている。あの建物にくっつけて建てることは格好を壊すことになるので、向こう側の元農林大臣の官舎のあった跡に足らないものを建てようとしている。すぐ建て増すのは図書館である。議員生活には図書館は必要である。計画は、今年の予算の中に組み込んだかどうかまだ調べていないが、三百万円の予算であるということを聞いた。図書館のみでなく、ほかにもいろいろな建て増しをしなければなんというものがあり、今これが準備中と聞いている。日本の第一流の建築家たちが知恵を出し合って、たくさんの金を惜しまずやったものである。

とにかく立派な綺麗な日本の建築の美を誇る議事堂ができ上がったが、この前、虎の門の仮議事堂に、アメリカの大統領候補者となって落選したゼイムス・ブライアンという人が見物に来られたことがある。衆議院書記官長林田亀太郎君が案内して回ったが、林田君が、せっかく隅々まで注意して御覧くださいましても、御覧のごとくむさ苦しくて、いかにも恥ずかしいと挨拶申し上げたところが、ブライアン氏は、「そんなことはない。建物の善し悪しではない、議員さんはどうですか。私は大変有力な議員さんが多くおられると聞いている。その通りならば、むさ苦しい建物でも堂々たる議会である。もしその議員さんが民意を代表するに足る有力なる方々でないならば、建物がいかに見事であっても、むさ苦しい議会である。私はこの建物について、あなたの仰せになるのは少しも気にしない」。そういうあいさつがあった。その人は面白い人である。そのブライアンを私どもが芝の紅葉館にお招きしたことがある。そのとき、私どもの席に並んで座るのを恥ずかしがった。そのはずである。履いていらっしゃる靴下の底が破れている。破れてボロだらけのものを履いている。西洋では靴を履いて上がるから、破れていても問題ないが、日本では靴を脱がなければならないので恥ずかしがっていらっしゃった。そんなふうに身なりを構わない方である。それはブライアンさんだけにとどまらない。せんだって共和党の大統領のクーリージ、あの人は大統領の選挙前には借家住まいをしていたが、家賃は三十五ドル、日本で七十円の家賃に住む人が、一国の大統領、大統領といえば総理大臣以上かもしれない。アメリカは金の国、ドルの国というけれども、一面においてそういう気風の国である。諸君がアメリカ人について観察されるときには、こういう一面のあることを御注意願いたい。

私があなた方に申し上げたいと思ったことは、林田君は亡くなられたから、ブライアンと会って、そういうことを聞いた人はこの世にもういないから、堂々とした帝国議事堂ができ上がったこの機会に、諸君に伝えておくとともに、もう一遍ブライアンの言葉を想起してみたかったのである。

議員さん次第である。議員さんが有力であるならば、ボロ糞の議事堂が立派な議事堂になる。議員如何によっては、堂々たる議事堂も、ボロ糞の建物同様になる。家の問題ではない。ブライアンが林田君に向かってそう警告してくれたことを、御同様に、そのブライアンが日本国民に向かって警告してくれた言葉として迎えたい。

議会改革の声が聞こえる。議会振粛の声が聞こえる、庶政一新の声が聞こえる。それが今日の時代である。建物は堂々たるものができ上がったが、中身があたかも空虚であるというような声が聞こえる。これを改善して中身を充実せしめることは、政府の任務であろう。政党の任務であろう。しかし、本当のカギを握っておられる方は、日本国民であり、満堂の諸君である。どうぞその議会の中身をブライアンがお世辞か何か知らないが、「日本には有力なる議員が多くあられるそうである。ボロ糞の建築の議事堂でも立派なみごとな議事堂である」と言われたが、その感想に答えることのできるように、あなた方の御注意、御尽力を得たいものだと思うのである。

議論なき日本の議会

最後に一言述べてこの話を終わらせていただくが、私は先刻から議会の改善、庶政一新ということを申し上げた。私は議会の改善に対してどういう考えを持っているかということを一言もしないでまいった。方法は幾つもあろうと思うが、私の考えている一節を簡単にわかりやすくお話ししてみれば、それは日本の今日の議会には議論がない。不思議に思うかもしれないが、議論がないことである。議論がないのが日本の議会の弱いゆえんであり、役に立たないゆえんである。私は先刻、春の議会を飾るものは斎藤隆夫君の演説だったと申し上げた。しかし、あれは議論でなく、質問の演説である。内閣の方々に対して疑いを質す演説である。政府の方々と善悪を討論し合う演説ではない。だから、せっかくの有名な演説ではあるが、何も実を結ばない。将来の歴史を書く者が、この春の議会に斎藤君が、議会主義、自由主義を守る意味の一場の演説をして、多大の感動を議会に、国民に与えたと書くことはできるが、当時の衆議院が、当時の帝国議会が、そういう問題に関して、どういう結論を出したか。あれは結論に達していないのである。一個の斎藤君が、その疑うところを当時の当局者に向かって質したというだけの演説である。採決はされていない。あれが真の意味の議会ならば、斎藤君の演説に基づいて、直ちに決議案を出さなければならない。広く総括的に言えば、憲政是か非か、そういう論題を掲げて、賛成、反対、こもごも力を尽くして討論すべきであった。討論の結果、採決すれば、三分の二は同意したであろう。もっと四分の三ぐらいは同意したであろう。少数の反対者があったに相違ない。しかし、数えるに足らないほどの反対者であったろうと思う。そういうふうに採決をしておくと、このときにおける帝国議会は、この問題に関してこういう決定を、議会政治に関する、立憲政治に対するわれわれ国会側の方針、態度はかくのごとく堂々として決定されたという記録が残る。それによって国民は向かうところを知るのである。国家の方針はそれに向かって決せられるのである。しかるにこの春の議会においては、それだけのことをしてなかった。日本の議会はいつでも質問倒れである。日本の議会ほどくどくど質問を繰り返して時間を空費する議会はない。質問をするのに一時間も二時間もかかるのは間違っている。質問は三分か五分で切り上げて、議論の舞台に替えて、そこに力を尽くす。そうして問題を一つ一つ決定して進む。それを日本の議会ではしていない。

議会刷新私見　その一

今日、議会の振粛、議会の刷新をどうするかというときに、私に考え浮かぶ一つのことは、質問を少なくして、もっと力を議論、討論に注ぐということである。この希望について、私は広田さんが総理大臣になられて、もっと幾多の問題を一身に背負って、議会に突進して闘ってくださることを願う。挙国一致の内閣と仰せになるが、反対党はある。その反対党の方が総理大臣に応じて闘うのである。いい加減なチャランボランのことではいかない、また闘えない。総理大臣も必死になるがよろしい、反対党の首領も必死になるがよろしい、今日の場合においては、政友会は反対党でない、民政党も反対党でない、両党は政府の与党である。反対党は社会大衆党である。小さいけれども社会大衆党である。今日の議会では、総理大臣や大蔵大臣が演説すると、民政党、政友会は多数党であるというので、真っ先に出て質問や何かやるが、政府と与党との質問応答であるから物にならない。だから、国民の興味が湧かないのである。政府の与党から真っ先に質問するということはあるべきでない。控えるべきものである。そこを反対党が代わって立つべきである。政府が何か提案、演説をされた場合に、真っ先にそれに向かって質問討論、意見を発表する位置に立つものは反対党でなければならぬ。その反対党が求めれば、今日の場合においては社会大衆党である。その代表者は安部磯雄君である。西洋であれば、この安部磯雄君の位置の人は、実に働いている。全議会を通して汗みどろになって働いている。政府も一生懸命になって働く。内閣の運命、国家の運命を担って討論する。反対党もその内閣の方針にあき足りないで、国のために必死になって闘う。そのために、日ごろ研究に研究を重ねて結論を作り出しているから、相当の材料を持っている。そういう議会に血が湧くのは当たりまえである。したがって国民の興味がそこに集中する。日本はそれをやっていない。

この春の議会に社会大衆党議員はほとんど残らず演説をした。しかし、大衆党の首領である安部さんは演説をしなかった。それが日本流である。日本ではその首領が演説しないことを大将らしい態度というのである。これは議会の戦法を知らないものである。議会の戦術を知っているならば、この場合においては、大衆党の十六、七人の議員の中には演説をしない者があっても、首領である安部さんはしなければならぬ。あらゆる大問題に対して、大衆党の意見を表明する者は阿部君でなければならぬ。

議会刷新私見　その二

戦争といえば、陸軍の戦争もあり、海軍の戦争もある。安部君は大将らしい態度を守って部下に闘わせて、自分は闘わなかったという態度は、陸軍の戦争に類しているものである。日露戦争時分の総指揮官は大山大将である。奉天の戦争が一週間も続いて、勝つか負けるか、児玉参謀長のごときは、夜もろくろく眠ることができないで、今まで神を拝んだことがないという人が、このときには人事を尽くして天命を待つ、祈るほかないといって、朝日の出るのを拝んだという話が伝わっている。そんなふうに児玉参謀長は一生懸命になっている時分に、大山大将は大砲の音がどこかで聞こえる、どこで戦争をやっているか。そう言われたという話が伝えられた。それくらい大将は後に引っ込んでいるものである。私は戦場にも行ったことがあるので、このことを確かにお話しすることができる。

ところが、海軍の戦争はそうではない。東郷大将は三笠艦の真っ先に立って進まれた。だから、敵の砲弾は東郷大将の軍艦に向かって集中する、こなたの大砲は敵の旗艦に向かって集中する、海軍は大将と大将の戦いである。陸軍は兵卒を前に置いて、大将は後に控えての戦いである。日本の役所では、大臣は何も知らない。遅く出ていくのがよろしい。早く帰るのがよろしい。大臣が早くから遅くまでやっていると、大臣らしくない。こういうのは、陸軍の戦法にならってのやり方である。あの戦法も、今後も続くかもしれないが、今後は、海軍の戦争、飛行機の戦争、大将はもっと先に進んで戦わなければならない。議会政治においてはその海軍の戦法を適用されて、いつも総大将が全般の問題を握って進んで闘う。これが議会の戦いである。それを代表して、どの党派の誰がよいということを見出すことができる。議場において人物の能否の試験を見物席から判断することができなければならないが、日本の議会では、討論らしい討論がないから、その人物の能否をあなた方が国民として冷静に公平に判断なさる機会を十分に与えられていない。ここに議会の弱みがある、議会らしくない、一向議論に生命がないと言われるような弱点が議会にある。

次の議会に対する私の注文は、広田総理大臣が陣頭に立って多くの問題を担って闘っていく。それに対して安部君が火花を散らして闘えば、あなた方の興味は議会に集中する、両方の大将が一生懸命になって闘えば、それだけ議会の地位は上がるのである、その人格は増すのである、その経綸は加えられるのである。今日どこで何をしているかわからないような、いい加減の議会に比べて、そうなれば、議会らし議会がここに現れてきて、全国民の興味が議会に集中する。そう考えれば、議会の復活は必ずしも難事でないというふうに私は思う。であるから、議会の改善についてもいろいろなことを考えたけれども、私は海軍の戦法にならって、大将と大将とが陣頭に立って真剣に闘う気風と習慣を助長発達せしむることが、今日の議会を改善し、復活せしめるゆえんであると思う。

第七章　議院法改正とその研究

第一節　議院法改正案一覧表

一　議院法（明治二十二年法律第二号）改正案一覧表

議会回次	件名	提出者	両院通過	衆議院通過 貴、否決	衆議院通過 貴、未決	衆議院否決	衆議院未決 本会	衆議院未決 委員会	衆議院未決 院議ニ上ラス	議決ヲ要セス	撤回
第一回	議院法改正案	高田早苗君							〃		
同	明治二十二年法律第二号改正法律案	内藤利八君							〃		
第二回	議院法改正案	高田早苗君					〃				
第四回	議院法改正案	加藤平四郎君外二名							〃		
第五回	議院法改正追加法律案	加賀美嘉兵衛君外二名						〃			
同	議院法改正法律案	堀部彦次郎君						〃			

第八回	議院法改正法律案	高田早苗君外一名			〃						
同	議院法改正追加法律案	西田忠之君外三名								〃	
第十回	議院法中改正法律案	高田早苗君外三名			〃						
同	明治二十二年法律第二号中改正法律案	南野道親君							〃		
第十三回	議院法中改正法律案	政府	〃								
第十四回	議院法中改正法律案	平岡浩太郎君外四十一名									〃
同	議院法中改正法律案	平岡浩太郎君外四十一名				〃					
第十六回	議院法中改正法律案	菅野善右衛門君		〃							
第十七回	議院法中改正法律案	松田正久君外二名						〃			
第二十二回	議院法中改正法律案	藤金作君外一名	〃								
第二十六回	議院法中改正法律案	高木益太郎君外一名				〃					
第二十七回	議院法中改正法律案	高木益太郎君外一名						〃			
第三十回	議院法中改正法律案	花井卓蔵君外一名						〃			
第三十一回	議院法中改正法律案	高木益太郎君						〃			
同	議院法中改正法律案	岩崎勲君外八名							〃		

第三十六回	議院法中改正法律案	根本正君外九名			〃						
第三十七回	議院法中改正法律案	政府	〃								
第四十二回	議院法中改正法律案	政府			〃						
第四十三回	議院法中改正法律案	政府	〃								
第四十九回	議院法中改正法律案	武藤山治君				〃					
第五十回	議院法中改正法律案	平野光雄君外十一名	〃								
同	議院法中改正法律案	政府				×〃					
第五十一回	議院法中改正法律案	武藤金吉君外十九名						〃			
同	議院法中改正法律案	政府		〃							
同	議院法中改正法律案	中林友信君外三名	（印刷配付後成規ノ賛成ヲ欠キ消滅）								
第五十二回	議院法中改正法律案	鷲野米太郎君外一名						〃			
同	議院法中改正法律案	小川平吉君外二十六名	〃								
第五十六回	議院法中改正法律案	高橋光威君外五名			〃						
同	議院法中改正法律案	名川侃市君外三名						〃			
第五十九回	議院法中改正法律案	松本忠雄君外十二名						〃			
第六十四回	議院法中改正法律案	久原房之助君外五十五名			〃						

第六十五回	議院法中改正法律案	今井健彦君外六十名			〃						
第六十七回	議院法中改正法律案	前田米蔵君外五十五名			〃						
合計		三九	六	二	八	×一 三	一	一〇	五	一	一

備　考一、×印ヲ附シタルハ両院協議会成案ヲ衆議院ニ於テ否決セルモノニ係ル
　　一、合計ニ比シ結果ノ合計一件少キハ第五十一回議会ニ消滅シタルモノ一アルニ依ル

第二節　議院法（明治二十二年法律第二号）の改正要旨

第一次改正（第十三回議会）

議員の歳費は、当初額では、議員の資格を保ち、職責を全うするに十分でないので、各議院の議長歳費の四千円、副議長の歳費二千円、貴族院の被選及び勅任議員並びに衆議院議員の歳費八百円を、それぞれ五千円、三千円、二千円に増額するとともに、歳費を辞することができない旨の従来の規定を改めて、歳費を受けることを適当でないと思う者は、これを辞することができるようにした。（第十九条　歳費増額・歳費を辞することを得るの件）

第二次改正（第二十二回議会）

衆議院の予算委員の審査期間に関して、従来、予算委員は衆議院が政府から予算案を受け取った日から十五日以内に審査を終わって議院に報告すべきことになっていたが、この期間では、議院法制定当時に比して著しく膨張し複雑になった予算案を慎重に審査するには十分でないので、審査期間を延長し、二十一日以内に議院に報告すべき

ことに改めた。（第四十条　衆議院における予算審査期間の延長の件）

第三次改正（第三十七回議会）

議院職員の任命に関して、各議院に書記官以外に奏任官の職員である守衛長を置く必要があるが、従来の規定では、書記官以外はすべて書記官長が任命することになっていたため、この守衛長も書記官長が任命することになり、穏当を欠くので、書記官以外の職員のうちで判任官以下の者を書記官長が任命することに改めた。（第十七条　書記官の外に奏任官の職員を置くの件）

第四次改正（第四十三回議会）

議員歳費に関して、一般経済界の状況にかんがみ、各議院の議長の歳費五千円、副議長の歳費三千円、貴族院の被選及び勅任議員並びに衆議院議員の歳費二千円を、それぞれ七千五百円、四千円、三千円に増額し、大正九年七月分からこれを適用することにした。

なお、施行期日については、原案では、七月一日より施行することになっていたのを、衆議院の委員会において修正したものである。（第十九条　歳費増額の件）

第五次改正（第五十回議会）

国有鉄道法制定当時から、各議院の議員に対して、その職責にかんがみ無賃乗車券が発行されてきたが、これに関する何らの根拠法規がないので、その不備を補うために新たに一条を設けて、各議院の議員が無賃で国有鉄道に乗車し得ることを規定した。（第十九条の二　国有鉄道無賃乗車の件　新設）

第六次改正（第五十二回議会）

予算委員の審査期間に関して、衆議院の予算委員について、議院が政府から予算案を受け取った日から二十一日以内に審査を終わって議院に報告すべきことになっているのと権衡を保たしめるために、貴族院においても同様の期間を定めるとともに、審査期間にゆとりを持たせるために、各議院は、やむを得ない場合には、院議により、通じて五日を超えない範囲で審査期間を延長し得ることにした。

なお、審査期間の延長に関する部分は、貴族院の委員会における修正により加えられたものである。（第四十条　貴族院の予算審査期間を定むるの件及び予算審査期間を延長し得るの件）

議院法の廃止

昭和二十二年四月三十日、国会法が公布され、日本国憲法施行の日の同年五月三日から施行されたが、同法附則第二項の規定により、議院法は廃止された。（右の説明は、衆参両議院編「議会制度七十年史　資料編」による）

第三節　議院法の改正経過説明（「青票白票」の見方）

議院法改正

議院法は、帝国憲法発布と同時に、明治二十二年法律第二号をもって公布された。元来、議院法は、帝国議会の職権及び議員相互間関係の原則を規定したもので、諸官省の官制または事務章程と同じく、議院の権限行使の順序・方法を定めたルールである。議院法を法律の形式をもって発布し、あえて議院の自由に任せなかった背景には、次のような考えがあった。

「議院内部の活動を整理したのみならず、ある事項に関しては、政府に重要な関係を有するものもあり、また議院の秩序が乱舞に流れ、職権乱用の恐れもあり、さらに議院自身がしばしばその規定を変更する不都合を防ぐためには、あらかじめ不動の原則を定めておく必要がある。しかしこれを憲法の一部とするには、改正を要する場合に困難を極めるであろう」。（「青票白票」参照。本書は昭和八年六月から昭和十五年十月まで八十七号刊行された貴族院議員有志による月刊雑誌である。）

一　第三条の改正

第三条　衆議院ノ議長副議長ハ其ノ院ニ於テ各々三名ノ候補者ヲ選挙セシメ其ノ中ヨリ之ヲ勅任スヘシ

右の条項については、第一議会、第二議会及び第八議会において、他の条項とともに問題にされている。第一議会及び第二議会においては、第三条を次のように改正しようとした。

現行法ニ依レバ、衆議院ハ議長及ビ副議長ノ候補者ヲ選挙スルノ権アルノミ　依テ之ヲ改正シ議長及副議長各一名ヲ選挙シテ勅許ヲ請フノ制トナスコト（高田早苗提出）。

右の改正案は、第一議会においては議会閉会のため、議事に上らずして終わった。第二議会においては、明治二十四年十二月九日、衆議院において、「衆議院議員選挙法改正案」として上程された。

高田早苗の趣旨説明

まず第三条を「衆議院ノ議長副議長ハ其ノ院ニ於テ各一名ヲ選挙シテ勅任ヲ請フヘシ」と改正する。すなわち議長勅任の法について改正する。現行議院法では、帝国議会上下両院は議長候補者を選挙する権利のみであって、議長の確定選挙をするという権利はない。それを改めて、その候補者を三人選んで、そのうち一人が勅任を仰ぐという制である。それを変えて、一人を選挙して、その選挙した者について勅任を請うことに改める。

この議長選挙の方は選挙しっぱなしにしておいて、別に選挙して勅任を請うというところもある。また日本のような仕組みのところも、ポルトガル、オランダなどにある。イギリスの仕組みは、世界の他の国にも稀にあるくらいで、多くはない。

大抵どこの国の議会でも、議長を選ぶ権利は、ほとんど疑うべからざる議会（正確には議院）の権利になっている。とにかく、一人を選ぶことは、不穏当のことではあるまい。しかして、これについて勅任を請うということがあれば、それで敬意を表する意味において十分であろう。

高田の議院法改正案は、質疑の後、選ばれた九名の委員に付託され、委員会はこれを他の条項とともに、修正可決すべきものと決定したが、衆議院解散のため未決に終わった。さらに、この提案は、第四、第五、第八、第十の各議会においても議決に至らずに終わった。

二　第十九条の改正

第十九条は、議長、副議長、議員の歳費についての改正であって、議長の四千円を三千円に、副議長の二千円を千五百に減らそうというのであり、第一回議会より始めて、第二、第十三、第十四、第四十二、第四十九等の議会にたびたび提出された。

第二回議会

このときの減額理由は、提案者高田早苗の説明によると、「議長の地位が軽いとか、さほどの金を出すに及ばない」という淡白な理由ではない。議長の地位は、衆議院または貴族院の頭であるから、最も重いものであることはもちろん、これを行政府に比べると、ほとんど総理大臣のごときものであろうと考えるが、議長職は年中忙しいものではない。そこに違いがある。一年平均してみれば、行政官に比べていくらか閑散の地位であると言ってよかろう。つまり、その仕事が少ないという点が理由になって、減じてもやむを得ずと考えられた。この第二回議会の改正案は、衆議院解散のため未決に終わった。

第十三回議会

明治三十二年三月四日、政府案として衆議院に提出された歳費減額案は、現行議員の歳費は、戦争、物価騰貴等のため、議員がその資格を保つの資に供するに足らない。議長五千円に、副議長三千円に、議員二千円に増額してはどうか。この改正案は、衆議院においては九名の委員による委員会で、「議長副議長議員ハ歳費を辞スルコトヲ得」という一項を付加して修正可決し、これについて貴族院も同意して、歳費増額案は成立した。

第十四回議会

第十三回議会において引き上げられた歳費をまた従来どおりに減額するという案（平岡浩太郎氏外四十一名提出）は、第二読会を開かないという形で否決された。

第四十二回議会

大正九年二月五日、衆議院において、原国務大臣は政府提出の歳費引き上げ法案の趣旨を説明した。現行歳費は二十年前に定められたもので、その後の経済上の変化その他に合わせて増加することが望ましいので、現行における議長の歳費五千円を七千五百円に、副議長の三千円を四千五百円に、議員の二千円を三千円に改めようとするものである。衆議院はこの案を可決したが、貴族院で未決、結局、歳費増額は見送られた。

第四十三回議会

大正九年七月九日、前回未決の歳費増額案が、政府から同内容で再度議会に提出された。衆議院は附則「本法ハ大正九年七月一日ヨリ之ヲ施行ス」というところを「本法ハ大正九年七月分ヨリ之ヲ適用ス」と修正して本案を可決した。貴族院もこれに異議なく、歳費は増額された。

三　第二十五条の改正

第二十五条「各議院ハ政府ノ要求ニ依リ又ハ其ノ同意ヲ経テ議会閉会ノ間委員ヲシテ議案ノ審査ヲ継続セシムルコトヲ得」

第一回議会

第二十五条の改正は、第一回議会において、高田早苗が初めて提出したものである。現行第二十五条、すなわち、議会閉会中継続委員を置くには政府の同意を要し、また政府の要求があるときは必ずこれを設置しなければならないとの規定は、政府が議院に及ぼす権力の偏重を示す嫌いがある。故に、継続委員を置くと否かを議院の権能に属せしむるように改正すべきである。これが改正の趣旨であるが、上程に至らず閉会となる。

第八回議会

明治二十八年一月十一日、高田早苗氏外一名提出の議院法改正法律案が衆議院に提出された。この中に、第一回議会において高田が提出した議院法第二十五条「各議院ハ其ノ決議又ハ政府ノ要求ニ依リ議会閉会ノ間委員ヲ設ケ議案又ハ必要ノ事項ヲ審査セシムルコトヲ得」が含まれていた。

この提案は、衆議院において、三月十四日可決された。貴族院においては三月十八日第一読会が開かれた。政府委員松岡康毅は、「この改正案にはもとより不同意である。というのは、議会というものは、もとより集合体で働くものであり、また委員というものも、その集合の一部分で、決してただ一人で働けるものではない。

しかるに、この議院というのは、憲法にあるとおり、召集・開会されて働きが始まる。議会自からが集合することはできない。召集・開会・閉会・停会及び衆議院の解散は、全く憲法上、陛下の大権に属しているものである。よって、議院の働きには、必ず召集と開会というものが必要である。閉会するとなれば、もうそれで議会の働きというものは、それきり止まってしまって、仕掛けた仕事を後に継続することはできず、それきり行き止まりになるはずである。

それ故、この現行二十五条において、閉会の間、継続議員を設けて議案の審査をすることができるためには、政府の同意を得ることが第一の要件である。その政府の同意を得たならば、閉会の間にそれだけの働きをなし得るということになる。

しかるに、この改正案は、議院自らの決議をもって閉会の間、継続委員を設けることができるので、こうなれば、あたかも召集も閉会も頓着しないという結果と同じようになる。この点において憲法の趣旨と異なる。よって、改正には同意することができない。

しばらく憲法の論を別にして、事実上のみからこれを観察しても、甚だよろしくない。と申すのは、現行法においては、「議院ノ決議又ハ政府ノ要求ニ依リ議会閉会ノ間……議案ヲ審査セシムルコトヲ得」と改正した。未だ議案ともならないもので必要な事項というような漠然な名称をもって、それに継続委員」を設けることを得るとなると、いかなるものでも継続委員にかけられることになる。

例えて言えば、財政の調査をしなければならない、陸海軍の軍費を調査しなければならない、あるいは地方制度を調査しなければならないという場合に、継続委員を設けなければならない。こういうように百般行政の事務でも立法の事務でも、何でも必要な事項という名称の下にくくられ、議院が継続委員を自らつくるということになると、悪く言えば、際限もなく幾つも継続委員を一年中、立て通しに置かれるという弊害が生じないとは言いきれない。

もとより、今の衆議院議員諸君においては、まさかそういうことはしないとは思うけれども、法律を立てる上は、後々のことも見ておかなければならない。今のように、これも必要、あれも必要というようなことで継続委員をどしどしこさえるというようなことがないとは断言できない。こういう点を立法の際には大いに注意しなければならない。こういう趣旨で、一つは、憲法上から見ても甚だ穏やかでない、また事実上から考えても、弊害を伴うという恐れがある。こういう点から、政府はこの二十五条の改正案に不同意を表したのであるし、今後も改正案に不同意を表さざるを得ない。

第四十九回議会

大正十三年七月十二日、衆議院において武藤山治は、第十九条と第二十五条について議院法改正案を提出した。

第二十五条　各院ハ議会閉会ノ間立法事項又ハ議院ノ職務権限ニ関スル事項ヲ審査セシムルタメ継続委員ヲ設クルコトヲ得　之ニ関スル細則ハ各議院ニ於イテコレヲ定ム。

武藤の説明によると、「わが帝国議会は会期を三カ月と定められているが、政府より緊急必要やむを得ざる理由によって延会の勅令を請う場合のほかは、議会自らは何らこの会期を延長する権限を有していない。ゆえに、わが帝国議会の能率の不十分な点を補わんとすれば、私は議院法を改正する以外に途はなと思って、ここに提出した次第である。

私の提案は二か条で、主として二十五条に関するものである。

現行法第二十五条によると、議会は継続委員を設けることができるが、ここに二つの条件がある。その一つは、政府の要求により、または同意を得なければならないのである。もう一つは、ここに議案がなければ、継続委員を設けることはできないのである。しかるに、遺憾ながら、政府は議会の能率の最も悪いことを望んでいると私は思う。私の提出した改正案によれば、政府の要求もしくは同意を得なくても、またここに一つの議案がなくても、議会閉会中にこの継続委員を常置して、百般の事項を審査せしめんとするのである。ドイツの新憲法の第三十五条第二項によると、「前項委員ノ外、議会ハ其ノ閉会中及任期満了後ニ於テ、政府ニ対スル議会ノ権利ヲ保護スルタメ常任委員ヲ置ク」とあり、またプロイセン新憲法第二十六条にも、「議会ハ其ノ閉会中又ハ其ノ任期満了ノ時、若シクハ議会解散ノ時ヨリ新議会開会ノ時ニ至ルマデノ間、内閣ニ対スル議会ノ権利ヲ防護スルタメニ常任委員ヲ設ク。其ノ組織ハ議事規則ヲ以テ之ヲ定ム」と修正しているのである。かくの如く世界いずれの国においても議会なるものは、わが国の帝国議会の如く、一か年三百六十五日のうち、九十日間働いて、残り二百七十五日間は休止しているというような議会を持つ国は、どこにもないのである云々」。この案は議論することなく否決された。

第四節　会期の期間

議会活動、言いかえれば、議会がその権能を発揮するのは、その会期中である。会期が長ければ長いほど、議会はその権能を発揮することができるが、議会は国会議員のみならず、政府関係者の出席が欠かせないので、議員の自由な活動は、自ずから会期の制約を受ける。過去において議会の会期はどう扱われたか。

わが国議会の会期に関する制度は、帝国憲法第四十二条及び第四十三条に次のように規定されていた。

第四十二条　帝国議会ハ三箇月ヲ以テ会期トス　必要アル場合ニハ勅令ヲ以テ之ヲ延長スルコトアルベシ

第四十三条　臨時緊急ノ必要アル場合ニ於テ常会ノ外臨時会ヲ召集スベシ　臨時会ノ会期ヲ定ムルハ勅令ニ依ル

右のように、憲法の規定によれば、①通常議会は三か月である。②しかし、必要ある場合には、この会期を延長することができる。③なお、通常議会以外に臨時緊急な問題があれば、臨時議会を開くことができる。したがって、会期は三か月と定められているが、勅令の許す範囲内で延長できる。過去の事例を挙げておく。

1　第一議会　山縣内閣

会期は、明治二十四年二月二十六日までであったが、衆議院において総予算案の審査中であったために、最終日に、三月七日まで九日間、会期は延長された。予算案は三月三日に貴族院に上程され、六日に可決された。予算以外の政府案は、会期中に議了して、延長期間中に衆議院提出案を審査し、可決した法案も一件あった。

2　第四議会　伊藤内閣

会期は明治二十六年三月二十六日までであったが、予算中、製艦費について五日間の停会があり、二十四日の詔書において二日間延長された。追加予算案七件は、二十五日に受け取り、二十六日に委員会、二十八日に本会議で可決される。予備金支出も承認され、衆議院提出案も審査された。

3　第九議会　伊藤内閣

会期は二十六年三月二十六日までで、政府案は、台湾に施行すべき法令に関する法律案が二十六日衆議院で可決され、貴族院に緊急議決が求められた。他に、衆議院自由党提出の府県制改正案、郡制改正案が未決であったため、会期は最終日二十六日午後に、二十七、二十八日の二日間延長された。延長により、政府案一件は可決され、衆議院提出案は否決又は未了となった。

4　第二特別議会　伊藤内閣

解散後の議会で、二十一日間の会期である。三十一年六月八日に会期が終わるのであるが、六月六日に、九日より十五日までの七日間、会期延長された。衆議院で地租増徴案のため、六月七日に三日間停会し、十日に、貴族院において、追加予算と条約改正に必要な民法中修正案その他が可決された。その後に、同日、議会は解散された。延長の目的の一つであった地租案は否決された。

5　第十三議会　山縣内閣

山縣内閣と憲政党との妥協による議会で、三十二年三月二日までの会期であるが、衆議院の情勢により、二月二十八日の詔書で、三月三日から九日まで七日間、会期は延長された。追加予算数件、刑事訴訟法、頓税案、歳費増額案、事業公債法数案、その他二十件は、延長後の議会において可決された。岡山県下郡廃置法律案、動産銀行法案は、両院協議会の委員を貴族院は選定せざるに会期終了、衆議院議員選挙法案は、両院協議会案を貴族院は最終日の最後において否認した。

6　第十四議会　山縣内閣

三十三年二月十九日までの会期であったが、三十三年追加予算第一号は、二月十六日、貴族院修正可決し、両院協議の結果、十九日にその成案を衆議院で可決し、貴族院も二十日に可決した。さらに三十二年追四号、三十二年特二号は、二十一日　衆議院において可決、貴族院は二十二日、二十三日の両日に審議し、可決した。三十三年二号、特二号は、二十一日に衆議院で可決し、二十二、二十三日に貴族院で審議・可決した。選挙法中改正案は、貴族院委員会において審議中、その他十余件の法律案が両院において審査中であったが、会期末の前日、十八日に四日間の会期再延長を行って、それぞれ可決された。他の貴族院提出の二法案は未了に終わった。

7　第十八特別議会　桂内閣

会期二十一日間で、三十六年六月一日までの会期中、政友会と地租増徴について妥協のため、三日間の停会があった。追加予算案は全部で七件、貴族院は五月三十日に受け取り、三十一日の予算総会で、法律案はまだ一件も可決されないので、同日に六月二日から四日まで三日間会期延長を命ぜられた。

度量衡法律改正案のみ、六月一日（会期中）可決された。他は二日と三日に可決された。追加予算も六月二日に可決され、最終日の四日には、予備金支出を承諾し、衆議院提出案が審議された。

かくて会期内に全議案は議了した。

8　第三十四臨時議会　大隈内閣

欧州戦争に際して、議会は、大正三年九月六日まで三日間の会期で対応しようとしたが、会期を三日間延長した。追加予算案は、七日に貴族院が受領し、可決した。法律案は八日、九日に可決された。

9　第三十九特別議会　寺内内閣

会期は、大正六年七月十三日に終わることとなっていた。予算案は、七月七日、衆議院より貴族院に送られ、貴族院は八日から審査に入った。製鉄業奨励法案は、両院協議会の争点になり、七月十二日までの会期は、十四日まで一日延長された。貴族院では、十三日に予算分科会報告があり、十四日に可決された。製鉄業奨励法案は、両院の協議会成案を十三日に受領し、十四日に可決された。借入鉄道及び軽便鉄道の買収に関する法律案も可決された。

10　第四十七臨時議会　山本内閣

開院式は大正十二年十二月十一日に挙行、会期は、十日間、二十日までであった。緊急勅令の承諾を求める件が生じ、十三日に上程された。追加予算案は十九日に衆議院で議了、貴族院に送られた。二十日開会冒頭、会期を二十一日より二十三日まで三日間の延長を命ぜられた。帝都復興計画案は二十一日に上程され、議了した。

会期を延長された議会の延長日数及び回数（第一回議会—第六十六回議会）

第一議会	九日間延長
第四議会	二日間延長　停会五日
第九議会	二日間延長　停会十日
第十二特別議会	七日間延長　停会三日
第十三議会	七日間延長
第十四議会	四日間延長
第十八特別議会	三日間延長　停会三日
第三十四臨時議会	三日間延長
第三十九特別議会	一日間延長
第四十七臨時議会	三日間延長
第五十議会	初め一日、次で二日、さらに二日延長
第五十九議会	二日間延長
第六十三議会	初め三日、次で一日、さらに一日延長
第六十六議会	初め三日、次で二日延長

臨時及び特別議会の会期一覧（数字は　国会回次・開会年月日・期間）

第三回（特別）	明治25・5・6－6・14	40日
六回（臨時）	27・5・15－6・2	19
七回（臨時）	27・10・18－10・21	4
十二回（特別）	31・5・19－6・10	23
十三回（特別）	31・12・3－32・3・9	72
十八回（特別）	36・5・12－36・6・4	24
二十回（臨時）	37・3・20－3・29	10
二十九回（臨時）	大正元・8・23－8・25	3
三十一回（臨時）	3・5・5－5・7	5
三十三回（臨時・特別）	3・6・22－28	7
三十四回（臨時）	3・9・4－9・9	6
三十六回（特別）	4・5・20－6・9	21
三十九回（特別）	6・6・23	22
四十三回（特別）	9・7・1	28
四十七回（臨時）	12・12・11－23	13
四十九回（特別）	13・6・28－7・18	21
五十三回（臨時）	昭和2・5・4－5・8	5
五十五回（特別）	3・4・23－5・6	14
五十八回（特別）	5・4・23－5・3	21

六十一回（臨時）	7・3・20－24	5
六十二回（臨時）	7・6・1－6・14	14
六十三回（臨時）	7・8・23－9・4	13
六十六回（臨時）	9・11・27－12・10	14

以上のように、臨時議会開会の理由は、第七回議会は日清戦争、第二十議会は日露戦争、第二十八議会は明治天の御大葬、第三十二回議会は昭憲皇太后の御大葬、第三十三議会は海軍補費予算、第三十四議会は日独戦争、第四十七議会は大震災、第五十三議会は金融恐慌対策、第六十一議会は満州事変、第六十二議会は加予算等、第六十三議会は時局匡救、第六十六議会は風水害対策などである。

第五節　議院法に関する研究（金森徳次郎）

衆議院の議会振粛各派委員会は、議会振粛要綱に基づいて議院法及び衆議院規則の改正案を作成した。このうち議院法改正案は、貴族院の了解を得られないまま、昭和八年二月十七日、第六十四回議会に各派共同提案（政友会・久原房之助外五十五名提出）として提出され、原案どおり可決、貴族院で審議未了・廃案となった。その際、政府は次の議会に議院法改正案を提出する旨の約束をした。しかるに、政府は、次の議会末に至るも、枢密院の反対の空気を察して議院法改正案を提出することをしぶったため、衆議院各派は、次の第六十五回議会においても、従来と同一内容の議院法改正案（衆第十三号）を各派共同提案（政友会・今井健彦外六十名提出）として提出したが、改正案は衆議院で可決、またもや貴族院で審議未了・廃案となった。（原案は次ページ「議院法中改正法律案」）

当時の衆議院の政党別構成は、立憲政友会二九九名、民政党一一七名、国民同盟三三名、第一控室一〇名であった。

以下に紹介する資料「議院法中改正法律案ニ関スル研究」は、政府の命令に基づいて一法制局参事官（金森徳次郎と推定）が議院法改正案に対して行った検討の結果であって、政府の意見ではないが、政府関係者のこの改正案に対する考えを知る貴重な参考資料（昭和八年一月作成）である。

これとあわせて、第六十五回議会に提出された議院法中改正法律案（各派共同提案）に対する政府の答弁資料「衆議院提出議院法中改正法律案ニ関スル説明資料」（昭和九年三月十日・入江俊郎作成と推定）を次回に紹介する。

なお、議院法改正案は、第一回議会以来、三十九件提出されているが、そのうち政府提出で成立したものは三件、議員提出で成立したものは三件である。（「議院法改正案一覧表」参照）

議院法中改正法律案

議院法中左ノ通改正ス

第一條中「四十日」ヲ「二十日」ニ改ム

第三條　衆議院ノ議長副議長ハ其ノ院ニ於テ各候補者ヲ選擧シ上奏勅裁ヲ請フヘシ

議長副議長ノ任命ハ親任式ヲ以テ之ヲ行フ

議長副議長ノ親任セラル、マテハ書記官長議長ノ職務ヲ行フヘシ

第四條　削　除

第七條　各議院ノ議長ハ一員副議長ハ二員トス

第十二條中「常任委員會」ノ下「及」ヲ削リ「特別委員會」ノ下ニ「及常置委員會」ヲ加フ

第十五條　削　除

第十九條第一項但書ヲ削リ第一項ノ次ニ左ノ一項ヲ加フ

議長副議長及議員ニシテ召集ニ應セサル者ハ歳費ヲ受クルコトヲ得ス但シ死亡シタル者ハ當月マテノ歳費ヲ受ク

同條第三項中「官吏」ヲ「有給官吏」ニ改メ第四項ヲ左ノ如ク改ム
常置委員ハ第一項歳費ノ外議院ノ定ムル所ニ依リ閉會中一日五圓ヨリ多カラサル手當ヲ受ク
第二十條　各議院ノ委員ハ全院委員常任委員特別委員及常置委員ノ四類トス
第二十條ノ二　全院委員ハ議院ノ全員ヲ以テ委員ト爲スモノトス
常任委員ハ事務ノ必要ニ依リ之ヲ數科ニ分割シ負擔ノ事件ヲ審査スル爲ニ議院ニ於テ選擧シ一會期中其ノ任ニ在ルモノトス
特別委員ハ一事件ヲ審査スル爲ニ議院ノ選擧ヲ以テ特ニ付託ヲ受クルモノトス
第二十條ノ三　常置委員ハ左ノ事件ヲ審査スル爲ニ議院ニ於テ選擧シ次ノ常會ニ於テ改選セラル、マテ其ノ任ニ在ルモノトス
一　政府ヨリ閉會後引續キ審査ヲ要求シタル議案
二　議院ニ於テ閉會後引續キ審査ヲ要スト議決シタル議案
三　閉會中政府ヨリ審査ヲ要求シタル事項
常置委員會は審査スヘキ事件ノ有無ニ拘ラス政府ニ出席説明ヲ求ムルコトヲ得
第二十條ノ四　政府ハ前條第一項第三號ノ事項ニ付兩院各別ニ其ノ審査ヲ要求スルコトヲ得
第二十一條第二項中「常任委員長」ノ下「及」ヲ削リ「特別委員長」ノ下ニ「及常置委員長」ヲ加フ
第二十二條中「常任委員會」ノ下「及」ヲ削リ「特別委員會」ノ下ニ「及常置委員會」ヲ加フ
第二十三條　全院委員會ハ傍聽ヲ禁ス
常任委員會特別委員會及常置委員會ハ議員ノ外傍聽ヲ禁ス但シ委員會ノ決議ニ由リ議員ノ傍聽ヲ禁スルコトヲ得
第二十五條　削　除
第二十六條第二項中「政府ノ同意ヲ得タルトキ」ノ下ニ「又ハ出席議員三分ノ二以上ノ多數ヲ以テ可決シタルトキ」ヲ加フ
第二十八條中「政府ノ要求ニ由ルモノ」ノ下ニ「又ハ常置委員ノ審査ヲ經タルモノ」ヲ加フ
第三十條中「何時タリトモ」ヲ削リ左ノ但書ヲ加フ
但シ兩議院ノ一ニ於テ議決ヲ經タルトキハ其ノ院ノ同意ヲ得ルコトヲ要ス

第三十五條但書ヲ左ノ如ク改ム
　但シ常置委員ニ付託シタルモノハ此ノ限ニ在ラス
第三十六條　閉會ノ日ハ勅命ヲ以テ之ヲ定メ兩議院會合ニ於テ閉院式ヲ行フヘシ
第三十八條中「議長ハ直ニ傍聽人ヲ退去セシメ」ヲ削リ同條ニ左ノ一項ヲ加フ
　前項ノ發議アリタル場合ニ於テ議長必要ト認ムルトキハ直ニ傍聽人ヲ退去セシムルコトヲ得
第四十一條　削　除
第四十四條中「經由シテ」ノ下ニ「國務大臣及」ヲ加フ
第四十五條　削　除
第四十六條中「常任委員會」ノ下「又ハ」ヲ削リ「特別委員會」ノ下ニ「又ハ常置委員會」ヲ加フ
第四十八條中「三十人」ヲ「二十人」ニ改ム
第五十二條中「三十人」ヲ「二十人」ニ改ム
第五十四條第一項ノ次ニ左ノ一項ヲ加フ
　兩議院ノ一ニ於テ議決シタル政府ノ議案ノ撤回ニ同意シタルトキハ之ヲ他ノ議院ニ通知スヘシ
第六十四條第二項中「三十人」ヲ「二十人」ニ改ム
第六十五條中「政府ニ送付シ事宜ニ依リ報告ヲ求ムルコトヲ得」ヲ「政府ニ送付スヘシ」ニ改メ同條ニ左ノ一項ヲ加フ
　政府ハ請願處理ノ經過ヲ毎年各議院ニ報告スヘシ
第六十八條中「哀願ノ體式ヲ用ウ」ヲ「相當ノ敬禮ヲ守ル」ニ、「體式ニ違フ」ヲ「體式ヲ守ラサル」ニ改ム
第八十五條中「開會中」ヲ削ル
第八十七條ノ二　議長ヨリ議場外ニ退去ヲ命セラレタル者其ノ命ニ服セサルトキハ議長ハ登院停止ヲ命スルコトヲ得
　前項ノ登院停止ノ期間ハ三日トス
第八十七條ノ三　登院停止ヲ命セラレタル者議院外ニ退去セス又ハ登院停止中登院シタルトキハ會期中登院ヲ停止ス
第八十七條ノ四　懲罰事犯ニ由リ登院停止ニ處セラレタル者議院外ニ退去セス又ハ登院停止中登院シタルトキハ前條ノ例ニ依ル

第九十三條中「議院又ハ委員會」ヲ「議院内」ニ改ム
第九十五條第三項中「各委員會」ノ下「又ハ各部」及「委員長」ノ下「又ハ部長」ヲ削ル
第九十六條第一項第三號ヲ左ノ如ク改ム
三　一定ノ期間登院ヲ停止ス

第六節　議院法中改正法律案に關する研究

（本研究ハ法制局參事官ノ一人ヲシテ事務的研究ヲ爲サシメタルモノニシテ政府ノ意見ニハ非ズ）

第一條ノ改正
改正ノ趣旨　召集詔書公布ノ日ト集會期日トノ間ニ存スル期間ハ現行制ニ於テ四十日ナルモ之ヲ二十日ト爲サントスルモノナリ
意見　現行四十日ノ期間ハ國内ニ於ケル交通通信ノ實狀ヲ參酌シテ定メラレタルモノト解セラル通常會ノ召集ハ自ラ定例ヲ爲スモノナルヲ以テ實際ニ於テハ現行制ニ依リ大ナル不便アルコトナシ臨時會ノ召集ニ付テハ四十日ノ期間ニ關スル規定ハ適用ナキモノト解セラレ來リ今日ニ於テ爭ナシ故ニ現行制ニ於テ別段ノ不便アルコトナシ唯憲法第四十五條ノ議會（卽チ解散後ノ特別議會）ニ付テハ此ノ四十日ノ期間ハ長キニ過グルノ感アリ殊ニ現行衆議院議員選擧法ニ於テ解散後ノ總選擧ハ解散ノ日ヨリ三十日以內ニ之ヲ行フモノトシ（衆議院議員選擧法第十八條）解散後ノ政情ノ解決ヲ速ナラシメントスル趣旨ニ顧ミルトキハ一層其ノ然ルヲ感ズ而シテ何程此ノ期間ヲ短縮スベキカハ研究問題ナルモ從來臨時議會ニ於テ此ノ期間カ次表ニ示ス通リニシテ然モ實際上不都合ナカリシコトニ顧ミルトキハ改正案ノ如ク二十日ト爲スコトハ支障ナキモノト考ヘラル

第　七回（明治二十七年）二十三日

第二十回（明治三十七年）	十六日
第二十九回（大正元年）	十五日
第三十二回（大正三年）	十七日
第三十三回（大正三年）	四十二日
第三十四回（大正三年）	十一日
第四十七回（大正十二年）	二十八日
第五十三回（昭和二年）	十一日
第六十一回（昭和七年）	十三日
第六十二回（昭和七年）	二十七日
第六十三回（昭和七年）	十七日

第三條ノ改正

改正ノ趣旨

一　衆議院ノ議長候補者及副議長候補者ヲ選擧スルニ付テハ從來各三名ヲ選擧シテ上奏シタルニ對シ各第一順位者ヲ勅

任セラルルノ例ナリシガ其ノ趣旨ニ顧ミテ議院ニ於テ最適任者各一人ヲ選擧シテ上奏スルコトト為サントス

二　衆議院ノ議長及副議長ハ親任式ヲ以テ任命セラルベキモノト為サントス（從來ハ親任式ニ非ズ）

意　見

第一點卽チ候補者數ヲ各職ニ付一人トスルコトハ現行制度運用ノ實情ニ顧ミ支障ナキモノニシテ事務簡捷ノ趣旨ニモ合シ適當ナリト考フ

第二點卽チ親任式ヲ以テ任命スルコトニ付テハ相當研究ヲ要ス

(1)　親任式ノ意義如何　現在儀制令ニ定ムル親任式ハ任官ノ場合ノ規定ナリ故ニ議長副議長任命ノ場合ニ適合セズ從テ親任式ノ語ハ此ノ場合獨立的ニ解シ天皇親シク任命ヲ行ヒ給フノ式ト解スルノ外ナシ

(2)　親任式ニ依ルコトノ效果如何　親任式ハ法的ニ言ヘバ天皇親シク任命ヲ行ヒ給フコトナルガ之ヨリシテ議長副議長ガ當然ニ宮中席次其ノ他ニ於テ特別ナル地位ヲ有スルコトノ結論ヲ生セズ「親任官」ニ付テハ宮中席次其ノ他ニ付テ特別ノ明文又ハ內規アルモ親任式ニ依ル議長副議長ニ其ノ效果ガ及ブニハ非ズ

(3)　現行制ニ於ケル「議長副議長勅任」ノ觀念ハ勅命ヲ以テ任ゼラルルコトヲ意味シ親任式ヲ排除スル意味ヲ有スルコトナシ卽チ親任式ヲ以テ勅任セラルルモ親任式ニ依ラズシテ勅任セラルルモ議院法ノ上ニ於テハ支障アルコトナシ（參考　現行官吏制度ニ於テモ親任式ヲ以テ敍任スル官ハ勅任官ノ一種ナリ）

(4)　之ヲ實質的ニ考フルニ議長ハ現行宮中席次ニ於テ親任官ニ準ズル地位ニアルモ副議長ニ付テハ全ク趣ヲ異ニス副議長ニ付如何ナル地位ヲ認ムベキヤハ決定甚ダ困難ナル問題ニシテ尙愼重ノ攻究ヲ要シ此ノ攻究ヲ待タズシテ直ニ親任式ニ依ルモノトスルコトハ是認シ難シ

實質ヲ考フルニ付テハ議長ハ議院ノ秩序ヲ保持シ議事ヲ整理シ院外ニ對シ議院ヲ代表スル者ナリ副議長ハ之ニ代理スルモノナリ何レモ議會ノ職能ヲ自己ノ責任ニ於テ決定スルモノニ非ズ故ニ議會ノ議長副議長ト行政官府ノ長官トハ著シク性質ヲ異ニスル點ニ注意ヲ要ス

(5)　字句ノ問題ニテハアレド改正案ニ於テハ第一項ニ勅裁ヲ請フトシ第二項ニ於テハ任命ヲ規定ス勅裁ト任命トハ同一事項ヲ指スモノナリヤ別事項ヲ指スモノナリヤ疑アリ

(6)　本條第二項ノ改正ハ衆議院に關スル規定ナルヲ以テ若シ本條新第二項ノ規定ヲ置クニ於テハ貴族院ノ議長及副議長

ノ任命ニ關スル貴族院令第十一條ノ規定ヲモ之ニ對應シテ改正スルヲ要スベキモ貴族院令ノ改正ハ貴族院令第十三條ノ規定ニ依リ貴族院ノ議決ヲ經ルヲ要スル點モ考慮セザルベカラズ

結論　本規定改正ノ趣旨ハ相當理由アル點ヲ含ムモ亦幾多疑義ヲモ含ムヲ以テ差當リ左ノ部分ノ改正ニ留メ爾餘ハ將來ノ研究ニ殘スヲ相當ナリト考フ

第三條第一項ヲ左ノ如ク改ム

衆議院ノ議長副議長ハ其ノ院ニ於テ各候補者ヲ選擧セシメ之ヲ勅任スベシ

右ノ如クニシテ議長副議長ノ任命ノ形式ヲ如何ニスルカハ必ズシモ法律ニ依ラズシテ之ヲ措置スルノ途アルベシ

第四條ノ改正

改正ノ趣旨

本改正ハ部屬ノ制を廢止セントスルモノナリ現今部ハ常任委員ノ選擧母體トシテノミ存在スル情況ナルヲ以テ之ヲ廢止スルコト事務ノ簡便ヲ期スル所以ナリ

意　見

部ソノモノノ存否ノ是非ハ議院ノ都合ガ主タル理由ナルベキヲ以テ若シ兩院ニ於テ異論ナキニ於テハ之ヲ廢止スルコト大体支障ナカルベキモ唯部ハ現行議院法第二十條ノ規定ニ依リ常任委員ノ選擧母體タル作用ヲ有スルヲ以テ部ヲ廢止する爲ニ選擧上ノ不便ガ生ズル可能性アリトセバ部ヲ存置スルカ又ハ其ノ不便ヲ除クベキ途ヲ講ズルヲ要スベキ旨ヲ留保ス

第七條ノ改正

改正ノ趣旨

副議長ヲ各院二人ト爲サントスルモノナリ其ノ理由ハ議院ノ事務逐年繁劇ヲ加ヘ加之常置委員ヲ設ケ閉會中ト雖モ委員會ヲ開會スルトキハ副議長一人ヲ以テシテハ不便尠カラズ且閉會中ニ於テハ假議長選擧ノ途ナキヲ以テ副議長ヲ增加シテ議事ノ圓滑ヲ圖ラントスルモノナリ而シテ副議長ハ尠クトモ一名ハ議長ノ屬セザル黨派ヨリ選出スルノ趣旨ナリトノコトナリ

意　見

現行法ノ如ク副議長ヲ一人トスルトキハ其ノ故障ノ為假議長ヲ選擧スルノ必要ヲ生ジ易シ又故障ニ依リ議長稍長キ間缺席シ副議長常ニ其ノ任ニ當ル時往々不便ヲ感ス依テ副議長ヲ二人ト為サントスルコトハ別ニ支障ナキモノト考ヘラル唯常置委員ヲ認メザルモノトスレバ副議長増員ノ必要ハ特ニ顯著ナルモノニ非ズト考ヘラル

尙之ニ伴ヒテ二人ノ副議長ガ議長ヲ代理スル場合ノ順序ニ關スル規定ヲ必要トスル所ナキカ卽チ議院法第十三條ノ規定ニ何等カノ改正ヲ加フルノ要ナキカ一案ヲ考フレバ左ノ如クナルベシ

第十三條　各議院ニ於テ議長故障アルトキハ議院ノ定ムル順序ニ依リ副議長之ヲ代理ス

而シテ議院規則ニ於テ適當ノ規定ヲ設クベシ

参　考

　假議長ヲ置キタル例　貴族院　第一回　第四十一回　第四十五回（二度）

　　衆議院　第五十二回

　外國ニ於ケル副議長ノ數　四人又ハ二人ノ例アリ

第十二條ノ改正

改正ノ趣旨

議長ハ常置委員會ニ臨席シテ發言シ得ルコトト為スモノナリ

意　見

先決問題トシテ常置委員ノ存否ヲ決スルコトヲ要ス

第十五條ノ改正

改正ノ趣旨

任期満限ニ達シタル議長副議長ノ職務繼續ニ關スル規定ヲ削除セントス

意　見

現行制ニ於テ議長副議長ハ其ノ任期終了スルモ後任者ノ勅任セラルル迄ハ仍其ノ職務ヲ繼續スベキコトヲ定ム此ノ規定ニ依リ衆議院ニ於テハ其ノ間閉會中議院ノ事務ヲ指揮シ議員ノ辭職ヲ許可シ之ガ補闕選擧ヲ請求シ又議院成立ニ關スル集會ニ於テ議長副議長候補者ノ選擧及其ノ奏上ニ付議長ノ職務ヲ行フ是レ議院ノ職務ノ性質ニ顧ミ議長ノ職務ヲ官吏

（書記官長）ニ代行セシムルコトヲ出來得ル限リ避ケントスル思想ニ基クモノナルベシ從テ今此ノ規定ヲ削除スルコトニ付積極的理由ヲ了解シ難ク研究ヲ要スルモノアリト考フ

第十九條ノ改正

改正ノ趣旨第一點

召集日前ニ死亡シタル議員ニハ當月迄ノ歳費ヲ支給スルニ拘ラズ召集日以後ニ應召セズシテ死亡シタル議員ニハ全然歳費ヲ支給セズ是レ不權衡ナルヲ以テ改正セントスルニ在ル如シ

意　見

現在歳費ノ規定ハ議院法第十九條及之ガ施行規則タル明治二十三年勅令第二百六十三號帝國議會議長副議長議員歳費及旅費支給規則アリ而シテ此等ノ規定及其ノ解釋ニ依リ

(1)召集前ニ死亡シタル議員ニハ當月分迄ノ歳費ヲ支給ス

(2)召集後召集ニ應ジタル後死亡シタル議員ニハ歳費全額ヲ支給ス

(3)召集後召集ニ應ゼズシテ死亡シタル議員ニハ歳費ヲ全然支給セズ此ノ(3)ノ場合ヲ酷ナリトシテ第一項ヲ改メ新ナル但書ノ規定ヲ設クルモノナリ思フニ但書ノ改正ハ寧ロ現行制度ヲ以テ理論一貫スルモノナリト考フ何トナレバ召集ニ應ズベキ機會ヲ有シタルニ拘ラズ召集ニ應ゼスシテ死亡シタル者ニ特ニ歳費ヲ給スルコトハ召集ニ應ズベキ機會ヲ有シタルニ拘ラズ召集ニ應ゼズシテ議員資格ヲ失ヒタル他ノ者ニ對スル處置ト均衡ヲ失スレバナリ特ニ一例ヲ擧グレバ死亡關係原因以外ノ理由ニ依リテ召集ニ應ゼズ議會モ既ニ閉會セラレ歳費ヲ受クル可能性ナキニ至リタル場合ニ偶死去スレバ歳費ヲ受ケ得ルコトトナル加之前述ノ(2)ノ場合トモ必ズシモ調和スルモノニ非ズ故ニ此ノ問題ハ現行制度ノ儘トスルカ又ハ更ニ精密ナル研究ヲ加ヘテ均衡ヲ計ルカ何レカニ依ルヲ相當ナルガ如クニ考フ但シ兩院ニ於テ同意セラルルニ於テハ別ニ反對スベキ程ノコトトハ考ヘ難シ

改正ノ趣旨第二點

第三項ノ「官吏」ヲ「有給官吏」ニ改メントス

意　見

是レ現在ノ解釋ヲ成文化セントスルニ在ルベク支障ナシト考フ唯一層正確ニ「有給官吏又ハ有給待遇官吏」ト改ムルヲ適

當トスベシ（參照　衆議院議員選擧法第十條）

改正ノ趣旨第三點

第四項ヲ改メテ常置委員ニ歳費支給ノ途ヲ規定ス

意　見

常置委員ノ制ヲ先決問題トス

第二十條ノ改正

常置委員ノ制ニ關ス別ニ述ブ

第二十條ノ二ノ改正

改正ノ趣旨

部制廢止ニ伴ヒテ常任委員ノ選擧方法ヲ改正セントス

意　見

部制ノ存否ト關ス部ヲ廢スルトセバ本條ノ改正モ必要ナルベシ

第二十條ノ三、第二十條ノ四、第二十一條及第二十二條ノ改正

改正ノ趣旨

常置委員ノ權能ニ關スル規定ヲ定メントスルモノナリ

意　見

常置委員ニ付テハ別ニ説述ス

第二十三條ノ改正

改正ノ趣旨

(1)全院委員會ヲ活用シ懇談的ニ議案ノ審査ヲ爲サシムル爲之ニ傍聽禁止ノ制ヲ設ク

(2)常置委員會傍聽禁止ニ關スル規定ヲ置ク

意　見

(1)ノ點　　改正ハ相當ナリト考フ

(2)ノ點　常置委員ノ制ニ伴フ

第二十五條ノ改正

改正ノ趣旨

常置委員制ノ設置ニ伴ヒ繼續委員制ヲ廢止セントスルモノナリ

意　見

常置委員制ヲ先決問題トス

第二十六條ノ改正

改正ノ趣旨

議員提出ニ係ル議案ハ政府ノ同意ナキ場合ニモ出席議員ノ三分ノ二以上ノ多數ヲ以テ議決シタルトキハ政府案ニ先チ議案ニ供シ得ルコトト爲サントス

意　見

議事日程ノ順序ハ議案進行ノ圓滑ヲ計ル爲ニ極メテ重要ナリ現行第二十六條第二項ノ規定ハ特ニ此ノ點ニ留意シテ設ケラレタル規定ナリ現在ノ實狀ニ於テ勅命ヲ奉ジテ提出スル政府案ハ國政運用上ノ中心ヲ爲シ豫算其ノ他ノ實行計畫ト密接ノ關係ヲ有シ從テ大體ニ於テ重要案件ヲ含ムコト多シ故ニ之ニ對シ日程上ノ先順位ヲ與フルコトハ國政運用ヲ圓滑ナラシムルニ於テ相當意義アルモノト考ヘラル議員發議ノ議案ハ固ヨリ其ノ重要性ヲ輕ンズルヲ得ザルモ實際ニ於テ種々多樣ノ問題ヲ含ミ緩急ノ程度種々異ナルモノアルベシ從テ其ノ緊急ヲ要スルモノニ付テハ政府ノ同意ヲ俟ツテ日程上ノ先順位ト爲スヲ可トシ又政府ニ於テ不合理ニ其ノ同意ヲ爲サザルコトヲ豫想シ難シ他面議員ノ三分ノ二以上ノ多數ヲ以テ可決シタル場合ニ順序變更ヲ認ムルコトハ理論上理由アルガ如キモ實際ニ於テハ單ニ形式上ノ問題ナルガ故ニ輕視セラレ必ズシモ鄭重ナル審議ヲ期シ難キ場合多カルベク其ノ結果政府案ノ進行ヲ著シク阻害シテ議會ト政府トノ紛議ヲ起スノ因タリ易シ故ニ本問題ハ尙愼重考慮ヲ要スル問題ト考フ尙「議事緊急ノ場合ニ於テ」ノ語ハ「又ハ」以下ノ字句ニ連續セザルモノト解スベキガ如クナルモ幾分不明瞭ナリ

第二十八條ノ改正

改正ノ趣旨

常置委員ノ審査ヲ經タル議案ハ政府提出案ト雖モ委員ノ審査ヲ經サルモノトス

意　見

常置委員制ヲ先決問題トス

第三十條ノ改正

改正ノ趣旨

政府ノ議案撤回權ヲ制限シ政府案ノ撤回ハ議案ガ既ニ一院ヲ通過シタル後ニ於テハ其ノ院ノ同意ヲ得ルコトヲ要スルモノト爲サントス

意　見

現行制ノ下ニ於テ政府案ハ何時ニテモ修正又は撤回スルコトヲ得固ヨリ解釋上一院ヲ通過シタルモノヲ他院ニ於テ政府ガ修正スルコトハ不可能ナルベキモ撤回ニ付テハ何等ノ制限ナキナリ實際ノ運用ニ於テ他院ニ送付セラレタル後撤回シタルコトハ多カラザルベキモ第十五回議會ニ於テ政府提出案タル明治二十九年法律第四號中改正法律案ハ衆議院ヲ通過シ貴族院ニ送付セラレタル後政府之ヲ撤回シ別案ヲ提出セリ固ヨリ頗ル稀有ナルコトニ屬ス政府ガ既ニ一院ヲ通過シタル議案ヲ撤回スルコトハ全ク特別ノ事情ニ基クモノニシテ妄ニ行ハルルモノニ非ザルコトハ右述ブル如キ從來ノ事例ニ徴シテモ明ニシテ何等弊害ノ痕跡ナシ然ルニ之ヲ制限シテ政策ノ根本的變更又ハ外界事情ノ變更等ニ因リ既提出案ノ撤回ヲ爲サント欲スル場合ニ於テ之ヲ防グルコトハ却テ憲政運用ノ圓滑ヲ害シ兩院ノ可決ヲ經タル議案ニ付政府ガ其ノ實現ヲ欲セザル場合ヲ生ズル可能性ヲ惹起スルノ虞アルヲ以テ現行制ノ儘ヲ相當トスベシ

或ハ言ハン固ヨリ改正案ニ於テモ議案撤回ヲ禁スルニ非ズシテ院ノ同意ヲ條件トスルモノニシテ實際ノ運用ニ於テハ支障ナシト事實或ハ然ランモ特ニ不便ノ原因ヲ新設スルヲ要セザルナリ

或ハ言ハン撤回權ヲ無制限ニ認ムルトキハ議院ヲ輕視スルノ嫌アリト然レドモ兩院通過シタル後ニ於テ撤回セントスルモノニ非ザルヲ以テ必ズシモ議會ヲ輕視スルトハ言ヒ難カルベク寧ロ議會輕視ノ嫌ヲ生ズルコトヲ避クルノ手段ナリト言フベシ

又元來其ノ案ガ議會ヲ通過シタル後ニ於テモ更ニ政府ハ其ノ御裁可ヲ奏請スル關係上政府ニ於テ御裁可奏請ヲ適當ナラズト認ムルニ至リタルガ如キ案ナルニ於テハ審議ノ如何ナル段階ニテモ之ヲ撤回シ得ル途ヲ認ムルヲ正當トナスガ如ク

ニ考ヘラル

第三十五條ノ改正

常置委員制ニ伴フ規定タリ

第三十六條ノ改正

改正ノ趣旨

閉會ニ關スル規定ヲ詳密ニシ開院式ノ場合ニ準ズル規定ヲ定メントスルモノナリ

意　見

閉會ニ關スル規定ハ現行規定ノ儘ニテ何等ノ支障アルコトナク此ノ規定ヲ中心トシテ儀式其ノ他ノ手續モ周到ニ研究セラレ運用セラレ居レリ改正規定ハ開院式ノ場合ニ準ズルモノナルガ現在制度ノ運用上開院式ト閉院式トハ著シク異ル點アリ是レ恐ラク制度設定ノ當初ヨリ研究セラレ相當ノ理由アルモノト解ス從テ此ノ改正ヲ爲スノ要ナキモノト思ハルルノミナラズ此ノ改正規定ヲ運用スルニ付テハ幾多ノ疑ヲ生ズルモノアリ故ニ此ノ改正ハ爲サザルヲ適當トス

參　考

現行制ニ於テ

開會ヲ命ズルハ詔書ナリ

開院式ノ通達ハ宮内大臣ニ依ル

閉會ヲ命ズルハ閉院式ニ於ケル勅語ナリ

閉院式ノ通達ハ内閣總理大臣ニ依ル

此ノ區別ノ存スル所以ノモノハ開會ノ場合ト閉會ノ場合トニ於テ何等カ重要ナル考方ノ差アルニ依ル蓋シ議會ハ會期ノ終了ニ依リテ作用不能ト爲ルモナホ成立狀態ヲ殘シ閉會命令（閉院式）ニ依リ其ノ成立ヲ失フニ至ルモノナルベシ（閉會ニ關スル學説ハ種々アリト雖モ實際例ハ上述ノ考ニ合スルモノノ如シ）故ニ閉院式ハ儀式タルニ止マラズ直接ニ憲法上ノ意義ヲ有ス是レ其ノ通達ヲ内閣總理大臣ヨリ行フ所以ナルベシ斯クノ如ク考ヘ來ルトキハ蓋シ詔書ヲ以テ閉會ノ日ヲ定ムルトキハ其ノ日ニ於テ議會ハ成立狀態ヲ失ヒ閉院式ノ會合ハ既ニ成立狀態ヲ失ヒタル後ノ議會ノ會合ト爲リ從テ意味乏シキニ至ルノ虞アリ現行制ハ此ノ點ヲ考慮シテ設ケラレタルモノニ非ズヤト察セラル

第三十八條ノ改正

改正ノ趣旨

現行制ニ於テハ秘密會ノ發議アリタルトキハ直ニ傍聽人ヲ退去セシメテ可否ノ決ヲ執ルモノトス是レ發議ノ趣旨辯明中ニ秘密ニ亘ル言辭アルヲ慮リタルモノナリ然レドモ是レ必要ノ程度ヲ越ユル場合アルヲ以テ本規定ヲ改正シ原則トシテハ直ニ傍聽人ヲ退去セシメザルコトトシ必要ニ應ジテ議長ガ退去ヲ命ジ得ルモノト爲サントス

意　見

本改正ハ實狀ニ應ズル改正ニシテ適當ノモノナリト考フ（憲法第四十八條參照）

第四十一條ノ改正

改正ノ趣旨

現行制ニ於テ豫算案ニ對スル修正動議ハ三十人以上ノ贊成アルニ非ザレバ議題ト爲スコトヲ得ザルコトト爲リ居ルモ第二十九條ノ一般原則（二十人以上ノ贊成）ニ依ルヲ以テ可ナリトシ第四十一條ヲ削除セントスルモノナリ

意　見

事ノ性質ニ顧ミ改正ハ相當ナリト考フ

第四十四條ノ改正

改正ノ趣旨

現行制ニ於テ委員會ハ政府委員ノ説明ヲ求ムルコトヲ得ル旨ヲ規定スルモ國務大臣ノ説明ヲ求ムルコトヲ得ル旨ヲ規定セザルハ當ヲ得ザルヲ以テコレヲモ規定セントス

意　見

現行制ハ恐ラク特ニ意ヲ用ヒテ國務大臣ヲ除外シ委員會ト國務大臣トノ關係ニ付規定ヲ設ケ國務大臣ハ自發的ニ委員會に出席シ發言シ得ルモ（第四十三條）委員會ハ權利トシテハ其ノ説明ヲ求ムルコトヲ得ザルモノト爲シ唯政府委員ノ説明ヲ求ムルコトヲ得ルモノト爲シタルモノナルベシ國務大臣ノ職務ノ實際ニ考へ常ニ如何ナル場合ニモ又如何ナル委員會ヨリモ出席説明ヲ要求セラレ得ルモノトスルコトハ果シテ當ヲ得ルモノナリヤ疑ナキ能ハズ現在ノ制度運用ノ程度ニテ宜シキモノニ非ズヤト思フモ兩院ニ於テ改正ニ同意セラルルニ於テハ必ズシモ反對ノ要ナカルベシ

第四十五條ノ改正
改正ノ趣旨
國務大臣及政府委員ハ議員タル者ヲ除クノ外議院ノ會議ニ於テ表決ノ數ニ預カラザルコトヲ定ムル現行規定ハ當然ノコトナルヲ以テ之ヲ削除スベシトスルモノナリ
意　見
本條ガ注意規定ナルコトハ爭ナカルベシ從テ之ヲ置クノ絶對ノ必要モナキト共ニ之ヲ削除スルヲ要スル絶對ノ必要モナシ尚單ナル國務大臣又ハ政府委員ガ表決ノ數ニ預カラザルコトニ付テハ解釋上恐ラク何等疑ナカルベキモ此等ノ者ニシテ議員タル地位ニ在ル者ハ或ハ其ノ國務大臣又ハ政府委員タル特別地位ノ爲例外的ニ議員トシテノ表決ノ數ニ加ハラザルモノニ非ズヤノ疑ハ想像シ得此ノ疑ヲ絶ツ爲ニ此ノ注意規定ハ存在ノ理由アリ（參考　議院法第十二條但書モ恐ラク類似ノ注意規定ナルベシ又議長委員長等ガ議院ノ會議又ハ委員會ニ於テ表決ノ數ニ加ハリ得ルヤ否ヤハ論議ノ存スル所ナリ）但シ兩院ニ於テ規定削除ヲ欲セラルルニ於テハ之ニ反對スル考ナシ
第四十六條ノ改正
改正ノ趣旨
常置委員制ニ伴フ改正ナリ
第四十八條ノ改正
改正ノ趣旨
質問ニ關スル所要贊成者數ヲ二十人ト爲スモノナリ
意　見
實質ニ顧ミ支障ナシ
第五十二條ノ改正
改正ノ趣旨
建議ノ動議ノ所要贊成者數ヲ二十人ト爲スモノナリ
意　見

實質ニ顧ミ支障ナシ

第五十四條ノ改正

改正ノ趣旨

第三十條ノ改正ト關連シ政府案撤同ノ場合ノ撤同同意通知ニ關スル規定ヲ設ケントスルモノナリ

意　見

第三十條ノ改正ノ要ナシト考フルヲ以テ本條改正ノ要モナシト考フ

第六十四條ノ改正

改正ノ趣旨

請願事件ヲ會議ニ付スベキ旨ノ要求ヲ行フ所要人員ヲ二十人ニ改メントス

意　見

他ノ同様ノ規定ノ改正ト均衡ヲ保ツ見地ヨリ改正ハ適當ナリト考フ

第六十五條ノ改正

改正ノ趣旨

現行制ニ於テ政府ハ議院ノ請求ヲ待ツテ請願ノ處理經過ヲ報告スルコトト爲リ居ルモ之ヲ改メテ政府ヨリ毎年報告ヲ爲スモノト爲サントス

意　見

改正ハ趣旨トシテ不可ニ非ズ又現在ノ實際ノ取扱ニ於テ政府ハ請願委員會ノ請求ニ依リ時々請願處理ノ經過ノ報告ヲ爲シ居レリ唯請願ノ處理ハ多ク簡單ナラズシテ之ニ付相當多大ノ調査ヲ要シ願意ヲ採用スルニ付テモ歳月ヲ要スルモノアリ請願處理ノ經過ヲ議院ニ報告スルモノトスルモ大体現在實際ニ於テ報告シ居ル程度ノモノヲ越ユルコトハ困難ナリ是レ事ノ性質上止ムヲ得ザル所ニ屬ス此ノ點ヲ了解シテノ改正ナラバ可尚改正規定ニ「毎年」トアルハ如何ナル意味ナリヤ幾分不明ナリ卽チ次ノ會期ニ於テノ意味ナリヤ又ハ一年內ニノ意味ナリヤ或ハ報告時期ガ間斷ナク年々ニ亘ルノ意味ナリヤニ付疑アリ故ニ適當ノ補正ヲ加フルノ要アルニ非ザルカ

第六十八條ノ改正

改正ノ趣旨
現行制ニ於テ請願書ハ哀願ノ体式ヲ用ウベキ旨ヲ定ム哀願ノ語ハ適當ニ非ズトシ請願令ノ規定ニ對照シテ「相當ノ敬禮ヲ守ルベキ」旨ニ改メントスルモノナリ
意　見
元來請願書ガ相當ノ敬禮ヲ守リ提出セラルベキコトハ憲法第三十條ニ明文ヲ存シ議院法中ニ之ヲ規定スルノ要ナシ請願令ハ右憲法第三十條ノ規定ヲ受ケタル規定ニ過ギザルモノノ如シ
第八十五條ノ改正
改正ノ趣旨
常置委員制ニ附隨スル改正ナリ
第八十七條ノ二ノ改正
改正ノ趣旨
議長ノ命令ノ遵奉ヲ確保スル爲議長ニ强キ權力ヲ認ムルノ要アリトシ又議長ハ議長ノ命ヲ奉ゼザル議員ヲ懲罰委員ニ付スルコトヲ得ルモ其ノ決定ニ至ル迄相當ノ時日ヲ要スルヲ以テ議長ハ議場外退去ニ關スル議長ノ命ヲ奉ゼザル者ニ對シ自己獨自ノ權能ニ依リ短期ノ登院停止ヲ命ジ得ルモノト爲サントスルモノナリ
意　見
㈠議長ノ議場整理ノ權能ヲ强ムルコトハ可ナリト考フ
㈡議場外退去ヲ命ゼラレタル者議場外ニ退去セザル場合ニ於テ議長專權ヲ以テ三日間ノ登院停止ヲ命ジ得ルコトモ若シ兩院ニ於テ此ノ制度ニ異論ナキニ於テハ趣旨トシテ反對ノ考ナシ唯議場整理權ノ範圍ヲ越エ懲罰ニ近キ性質ヲ有スルモノナルヲ以テ一層鄭重ナル手續（例ヘバ院議）ヲ相當トスルニ非ズヤトモ考ヘラル
㈢登院停止ハ如何ナル意味ヲ有スルヤハ第八十七條ノ三ノ場合ニ考フベシ何等カノ明文ヲ要スルニ非ズヤト考ヘラル
第八十七條ノ三ノ改正
改正ノ趣旨
議長ニ依リ登院停止ヲ命ゼラレタル者院外ニ退去セズ又ハ登院停止中登院シタルトキハ會期中登院停止スル者ヲ定ムル

モノナリ

意　見

(一)會期中登院ヲ停止スルコトハ殆ンド議員ノ除名ニ近キ効果ヲ及ボスモノナリ故ニ其ノ條件、效力及手續ニ付テハ周到ノ考慮ヲ要ス

(二)登院停止ノ意義如何　現行制度改正ノ趣旨ニ顧ミルトキハ出席停止ヨリ廣キ意味ヲ有スルコト明ナリ從テ貴族院又ハ衆議院ノ場所的區域内ニ在スルコト又ハ入ルコトヲ停止スルノ趣旨ニ解スルノ外ナシ果シテ然ラバ

(イ)議員ニシテ國務大臣又ハ政府委員タル者ガ後者ノ資格ニ於テ登院スルコトモ停止セラルルヤ

(ロ)議員ニシテ新聞通報員其ノ他ノ資格ヲ有スル者又ハ一般傍聽者タルノ手續ヲ經タル者後者ノ資格ニ於テ登院スルコトモ停止セラルルヤ

ニ付疑アリ

因ニ英ノ下院規則第十八條ニ議長ノ命ヲ奉ゼザル議員ニ對スル制裁トシテ邦語ニ「登院停止」ト譯セラルルモノアリ原文ニ依レバ Suspension from the Service of the House トアリ幾分意味ヲ異ニスル所アルカモ知レズ獨ノ國議會議事規則第九十一條ニ於テハ議長ハ議員ヲ會議ヨリ除斥スルコトヲ得ル旨ヲ認メ其ノ議員ハ直ニ議場ヨリ退出スルコトヲ要スト定メタリ（會議ヨリ除斥 von der Teilnahme an den Verhandlungen ausschliessen 議場ヨリ退出 den Sitzungssaal zu verlassen）此等ヲ參酌シテ考フルトキハ登院停止ハ議院内ニ於テ議員トシテノ一切ノ職務ヲ停止スル程度ニ解スベキモノカモ知レズ

(三)會期中登院停止ノ原因ハ當該議員ノ議院外不退去又ハ登院ニ在リ之ニ因リ法的ニ會期中登院停止ノ效力ヲ生ジ何等ノ判定手續ヲ要スルモノニ非ズ登院ノ意義ニ付前述ノ如キ解釋上ノ疑ヲ生ジ得ルノミナラズ登院事實ノ有無ニ付テモ明瞭ヲ缺ク場合アルベク又登院事情ニ付情狀ノ考慮ヲ爲スノ必要モ生ジ得ベク此等ハ何等カ愼重ナル手續ヲ以テ判定ヲ加フルノ要アルベシ殊ニ懲罰手續ヲ愼重ナラシムル第十八章ノ規定トノ均衡ヲモ考フルノ要アルベシ

(四)會期中ノ登院停止ハ性質上懲罰ナリヤ又ハ議場整理ナリヤヲ考フルニ事態ハ議場整理ノ範圍ヲ超ユルモノニシテ全ク秩序違反ニ對スル制裁ノ意味ヲ有ス故ニ之ヲ懲罰トシテ定ムルコト妥當公正ニ非ズヤト考フ

(五)常置委員制ヲ認ムルトセバ閉會中ノ登院停止ノ必要ナキカノ問題ヲ生ズ

以上諸種ノ事項ヲ綜合シテ案ズルニ本條ノ登院停止ハ其ノ效果ニ付規定ヲ設クルト共ニ之ニ關スル手續ヲ定メ懲罰ノ一種トスルコト或ハ妥當ニ非ズヤト考ヘラル

第八十七條ノ四ノ改正

改正ノ趣旨

懲罰事犯トシテ登院停止ニ處セラレ之ニ從ハザルモノニ付テモ前條同樣ノ制裁ヲ規定セントス

意　見

前條同樣

第九十三條ノ改正

改正ノ趣旨

議院内ニ於ケル議員間ノ出來事ニ對シテハ議院ノ處置ニ依リ解決スルヲ本則トスルヲ以テ議場及委員會ニ限ラズ構内ノ一切ノ場所ニ於テ起ル出來事ニ付テモ議院ニ訴ヘテ處分ヲ求ムルモノト爲サントス

意　見

本規定ハ本來如何ナル趣旨ノモノナリヤヲ考フルニ憲法第五十二條ニ對應スルモノナルベシ卽チ議員ハ議院ニ於テ發言ノ自由ヲ有シ院外ニ責任ヲ負フコトナシ故ニ其ノ間ノ誹毀侮辱ハ議員ノ懲罰問題トシテ解決セントスルモノナリ而シテ私ニ相報復スルヲ得ザル旨ヲ規定スルハ當然ノコトヲ規定スルモノナリ今此ノ規定ヲ改正シテ構内一般ニ及ボスコトハ上述ノ意味ヲ離ルルモノタリ卽チ他面民事刑事ノ責任ヲ一般ノ手續ニ依リテ問ヒ得ルコトナルヲ以テ特ニ此ノ規定ヲ置ク根本ノ理由ハナキモノト考フ又斯ク擴張スルニ於テハ議院内ノ發言以外ノ不當行爲（例ヘバ暴行）ニ依リ被害ヲ受ケタルモノニ付テモ第九十三條ノ如キ規定ヲ設ケザル理由ヲ解スルコトヲ得ズ斯ク解シ來レバ現行制ノ儘ヲ優レリトス

第九十五條ノ改正

改正ノ趣旨

第四條ノ改正（部ノ廢止）ニ伴ヒ必要ノ字句整理ヲ爲サントス

意　見

部ノ廢止問題ト關連スル部ヲ廢止ストセバ本條ノ改正ヲ要スベシ常置委員制ヲ設クルトキハ該委員會に於ケル懲罰事犯

ハ本條ノ觸ルル所ナリヤ否ヤ疑アリ現在繼續委員ニ付テモ此ノ疑アレドモ茲ニ顯著性ヲ增シ來ル

第九十六條ノ改正

改正ノ趣旨

懲罰トシテ出席停止ノ意義ヲ徹底セシムル爲之ヲ登院停止制ト爲サントスルモノナリ

意　見

出席停止ノ意義ヲ徹底セシムルコトハ可ナルモ登院停止ノ意義ヲ明文ヲ以テ明瞭ナラシメ紛議發生ヲ防止スルコトヲ要スベシ

附　言

一、本改正案ニハ其ノ施行期日ヲ設ケズ是レ公布ノ日ヨリ起算シ二十日ヲ經テ效力ヲ有セシメントスル趣旨ナルベシ

二、改正法施行後從前ノ議長副議長ハナホ其ノ職ヲ有スルヤヲ考フルニ任命ノ條件要式ヲ異ニスルトモ議長トシテノ存在ニ影響ナキヲ以テ依然トシテ存續スベシ

副議長一人ハ衆議院ニ在リテハ次會ニ於テ任命ニ關スル手續ヲ執ルベク貴族院ニ在リテハ何時ト雖モ任命可能ナルベシ

三、改正法施行後部長部屬ハ消滅スベシ

四、常置委員ハ次會ニ於テ設置セラルベシ

五、歲費規定ノ改正ハ改正法施行後死亡シタル者ヨリ適用セラルベシ

六、內部警察權（第八十五條）ハ改正法施行後直ニ發生スベシ

七、上記ノ如キ取扱ニテ可ナリトセバ經過法ハ必要ナカルベシ

常置委員制ニ關スル意見

常置委員制ニ付テハ憲法ノ認ムル會期制トノ關係ニ於ケル法理上實際上ノ諸問題ニ付研究ヲ要スル點多ク且常置委員制ニ

依リテ達成セントスル目的ノ大體ハ臨時議會制各種諮問委員會其ノ他政治上ノ諸手段ニ依リテ之ヲ解決スルヲ得ベク更ニ常置委員制新設ノ爲行政ノ能率ヲ害シ政爭ヲ多カラシムルノ虞モアリ加フルニ常置委員制ニ伴ツテ存スル細目ノ點ニ付テモ相等考察ヲ要スル點多シ此等理由ニ依リ常置委員制ハ今遽ニ之ヲ是認シ難キモノト考フ

第七節　常置委員制に關する諸考察

一　憲法ニ認メタル議會ノ會期制ト常置委員會トノ關係

我ガ憲法ノ下ニ於テ議會ハ常置議會ニ非ズ又自集ノ權ヲ有スルモノニ非ズ其ノ行動ハ會期內ニ限ラレ其ノ開會ハ一ニ勅命ニ依ル會期外ニ於テ議會ガ憲法上ノ權能ヲ行使シ得ベキニ非ザルコトハ明ナリトス而シテ議會ノ委員會ハ本會議ノ派生トシテ行動スルモノニ外ナラザルヲ以テ是レ又會期外ニ於テ行動シ得ザルコトヲ當然トス

果シテ然ラバ議會ノ委員會タル常置委員會ガ議會閉會中ニ於テ其ノ權能ヲ行使シ得ルモノト爲ス理由如何ニ付疑ナキヲ得ザルナリ之ニ付假ニ解釋ヲ試ムレバ

(1)　閉會中ニ憲法上ノ議會作用トシテ行動スルモノト解スルコトハ會期制度ノ本議ニ照シ甚ダシク違憲ノ疑アリ

(2)　恐クハ閉會中ノ行動ニ關スル限リ憲法上ノ議會ノ作用ヲ行フモノニ非ズ唯其ノ作用ヲ實質上補充スルノ意味ヲ有スルモノナルベシ從ツテ其ノ行動ハ憲法上ノ效力ヲ有スルモノニ非ズシテ議院法上ノ效力ヲ有スルモノナリ

(3)　既ニ議院法上ノ效力ヲ有スルノミトスレバ憲法上組織セラレタル議會ノ構成員ヲ以テ設ケタル委員會ニ對シ議院法ニ依ル特殊ノ作用ヲ認メ特殊ノ權限ヲ認メタルモノト解スベシ從テ

(イ)　其ノ間議員ハ憲法第五十二條ノ特權（言論ノ自由）ヲ有セズ

(ロ)　其ノ間議員ハ憲法第五十三條ノ特權（身體ノ自由）ヲ有セズト解シテ可ナルベシ

假ニ右(2)ノ如キ趣旨ニ於テ常置委員制ヲ考フレバ憲法的疑義ハ解決スルガ如キモ憲法上ノ作用ニ非ザルモノヲ憲法上ノ行爲ナルカ如キ外觀ヲ有セシムルコトノ妥當不妥當ノ問題ハ殘ルモノトス

尙或ハ論ヲ爲スモノアリ得ベシ憲法ガ會期制ヲ認ムルハ本會議ノミニ關ス委員會ニ關スルモノニ非ズト然レドモ從來

一般ニハ（卽チ繼續委員ヲ除キテハ）本會議ヲ開キ得ザル期間ニ委員會ヲ開キ得ルモノト考ヘラレタルコトナシ

二　憲法ガ會期制ヲ認メタル趣旨ト常置委員會トノ關係

憲法ガ會期制ヲ認メタルハ如何ナル趣旨ニ基クヤハ法文ニ依リ明ニスルヲ得ザルモ實際ノ結果ヨリ推論スルトキハ一面ニ於テ議事ノ停滯ヲ防止シ他ノ一面ニ於テ行政部ヲシテ會期外ニ於テ專心行政ニ沒頭シテ書策經營ヲ計ルヲ得シムルニ在ルベシ卽チ議會ノ權能ヲ尊重スルノ見地ヨリスレバ議會ヲ常置制タラシムルモ一理アリ然レドモ常置ノ制常ニ必ズシモ有利ナリト言ヒ難ク立法部ト行政部トノ間ニ適當ノ調和ヲ保タシメ各種機能ノ行使ヲ高能率的ニ行ハシムルニ意ヲ用フル爲憲法ガ會期制ヲ定メ常會及臨時會竝ニ衆議院解散後ノ議會ヲ設ケシモノト斷ズルハ誤ニ非ズト信ズ果シテ然リトスレバ議院會期ノ外ニ常置委員ヲ設ケ恰モ小議會常置セラルルガ如キ結果ヲ誘發スルコトアルベキ制ヲ法律ヲ以テ設クルコト果シテ憲法ノ趣旨ニ合スルモノナリヤ特ニ愼重ナル攻究ヲ要スル點ナリ

三　會期制ヨリ生ズル不利益ト常置委員制

憲法ノ會期制ニ伴フテ利益ノ點モ不利益ノ點モアリ之ヲ綜合考慮シ最善ノ結果ヲ得ル爲憲法規定ハ制定セラレシモノナルベキモ假ニ不利益ノ方面ノミヨリ言ヘバ會期制ヨリ生ズル左ノ三點ヲ考フルコトヲ得

㈠　複雜長文ノ法律ニ付テハ審査ノ期間ニ乏シ

㈡　臨時突發スル重大案件ニ付議會ノ協贊ヲ求ムルニ不便ナリ

㈢　會期外ニ於テハ政府ノ行爲ヲ問訊シ批判スル機會ナキヲ以テ行政部監督ニ不便ナリ

右ニ付考察スルニ

㈠ノ不利益ノ點ハ勿論理論上之ヲ考ヘ得レドモ議會ノ職能ハ大局ニ重點ヲ置クベキナルヲ以テ此ノ不利益ノ點ハ實際ニハ大ナル支障ヲ生ゼザルモノノ如シ議案ニシテ論究日ヲ重ネテ結論ヲ見ルニ至ラザル場合ハ多クハ實際協贊ヲ得ルノ見込ナキ議案タルベシ又之ニ關連シテ實際上ノ措置トシテ複雜長篇ノ法律案ヲ定ムル場合ニハ豫メ議會外ノ委員會等ニ於テ其ノ實質ニ付充分調査論究セラレ兩院議員トノ連絡モ整ヒ議會ノ議決ハ主トシテ政治的判斷ニ屬スル場合多シ而シテ特ニ何等カノ理由ニ依リ必要アル場合ニ於テハ會期延長ノ途アリテ此ノ不便ヲ免レ得ベシ

㈡ノ不利益ハ實際ノ必要ニ應ジテ臨時議會ヲ召集スルノ途アリ近時此ノ方法頻々用ヒラル其ノ外憲法第八條第七十條ノ途モアリ事情ニ卽シテ適當ノ途ヲ講ズルニ不便ナシ

(三)ノ不便卽チ常時政府監督ノ權能ヲ行使スルコトニ付テハ理論上ノ其ノ不便ヲ考ヘ得ベク形式的ニ此ノ權能行使ノ完全ヲ期セントセバ常置議會ノ制ヲ認ムルノ外ナシ然レドモ常置議會制ヲ認ムルトキハ政府ハ常ニ議會トノ交渉ニ忙殺セラルル爲必要ナル政策ヲ考慮スルノ時間ニ乏シクシテ行政ノ能率ハ著シク阻害セラルベキノミナラズ政府ト議會トノ間ニ存スル不斷ノ論戰ノ爲ニ政爭ハ著シク激成セラルル憂增加シ又常置制ノ結果ハ議員ヲシテ必然的ニ職業的政治家タラシムルカ又ハ議員ヲシテ政治ニ對スル關心ヲ薄クセシムルカノ何レカノ極端ニ陷リ易シ而シテ他面政治上政府ヲ監督スルニ付テハ議會制度ヲ背景トシテ議會以外ニ於テ種々ノ途ヲ講ズルノ餘地アルベク從ツテ常置議會タラズトモ政治ノ實際ニ於テ大ナル支障アリト考フルヲ得ザルナリ(例　政治的に臨時議會召集ノ希望ヲ表明スル等)又緊急勅令ノ制定等ニ付テハ樞密院御諮詢ノ制モアリテ權力濫用ノ虞ナカルベシ

以上述ブルガ如クニシテ我ガ國情ニ於テ會期制ヲ不便ナリトシ常置議會制ヲ適當ナリトスベキ特別ノ理由ヲ考フルコト能ハズ憲法カ會期制ヲ定ムル趣旨ノ一面ハ實ニ玆ニ在ルベシト考フ

唯程度ノ問題トシテ會期長短ノ論ハ更ニ之ヲ考察セザルベカラズ而シテ之ハ實際ノ必要ニ依リテ斷案ヲ下スベキ問題ニシテ抽象的ニ解決スベキニ非ズ既ニ會期延長ノ制及び臨時會ノ制アリテ必要ニ應ジ運用宜シキヲ得テ充分ノ效果ヲ齋シ得ベキナリ

從來ノ繼續委員制に代ヘテ新ニ常置委員制ヲ設ケントスル主張ニ特ニ理由アリトセバ恐ラク前述ノ行政部監督作用ノ行使ニアラン之ニ依リテ繼續的ニ行政部監督ノ目的ヲ達セントスルニアラン歐洲戰後新生ノ中歐諸國ニ類似ノ委員會制ノ生ジタル理由亦玆ニ在リト察セラル舊國體及舊政體ヲ離レテ新生シタル此等ノ國ノ特別ノ國情ニ依ツテ生ジタル諸制度ガ果シテ我國ノ範ト爲スニ足ルベキヤハ愼重ニ顧慮ヲ要スル所ナルカ常置委員制ハ結局前述常置議會制ノ缺點ヲ有シ而モ權能及構成ノ上ニ於テ種々ナル他ノ缺點ヲ有スルヲ以テ政治ノ安定ヲ期シ行政ノ能率ヲ發揮シ而シテ議會政治ノ效果ヲ收ムルニ付未ダ以テ現制度ニ優ルトノ確信ヲ得ルニ至ラザルコト上述ニ依リテ明ナルベシ

四　常置委員設置ニ關シ調査研究ヲ要スル基礎タル諸點ノ摘出

(以下述ブル所ハ前述諸點ト重複スル所アルモ關連スル大小ノ疑問ヲ摘出列記シタルモノナリ)

(1)　憲法ノ會期制トノ關係如何　會期外ニ憲法上ノ議會作用ヲ爲サシムルノ考ニ非ズヤノ疑アリ

(2)　若シ憲法ニ關係ナク議院法ニ依リ認メタル特殊ノ制度ナリトスレバ其ノ議事ノ效力ヲ如何ニ取扱フベキカ。憲法

上ノ權威ナキモノトシテ取扱ノ外ナカルベク然ラバ議院法中ニ規定スルハ寧ロ不當ニ非ズヤ

(3) 提案セラレタル常置委員制ハ憲法ノ會期制度設置ノ精神ニ反シ特ニ意ヲ用ヒラレタル會期制度ノ精神ト調和セザルモノニ非ズヤ從テ現行憲法ノ下ニ之ヲ設クルコトハ特ニ考慮ヲ要スルニ非ズヤ

(4) 其ノ權能ハ何レニ在リヤ提案ニ依レバ從來ノ繼續委員ノ權能ニ加フルニ閉會中政府ヨリ審査ヲ要求シタル事項ノ審査及政府ニ出席説明ヲ求ムルコトニ在ル如シ後ノ二點ニ付テ考フルニ實質トシテ何事ヲ豫期スルモノナリヤ前者ハ將來ノ議案ノ下審査ノ意味ナリヤ勅旨ヲ奉ジテ斯カル下審査ヲ要求スルコト果シテ想像シ得ベキヤ或ハ勅旨ヲ奉ズルニ非ズシテ國務大臣單獨ニ下審査ヲ要求スルコトヲ豫想スルモノナリヤ亦後者ニ付テ言ヘバ審査事件無キニ拘ラズ政府ニ對シテ出席説明ヲ求ムルトハ何ヲ意味スルヤ或ハ一般行政監督ヲ意味スルモノナリヤ等ニ付テ充分ノ了解ニ達セズ

(5) 常置委員會ノ目的ハ主トシテ行政監督ノ目的ヲ達スルニ在ランカ（議案説明者ノ言葉ヨリ察ス）又設置セラルトセバ實際ニ於テ其ノ方向ニ發展スベキコトハ想像ニ難カラザルガ其ノ結果ヲ憶測スルトキハ實際上一種ノ常置議會制ト爲ルモノニ非ズヤ而シテ之ガ爲ニ行政ノ遂行ノ圓滿ヲ妨ゲ政爭ヲ繁クシ議員ヲ職業化セシムルコトナキヤ

(6) 現在ノ實情ニ於テ果シテ右ノ如キ主トシテ政府監督ノ作用ヲ行フ常置機關ヲ必要トスルヤ革命後ノ獨逸其ノ他ニ類例アル如キモ果シテ我國情ニ於テ必要アルベキヤ通常會アリ臨時會ノ制アリ樞密院アリ言論ノ途社會的ニ具ハリ政治上ノ交渉ハ種々ノ方法アルニ當リ尚此ノ種ノ機關ノ特設ヲ必要トスルヤ

(7) 假ニ政府監督ノ必要アリトセバ此ノ種ノ委員會ガ果シテ如何ナル效果ヲ有シ得ベキヤ議會自體ニ非ザル少數議員ガ直ニ政府ノ責任ヲ問フハ甚ダ憲法ノ精神ニ反スベクナリトテ單ニ事實上ノ説明ヲ求ムルノミニテハ特別ノ利益ヲ認メ得ザルニ似タリ

(8) 此ノ委員會ニ權威ヲ認ムルトセバ委員ノ言論ノ自由委員ノ身體ノ自由ヲ認ムルト共ニ委員ノ懲罰制度ヲモ認メ又其ノ活動ニ對シテ停會ノ制ノ如キヲ認ムルノ必要ナキヤ又之ヲ實行スル方法アリヤ

(9) 委員會ト委員ノ任期終了トノ關係ハ如何ニ考フベキヤ例ヘバ閉會中衆議院議員ノ任期終了又ハ衆議院ノ解散アリタル場合ニハ衆議院ノ常置委員ハ消滅スルモノナリヤ然ラバ之ニ審査ヲ求メタル事項ハ總テ效力ヲ失フヤ此ノ場合貴族院ノ常置委員ハ依然トシテ存在スルヤ若シ然リトセバ此ノ際議案ハ依然後會ニ繼續スルヤ（衆議院議員ノ總選

擧アリタルニ拘ラズ）又斯ノ如キハ憲法第四十四條（二院同時開會ノ原則）又ハ其ノ精神ト反スルコトナキヤ又貴族院ニ於テ閉會中伯子男爵議員又ハ多額議員等ニ總選擧アリタル場合ニ委員會ニ何等ノ影響ナシト解シテ可ナリヤ

⑽　閉會中審査ヲ要求（第二十條ノ三第一項第三號）セラルルモノハ委員會ナリヤ又議院ナリヤ第二十條ノ四ノ文言ニ依レバ議院ナルガ如クニモ考ヘラル果シテ然ラバ議院ハ閉會中政府ノ要求ヲ受理スル權能アルモノナリヤ又若シ審査ノ要求ヲ受クルモノハ委員會ナリトスレバ該審査ハ議院ニ諮ルコトナク委員會ヨリ政府ニ申報スルモノナリヤ

第八節　帝國議會開會及閉會に關する資料（以下は從來の實例より抄出）

第一　開會ノ場合

㈠　開會の詔書

朕帝國憲法第七條及議院法第五條ニ依リ　月　日ヲ以テ帝國議會ノ開會ヲ命ス

御　名　御　璽

年　月　日

内閣總理大臣

各　省　大　臣

㈡　開院式御治定ノ通牒

（内閣書記官長ヨリ兩院議長宛手翰）

來ル　日開院式ヲ行ハセラルルコトニ御治定相成候間爲念申進候

年　月　日

内　閣　書　記　官　長

貴、衆兩院議長宛（各通）

㈢　開院式被仰出通達

（宮内大臣ヨリ両院議長宛公文）

年　月　日

宮内大臣

貴、衆両院議長宛（各通）

本月　日帝國議會開院式ヲ行ハセラルル旨仰出サル候

㈣　開院式勅語

（通常ノ場合）

朕茲ニ帝國議會開院ノ式ヲ行ヒ貴族院及衆議院ノ各員ニ告ク

帝國ト締盟各國トノ交際ハ益〻親厚ヲ加フ朕深ク之ヲ欣フ

朕ハ國務大臣ニ命シテ　年度豫算案及各般ノ法律案ヲ帝國議會ニ提出セシム卿等克ク朕カ意ヲ體シ和衷審議ヲ以テ協贊ノ任ヲ竭サムコトヲ望ム

第二　閉會ノ場合

㈠　閉院式期日ノ通牒

(1)　内閣總理大臣ヨリ両院議長宛

年　月　日

内閣總理大臣

貴、衆両院議長宛（各通）

通　牒

本月　日貴族院ニ於テ帝國議會閉院式執行被仰出候

(2)　内閣總理大臣ヨリ宮内大臣宛
年　月　日
内閣總理大臣
宮内大臣宛
通　牒
本月　日午前　時帝國議會閉院式被爲行

(二)　閉院式勅語
朕貴族院及衆議院ノ各員ニ告ク
朕本日ヲ以テ帝國議會ノ閉會ヲ命シ併セテ卿等勵精克ク協贊ノ任ヲ竭セルノ勞ヲ嘉奬ス

親任式ニ關スル資料

○皇室儀制令（抄）
第七條　親任式親授式親補式竝信任狀捧呈ノ式及解任狀捧呈ノ式ハ宮中ニ於テ之ヲ行フ
第十條　本章ニ掲クル朝儀ハ附式ノ定ムル所ニ依リ之ヲ行フ
第十一條　本章ニ掲ケサル朝儀ハ臨時ノ勅定ニ依ル
（附式）
親任ノ儀
當日何時任官者參内ス
但シ服裝通常禮服禮裝
時刻内閣總理大臣官記ヲ奉シテ（内閣書記官捧持）便殿ニ參進御座ノ左方ニ侍立ス
但シ服裝通常服通常禮裝關係諸員亦同シ

次ニ天皇御通常禮裝出御
　式部長官前行シ侍従長侍従侍従武官長侍従武官御後ニ候ス
次ニ任官者御前ニ參進ス
次ニ勅語アリ
次ニ内閣總理大臣官記ヲ任官者ニ授ク
次ニ任官者退下
次ニ天皇入御
　供奉出御ノ時ノ如シ
次ニ各退下
（注意）内閣總理大臣任官ノトキハ他ノ國務大臣又ハ内大臣宮内大臣任官ノトキハ内大臣内大臣其ノ他ノ宮内官任官ノトキハ宮内大臣ヲ以テ本儀ノ内閣總理大臣ニ代フ以下之ニ準ズ

○高等官官等俸給令（抄）
第一條　親任式ヲ以テ敍任スル官ヲ除クノ外高等官ヲ分テ九等トス親任式ヲ以テ敍任スル官及一等官二等官ヲ勅任官トシ三等官乃至九等官ヲ奏任官トス

議會會期等ニ關スル憲法義解ノ記述抄

第七條　天皇ハ帝國議會ヲ召集シ其ノ開會閉會停會及衆議院ノ解散ヲ命ス
恭テ按スルニ議會ヲ召集スルハ專ラ至尊ノ大權ニ屬ス召集ニ由ラスシテ議院自ラ會集スルハ憲法ノ認ムル所ニ非ス而シテ其ノ議スル所ノ事總テ效力ナキモノトス
召集ノ後議會ヲ開閉シ兩院ノ終始ヲ制スルハ亦均ク至尊ノ大權ニ由ル開會ノ初天皇親ラ議會ニ臨ミ又ハ特命勅使ヲ派シテ勅語ヲ傳ヘシムルヲ式トシ而シテ議會ノ議事ヲ開始スルハ必其ノ後ニ於テス開會ノ前閉會ノ後ニ於テ議事ヲナス者ハ總テ無效トス（以下略）

第四十二條　帝國議會ハ三箇月ヲ以テ會期トス必要アル場合ニ於テハ勅命ヲ以テ之ヲ延長スルコトアルヘシ
三箇月ヲ以テ會期トスル者ハ議事遷延シ窮期ナキコトアルヲ妨クナリ其ノ已ムヲ得サル必要アルニ當リ會期ヲ延長シ閉會ヲ延期スルハ亦勅命ニ由ル議會自ラ之ヲ行フコトヲ得サルナリ
議會閉會シタルトキハ會期ノ事務ハ終ヲ告ル者トシ特別ノ規定アル者ヲ除ク外議事ノ已ニ議決シタルト未タ議決セサルトヲ問ハス次回ノ會期ニ繼續スルコトナシ

第九節　議院法中改正法律案想定問答

一　衆議院提出議院法中改正法律案に関する説明資料

――第六十五回議会想定問題集――（昭和九年三月十日　入江俊郎作成）

質問項目

1　議院法中改正法律ニ関スル政府案ノ進捗状况如何
2　本案（衆議院提出議院法中改正法律案）審議中ニ於テ政府ハ別ニ政府案タル議院法中改正法律案ヲ提出スルノ意思アリヤ
3　議長副議長ノ任命ヲ親任式ヲ以テ行フノ可否（三Ⅱ）
4　部属廢止ノ可否（四、九五Ⅲ）
5　常置委員設置ノ可否（二〇、二〇ノ三、二〇ノ四、一二、二一Ⅱ、二二、二五、二八、三五、四五、八五）
6　任期満限ニ達シタル議長副議長ノ職務継續ニ関スル規定ヲ削除スルコトノ可否（一五）
7　不應召ノ議員ニシテ死亡シタル者ニハ當月迄ノ歳費ヲ支給スルコトニ改ムルノ可否（一九Ⅱ）
8　議院提出案ニ付出席議員三分ノ二以上ノ多數ヲ以テ議決シタルトキハ政府ノ同意ナキ場合ト雖モ之ヲ政府案ニ先チ議

題ト爲シ得ルコトトスルノ可否（二六）
9　政府案ノ撤回ハ議案ガ既ニ一院ヲ通過シタル後ニ於テハ其ノ院ノ同意ナクシテハ之ヲ爲スコトヲ得ザルコトトスルノ可否（三〇）
10　閉院式ニ付特ニ規定ヲ設クルノ可否（三六）
11　委員會ガ國務大臣ノ説明ヲ要求シ得ルコトトスルノ可否（四四）
12　國務大臣及政府委員ハ議員タル者ヲ除クノ外議院ノ會議ニ於テ表決ノ數ニ預ラザル旨ノ第四十五條ノ規定ヲ削除スルノ可否（四五）
13　請願書ハ哀願ノ体式ヲ用フベシトノ文言ヲ改メ相當ノ敬禮ヲ守ルコトヲ要スルノ文言ニ改メルコトノ可否（六八）
14　議長ノ命令遵奉ヲ確保スル爲議長ニ強キ權力ヲ認ムル規定ヲ設クルノ可否（八七ノ二、八七ノ三）
15　懲罰ニ関スル規定及議院内ニ於ケル紀律ニ関スル規定ヲ嚴重ナラシムルコトノ可否（八七ノ四、九三、九六Ⅰ）

1　問　議院法中改正法律ニ関スル政府案ノ進捗状況如何

答　去ル第六十四議會以後政府ニ於キマシテモ、議院法中改正ヲ要スベキ諸点ニ付鋭意研究ノ結果、現行議院法運用上ノ實際ヲ考慮シ、且前議會ニ衆議院ヨリ提出致サレマシタ法案ヲモ参考ト致シマシテ、差當リ適當ナリト認メラレマスル諸点ニ改正ヲ加フルコトトシ、該法律案ハ目下樞密院ニ御諮詢中デアリマスガ、申ス迄モナク議院法ハ憲法附属ノ重要法律デアリマシテ、之ガ改正ハ極メテ慎重ヲ要シマスル関係上、未ダ政府ヨリ帝國議會ニ提案スルノ捗ビニ至ッテ居リマセン。

2　問　本案（衆議院提出議院法中改正法律案）審議中ニ於テ政府ハ別ニ政府案タル議院法中改正法律案ヲ提出スルノ意思アリヤ

答　今回衆議院ヨリ提出致サレマスル議院法中改正法律案ヲ拝見致シマスルニ、ソノ内容ニ於テ政府ガ今回改正ヲ加ヘント致シマシタ諸点ハ、概ネ此ノ中ニ包含セラレテ居ルヨウデアリマスカラ、既ニ本案ガ議院ノ審議ニノボリマシタル以上、政府トシテハ別ニ政府案トシテ議院法中改正法律案ハ提出致サヌツモリデ居リマス。

3　問　議長副議長ノ任命ヲ親任式ヲ以テ行フノ可否（三五）

答　親任式ト云フ言葉ハ皇室儀制令中ニアリマスルガ、之ハ官吏ノ任命ノ場合ノコトデアリマス。故ニ官吏デナイ所ノ議長副議長ヲ親任式ヲ以テ任命スルト致シマスレバ、ソノ親任式ト云フノハ唯重要ナル國家機関ヲ天皇親シク任命シ給フト云フ意味ヲ明カニシタモノト解スル外ハナイト思ヒマスガ、用語ノ上ニ若干マギラハシイ点ガ生ジ儀制令トノ関係モ考慮スベキヨウニ思ハレマス。又現在宮中席次ニ於テモ議長副議長ノ地位ニ相當ノ差異ガアリマスノデ、之トノ関係上カラ申シマシテモ、議長副議長ヲ均シク親任式ヲ以テ任命スルト致シマスコトハ、猶充分考慮ヲ要スルヤウ考ヘラレマスシ、議院法第三條ハ衆議院ニノミ関スル規定デアル関係上、貴族院令十一條トノ関係モ研究セネバナリマセン。更ニ天皇親シク任命シ給フト云フコトハ、必ズシモ法律ヲ以テ規定セズトモ適當ニ措置スルコトガ出来ルヨウ思ヒマスノデ、政府ト致シマシテハ、本條ノ改正ハ猶慎重研究ヲ要スルモノト考ヘテ居リマス。

4　問　部属廢止ノ可否（四、九五Ⅲ）

答　現在、部ハ常任委員ノ選擧母体トシテ意味ガアルヨウニ思ヒマス。若シ之ヲ廢止致シマシテモ、常任委員ノ選擧上不便ナシト云フコトデ両院ニ於テ共ニ異議ガアリマセンケレバ、政府トシテハ敢ヘテ改正ニ反對デハアリマセン。

5　問　常置委員設置ノ可否（二〇、二〇ノ三、二〇ノ四、二一、二一Ⅱ、二二、二五、二八、三五、四五、八五）

答　常置委員ハ議會閉會中ニ於テ議案ノ豫備的審査ヲ爲スコトヲ其ノ任務トスルモノノ様デアリマスガ、憲法ガ議會ニ會期制ヲ認メテ居リマスル關係上、常置委員ノ爲ス審査ノ法律的効果如何ニ依テハ、憲法上慎重ニ考慮ヲ要スルノデハナカラウカト存ジマス。又常置委員ガ憲法上何等問題ナキモノデアルト致シマシテモ、之ニ依リ達成シヨウトスル目的ノ大体ハ、臨時議會、各種諮問委員會其ノ他政治上ノ諸手段等ニ依テ相當ノ程度迄解決スルコトガ出来ルト認メラレマスノデ、本案ハ猶充分慎重研究ヲ要スルモノト考ヘマス。

6　問　任期満限ニ達シタル議長副議長ノ職務継續ニ關スル規定ヲ削除スルノ可否（一五）

答　任期満限ニ達シタル議長副議長ノ職務継續ニ關スル規定タル第十五條ヲ削除シマスレバ、第三條第二項ノ規定ニ依リ書記官長ガ議長ノ職務ヲ代行スルコトトナルモノト存ジマスガ、議長ノ職務ヲ官吏タル書記官長ニ代行セシムルト云フコトハ成ルベク之ヲ避クルノガ相當ト認メラレマスノデ、直ニ之ニ賛成致シ兼ネルノデアリマス。

7　問　不應召ノ議員ニシテ死亡シタル者ニハ當月迄ノ歳費ヲ支給スルコトニ改ムルノ可否（一九II）

答　召集日前ニ死亡致シマシタ議員ニハ當月迄ノ歳費ヲ支給スルニモ拘ラズ、召集日以後ニ召集ニ應ゼズシテ死亡致シマシタ議員ニハ全然歳費ヲ支給シナイノハ、不權衡デアルト云フ理由デ之ヲ改正セントスルモノト存ジマスガ、タトヘカク改正致シマシテモ、死亡以外ノ已ムヲ得ナイ原因ニ依リ召集ニ應ジナカツタ者トノ間ニモ若干不權衡ガアルヨウニ考ヘラレマスシ致シマスノデ、更ニ精密ナ研究ヲ加ヘタ上周到ナ立案ヲ致サネバ所期ノ目的ヲ達シ難イヨウニ認メラレマス。

8　問　議員提出案ニ付出席議員三分ノ二以上ノ多數ヲ以テ議決シタルトキハ政府ノ同意ナキ場合ト雖モ之ヲ政府案ニ先チ議題ト爲シ得ルコトトスルノ可否（二六）

答　現在ノ實情ニ於キマシテハ、勅命ヲ奉ジテ政府ヨリ提出スル議案ハ國政運用上ノ中心ヲ爲シ豫算其ノ他ノ實行計畫ト密接ノ関係ヲ有スルモノデアリマシテ、之ヲ日程ニ組ミマス場合ニモ、他ノ議案ヨリモ先順位ト致シマスコトハ、國政運用ヲ円滑ナラシムル所以ト考ヘラレマスノミナラズ、之ヲ従來ノ儘ト致シマシテモ別段ノ弊害モナイヨウデアリマスカラ、本案ハ猶慎重研究ヲ要スルト存ジマス。

9

問　政府案ノ撤回ハ議案ガ既ニ一院ヲ通過シタル後ニ於テハ其ノ院ノ同意ナクシテハ之ヲ爲スコトヲ得ザルコトトスルノ可否（三〇）

答　實際ノ運用ニ置キマシテハ、政府案ガ既ニ一院ノ議決ヲ經テ他院ニ送付セラレマシタル後撤回セラルルト云フヤウナコトハ、余リナイト存ジマスガ、元来政府ハ其ノ案ガ両院ノ議決ヲ經マシタル後ニ於キマシテモ、更ニ其ノ御裁可ノ奏請ヲ致シマスル関係上、政府ニ於テ御裁可奏請ヲ適當ナラズト認ムルニ至リマシタ案デアリマス以上ハ、議會ニ於ケル審議ノ如何ナル段階ニ於テモ之ヲ撤回シ得ルコトト爲スヲ正當ト認メマスノデ、本案ニ付マシテハ慎重研究ヲ要スルモノト存ジマス。

10

問　閉院式ニ付特ニ規定ヲ設クルノ可否（三六）

答　閉會ニ関スル規定ハ現行規定ノ儘ニテ實行上何等ノ支障ナイモノト思ヒマス。現行規定ヲ基トシテ儀式其ノ他ノ手續モ確立セラレテ居リ、從來ノ經驗ニ徴シテ毫モ不便ハアリマセン。改正案ノ規定ハ開院式ノ場合ニ準ゼシメントスルモノデアリマスガ、開院式ト閉院式トハ事情ヲ異ニスル點ガアリマスカラ、規定ヲ同様ニスル必要ハナイト思イマス。又閉院式ナル言葉ハ現行議院法中ニハアリマセンガ、閉會ヲ命ゼラルル儀式ノ名稱トシテ實際上之ヲ用フルコトハ支障ナイト思ヒマス。

11

問　委員會ガ國務大臣ノ説明ヲ要求シ得ルコトトスルノ可否（四）

答　國務大臣ハ議會開會中ハ事務極メテ繁忙デアリマスノミナラズ、國務大臣本来ノ職務ノ重要性ニ鑑ミマシテモ、委員會ガ常ニ其ノ權能トシテ國務大臣ニ出席ヲ要求シ得ルコトト爲スハ果シテ當ヲ得タルモノデアルカ否カニ付、若干疑アリマスノミナラズ、現行法ノ下ニ於キマシテモ、實際ノ運用上ハ、國務大臣ハ出来得ル限リ委員會ニモ出席シ必要ニ應ジ説明ヲ致シテ居リマス樣ナ次第デアリマスカラ、特ニ規定ヲ改メル迄デノ必要ハナイヤウニ考ヘラレマス。

12　問　國務大臣及政府委員ハ議員タル者ヲ除クノ外議院ノ會議ニ於テ表決ノ數ニ預ラザル旨ノ第四十五條ノ規定ヲ削除スルノ可否（四五）

答　第四十五條ハ當然ノ事ヲ注意的ニ規定シタルモノカモ知レマセンガ、注意規定トシテデモ、現行法中ニ存置セラレテ運用上何等支障モナイノニ拘ラズ殊更之ヲ削除致シマスノハ、却テ議員タル國務大臣又ハ政府委員ハ其ノ特殊ナル地位ノ爲ニ例外トシテ議員ノ表決權ヲ行使シ得ナイコトトナルノデハナイカトノ疑問ヲ生ズルノ虞モアリマスノデ、特ニ之ヲ削除スル迄ノコトハナイヤウニ思ヒマス。

13　問　請願書ハ哀願ノ体式ヲ用フベシトノ文言ヲ改メ相當ノ敬禮ヲ守ルコトヲ要スルノ文言ニ改メルコトノ可否（六八）

答　本案ハ哀願ト云フ言葉ガ適當デナイカラト云フノデ請願令ノ規定ニ對照シテ「相當ノ敬禮ヲ守ル」云々ト改メヨウト云フノデアリマセウガ、元来請願書ガ相當ノ敬禮ヲ守リ提出セラルベキコトハ、憲法第三十條ニ明文ガ御座イマシテ、敢テ議院法中ニ之ヲ規定スル必要ガナイノデアリマス。請願令ハ右憲法第三十條ノ規定ヲ受ケマシテ若干ノ規定ヲ置イタノデアリマス。故ニ「哀願」ナル言葉ヲ他ノ適當ナル言葉ト致シマスコトニハ敢テ異存ハ御座イマセンガ、憲法ノ趣旨ヲ此處ニ繰返スヤウナ文言ト致シマスコトハ如何カト考ヘラレマス。

14　問　議長ノ命令遵奉ヲ確保スル爲議長ニ強キ權力ヲ認ムル規定ヲ設クルノ可否（八七ノ二、八七ノ三）

答　議長ヨリ議場外ニ退去ヲ命ゼラレマシタ者ガ其ノ命令ニ服シナイトキ之ニ對シ議長ノ命ズル登院停止ニ付キマシテ

ハ、其ノ観念ヤ、不明瞭ナルノミナラズ、右登院停止ノ効果ハ相當強大デアリマシテ、議長ノ議場整理權ノ範圍ヲ越エ懲罰ニ近キ性質ヲ有シ、懲罰トシテモヤ、苛酷ナル嫌ガアルヤウニ考ヘラレマスノデ、本案ハ直ニハ賛成致シ兼ネルノデアリマス。

15　問　懲罰ニ関スル規定及議院内ニ於ケル紀律ニ関スル規定ヲ嚴重ナラシムルコトノ可否（八七ノ四、九三、九六ノⅠ）

答　懲罰事犯トシテノ出席停止ヲ登院停止ニ改メ（九六Ⅰ）マスニ付キマシテハ、登院停止ノ觀念ガヤ、不明瞭ノ樣ニ考ヘラレマス。又ソノ登院停止ニ處セラレ之ニ從ハザル者ハ會期中ヲ通ジ登院ヲ停止ス（八七ノ四）ルト云フ点ハ、懲罰トシテハヤ、苛酷ノ嫌ヒガアリマス。更ニ議院内ニ於ケル議員間ノ出來事ニ對シテハ、議場及委員會ニ限ラズ構内一切ノ場所ニ於ケル出來事迄モ議院ニ訴ヘテ處分セントスル（九三）ノハ、議院自治ヲ餘リニ廣ク認メ過ギルモノノヤウニモ考ヘラレマス。元來議院内ニ於ル議員間ノ出來事ヲ其ノ議院ニ訴ヘテ處分スルト云フ議院自治ハ、議員ガ憲法第五十二條ニ依リ發言ノ自由ヲ有スル限度ニ於テ認メタモノト解スルノガ適當デアルト考ヘラレルカラデアリマス。以上ノ樣ナ理由ヲ持チマシテ本案ニ付テハ直ニハ賛成致シ兼ネルノデアリマス。

二　議院法中改正法律案（昭和九年一月二十三日　枢密院提出分）

(1)　議院法中改正法律案（昭和九年一月二十三日　枢密提出分）

議院法中左ノ通改正ス
第一條中「四十日」ヲ「二十日」ニ改ム
第三條第一項中「各三名ノ候補者ヲ選擧セシメ其ノ中ヨリ」ヲ「各候補者ヲ選擧セシメ」ニ改ム
第七條中「議長副議長ハ各一員」ヲ「議長ハ一人副議長ハ二人」ニ改ム
第十三條中「故障アルトキハ」ノ下ニ「議院ノ定ムル順序ニ依リ」ヲ加フ
第十九條第三項中「官吏」ヲ「有給ノ官吏又ハ待遇官吏」ニ改ム

第二十三條中第一項トシテ左ノ一項ヲ加フ
　全院委員會ハ傍聴ヲ禁ズ
第三十八條中「議長ハ直ニ傍聴人ヲ退去セシメ」ヲ削リ同條ニ左ノ一項ヲ加フ
　前項ノ發議アリタル場合ニ於テ議長必要ト認ムルトキハ直ニ傍聴人ヲ退去セシムルコトヲ得
第四十一條　削除
第四十八條第一項　第五十二條及第六十四條第二項中「三十人」ヲ「二十人」ニ改ム
第六十五條中「政府ニ送付シ事宜ニ依リ報告ヲ求ムルコトヲ得」ヲ「政府ニ送付スベシ」ニ改メ同條ニ左ノ一項ヲ加フ
　政府ハ前項ノ規定ニ依リ送付ヲ受ケタル請願ニ付其ノ處理ノ經過ヲ各議院ニ報告スベシ
　　附　則
本法施行ノ期日ハ勅命ヲ以テ之ヲ定ム

(2) 議院法中改正法律案理由書

從來ノ實情ニ顧ミ通常會召集ノ詔書公布ト集會期日トノ間ニ必要トセラルル期間ヲ二十日ニ短縮シ選擧上奏スベキ議長副議長ノ人數ヲ改正シ副議長ヲ二人ニ増員シ全院委員會ノ傍聴ヲ禁シ並ニ豫算案ノ修正動議、議員ノ政府ニ對スル質問、上奏建議ノ動議及請願事件ノ付議ニ必要ナル賛成議員數ヲ二十人ニ改ムル等議院法中改正ヲ要スルモノアリ是レ本案ヲ提出スル所以ナリ

(3) 議院法中改正法律案説明

從來ノ實情ニ顧ミ議院法中左ノ諸點ヲ改正セントス
一　現行法ニ於テハ通常會ノ召集ノ詔書公布ノ日ト集會期日トノ間ニ必要トセラルル期間四十日トアルヲ二十日ニ改ムルコト（第一條）
蓋シ國内ノ交通通信状況ハ議院法制定當時ニ比シ著シク進歩ヲ來シ且從來臨時議會ニ付テ大體二十日前後ノ期間ヲ置クノ例ナリシニ徴シ今日ニ於テハ通常會ニ付テモ二十日ヲ以テ足ルモノト認メラルルニ由ル　本件ニ付テハ両院共賛成ナ

リ

二　現行法ニ於テハ衆議院ノ議長候補者及副議長候補者各三人ヲ選擧上奏スルコトトナリオルモ之ヲ最適任者ト認ムベキ者ヲ必要數丈選擧上奏スルコトニ改ムルコト（第三條第一項）
蓋シ從來各三人ノ候補者ヲ選擧シテ上奏シタルニ對シ各第一順位者ヲ勅任セラルルノ例ナリシガ候補者ヲ選擧スルニ當リテハ各議院ニ於テ愼重考慮ノ上最適任者各必要數丈選擧上奏スルヲ相當ト認メラルルニ由ル　本件ハ衆議院ハ贊成ナリ

三　副議長一人ヲ二人ニ増員スルコト（第七條）
蓋シ一面議院ノ事務逐年繁劇ヲ加ヘ來リタルト、他面閉會中ニ於テハ假議長選擧ノ途ナキヲ以テ副議長ヲ二人ニ増員シ事務遂行ノ圓滑ヲ計ルノ要アルニ由ル　本件ハ兩院共贊成ナリ

四　副議長二人トナルニ伴ヒ其ノ議長ヲ代理スル順序ヲ豫メ其ノ議院ニ於テ定ムルコトトナスコト（第十三條）
蓋シ副議長二人トナル結果副議長ガ議長ヲ代理スル順序ヲ定ムルコトヲ要シ而シテ其ノ順序ハ豫メ當該各議院ニ於テ之ヲ定メシムルヲ相當ト認メラルルニ由ル

五　第十九條第三項中「官吏」ヲ「有給ノ官吏又ハ待遇官吏」ニ改ムルコト（第十九條第三項）
蓋シ單ニ「官吏」ト云ヘバ文字トシテハ無給ノ官吏ヲモ含ミ得ルノミナラズ待遇官吏ヲ含ムヤ否ヤニ付テモ疑アルヲ以テ法文ノ趣旨ヲ明瞭ナラシムル爲字句ヲ改ムルノ要アルニ由ル

六　全院委員會ノ傍聴ヲ禁止スルコト（第二十三條）
蓋シ全院委員會ノ會議ハ議院ノ本會議ト異リ懇談的ニ議案ヲ審査スルヲ適當トスルモノナルヲ以テ之ガ會議ハ傍聴禁止トスルノ要アルニ由ル　本件ハ衆議院ハ贊成ナルモ貴族院ハ默ナリ

七　秘密會議ノ發議アリタルトキト雖モ原則トシテ傍聴人ヲ退去セシメズシテ可否ヲ決スルコトトシ唯議長ニ於テ特ニ必要アリト認メタルトキニ限リ傍聴人ヲ退去セシメテ可否ヲ決スルヲ得ルコトト爲スコト（第三十八條）
蓋シ現行法ノ如ク秘密會議ノ發議アリタルトキハ常ニ必ズ傍聴人ヲ退去セシメタル後可否ヲ決スルコトトナスハ必要ノ程度ヲ越エ徒ラニ混雜ヲ招クコトアルヲ以テ傍聴人ノ退去ハ議長ガ特ニ必要ト認メタル場合ニノミ限ルヲ相當トスルニ由ル　本件ハ兩院共贊成ナリ

八　豫算案ノ修正動議（第四十一條）、議員ノ政府ニ對スル質問（第四十八條）、上奏又ハ建議ノ動議（第五十二條）、請願事件ノ付議（第六十四條）ニ付必要トセラルル賛成議員數三十人ヲ二十人ニ改ムルコト

蓋シ現行法ニ於テ此等ノ場合ハ三十人ヲ必要トスルモ、事ノ性質ニ顧ミ及從來ノ實情ニ徴シ二十人ト爲スヲ相當ト認メラルルニ由ル　而シテ之ガ爲第四十一條ハ第二十九條ノ一般規定ノ中ニ吸収セラレ不必要トナルヲ以テ之ヲ削除セントス　本案ハ両院共賛成ナリ

九　各議院ヨリ政府ニ送付アリタル請願ニ付テハ敢テ議院ノ請求アルヲ待タズ政府ヨリ自ラ其ノ處理ノ經過ヲ各議院ニ報告スルコトト爲スコト（第六十五條）

蓋シ右ハ趣旨ニ於テ不可ナラズ且現在ニ於テハ大体政府ハ委員會ニ於テ同趣旨ノ報告ヲ爲シ居ル實情ナルヲ以テ現在爲シ居ル報告ノ程度ニ於テ政府ヨリ自發的ニ報告ヲ爲スコトトシ議會ノ希望ニ沿フコトト爲サントス　本件ハ両院共賛成ナリ

右改正案ハスベテ去ル第六十四議會衆議院提出法律案中ニ包含セラレ居リタル事項ナルモ同法律案中ニ表ハレ而カモ今回ノ改正案ニ採用セザリシ事項及今回之ヲ採用セザリシ理由左ノ如シ

一　議長ノ命令遵奉ヲ確保スル爲議長ニ強キ權力ヲ認メ及議長副議長ノ地位ヲ高ムルコト（八七ノ二、八七ノ三、三Ⅱ）

改正案ハ議長ヨリ議場外ニ退去ヲ命ゼラレタル者其ノ命ニ服セザルトキハ議長ハ之ニ登院停止ヲ命ズルヲ得ルコトト爲シ右登院停止ニ強力ナル効果ヲ認メ（八七ノ二、八七ノ三）及議長及副議長ノ地位ヲ高メンガ爲其ノ任命ハ親任式ヲ以テ之ヲ行フコトト爲サントス（三Ⅱ）然レドモ所謂登院停止ノ観念ヤ、不明瞭ナルノミナラズソノ効果ガ議長ノ議場整理權ノ範囲ヲ越エ懲罰ニ近キ性質ヲ有スルノミナラズ懲罰トシテモヤ、苛酷ナル点アルヲ以テカ、ル新タナル制度ヲ認ムルガ爲ニハ猶慎重考慮ヲ要スル点アリ　又官吏ナラザル者ヲ親任式ヲ以テ任命スルトセバ其ノ親任式ハ儀制令ニ所謂親任式ニ非ズ（儀制令ノ親任式ハ任官ノ場合ノ規定ナリ）シテ唯天皇親シク任命ヲ行ヒ給フコトトナルベキモ之ヲ實質的ニ考フルニ議長副議長ノ双方ヲ共ニ親任式ヲ以テ任命スト爲スハ現在宮中席次ニ於テモ二者ノ地位ニ相當ノ差異アルヲ以テ之トノ関係モ考慮セザルベカラザル点アリ且親任式ヲ以テ命スルヤ否ヤハ必ズシモ法律ヲ以テ規定セズトモ適當ニ措置スルノ途アルベキヲ以テ更ニ研究ヲ要スルモノアリ

猶本件ニ對スル貴族院ノ意見ハ黙ナリ

二　部属ヲ廢止スルコト（四、九五Ⅲ）

改正案ハ現在部ハ常任委員ノ選擧母体トシテノミ存在スルヲ以テ之ヲ廢止シ事務ノ簡便ヲ計ラントスルニ在リ然レドモ之ヲ廢止スルコトニ依リ常任委員ノ選擧上不便ナシトスレバ格別、本改正案ニ對シテハ貴族院ハ反對ノ意見ヲ有スルヲ以テ今回ハ採用セズ

三　不應召ノ議員ニシテ死亡シタル者ニハ當月迄ノ歳費ヲ支給スルコト（一九Ⅱ）

改正案ハ召集日前ニ死亡シタル議員ニハ當月迄ノ歳費ヲ支給スルニ拘ラス召集日以後ニ應召セズシテ死亡シタル議員ニハ全然歳費ヲ支給セザルハ不權衡ナルヲ以テ之ヲ改正セントスルニ在リ然レドモ本改正案ニ依ルモ死亡以外ノ原因ニ依リ召集ニ應ゼザリシ者トノ間ノ不權衡ハ之ヲ避ケ難ク本件ハ一應現行制ノ儘トスルカ又ハ更ニ精密ナル研究ヲ加ヘタル上周到ナル立案ヲ計ルカイズレカヲ相當トスベク今回ハ之ヲ採用セズ

本件ニ對スル貴族院ノ意見ハ黙ナリ

四　議員提出案ニ付出席議員三分ノ二以上ノ多數ヲ以テ議決シタルトキハ政府ノ同意ナキ場合ト雖モ之ヲ政府案ニ先チ議題ト爲シ得ルコト（二六）

現在ノ實情ニ於テハ勅命ヲ奉ジテ提出スル政府案ハ國政運用上ノ中心ヲ爲シ豫算其ノ他ノ實行計畫ト密接ノ関係ヲ有スルモノナルヲ以テ之ニ日程上ノ先順位ヲ與フルハ國政運用ヲ円滑ナラシムル所以ナルノミナラズ従来ノ儘トスルモ別段ノ弊害アルヲ認メザルヲ以テ之ヲ採用セズ

本件ニ関スル貴族院ノ意見ハ黙ナリ

五　政府案ノ撤回ハ議案ガ既ニ一院ヲ通過シタル後ニ於テハ其ノ院ノ同意ナクシテハ之ヲ爲スコトヲ得ザルコトトシ其院ガ之ニ同意シタルトキハ之ヲ他ノ議院ニ通知スベキコトトナスコト（三〇、五四）

實際ノ運用上ハ既ニ他院ニ送付セラレタル後撤回スルガ如キコトハ多カラザルベキモ元来政府ハ其ノ案ノ御裁可奏請ニ付権限ヲ有スルモノナルヲ以テ政府ニ於テ御裁可奏請ヲ適當ナラズト認メラルル案ナル以上議會ニ於ケル審議ノ如何ナル段階ニ於テモ之ヲ撤回シ得ルノ自由ヲ有スルヲ正當ト認ム依テ本件ハ之ヲ採用セズ

本件ニ関スル貴族院ノ意見ハ黙ナリ

六　閉院式ノ規定ヲ設クルコト（三六）及委員會ガ國務大臣ノ説明ヲ求ムルコトヲ得ルコトトスルコト（四四）
閉院式ハ開院式トソノ性質ヲ異ニスル点アリ實際ノ手續ニ於テモ二者差異アリテ此ノ点ハ現行法ヲ相當トスベク又委員會ガ國務大臣ノ説明ヲ求メ得ルコトトナスハ國務大臣ノ繁忙且重要ナル職務ノ實際ニ考ヘ當ヲ得ルモノナリヤ否ヤ疑アリ現行法ノ下ニ於テモ實際ノ運用ニ依リ別段ノ支障ナシト認メラル、ヲ以テ共ニ今回ハ之ヲ採用セズ

七　懲罰ニ関スル規定及議院内ニ於ケル紀律ニ関スル規定ヲ嚴重ナラシムルコト（八七ノ四、九三、九六Ｉ）
改正案ハ懲罰事犯トシテソノ出席停止ヲ登院停止ニ改メ（九六Ｉ）而シテソノ登院停止ニ處セラレ之ニ従ハザル者ハ會期中ヲ通ジ登院ヲ停止シ（八七ノ四）又議院内ニ於ケル議員間ノ出来事ニ對シテハ議場及委員會ニ限ラズ構内一切ノ場所ニ於ケル出来事迄モ議院ニ訴ヘテ處分セントスル（九三）モノナリ
然レドモ登院停止ノ觀念ヤ、不明瞭ナルノミナラズ會期中ノ登院停止ハ懲罰トシテモヤ、苛酷ナリ又議院内ニ於ケル議員間ノ出来事ヲ其ノ議院ニ訴ヘテ處分スルハ議員ガ憲法第五十二條ニ依リ發言ノ自由ヲ有スル限度ニ於テ議院ノ自治ヲ認メタルモノト解スルヲ相當トシ共ニ特ニ現行制ヲ改ムルノ要ナシ故ニ之ヲ採用セス

八　第十五條及第四十五條ヲ削除スルコト
本件ニ對スル貴族院ノ意見ハ黙ナリ
第十五條ノ削除ハ任期満限ニ對シタル議長副議長ノ職務継續ニ関スル規定（第十五條）ヲ削除シ第三條第二項ノ規定ニ依リ書記官長ヲシテ議長ノ職務ヲ代行セシムルコトトセントスルモノナルモ議院ノ性質ニ顧ミ議長ノ職務ヲ官吏ル書記官長ニ代行セシムルコトヲ成ルベク避クルヲ相當ト認メラルルヲ以テ賛成シ難シ
又第四十五條ノ削除ハ國務大臣及政府委員ハ議員タル者ヲ除クノ外議院ノ會議ニ於テ表決ノ數ニ預ラザルコトヲ定メタル同條ノ規定ハ當然ノ事ヲ規定シタルニ止マリ敢ヘテ明文ヲ待ツノ要ナキヲ以テ之ヲ削除セントスルモノナルモ注意規定トシテ現行法中ニ存置セラレ運用上何等ノ支障ナキニ拘ラズ殊更之ヲ削除セントスルハ却テ議員ニシテ國務大臣又ハ政府委員タル者ハ其ノ特別地位ノ爲例外トシテ議員ノ表決權ヲ行使シ得ザルニ非ズヤトノ疑問ヲ生ズルノ虞ナキニ非ザルヲ以テ賛成シ難シ

九　常置委員ヲ設クルコト（二〇ノ三、二〇ノ四、一二、一九Ⅲ、二一Ⅱ、二二、二五、二八、三五、四六、八五）
改正案ハ最近議案激増シ且内容モ頗ル複雑トナリタル現状ニ於テハ通常會ノ會期三月ヲ以テシテハ十分ノ審議ヲ盡シ

難キヲ以テ新ニ常置委員ヲ設ケ議會閉會中ニ於テモ次會ニ提出スベキ議案ノ豫備的審査ヲ爲シ得ルコトトナサントスルニ在リ

然レドモ常置委員制ハ憲法ノ認ムル議會ノ會期制トノ関係上議會閉會中該委員會ノ活動ヲ認ムルコトハ法理上及實際上研究ヲ要スベキモノ尠カラザルノミナラズ常置委員會制ニ依リ達成セントスル目的ノ大体ハ臨時議會制、各種諮問委員會制其ノ他政治上ノ諸手段ニ依リテモ或程度迄之ヲ解決スルヲ得ベキ次第ナルヲ以テ之ガ設置ハ猶充分研究ヲ要スルモノアリト認ム

本件ニ對スル貴族院ノ意見トシテハ他ニ會期運用ノ方法ヲ講ズルヲ可トシ本制度新設ニ付テハ慎重考慮ヲ要スト云ヘリ

十　請願書ハ哀願ノ体式ヲ用フベシトノ文言ヲ改メ相當ノ敬禮ヲ守ルコトヲ要スルノ文言ニ改メルコト（六八）

改正案ハ哀願ナル語ガ適當ナラザルヲ以テ請願令ノ規定ニ對照シテ「相當ノ敬禮ヲ守ルヘキ」旨ニ改メントスルモノナリ

然レドモ請願書ガ相當ノ敬禮ヲ守リ提出セラルベキコトハ憲法第三十條ノ明文ノ存スルトコロニシテ敢ヘテ議院法中ニ之ヲ規定スルノ要ヲ見ズ請願令モ同様ニシテ唯同令ト右憲法第三十條ノ規定ヲ受ケ若干ノ規定ヲ置クノミナリ　依テ之ヲ採用セズ

三　議院法中改正法律案に對する意見一覧表

條文	項目	意見
第一條	召集詔書公布ニ関スル期間短縮	可
第三條 第一項	(一) 議長副議長候補者數ノ変更	可
	(二) 議長副議長ノ親任式ニ依ル任命	慎重研究
第四條	部属廃止	留保
第七條	副議長ヲ二人トス	可（注意付）

第十二條	常置委員會関係事項	常置委員制ヲ先決問題トス
第十五條	議長副議長職務継属規定ノ削除	留保
第十九條	(一) 死亡者ノ歳費	留保
	(二) 「官吏」ヲ「有給官吏」トス	可（注意付）
	(三) 常置委員ノ手當	常置委員制ヲ先決問題トス
第二十條	常置委員	慎重研究
第二十條ノ二	部制廃止ニ伴フ常任委員ノ選擧方法	部制廃止ニ伴フ
第二十條ノ三 第二十條ノ四 第二十一條 第二十二條	常置委員ノ権能	慎重研究
第二十三條	(一) 全院委員會傍聴禁止	可
	(二) 常置委員関係規定	常置委員制ヲ先決問題トス
第二十五條	継續委員廃止	慎重研究
第二十六條	政府案ノ議事日程順序	慎重研究
第二十八條	常置委員関係事項	常置委員制ヲ先決問題トス
第三十條	政府案ノ撤回権制限	慎重研究
第三十五條	常置委員関係事項	常置委員制ヲ先決問題トス
第三十六條	閉院式規定	慎重研究
第三十八條	秘密會発議ニ関スル規定	可
第四十一條	豫算案修正動議賛成者數	可
第四十四條	委員會ヨリ國務大臣ノ出席要求	留保
第四十五條	注意規定ノ削除	留保

第四十六條	常置委員關係事項	常置委員制ヲ先決問題トス
第四十八條	質問所要賛成者數	可
第五十二條	建議動議所要賛成者數	可
第五十四條	第三十條改正ニ伴フ改正	第三十條ニ伴フ
第六十四條	請願付議所要人員數	可
第六十五條	請願處理經過報告義務	條件付可
第六十八條	請願形式	可
第八十五條	常置委員關係事項	常置委員制ヲ先決問題トス
第八十七條ノ二	議長ノ命スル登院停止	留保
第八十七條ノ三 第八十七條ノ四	會期中登院停止	留保
第九十三條	議院内ノ誹毀侮辱	留保
第九十五條	部廢止ニ伴フ改正	部廢止ヲ先決問題トス
第九十六條	懲罰トシテノ登院停止	留保

四　常置委員に関する諸考察（金森徳次郎作成）

一　憲法ニ認メタル議會ノ會期制ト常置委員會トノ関係

我カ憲法ノ下ニ於テ議會ハ常置議會ニ非ズ又自集ノ權ヲ有スルモノニ非ズ其ノ行動ハ會期内ニ限ラレ其ノ開會ハ一ニ勅命ニ依ル會期外ニ於テ議會ガ憲法上ノ權能ヲ行使シ得ベキニ非ザルコトハ明ナリトス而シテ議會ノ委員會ハ本會議ノ派生トシテ行動スルモノニ外ナラザルヲ以テ是レ又會期外ニ於テ行動シ得ザルコトヲ當然トス果シテ然ラバ議會ノ委員會タル常置委員會ガ議會閉會中ニ於テ其ノ權能ヲ行使シ得ルモノト爲ス理由如何ニ付疑ナキヲ得ザルナリ

之ニ付強イテ解釋ヲ試ムレバ
(1) 閉會中ニ憲法上ノ議會作用トシテ行動スルモノト解スルコトハ會期制度ノ本義ニ照シ甚ダシク違憲ノ疑アリ
(2) 恐クハ閉會中ノ行動ニ関スル限リ憲法上ノ議會ノ作用ヲ行フモノニ非ズ唯其ノ作用ヲ實質上補充スルノ意味ヲ有スルモノナルベシ従テ其ノ行動ハ憲法上ノ効力ヲ有スルモノニ非ズシテ議院法上ノ効力ヲ有スルモノタリ
(3) 既ニ議院法上ノ効力ヲ有スルノミトスレバ憲法上組織セラレタル議會ノ構成員ニ對シ議院法ニ依ル特殊ノ作用ヲ認メ特殊ノ権限ヲ認メタルモノト解スベシ従テ
(イ) 其ノ間議員ハ憲法第五十二條ノ特権（言論ノ自由）ヲ有セズ
(ロ) 其ノ間議員ハ憲法第五十三條ノ特権（身体ノ自由）ヲ有セズ
ト解シテ可ナルベシ
（注意　以上ノ諸點ニ付テハ現行継續委員制ニ付テモ同様ノ疑起リ得唯常置委員制ノ場合ニ比シ實際的ニ重要ナラザルノミ）
假ニ右(2)ノ如キ趣旨ニ於テ常置委員制ヲ考フレバ憲法的疑義ハ解決スルガ如キモ憲法上ノ作用ニ非ザルモノヲ憲法上ノ行為ナルガ如キ外觀ヲ有セシムルコトノ妥當不妥當ノ問題ハ残ルモノトス
（尚或ハ論ヲ爲スモノアリ得ベシ憲法ガ會期制ヲ認ムルハ本會議ノミニ関ス委員會ニ関スルモノニ非ズト然レトモ従來一般ニハ（即チ継續委員ヲ除キテハ）本會議ヲ開キ得ザル期間ニ委員會ヲ開キ得ルモノト考ヘラレタルコトナシ）

二　憲法ガ會期制ヲ認メタル趣旨ト常置委員會トノ関係

憲法ガ會期制ヲ認メタルハ如何ナル趣旨ニ基クヤハ法文ニ依リ明ニスルヲ得ザルモ實際ノ結果ヨリ推論スルトキハ一面ニ於テ議事ノ停滞ヲ防止シ他ノ一面ニ於テ行政部ガ會期外ニ於テ専心行政ニ没頭シテ畫策経營ヲ計ルヲ得シムルニ在ルベシ即チ議會ノ権能ヲ尊重スルノ見地ヨリスレバ議會ヲ常置制タラシムルモ一理アリ然レドモ常置ノ制常ニ必ズシモ有利ナリト言ヒ難ク立法部ト行政部トノ間ニ適當ノ調和ヲ要セシメ各種機能ノ行使ヲ高能率的ニ行ハシムルニ意ヲ用フル爲憲法ガ會期制ヲ設ケ常會及臨時會竝ニ衆議院解散後ノ議會ヲ設ケラレシモノト断スレハ誤ニ非ズト信ズ果シテ然リトスレバ議院會期ノ外ニ常置委員ヲ設ケ恰モ小議會常置セラルルカ如キ結果ヲ誘發スルコトアルベキ制ヲ法律ヲ以テ設クルコト果シテ憲法ノ趣旨ニ合スルモノナリヤ特ニ慎重ナル攻究ヲ要スル點ナリ

三　會期制ヨリ生ズル不利益ト常置委員制

憲法ノ會期制ニ伴フテ利益ノ點モ不利益ノ點モアリ之ヲ綜合考慮シ最善ノ結果ヲ得ル爲憲法規定ハ制定セラレンモノナルベキモ假ニ不利益ノ方面ノミヨリ言ヘバ會期制ヨリ生ズル左ノ三點ヲ考フルコトヲ得

(一) 複雜長文ノ法律ニ付テハ審査ノ期間ニ乏シ

(二) 臨時突發スル重大案件ニ付議會ノ協賛ヲ求ムルニ不便ナリ

(三) 會期外ニ於テハ政府ノ行爲ヲ問訊シ批判スル機會ナキヲ以テ行政部監督ニ不便ナリ

右ニ付考フルニ

(一) 不利益ノ點ハ勿論理論上之ヲ考ヘ得レドモ議會ノ職能ハ大局ニ重點ヲ置クベキナルヲ以テ實際ニハ大ナル支障ヲ生ゼザルモノノ如シ議案ニシテ論究日ヲ重ネテ結論ヲ見ルニ至ラザル場合ハ多クハ實際協贊ヲ得ルノ見込ナキ議案タルベシ又之ニ關連シテ實際上ノ措置トシテ複雜長篇ノ法律案ノ場合ニハ豫メ議會外ノ委員會等ニ於テ其ノ實質ニ付充分調査論究セラレ議員トノ連絡モ整ヒ議會ノ議決ハ主トシテ政治的判斷ニ屬スル場合多シ而シテ特ニ何等カノ理由ニ依リ必要アル場合ニ於テハ現行制度トシテ繼續委員ノ制ニ依ルノ途アリ

(二) 不利益ハ實際ノ必要ニ應ジテ臨時議會ヲ召集スルノ途アリ近時此ノ方法頻ル用ヒラル外ニ憲法第八條第七十條ノ途モアリ事情ニ即シテ適當ノ途ヲ講ズルニ不便ナシ

(三) 不便即チ常時政府監督ノ權能ヲ行使スルコトニ付テハ理論上ノ不便アルヲ免レズ形式的ニ此ノ權能行使ノ完全ヲ期セントセバ常置議會ノ制ヲ認ムルニ優ルコトナシ然レドモ常置議會制ヲ認ムルトキハ常ニ議會トノ交渉ニ忙殺セラレ必要ナル政策ヲ考慮スルノ時間ニ乏シクシテ行政ノ能率ハ著シク阻害セラルベキノミナラズ政府ト議會トノ間ニ存スル不斷ノ論戰ノ爲ニ政爭ハ著シク激成セラルル憂增加スルト共ニ常置制ノ結果ハ議員ヲシテ必然的ニ職業的政治家タラシムルカ又ハ議員ヲシテ政治ニ對スル關心ヲ薄クセシムルカノ何レカノ極端ニ陷リ易シ而シテ他面政治上政府ヲ監督スルニ付テハ議會制度ヲ背景トシテ議會以外ニ於テ種々ノ途ヲ講ズルノ餘地アルベシ從ツテ常置議會タラズトモ政治ノ實際ニ於テ大ナル支障アリト考フル得ザルナリ(例　政治的ニ臨時議會召集ノ希望ヲ表明スル等)又緊急勅令制定等ニ付テハ樞密院ノ制モアリテ權力濫用ノ虞ナカルベシ常置委員會ノ制ヲ設クルコトニ付（從來ノ繼續委員制ト異リテ）特ニ利益アリトセバ恐ラク前述スル所ノ政府監督作用ノ行使ニアラン欧州戰後新生ノ中欧諸國ニ類似ノ委員會制

ノ生ジタル理由亦玆ニ在リト察セラル旧國體及旧政體ヲ離レテ新生シタル此等ノ國ノ國情ニ依ツテ生シタル諸制度カ果シテ我國ノ範ト爲スニ足ルベキヤハ慎重ニ考慮ヲ要スル所ナルガ政治ノ安定ヲ期シ行政ノ能率ヲ發揮シ而シテ議會政治ノ効果ヲ収ムルニ付未ダ以テ現制度ニ優ルトノ確信ヲ得ルニ至ラザルコト上述ノ如シ

四　常置委員設置ニ關シ消極的態度ヲ執ルノ基礎タル諸點ヲ摘出

(1)　憲法ノ會期制トノ関係如何　會期外ニ憲法上ノ議會作用ヲ爲サシムルノ考ニ非ズヤノ疑アリ

(2)　若シ憲法ニ關係ナク議院法ニ依リ認メタル特殊ノ制度ナリトスレバ、其ノ議事ノ効力ヲ如何ニ取扱フベキカ。憲法上ノ權威ナキモノトシテ取扱フノ外ナカルベク、然ラバ議院法中ニ規定スルハ寧ロ不當ニ非ズヤ

(3)　提案セラレタル常置委員制ハ憲法ノ會期制度設置ノ趣旨（精神）ニ及シ特ニ意ヲ用ヒラレタル會期制度ノ精神ト調和セサルモノニ非ズヤ從テ現行憲法ノ下ニ之ヲ設クルコトハ特ニ考慮ヲ要スルニ非ズヤ

(4)　其ノ權能ハ何レニ在リヤ提案ニ依レハ從來ノ継續委員ノ權能ニ加フルニ閉會中政府ヨリ審査ヲ要求シタル事項ノ審査及政府ニ出席説明ヲ求ムルコトニ在ル如シ後ノ二點ニ付テ考フルニ實質トシテ何事ヲ豫期スルモノナリヤ前者ハ將来ノ議案ノ下審査ノ意味ナリヤ勅旨ノ奉ジテ斯カル下審査ヲ要求スルトコ果シテ想像シ得ヘキヤ或ハ勅旨ヲ奉スルニ非ズシテ國務大臣單獨ニ下審査ヲ要求スルコトヲ豫想スルモノナリヤ又後者ニ付テ言ヘバ審査案件無キニ拘ラス政府ニ對シテ出席説明ヲ求ムルトハ何ヲ意味スルヤ或ハ一般行政監督ヲ意味スルモノナリヤ等ニ付テ充分ノ了解ニ達セズ

(5)　常置委員會ノ目的ハ主トシテ行政監督ノ目的ヲ達スルニ在ランカ（議案説明者ノ言葉ヨリ察ス）又設置セラルトセハ實際ニ於テ其ノ方向ニ發展スベキコトハ想像ニ難カラサルガ、其ノ結果ヲ憶測スルトキハ實際上一種ノ常置議會制ト爲ルモノニ非スヤ、而シテ之カ爲ニ行政ノ遂行ノ圓満ヲ妨ケ政争ヲ繁クシ議員ヲ職業化セシムルコトナキヤ

(6)　現在ノ實情ニ於テ果シテ右ノ如キ主トシテ政府監督ノ作用ヲ行フ常置機関ヲ必要トスルヤ革命後ノ獨逸其ノ他ニ類例アル如キモ果シテ我國情ニ於テ必要アルベキヤ通常會アリ臨時會ノ制アリ樞密院アリ、言論ノ途社會的ニ具ハリ政治上ノ交渉ハ種々ノ方法アルニ當リ尚此ノ種ノ機関ノ特設ヲ必要トスルヤ

(7)　假ニ政府監督ノ必要アリトセバ此ノ種ノ委員會カ果シテ如何ナル効果ヲ有シ得ベキヤ議會自体ニ非サル小教議員カ直ニ政府ノ責任ヲ問フハ甚タ憲法ノ精神ニ反スベクサリトテ單ニ出席説明ヲ求ムルノミニテハ特別ノ利益ヲ認メ得サルニ似タリ

(8)　此ノ委員會ニ權威ヲ認ムルトセバ委員ノ言論ノ自由委員ノ身体ノ自由ヲ認ムルト共ニ委員ノ懲罰制度ヲモ認メ又其ノ活動ニ對シテ停會ノ制ノ如キヲ認ムルノ必要ナキヤ又之ヲ實行スル方法アリヤ

(9)　委員會ト委員ノ任期終了トノ関係ハ如何ニ考フベキヤ例ヘハ閉會中衆議院議員ノ任期終了アリタル場合ニハ衆議院ノ常置委員ハ消滅スルモノナリヤ然ラハ之ニ審査ヲ求メタル事項ハ総テ効力ヲ失フヤ此ノ場合貴族院ノ常置委員ハ依然トシテ存在スルヤ若シ然リトセバ此ノ際議案ハ依然後會ニ継續スルヤ（衆議院議員ノ総選擧アリタルニ拘ラズ）又斯クノ如キハ憲法第四十四條（二院同時開會ノ原則）又ハ其ノ精神ト反スルコトナキヤ又貴族院ニ於テ閉會中伯子男爵議員又ハ多額議員等ニ総選擧アリタル場合ニ委員會ニ何等ノ影響ナシト解シテ可ナリヤ

(10)　閉會中審査ヲ要求（第二十條ノ三第一項三號）セラルルモノハ委員會ナリヤ又議院ナリヤ第二十條ノ四ノ文言ニ依レバ議院ナルカ如クニモ考ヘラル果シテ然ラハ議院ハ閉會中政府ノ要求ヲ受理スル權能アルモノナリヤ又若シ審査ノ要求ヲ受クルモノハ委員會ナリトスレバ該審査ハ議院ニ諮ルコトナク委員會ヨリ政府ニ申報スルモノナリヤ

(11)　前號ノ場合ニ若シ議院カ審査スルモノナリトスルカ又ハ議院ニ諮ルモノナリ（第二十四條ノ報告義務規定参照）トスレバ要スルニ院議ト爲ルモノナリ若シ然リトスレバ政府ガ両院各別ニ審査ヲ要求シタル場合（第二十條ノ四）ニ両院ノ審査カ異リタル結果ト爲ルトモ何等支障ナキヤ一事不再理ノ原則ヲ適用セラレサルヤ

(12)　第三十條ノ改正ニ依リ政府ハ議案撤回ニ付テ院ノ同意ヲ要スルコトトナル從テ政府案カ甲院ヲ通過シ乙院ニ於テ常置委員ニ付託セラルル場合ニ政府該案ヲ撤回セントスルモ閉會中ナル爲甲院ノ同意ヲ得ルノ途ナク從テ其ノ間撤回ノ途ナキコトト爲ル之ニテ差支ナキヤ

五　衆議院における継續委員會問題發生の沿革

第一回議會明治二十四年三月四日ノ會議ニ於テ
松南宏雅君ハ左ノ動議ヲ提出ス
　議院法第二十五條ノ審査委員ヲ選ム爲ノ審査ヲ爲スタメ特別委員ヲ設クヘシ
髙木正年君ハ右動議ニ對シ補足ス

本日直ニ特別委員ヲ各部ニ於テ選ミ明日ノ本會迄ニ議シ継續委員ニ付スヘキ事柄若クハ其ノ員數竝ニ其他ノ條件ヲ委員ノ意見トシテ提出シ其意見ニ依テ議會ノ方針ヲ定ムヘシ

松南君モ右意見ニ賛成シ直ニ可決シ各部ヨリ一名宛ヲ選擧シ即日委員長及理事ヲ互選シ引續キ審議同日報告書ヲ議長ニ提出ス翌五日本會議劈頭委員長楠本正隆君ハ口頭報告ヲ爲シタルモ採決ニ至ラス翌六日議事日程第四ニ「継續議案選擇特別委員報告」トシテ掲ケタルモ審議ニ入ラス翌七日（會期最終日）議事日程第四ニ之ヲ掲ケ其ノ審議ニ入ラントシ議場騒擾ノ爲休憩シ再會シタルモ時刻切迫ノ爲遂ニ審議ニ至ラザリキ

第三回議會

明治二十五年六月四日　野出鍋三郎君提出登記法改正法律案ノ第一讀會ノ續ヲ開キタルトキ其ノ審査ヲ付託セラレタル特別委員ハ継續委員ヲ置キ之ヲ審査セシムヘキコトヲ報告ス

右報告ニ對シ小西甚之助君ハ左ノ動議ヲ提出セリ

本案ノ審査修正ヲ爲サシメンカ爲メ継續委員ヲ設ケントスル登記法改正法律案審査特別委員ノ報告ハ議院法第二十五條竝ニ衆議院規則第二十五條ニ違背セルヲ以テ之ヲ同委員ニ返付シ更ニ適當ノ報告ヲ爲サシムヘシ

議長ハ小西君提出ノ動議ヲ起立ニ諮ヒタルニ少數ニテ否決セラレ特別委員ノ報告ヲ起立ニ諮ヒタルニ是レ亦少數ニテ否決セラレ遂ニ継續委員ノ設置ヲ見ルニ至ラサリキ

第十二回議會

明治三十一年六月七日　政府提出地租條例中改正法律案外九件ヲ審査スル爲継續委員ヲ設クヘシトノ動議（中野武營君提出）

右ニ對シ伊藤内閣総理大臣ハ前記ノ議案ハ増税ニ関スルモノナルヲ以テ次ノ議會ヲ待ツコト能ハス來年度豫算ノ編成ニモ困難ヲ感スル故再考ノ上今期議會ニ於テ決定セラレタシ萬一本會ニ於テ否決セラルルニ於テハ政府ハ已ムヲ得ス別段ノ手續ヲ考ヘサルヲ得ストテ反對ス

伊藤首相ノ演説ニ對シ本案ニ付二三質疑アリ副議長（元田肇君）ハ政府ノ同意セサルモノナルヲ以テ動議ハ如何ニ決スルトモ継續委員ハ實現スルコトナキモノナレトモ免ニ角動議ノ採決ヲナス旨ヲ述ヘ採決ノ結果右動議ハ否決セラル

六　臨時議會の場合の召集詔書公布日と召集日との間隔期間

議會回次	召集詔書公布ノ日	召集日	期間	備考
第七回	明治二七、九、二二	二七、一〇、一五	二三日	解散後議會ニシテ臨時會タリシモノ
第二十回	三七、三、二	三七、三、一八	一六	仝上
第二十九回	大正元、八、六	元、八、二一	一五	
第三十二回	三、四、一七	三、五、四	一七	
第三十三回	三、五、九	三、六、二〇	四二	
第三十四回	三、八、二三	三、九、三	一一	
第四十七回	一二、一一、一二	一二、一二、一〇	二八	
第五十三回	昭和二、四、二二	二、五、三	一一	
第六十一回	七、三、五	七、三、一八	一三	解散後議會ニシテ臨時會タリシモノ
第六十二回	七、四、二七	七、五、二三	二五	
第六十三回	七、八、六	七、八、二二	一七	
第六十六回	九、一一、一〇	九、一一、二七	一七	

七　全院委員會に關する調

一　全院委員會ヲ開キタル事例

イ　貴族院

第一回議會（明治二十四年一月二十八日、度量衡法案第三讀會ニ於テ文字ノ修正ヲ事務局ニ委任スルノ件）

第十三回議會（明治三十二年二月二十一日、三月一日及三月三日華族令中改正ニ関シ貴族院令第八條ニ依リ御諮詢ノ

件第一讀會）

ロ　衆議院

第一回議會（明治二十四年一月八日末松謙澄君提出豫算會議ニ関スル順序ノ件）

第一回議會（明治二十四年一月九日、十日、十四日及至十七日、十九日、二十九日、三十一日、二月二日、三日　明治二十四年度本豫算案ノ件）

第三（特別）議會（明治二十五年六月九日　明治二十五年度總豫算追加案ノ件）

第四回議會（明治二十五年十二月十九日　明治二十六年度本豫算案ノ件）

第十三回（特別・通常）議會（明治三十一年十二月二十三日　明治三十二年度本豫算案ノ件）

第十四回議會以後ハ全院委員會ヲ開クベシトノ動議出デタルコトアルモ議院ニ於テ否決セラレタリ

二　全院委員會議事ノ公開

イ　貴族院ニ在リテハ全院委員會ノ議事ヲ特ニ公開トシ又ハ秘密トストノ積極的ナル決定ナキモ第一議會ニ於ケル全院委員會ハ公開シテ議事ヲ進メ第十三回議會ニ於テハ本會議ガ秘密會ト爲リ居ル間ニ全院委員會ガ開カレタルヲ以テ其ノ議事モ公開セラルルコトナカリキ

ロ　衆議院ニ在リテハ第十三回（特別・通常）議會ニ於テ全院委員會ヲ開キ且秘密會トスル旨ヲ院議ヲ以テ可決シ直ニ全院委員會ヲ開キ且之ヲ秘密會ト爲シタルコトアリ而シテ此ノ場合之ヲ秘密會ト爲スノ動議ニ付テハ當時議院法第三十七條第一號及第三十八條ノ規定ニ依リ處置シタルモノノ如シ

ハ　以上ヲ綜合シ現行法ノ下ニ在リテハ全院委員會ノ議事ハ公開ヲ原則トシ特ニ其ノ開會ニ先チ之ヲ秘密會ト爲スヤ否ヤヲ院議ニ諮リ其ノ可決アルニ依リテ之ヲ秘密會ト爲シ得ベキモノノ如クニ解セラル

八　議長副議長共に故障あるがため已むを得ず會議を一時休憩したる事例

衆議院ニ於テ左ノ如キ若干ノ事例アリ

一　議長欠位シ副議長カ議長候補者ニ當選シ議長拜命ノ爲參内セルニ付一時休憩シタル場合

二　イ　第五議會　　明治二十六年十二月十五日　副議長楠本正隆君
ロ　第四十六議會　大正十二年二月十七日　　副議長粕谷義三君
議長開院式勅語奉答書捧呈ノ爲参内中副議長病氣ノ爲休憩シタル場合
イ　第五十議會　大正十三年十二月二十七日　全院委員長選擧ノ日　議長粕谷義三君
副議長小泉又次郎君
三　議長病氣ニ付副議長議長席ニ著席中已ムヲ得ザル事由ノ爲一時休憩シタル場合
イ　第四十六議會　大正十二年二月十日及十三日
議長　　奥繁三郎君
副議長　柏谷義三君

九　外国の立法例

(1)　**ドイツ憲法**（一九一九年八月）

第三十四條　國議會ハ審理委員會ヲ設クルコトヲ得議員五分ノ一ノ要求アルトキハ之ヲ設クルコトヲ要ス。審理委員會ハ其ノ議事ヲ公開シ委員會又ハ其ノ設置ヲ要求シタル者ガ必要ト認ムル證據ヲ審理ス。審理委員會ハ委員三分ノ二ノ同意アルトキハ公開ヲ停ムルコトヲ得。委員會ノ審理手續及委員數ハ議事規則ニ依リ之ヲ定ム。

(2)　裁判所及行政官廳ハ審理委員會ノ請求ニ依リ證據ノ取調ニ付助力スル義務ヲ負フ。官廳ハ請求ニ依リ委員會ニ公文書ヲ提示スベシ。

(3)　委員會及其ノ請求ヲ受ケタル官廳ノ證據審理ニ付テハ刑事訴訟法ノ規定ヲ準用ス但シ信書郵便電信及電話ノ秘密ハ侵サルルコトナシ。

第三十五條　國議會ハ外交ニ関スル常任委員會ヲ設置ス。外交委員會ハ議會中及任期満了後又ハ議會解散後新議會ノ集會ニ至ル迄ノ間モ引續キ開會スルコトヲ得。外交委員會ノ議事ハ之ヲ公開セズ但シ委員三分ノ二以上ノ同意ニ依リ公開ト爲スヘキコトヲ決シタルトキハ此ノ限ニ在ラズ。

(2)　前項ノ委員會ノ外國議會ハ議會閉會中及任期滿了後ニ於テ國政府ニ對スル國民代表者ノ權利ヲ防護スル爲ニ常任委員會ヲ設置ス

(3)　前項ノ委員會ハ審理委員會ノ權利ヲ有ス。

(2)　プロイセン國憲法（一九二〇年十一月）

第二十五條　邦議會ハ審問委員會ヲ設クルノ權利ヲ有シ其ノ法定議員數ノ五分ノ一ノ動議アルトキハ之ヲ設クル義務ヲ負フ。審問委員會ハ公開ノ議事ニ於テ委員會又ハ動議提出者ノ必要ト認ムル證憑ヲ蒐集ス。委員會ハ三分ノ二ノ多數ノ同意ヲ以テ其ノ公開ヲ停ムルコトヲ得。委員會ノ手續及委員ノ數ハ議事規則ヲ以テ之ヲ定ム。

裁判所及行政官廳ハ證憑蒐集ニ関シテハ刑事訴訟法ノ規定ヲ準用ス但シ信書、郵便及電話ノ秘密ヲ妨クルコトナシ。

第二十六條　邦議會ハ其ノ閉會中又ハ其ノ任期滿了ノ時若ハ邦議會解散ノ時ヨリ新議會開會ノ時ニ至ル迄ノ間内閣ニ對スル議會ノ權利ヲ防護スル爲ニ常任委員會ヲ設ク常任委員會ハ同時ニ審問委員會ノ權利ヲ有ス。其ノ組織ハ議事規則ヲ以テ之ヲ定ム。

(3)　チェッコスロバキア共和国憲法（一九二〇年二月二十九日）

第五十四條　一院カ解散セラレ又ハ其ノ任期滿了シタル時ヨリ更ニ両院ノ開會スルニ至ル迄ノ間及ヒ其ノ他両院ノ停會又ハ閉會中ニ於テハ二十四人ノ委員會ニ於テ通常ナラハ法律ヲ要スヘキ事件ニ付テハ緊急ノ處置ヲ爲シ及ヒ政治權竝執行權ヲ監視ス。委員中十六人ハ同數ノ代理者ト共ニ代議院ニ於テ、八人ハ同數ノ代理者ト共ニ元老院ニ於テ之ヲ選擧ス。其ノ任期ハ何レモ一年トス。各委員ハ各自己ノ代理者ヲ有ス。両院組織セラレタル後直ニ第一回ノ選擧ヲ行フ。両院ノ議長モ投票權ヲ有ス。両院ノ一カ改選セラレタルトキハ現ニ存在セル委員ノ一年ノ任期ノ末了ナル場合ニ於テモ新ニ成立シタル議院ニ於テ委員ヲ選擧ス。選擧ハ比例代表ノ主義ニ依リ之ヲ行フ。政黨ノ聯合ハ之ヲ許容ス。總テノ政黨ノ同意アルトキハ選擧ハ全員出席ノ會議ニ於テ之ヲ行フ。代議院議員二十人以内元老院議員十人以内ノ拒否ハ之ヲ妨クルコトナシ。委員ハ新委員ノ選擧セラルルニ至ル迄其ノ職務ヲ継續ス。委員カ継續的又ハ一時的ニ其ノ職務ヲ行フ能ハサルトキハ其ノ代理者カ代リテ之ヲ行フ。委員又ハ其ノ代理者ニシテ任期中ニ死亡シ又ハ其ノ職ヲ失フ者アルトキハ其ノ残任期中之ニ代ルヘキ者ヲ選擧ス。其ノ被選人タルヘキ者ハ失職者ト同一ノ黨派ニ属スル者ナルコトヲ要ス。但シ其ノ黨派ヨリ候補者ヲ出タササルトキ又ハ其ノ選擧ニ與ルコトヲ拒ミタルトキハ此ノ限ニ在ラス。

國務大臣ハ委員トシテモ又ハ其ノ代理者トシテモ委員會ニ加ハルコトヲ得ス。

委員會カ組織セラレタルトキハ直ニ代議院ヨリ選ハレタル委員中ヨリ委員長一人及ヒ第二副委員長一人ヲ選擧シ次ニ元老院ヨリ選ハレタル委員中ヨリ第一副委員長一人ヲ選擧ス。

憲法第二十三條及至第二十七條ノ規定ハ委員會ノ各員ニ之ヲ適用ス委員會ハ國民議會ノ立法及行政ノ權限ニ属スル一切ノ事項ニ付其ノ權限ヲ有ス。但シ左ニ掲クル事項ハ此ノ限ニ在ラス。

イ　共和国大統領及ヒ其ノ代理者ヲ選擧スルコト

ロ　憲法ヲ變更シ（憲法施行法律第一條）及ヒ行政廳ノ權限ヲ變更スルコト、但シ新權限ヲ加フルニ依リ既ニ組織セラレタル行政廳ノ權力ヲ擴張スルニ非サル場合ハ此ノ限ニ在ラス

ハ　新ナル継續的ノ財政規定ニ依リ國民ノ負擔ヲ増加シ、國防ニ関スル負擔ヲ擴張シ、継續的ニ國ノ財政ニ負擔ヲ生セシメ又ハ國有財産ヲ譲渡スルコト

ニ　宣戰ニ同意ヲ與フルコト

通常ナラハ法律ヲ要スヘキ事項ニ付議決ヲ爲シ又ハ豫算ノ外ニ生シタル費用又ハ支出ニ同意ヲ與フルニハ委員總數ノ過半數ノ賛成アルコトヲ要ス。
其ノ他總テノ場合ニ於テ議決ヲ爲スニハ委員總數ノ半數ノ出席アルヲ以テ足レリト爲シ、其ノ議決ハ出席委員ノ過半數ニ依ル。委員長ハ可否同數ナル場合ノ外投票ヲ爲サス
通常ナラハ法律ヲ要スヘキ事項ニ付緊急ノ議決ヲ爲スコトヲ得ルハ政府ノ提案ニ係リ且共和国大統領ノ同意アリタル場合ニ限ル。
前項ニ依リ委員會ノ爲シタル議決ハ假法律タル効力ヲ有ス。此ノ議決ハ憲法第五十四條ニ依リタル旨ヲ記シ官報ヲ以テ之ヲ公布スヘシ、共和国大統領、内閣議長又ハ其ノ代理者及國務大臣ノ少クトモ半數之ニ署名ス。大統領カ其ノ同意ヲ拒ミタルトキハ之ヲ公布スルコトヲ得ス。憲法裁判所ノ權限ハ通常ナラハ法律ヲ要スヘキ事項ニ付委員會ノ爲シタル議決ニ及フモノトス。此ノ議決ハ官報ヲ以テ之ヲ公布スルト同時ニ政府ヨリ之ヲ憲法裁判所ニ通告スヘシ。憲法裁判所ハ其ノ通告ヲ受ケタル議決カ第八項ロ號ノ條件ヲ充タスヤ否ヤヲ決定ス。

委員長及其ノ代理者ハ代議院及元老院ノ第一回ノ會議日ニ於テ委員會ノ爲シタル處置ヲ報告スヘシ。委員長又ハ其ノ代理者カ代議院又ハ元老院議員タラサルニ至リタル場合ニ於テモ亦同シ。

兩院ノ開會ノ時ヨリ二箇月以内ニ兩院ノ承諾ヲ得サリシ總テノ處置ハ其ノ効力ヲ失フ。

(4) メキシコ（一八五七年二月五日）

第四目　常設委員會

第七十三條　國會ノ休會中ハ二十九名ノ委員ヨリ成ル常設委員會ヲ置ク

二十九名ノ委員中十五名ハ衆議院議員十四名ハ元老院議員ニシテ各々會期終了ノ前晩ニ於テ當該議院ヨリ選任セラルルモノトス（一八七四年十一月十三日修正）

第七十四條　常設委員會ハ左ノ權能ヲ有スルモ本憲法カ之ニ附與シタル他ノ權能ヲ妨クルコトナシ（一九〇四年五月六日修正）

一　第七十二條第二十項ニ規定シタル場合ニ於テ國民軍ノ使役ニ承諾ヲ與フルコト

二　自ラ又ハ行政部ノ提案ニ基キ國會若クハ其ノ一院ヲ臨時會トシテ召集スヘキコトヲ決スルコト。而シテ自ラ決定スル場合ニ在リテハ行政部ノ意見ヲ聞キタル後ニ於テスルコトヲ要シ、孰レノ場合ニ於テモ出席委員三分ノ二ノ投票ヲ要スルモノトス（一八七四年十一月十三日修正）

三　第八十五條第三項ニ掲クル任命ヲ認可スルコト

四　此ノ憲法ニ定メタル場合ニ於テ共和國大統領及最高法院ノ職員ニ對スル職務ノ宣誓ヲ處理スルコト

（註）一八七三年九月二十五日憲法增補第四條參看

五　次ノ立法ニ於テ直ニ未決事務トシテ之ヲ處理セシムルカ爲ニ未タ實施ニ至ラサル一切ノ事項ニ關シ報告スルコト

第八章　貴族院改革

第一節　貴族院機構の改革

昭和十一年二・二六事件を契機に、内外庶政一新の火の手は各方面に上がった。まず、貴族院は、第六十九回特別議会（昭和十一年五月十二日）において次の建議案を全会一致で可決した。

貴族院機構ノ改正ニ関スル建議
当今庶政一新ノ機運ニ鑑ミ貴族院ヲシテ一層機能ヲ発揮セシムル為其ノ機構ノ改善スベキ点ニ就キ政府ハ有効適切ナル調査ヲ遂ゲ速ニ成案ヲ提出セラレンコトヲ望ム。
右建議ス。

広田内閣総理大臣は、「今回御決議ノ趣旨ハ、政府ノ所見ト一致スルモノデアリマシテ、政府ハ御建議ノ趣旨に副ハムガ為ニ、十分善処シテ参リタイト存ジマス」と答えられた。貴族院の組織を定める貴族院令は、政府が発案し、貴族院の議に付する特別の勅令である。したがって貴族院改革は、貴族院が政府に改革を要請し、それに応じて政府が立案し、貴族院の議に付されるのが例であった。

広田首相は、議院制度改革、貴族院制度改革及び衆議院議員選挙制度の改革について、それぞれ議院制度調査会、貴族院制度調査会、選挙制度調査会を昭和十一年夏に設けて改革に着手した。

これを継いだ林内閣は、第七十回議会で、二十八億二千五百余万円という大型予算を会期延長して審議させ、会期終了の日（昭和十二年三月三十一日）に衆議院を解散した。このため、「食い逃げ解散」の汚名を着せられた。林首相は解散理由を次のように述べた。「最近、衆議院における審議の状況は、極めて誠意を欠き、殊更に国民生活の安定に至大の関係ある重要法案の進行を阻み、緊切なる実務を渋滞せしめ、果たして真に重大なる時局を認識し、立憲翼賛の誠をいたせるやを疑わしむるのである。議会刷新の急務の唱えらるる真に故なしとせず。」、「この際、国民の公正なる良心に訴え、是非を天下に問うて、憲政の本義を顕現すると同時に、国民の堅実なる政治的自覚の確立を期待し、朝野協力、今日の重大時局打開に力をいたされんことを望む。

しかし、林内閣は短命に終わった。次の近衛首相は、支那事変勃発があったものの、ようやく重い腰を上げ、まず、三調査会を統合して議会制度審議会を新設した。昭和十三年六月二十一日、首相官邸で開かれた議会制度審議会第一回総会で、近衛首相は次の挨拶を行った。（議会制度審議会総会議事速記録第一回参照）

「議院制度の改革、貴族院制度の改革及び衆議院議員選挙法等選挙制度の改正に関しては、第六十九回議会の貴衆両院の建議及び決議に基づき、昭和十一年七月に議院制度調査会及び選挙制度調査会が、同年十一月に貴族院制度調査会が、それぞれ設置された。右三調査会の調査事項は、相互に関連するところが少なくないので、これが調査審議は、一個の権威ある審議機関に統合して行い、また首相の三調査会長兼務を改めて、新会長に閣外の練達堪能の権威者を充てることが適当と考え、従来の三調査会を打って一丸とした議院制度審議会の活動を期待して、これを設置したところである。

貴族院は二院制度の本旨に則り、憲政の円満な運行に寄与してきたが、時運の趨勢にかんがみ、貴族院の機構に適切妥当な改善を施し、いわゆる慎重・熟練・耐久の要素を貴族院に網羅し、かつ全体として、その調和平衡を保持する上にさらに一段の工夫を試み、もって二院制度の真精神をいよいよ発揚するの必要があると考える。また、衆議院は貴族院と相並んで帝国議会の機能発揮に貢献しつつあるが、時代の要求に応じ、その職分に従い、さらによく醇正なる機能を営み得るよう、その機構に改正を加えるの要があると考える。」

次いで、六月二十三日、議会制度審議会部会に、船田中幹事長（内閣法制局長官）から、次の「貴族院機構改善審議細目」が提出された。

一　議員の種別
甲　華族議員
(一)　公侯爵議員の世襲制等の問題
(二)　別種の華族議員の創設の問題
乙　勅任議員
二　議員の資格要件
甲　年齢資格要件の問題
乙　兼職の問題
丙　其の他の資格要件の問題
三　議員の数
(一)　総数の問題
(二)　華族議員数の問題
(イ)　華族議員の総数
(ロ)　各爵別に員数を定むべきや
(ハ)　各爵別に定むる場合の各爵議員数
(三)　勅任議員数の問題
(イ)　勅任議員の総数
(ロ)　勅選議員の数
(ハ)　其の他の各種勅任議員の数
四　議員の任期
(一)　華族議員の任期の問題
(二)　勅選議員の任期の問題
(イ)　終身制の存廃
(ロ)　廃止の場合の任期
(a)所謂任期制
(b)停年制
(c)其の他の任期
(三)　其の他の勅任議員の任期の問題
(四)　一部交代制の問題
五　議員の選任方法

甲　華族議員の選挙方法の問題
㈠　各爵別選挙とするか、各爵共通選挙とするか
㈡　選挙人の資格要件
㈢　投票方法
(A)記名式か、無記名式か
(B)連記式か、単記式か、其の他適当なる方法ありや
(C)委託投票の存廃及び郵便投票の可否
㈣　選挙管理は如何にするか
㈤　選挙取締其の他
乙　勅任議員の選任方法の問題
(イ)　詮衡機関を設置すべきや、其の組織権限如何
(ロ)　詮衡準則設定の可否其の他
丙　其の他の勅任議員の選出方法の問題
六　其の他の問題
㈠　経過規定
㈡　其の他

この「貴族院機構改善審議細目」に基づいて貴族院制度部会小委員会が十月十二日及び同月三十一日の二回にわたって審議した経過及び結果が、佐々木行忠侯小委員長から次のように報告された。

小委員会は、十月十二日、職能議員に関する事項を除く貴族院機構改善に関する全部の問題の審議を付託された。貴族院制度部会長より指名を受けた（小委員九人及び委員長佐々木による）小委員会は、幹事長提出の貴族院機構改善審議細目（前掲）の順序に従って審議した。最初は、職能議員に関する事項が除かれていたので、これに関連する多額納税者議員及び帝国学士院会員議員に関する事項を除いて審議を進めたが、十月三十一日、さらに付託された職能議員に関する事項をも加えて、全般にわたって系統的に慎重審議した。審議は、速記を付せずに十分懇談したので、部会における審議の模様を、お手元の「小委員会審議結果報告要旨」に基づいて項目ごとに詳細に説明する。以下、「議会制度審議会　昭和十三年十一月二十一日　貴族院制度部会議事速記録（第十二回）」

第二節　議員の種別

一　華族議員

華族の語源

華族は、昔、清華と言い、公家・大名のうち、大臣・大将を兼ねて太政大臣となる家柄のことを意味していたが、明治時代における華族の名称は、臣民の位階の一つであって、皇族の次、士族の上に位したが、明治二年六月、公卿及び大名を廃し、十七年七月、新たに制定された華族令により、爵位は公侯伯子男の五等に分けられた。公侯爵は、成年に達すれば即時に、伯子男爵は互選によって貴族院議員に列せられる。平民であった者が華族に列せられる場合、まず士族となりその後に華族となる。榎本武揚、陸奥宗光はこの例による。

1　公侯爵議員の世襲制等の問題

(1)　「公侯爵議員ノ世襲制ニ付テハ之ヲ廃止シテ選挙制ヲ採用スルコト」

貴族院令が公侯爵議員について世襲制を採用してきたことについては、相当の理由があったことを小委員会は一応認めるが、今回の貴族院改革が議員の厳選による貴族院の機能発揮を目的とすることにかんがみ、①「公侯爵者ヲ当然議員トスル制度ヲ今存続スルノハ適当デナイ、②公侯爵者ノ世襲制ヲ定メタ当初ノ事情ニ変化ガ生ジタ、③公侯爵者中ニハ議員ノ職ニ適シナイ者若シクハ之ヲ欲セザル者モアル」等の理由から、この際、世襲制を廃止し、選挙制を採用することに大方の意見の一致を見た。

(2)　しかるに一委員から、「侯爵議員ニ付テノミ世襲制ヲ廃止シテ選挙制ヲ採用スベシ」との意見があった。その理由は、「公爵ハ其ノ門地特ニ高ク、其ノ品位徳風等ヲ貴族院ニデキルダケ取リ入レルコトハ望マシイコトデアルガ、第二ノ侯爵ハ其ノ地位ヨリスレバ、今日デハ第一ノ公爵ヨリモ寧ロ伯子男爵ノ方ニ近ク、其ノ数モ相当増加シテイルノデ、此ノ際、侯爵ニ限リ議員世襲制ヲ廃止スルノガ妥当デアル」というのであった。委員大多数の意見は、「公侯爵ヲ通ジテ議員ノ世襲制ヲ廃止スル」という意見であった。

2　別種の華族議員の創設問題

別種の華族議員創設の問題として、「自己ノ勲功ニ依リ授爵又ハ陞爵サレタ華族ヲ当然議員タラシムルノ制度ヲ創設スル問題ハ、一応議題トナッタガ、賛成委員ハナカッタ」のである。

二　勅任議員

勅任議員の種別については、多数の委員は、「勅選議員ノ外特殊ノ有任期ノ勅任議員（職能議員ナル名称ヲ用ヒズ仮ニ特別勅任議員ト称ス）及地方議員ノ制度ヲ設クベシ」との意見であったが、少数の委員は、「勅選議員ノ外地方議員ノ制度ヲ設クベシ」との意見であった。勅任議員の種別を勅選議員、特別勅任議員、地方議員の三本建てとするか、勅選議員、地方議員の二本建てとするか。

両者の意見は、対立しているようであるが、基本の趣旨においては共通するものがあった。小委員会は、この点の審議に最も多くの時間を割いた。

勅任議員の種別に関しては、当部会に対して、幹事長からこれまでの研究状況の報告があり、さらに小委員会に幹事長から地方議員に関する資料の提供があった。これに沿って審議された。便宜上、「地方議員以外ノ勅任議員ニ関スルモノ」と、「地方議員ニ関スルモノ」との二種に分けて、その要点を申し上げる。

1　地方議員以外の勅任議員

まず、地方議員以外の議員については、多数の委員は、「勅選議員ノ外特別勅任議員ノ制度ヲ設クベシ」というのであって、いわゆる三本建て体系をとろうとするものである。これに対し、少数の委員は、「勅選議員ノミヲ置クベシ」というのであって、いわゆる二本建ての体系をとろうとするものであった。このように二様に意見が分かれたのはなぜか。

元来、幹事側の提案に係るいわゆる職能議員制度について幹事長の説明によると、この制度には二つの目的が含まれていたようである。第一の目的は、「各種ノ知能経験ヲ貴族院ニ摂取スル」ということである。第二の目的は、「清新ナル知能経験ヲ吸収スル」ということである。そこで、小委員会においては、この二つの目的に関連していろいろと是非の論議が出た。

第一の目的「各種ノ知能経験ヲ摂取スル」という趣旨については、各委員とも賛意を表されたが、第二の目的「清新ナル知能経験ヲ吸収スル」という趣旨に対しては、多数の委員は賛成であったが、少数の委員に異論があった。なぜか。

まず、職能議員制の第一の目的は、各種の知能経験を貴族院に摂取するにあるというが、大局的見地に立って国政の総合的審議を行うべき貴族院の使命にかんがみ、各種の職能別知能経験を取り入れることが果たして妥当であるかどうかという疑問が出た。これに対しては、幹事長から、職能議員の数は、これを少数にとどめたい、そうすれば貴族院の総合調整の使命に障害を生ずる恐れはない。しかも職能議員によって、国民各方面の事情は一層明らかにされれば、真の総合調整を生み出す可能性が増すから結構であるとの説明があり、結局、職能議員制の第一の目的、すなわち各種の知能経験を摂取するという趣旨は、各委員ともこれを首肯されたところである。しかし、職能議員制の第二の目的、すなわち「清新ナル知能経験ヲ吸収スル」という趣旨については、賛否の両論に分かれたのである。

反対論の要旨は次の通りである。貴族院は、あくまでも慎重練熟耐久の特色を堅持すべきである。したがって知能経験者を挙げる場合においても、その知能経験は老熟していることを要する。すなわち「老熟セル知能経験」なら大いに尊重すべきであるが、ただ新しいというだけの知能経験なら、貴族院の特色にかんがみて、あまり好ましいものではない。

これに対して賛成論者は、「老熟セル知能経験」が貴族院として大切なことには異論ないが、「老熟セル知能経験者」が実生活に即して、日に新たに得つつある知能経験を狙っているというのであるならば、決して貴族院の本旨に反しないのみならず、大いにその審議に役立つのである。このような意味合いにおいて職能議員制の第二の目的についても賛同の意を表された次第である。

以上は、職能議員制の趣旨、目的に関する論議の大体であるが、第二の目的「清新ナル知能経験摂取ノ趣旨」に対し賛否両論に分かれた結果として、制度の上においても意見が二様になった。すなわち「清新ナル知能経験ヲ摂取スル」ためには、その議員には任期を付せねばならないという意見と、「老熟セル知能経験」を摂取するためには、その議員には終身制を採るのが適当である。こういう意見が対立することとなった。

しかして任期制の議員としては、多数の委員は、いわゆる「特別勅任議員ノ制度ヲ設クル」のが適当であるとされたのであるが、一委員は、「特別勅任議員ハ設ケナイデモ勅選議員ニ全部任期ヲ付スレバ足ル」との意見を開陳された。また、終身制の議員をもって「老熟セル知識経験」を吸収すべしとの意見を有する委員は、「現在ノ勅選議員制ヲ活用スレバ十分賄ヒハ付ク」との意見であった。

これらの意見は、特別勅任議員制可否の点から分類すれば、また次のようなものになるのである。

「有任期ノ特別勅任議員ヲ設クベシ」という意見と、「勅選議員ノミヲ置クベシ」という意見との二種となる。しかしてこの後の意見の中にも二種あって、その一つは、「勅選議員ノ全部ニ任期ヲ付スベシ」というのであって、その趣旨は、むしろ特別勅任議員設置論に甚だ近かったのである。これに対して他の一つは、「現在ノ終身制勅選議員制度ヲ活用スレバ足ル」という意見があった。

以上は勅任議員の種別に関する意見の大体である。

そこで以下、勅選議員のほか、特別勅任議員制度を設ける場合と、勅選議員のみを置く場合とに分けて説明を進める。

なお、ついでに申し添えておくが、職能議員という名称は、委員多数の意見では、適当でないから使わないことになった。そこで、特別勅選議員という名称ではどうかという説もあったが、特別詮衡による職能議員だけなら、これを特別勅選議員と読んでも差し支えあるまいが、「選挙ニ依ル職能議員」をも含めて呼ぶ場合には、それも適当でないということになり、結局、仮に特別勅任議員ということにしておくことになったのである。

(1)　勅選議員のほか特別勅任議員制度を設けるの意見、「地方議員以外ノ勅任議員ニ付テハ勅選議員ノ外特別勅任議員ノ制度ヲ設クルコト」とする、いわゆる三本建て意見が多かったこと、及び、その意見の出てきた理由については既に述べたところである。

(イ)　そこで、まず勅選議員制について申し上げる。これは「大体ニ於テ現行ノ侭トスルコト」ということになった。もっとも選任方法や任期等についてはいろいろの意見が出ているが、これは後に申し上げる。

(ロ)　次に特別勅任議員について申し上げる。「特別勅任議員ニ付テ任期制ヲ採ルコト」及びその理由は既に述べたので繰り返さない。

問題となったのは、その選任方法をいかにするかである。まず結論から申し上げると、一半の委員は、(a)「特別勅任議員はすべて特別詮衡ニヨルコトトシ、尚ホ帝国学士院会員議員モ之ニ包含セシムルコト、但シ一委員ハ帝国学士院会員議員ノミハ選挙ニ依ルベシ」とされた。また他の一半の委員は、(b)「特別勅任議員中産業経済部門ニ属スル議員ハ選挙に依ルモ(但シ選挙ニ依リ難キトキハ特別詮衡ニ依ル)、其ノ他ノ議員ハ特別詮衡ニ依ルコトトシ、帝国学士院会員議員ハ特別詮衡に依ル議員中ニ之ヲ包含セシムルコト」という意見であった。

右の二様の意見について考えてみると、そこには二個の問題があった。第一の問題は、産業経済部門に属する議員は、選挙によるべきか、特別銓衡によるべきかの問題である。第二の問題は、帝国学士院会員議員は、選挙によるべきか、特別詮衡によるべきかの問題である。

第一の問題について、最初、幹事長より提出された産業経済部門の職能議員制度は、選挙制を採るものであったが、場合によっては、特別詮衡によっても差し支えないということであった。そこで、小委員会においては、選挙制と特別詮衡との比較検討が行われた。この点は極めて重要な問題ではあるが、既に部会でも論議されたところなので、小委員会における審議状況は簡単に申し上げる。

まず第一、選挙による職能議員は、利益代表的性質を帯びる恐れはないかという点である。幹事長から、職能議員制の狙いどころは、各種の知能経験を取り入れて、国民各方面の事情を明らかにし、総合的審議の適性を期することにあって、利害代表を本旨とするものではないが、実際問題として、選挙制の職能議員は利益代表的傾向を帯びる恐れがあり、この傾向は特に貴族院としては決して好ましいものではないから、職能議員数を余り多くせず、産業経済部門の議員は三十人程度としたい。また職能の区分も余り細分せず、せいぜい六部門ぐらいにとどめたい。ただし、それでも困るということであれば、選挙制はやめて、全部特別詮衡にしても差し支えないが、その場合には、議員の自主独立性が損なわれぬだけの制度上の工夫、例えば詮衡機関を設ける等の必要がある。こういうことであった。

そこで、委員の間では、選挙制の職能議員に対して賛否両論に分かれた。賛成論の中にも、「議員数ハ文化部門ノ職能議員ヲ合セテ総計三十人位ニトドムベシ」との意見が出た。かつ又賛成論と言っても、これは絶対的な主張ではなくして、一種の条件付賛成論であった。というのは、選挙制職能議員制は、果たしてその本旨に副うがごとき適材を挙げることができるかどうかは、今日のところ、まだ十分な判断の資料が整っていない。税務当局の調査結果を待って初めて判明するのである。また、実行上の問題についても、なお研究の余地が残っている。各納税者の税額を職能別にいかに区分するか。兼業者をいずれの職能に属せしむべきか等の技術的な諸問題をはじめ、職能別の全国共通選挙が果たして円滑に実行され得るか等の問題については、幹事長より一応の見込みは申し述べられたが、なお研究の余地がないではない。こういう意見があって、これらの点が適当な解決を得ることを条件として、選挙制職能議員制を認めるということであって、もしその解決がうまくいかないならば、特別詮衡の職能議員制を採りたいこのことであった。

また、職能議員制については、最初から選挙制は不適当ないし困難であるから、特別詮衡によることを主張された委員もあった。職能議員を特別詮衡によって選任すれば、利益代表的悪弊は生じないし、また適任者を挙げる見込みも立つ。ただ、特別詮衡のために、適当な機関を設けることができるか否かは、多少の疑いがあるとしても、さほど大なる困難があるとは思えないし、幹事側においても、今後十分研究してもらいたい。銓衡機関ができがたいとしても、相当厳格な詮衡標準を定め、極く少数の者を毎年任命補充していくようにすれば、さほど議員の自主独立性を損なうの恐れはないという意見であった。

次に第二の問題、すなわち帝国学士院会員議員の選任方法の問題である。帝国学士院会員議員については、特別銓衡による特別勅任議員中にこれを包含せしめることに大体意見の一致を見たが、一委員は、「選挙ニ依ルトシ、現制ヲ存置スベシ」とされた。

この点に関しては、かつて幹事長より、立法の由来に関して、勅選議員制度のほかに、これと相並んで、帝国学士院会員議員制度を設けたのは、一見、学識者に対し二様の道を重複して開いたように思われようが、これは第一に、学識者を一定員数だけは必ず貴族院に入れるという制度上の保障を与えたところに意味があり、第二には、選挙制を採ることによって、議員の自主独立性を保障するの目的に出たものであるとの説明があり、小委員会でも重ねて同様の趣旨を述べられた。

右のうち第一の目的、すなわち「学識者ヲ貴族院ニ入レル」という保障は、特別勅任議員の詮衡標準中に規定することができる。しかし第二の目的、すなわち選挙制を採ることによって議員の自主独立性を保障するという趣旨は、できるだけこれを尊重すべきであって、しかも特別詮衡によっては十分にその趣旨に副えないのである。こういう考えからして、「帝国学士院会員議員ハ現制通リ選挙に依ルヲ適当トスル」という意見が出た次第である。

これを要するに、職能議員、すなわち特別勅任議員制度を主張される委員の意見中には、その選任方法に関する二様のものがあったが、選挙制度及び特別詮衡制度をいかにするかという問題は、後に再び申し上げることとする。

(2)　勅選議員のみを置くの意見

(イ)　勅選議員のみを置く意見及びその理由については既に大体については説明した。要するに、「特別勅任議員制度ノ主タル目的（即チ各種ノ知能経験ヲ吸収スルトイフ目的）ハ勅選議員ノ制度ヲ以テ之ヲ達成シ得ベキヲ以テ勅選議員ノミヲ置クベシ」というのであった。しかして「帝国学士院会員議員ハ之ニ包含セシムベシ」とされるのである。

右の意見を主張される委員は、職能議員制の本来の趣旨が必ずしも悪いというのではない、むしろ結構であるとは思うが、ただ清新なる知能経験を狙って任期制を採るという点だけは承服しかねる。また職能議員を選挙によって選出すれば、利益代表的傾向を生ずる恐れがある。さればといって、これを特別銓衡に改めるとしても、適当な銓衡機関を設ける工夫はできがたいし、結局、議員の自主独立性保持のためからも、終身制勅選議員制度を活用する方が適当であるし、従来とても勅選議員中には、職能的な議員は相当にたくさんあるのである。また勅選議員の数をある程度増せば目的は達成できるなどの意見を述べられたのである。

(ロ)　右の意見に関連して申し上げたいのは、一委員から、勅選議員のみを置く場合「勅選議員ノ全部ニ任期ヲ付スベシ」との意見が出たことである。この意見は形の上では前の意見に似ているが、内容的に言えば、任期制の特別勅任議員を置く主張に近いものである。故にその委員は、もし勅選議員の全部に任期制を付する案が実現されないとすれば、自分としては任期制の特別勅任議員を設けることに賛成するということであった。

2 地方議員

地方議員制度を設けることについては既に申し上げたように、小委員会の意見は一致したのである。幹事長の提出された案なり、ないしその説明によると、元来現在の多額納税者議員制度には、二様の目的があって、第一は、「産業経済的知能ヲ議院ニ吸収スルコト」とであり、第二は「地方ニ於ケル慎重練熟耐久ノ要素ヲ摂取シテ地方ヲ代表セシムルコト」である。しかして職能議員制度を設けるならば、右の第一の目的は、この制度中に吸収せられるが、第二の目的は必ずしも完全に吸収せられるものではない。何となれば、もし職能議員中の文化的部門に地方代表者を選考して加えるとしても、それは職能議員たるの性質上、練熟を特色とするものであって、必ずしも多額納税者議員とその特色を同じうするものではない。また、これは地方別選挙によったものでないから、地方への結びつきは希薄であって、到底十分に地方を代表するものとは言えないからである。故に、地方における慎重練熟耐久の要素を貴族院に入れて地方を代表せしめ、貴族院と地方との連携を現在程度に維持する必要があるというならば、どうしても職能議員以外の地方議員制度を設けなければならないということであった。

そこで小委員会としては、いろいろな論議を経て、各委員とも、地方議員制度を設けることに意見の一致をみた次第である。

さて、地方議員制度を以上の趣旨において設けるとすれば、第一に、いかにして地方における慎重練熟耐久の分子を網羅することができるかを研究する必要がある。第二に、貴族院と地方との結びつきをいかにして確保するかも研究しなければならない。

そこで、まず第一の問題から申し上げるが、委員の論議は、結局、議員の資格要件として納税を取り上げるべきや否やに帰着したのであって、その点では三種の意見が出てきたのである。すなわち、多数の委員の意見は、「納税ノミヲ以テ議員ノ資格要件ヲ定メルナラバ、地方ノ資産家ノ如キハ、概ネ之ヲ網羅シ得ルデアラウガ、十分デハナイ。自治功労者等ハ、之ヲ逸スルノ恐レガアル。故ニ、普ク慎重練熟耐久ノ分子ヲ網羅スルニハ、納税要件ノ外、他ノ要件ヲモ取リ入レル必要ガアル」というのであった。また少数意見としては、「自治功労者等地方ニ於ケル練熟者ハ実際上多額ノ納税者ニ入ルコトガ多イ。故ニ納税ノミヲ以テ議員ノ資格要件ヲ定メルトシテモ、慎重練熟耐久ノ人士ハ大体入ッテクルデアラウ。納税ヲ以テ議員ノ資格要件ヲ定メ、大正十四年ノ貴族院令改正前ノ多額納税者議員ノ如キ地方資産家、名望家ヲ挙ゲルコトガ最モ望マシイコトデアル」というのである。

さらに一委員は、「納税要件ヲ取リ入レル考ヘ方ニハ賛成デキヌ、真ニ適材ヲ挙グル為ニハ納税要件トハ異ナッタ要件ヲ以テ議員ノ資格トスベキデアル」というのである。

次に第二の問題、すなわち貴族院と地方との結びつきをいかにするかという問題について、詳細は後に述べるとして、ここでは簡単に申し述べる。

まず、「貴族院ト地方トノ連携ヲ確保スルニハ、各地方議員ノ資格トシテ、特ニ居住要件ヲ考エナケレバナラヌ」というのが各委員の一致した意見であったが、さらに「議員ノ選任ニ当ッテモ其ノ過程ニ地方民ナリ、其ノ団体ヲ関与セシムル必要ガアルガ、其ノ方法ニ付テハ意見ガ三様ニ分カレタ」。その詳細は後に申し上げる機会があるので、ここでは大要だけ申し上げる。

「(1)各都道府県ニ於テ一定ノ資格アル者ノ互選ニ依リ議員ヲ選任スルコトトシ、互選人ノ一部ニ付テハ納税ヲ以テ其ノ資格要件ヲ定メ、他ノ一部ニ於テハ納税以外ノ特定ノ要件ヲ以テ其ノ資格ヲ定ムル、(2)各都道府県ニ於テ一定ノ資格アル者ノ互選ニ依リ議員ヲ選任スルコトトシ、互選人ノ全部ニ付納税ノミヲ以テ其ノ資格要件ヲ定ムル、(3)尚ホ一委員ヨリ、納税要件ニ依ルコトナク地方長官ノ推薦シタル者ノ中ヨリ道府県会ヲシテ議員候補者ヲ選挙セシメ政府ニ於テ右議員候補者中ヨリ選考スベシ」という意見があった。

以上をもって、議員の種別に関する大体の報告を終わったので、次の問題に移る。

第三節　議員の資格要件

一　年齢資格要件の問題

1　「議員ノ資格年齢ハ満三十五歳ニ引上グルコト」に大体、意見の一致をみた。現在においては、「議員ノ資格年齢ハ各種ノ議員ヲ通ジ一律ニ満三十歳トナッテイルノデアルガ、貴族院ノ保有スル特殊ノ気風ニ鑑ミ、此ノ際、年齢資格ハ之ヲ引キ上グベキモノト考ヘル。或ハ四十歳トシテモヨイガ、現在ヨリ一躍十歳ヲ引上グルノハヤヤ急激ニ失シ且又、華族議員ニ於テハ選挙人ノ範囲ガ狭クナリ、将来適任者ノ選出ニ支障ヲ来ス等ノ場合モ予想サレルノデ、一先ヅ之ヲ満三十五歳程度ト為スヲ穏当トスル」等の意見があり、「或ハ華族議員ハ、大学卒業後十年間位実社会ニ於テ勉強シタル後、議員タラシメルノガ適当デアル、又他ノ種ノ議員、例ヘバ地方議員等ニ付テモ満三十歳ハ若キニ失スル」等の意見が出て、各委員は大体において前に述べたような年齢資格の引き上げに意見が一致したのである。

2　但し、右の意見に対しては、一委員より、「議員ノ資格年齢ヲ満三十歳ニ止ムベシ」との意見があった。すなわち議員の年齢資格としては、現状通りとして何らの支障なく、かつ華族議員のごときは、年齢若き者必ずしも人物において劣っているとは言えない。年齢を引き上げるべきは、議員の資格年齢ではなく、むしろ議員を選定する選挙人の資格年齢であると述べられたが、大体満三十五歳に意見の一致を見たわけである。

二　兼職の問題

1　議員の兼職については、これを禁止すべしとの意見が強く、種々論議の末、「原則トシテ衆議院議員ノ例ニ依ルコト（但シ市町村会議員ニ付テハ衆議院議員ノ例如何ニ拘ラズ之ガ兼職ヲ認ムルコト）」に大体意見の一致をみたのである。

2　ただ、一委員より、「官吏及待遇官吏ノ総テニ亙リテ兼職ヲ禁止スベシ」との意見があった。

さて、議員の兼職禁止について問題となった点は、(1)官吏及待遇官吏、(2)陸海軍軍人、(3)地方議会ノ議員、(4)特殊会社、公益団体等ノ役員、政府ノ土木建築等ノ役員、政府ノ土木建築等ノ工事ヲ請負フ者等の四点である。

以下、これらの点について、順次御説明申し上げたい。

(1)　まず第一は、「官吏及待遇官吏」である。現在、官吏及び待遇官吏と貴族院議員との兼職は、いかなる取扱となっているかというと、兼職禁止に関して法令の規定のあるのは、宮内庁の一部についてのみである。すなわち「貴族院議員ノ選挙ニ応シタル者」ハ「侍従職、式部職、皇后宮職、東宮職、主馬寮、帝室会計審査局、皇族家職ニ勤務スル宮内官ヲ兼ヌルコトヲ得ス」（明治二十三年宮内省達第十二号、改正、昭和五年皇室令第十号）という規定である。したがって選挙による各種の議員、すなわち伯子男爵議員、帝国学士院会員議員及び多額納税者議員のみは、これらの宮内官を兼ね得ないことになっている。

次に枢密顧問官であるが、これは議員との兼職を禁ずる法令の規定はなく、ただ事実上、公侯爵議員を除いては兼職しない慣習となっているにすぎない。

小委員会においては、この官吏及待遇官吏については、一面においては立法府と行政府との独立の見地より、他面においては議員をしてその職責に専念せしむるために、兼職を禁止すべしとの意見が多かったのである。ただ、この禁止の範囲をいかに定めるかについては、種々異なった意見が出たのであって、国務大臣をいかにするか、政務官に属する官吏をいかに取り扱うか等が議論の中心となったが、結局、衆議院議員の例によることに大体意見が一致したのである。すなわち将来、衆議院議員選挙法が改正されれば格別、しからざる限り、同法第十条に従い、「国務大臣、内閣書記官長、法制局長官、各省政務次官、各省参与官、内閣総理大臣秘書官及各省秘書官」を除く官吏及待遇官吏の全部に対し、貴族院議員との兼職を禁止することとなるわけである。これに対し、一委員は、前に述べたように、貴族院の特質にかんがみ、衆議院議員のような例外を認めることなく、国務大臣及各種政務官を含む官吏及待遇官吏の全部に対し、これが兼職を禁止すべしとの意見の開陳があった。

(2)　次は、陸海軍軍人と貴族院議員との兼職の問題である。これに関しては、陸軍将校分限令が「現役将校」に対し、また海軍武官服役令が「現役ノ士官、特務士官及準士官」に対し、共にこれらの者が伯子男爵議員となったとき、これを予備役に入らしめる旨を規定しているにとどまるのである。したがって現在においては、伯子男爵議員以外の議員との兼職は、自由に放任されているわけであるが、議員としての職責を尽くす上において妨げとなるような官職は、これを兼ねしめないという趣旨からすれば、これらについても同様の制限を必要とするのであって、これについては伯子男爵議員に対して存在しているような兼職禁止を各種議員についても拡張することを至当としたわけである。

(3)　次は、地方議会議員との兼職の可否である。現在においては、地方議会議員と貴族院議員との兼職については、何らの制限も存在していないが、衆議院議員選挙法第十一条においては、「北海道会議員及府県会議員ハ衆議院議員ト相兼ヌルコトヲ得ス」と規定している。右は国家直近の地方団体たる北海道及び府県が、中央政界の変動により影響を受け、地方自治行政上に波乱を生ずることなからしむるの趣旨に出たものと推察されるが、貴族院においては、これら地方議会における党派的対立の反映することを避ける意味からして、衆議院の例により、同様の取り扱いをなすことが適当と認められたのである。ただ、市町村会議員については、道府県会議員とあながち同様の取り扱いをなすの必要を認めないので、衆議院における例の如何にかかわらず、これを兼職禁止より除外することに意見の一致を見たのである。市町村長についても、一応問題になったが、特に兼職の禁止を必要と認めるには至らなかったのである。

(4)　最後に、第四として、特殊会社、公益団体等の役員、政府の土木建築等の工事を請け負う者等との兼職の問題である。これらについては、当部会においても議論のあったところであるが、小委員会においては衆議院と歩調を合わせることに意見がまとまったのである。

三　その他の資格要件の問題

1　現在、貴族院議員としての資格要件については、ほとんど何らの規定もない。すなわち華族議員が華族たらざるに至ったとき、及び、帝国学士院会員議員が帝国学士院会員たらざるに至ったときは、議員たるの資格を失うのであるが、その他には資格消滅に関する規定はない。もっとも貴族院令第十条には、除名に関する規定があり、また伯子男爵議員、多額納税者議員及び帝国学士院会員議員の選挙に関する規則中には、被選挙資格を定めた規定があるが、それらはいずれも議員の資格消滅に関するものではない。

なお、参考として申し上げれば、華族令第二十一条には、「有資格者死刑又ハ懲役ノ宣告ヲ受ケ其ノ裁判確定シタルトキハ其ノ爵ヲ失フ」とあるにつき、「華族議員ニ付テハ衆議院議員選挙法第六条中、第五号及第六号ハ（懲役ニ関スルニモノナルニ付）問題ニナラザルハ当然ノ理ナリ」。

しかるに衆議院議員についてみると、議院法第七十七条には「衆議院ノ議員ニシテ選挙法ニ記載シタル被選ノ資格ヲ失ヒタルトキハ退職者トス」との規定があり、これに関連して、衆議院議員選挙法には、被選挙資格に関する規定があるのである。故に貴族院議員についても、この際、原則として、「衆議院議員ノ例ニ依ルコト」とすることが必要であるということに委員の意見が一致したのである。「蓋シ貴族院議員の資格要件ハ殊更ニ衆議院議員ノ資格要件ト異ナラシメル必要ガナイカラデアル」。

そこで衆議院議員選挙法を見ると、第六条には被選挙権を有せざる場合に関して規定がある。「貴族院議員トシテ之ト同一ノ状態ニ在ル者ハ其ノ資格ヲ失ハシメル」旨の規定を置かなければならぬわけである。もっとも、「貧困ニ因リ生活ノ為公私ノ救助ヲ受ケ又ハ扶助ヲ受クル者」、「一定ノ住居ヲ有セサル者」に関する規定は、貴族院議員の場合には必要はないということに意見がまとまった。

2　不登院者の失格に関する問題

不登院者の失格に関しては、一委員より、「貴族院ノ審議能率ヲ増進シ、其ノ権威ヲ高ムルガ為メニハ常時欠席者ヲナクスル方策ヲ採ラネバナラナイ、例ヘバ引続キ二会期又ハ三会期ニ亘リ相当ノ日数欠席シタル者ハ議員タルノ資格ヲ失ハシメル等ノ規定ヲ設ケタイ」との意見があり、また他の一員より、「貴族院令第五条第三項ニ掲ゲラレタヤウナ事実ヲ推測セシムル事由ガ発生シタルトキニハ、議決ヲ用ヒズ当然失格スルモノトシテハ如何」との意見が開陳され、審議の末、「不登院者ノ失格ニ関シ何等カノ規定ヲ設クルコト」については意見の一致を見たのである。その規定の方法については、いろいろ論議があったが、(1)多数の委員は「不登院者ハ資格審査委員ノ審査ニ付シ院議ヲ経タル後失格セシメ得ルガ如キ途ヲ開クコト」という意見に一致した。(2)その他に、「不登院者ハ当然失格スルモノトスルコト」との意見があったが、これは不登院の事実によって当然失格せしむるという意味である。この規定の具体的内容等については政府の研究に一任された。

第四節　議員数

一　議員総数

議員の総数に関しては、意見の開陳なき委員も若干あったが、多数の委員は、あるいは「議員総数ヲ減少スベシ」と主張し、あるいは「大体現在ノ議員総数ヲ押フルヲ可トスルモ制度改正（公侯爵議員ノ世襲制ヲ廃止スルコト、多額納税者議員ニ代フルニ他ノ議員ヲ以テスルコト等）ノ結果、議員総数ニ減少ノ結果ヲ来スベキコト」を認められた。

なお、具体的員数については発言は極めて少なかったのであるが、一委員から「総数三百名トシ華族議員、勅任議員及其ノ他ノ勅任議員各百名宛トスベシ」との意見があった。

議員総数が多過ぎる場合、及び、少な過ぎる場合における利害得失に関しては、当部会においてもしばしば論議されたところであるが、小委員会においても委員間に相当の論議が交わされた。

まず、制度改正に伴う減員のみにとどまらず、さらに相当の減員を行うのが適当であるという主張について、その論旨を要約すると次の通りである。

今回の貴族院制度改善の目標は、結局において、貴族院の機能を発揚せしめるにある。しかして貴族院の機能は、衆議院の国民代表的機能に対して、総合的機能という点に特色がある。また衆議院に対して牽制的な点にもその特色がある。故に、

第一に、貴族院としては、総合的機能を特色とする結果、議員の数よりも議員の質を重んずべきである。またチェック・アンド・バランスの機能を特色とする結果、議員の質は、一層大切になってくるのであって、各議員はいわゆる慎重練熟耐久の特色を発揮せねばならぬ。故に貴族院としては、その議員を厳選して、一粒選りの人をそろえることが最も必要である。

第二に、せっかく厳選された議員も、できるだけ登院して職務に尽くされるのでなくては、貴族院の機能発揮に役立たない。故に、不登院者失格等に関する規定はぜひ必要となってくる。

第三に、かくして登院の議員が審議に当たる場合においても、その審議方法については、貴族院の機能の特色にかんがみ、必ずしも衆議院と同一なるを要しない。この点において従来の貴族院の議事方法にも改善を加える余地がある。

そこで以上の三点、適材精選、不登院者失格規定の制定及び審議方法の改善に関しては、この際、ぜひ実行すべきである。しかして、これにより貴族院の職能が相当に向上するようになれば、現在のような議員数がなくても、必ずしも不都合はない。現在の平均登院者数に若干の欠席者を見込んだ程度の議員総数があれば、現在より以上の

審議ができるのではあるまいか。なおまた、それ以上に員数を増加することが許されるならば、審議機能は一層向上するとも考えられる。ただし、それは、結局、程度問題であって、その程度を超せば、かえって濫選に陥り、結果は面白くない。

総数減少論者の主張を総合すると、大体右のようであったように思われる。しからば具体的にはいかなる程度が最も妥当であるかという問題になるが、これについては、総数三百名を適当とする意見のあったことは前に申し上げた通りである。

次に、主として貴族院における議事進行の実際的立場から、現在程度の議員数を必要とする旨の議論のあったことは、部会におけると同様である。すなわち議員総数は、現在数より一人でも減じてはならぬということでは、むろんない。大体、現在の総数を押さえた上で、制度改正の結果、当然に生ずべき減員は、これを認めてよい。また、公侯爵もしくは侯爵議員世襲制を廃止すれば、それだけで若干の減員となるし、また多額納税者議員制度に代わるに地方議員制度をもってし、仮に地方議員を四十七人程度にとどめれば、そこにも減員の結果を生ずる。しかしてこれら減員の全部を議員総数より減ずれば、現在数と相当の開きができるが、その減員の一部を他種議員の増加に振り向け、残りの一部を議員総数より減ずるの程度ならば、現在数との開きは小さくなるというような意見があったのである。

二　華族議員と勅任議員との比率

華族議員数と勅任議員数との比率に関しては次のごとく意見が分かれた。その一つは、㈠「勅任議員数ハ華族議員数ニ超過スルモ可ナルコト」という意見であって、他の一つは、㈡「華族議員数ハ勅任議員数ニ比シ精確ニ同数ナルヲ要セザルモ、両者ノ差ハ之ヲ極少数ニ止ムルコト」という意見であった。

貴族院令制定当時には、その第七条に、勅任議員の数は有爵議員の数に超過することを得ずという趣旨の規定があったが、大正十四年の貴族院令改正の際、その条項は削除された。これは、その際の国務大臣の提案理由の説明にもあったように、「各種議員ノ定数ヲ大体ニ於テ法定的特定数トナシタル結果、従前ノ第七条ノ規定ハ全然不必要トナッタ」ためである。要するに、貴族院令制定の当初から今日に至るまで、制度上、勅任議員の数が華族議員の数に超過することを得ないような仕組みになっていることは、各委員のいずれも認められるところである。

しかし、右のような仕組みを将来改めることが可能であるか否か、ないしは適当であるか否かの点になると、委員の意見が分かれた。

まず「両者ノ差ヲ極少数ニ止ムベシ」とする意見の要旨を申し上げると、貴族院令立案者が、第七条の規定を設けたのは、深遠なる思慮に出たものである。当時、自由民権の思想が盛んであって、ほとんど底止するところを知らず、勢いの赴くところ、ついには国家の根基をも危うくするの情勢すらあった。しかしてこれを防遏する力としては、政党は必ずしも頼むに足らなかったので、それには国家より恩寵を受けている華族にこの重大な責任を負わしめるにしくはないというので、華族に貴族院の過半数の議席を与えたのである。

このように深い理由の存する規定の精神を覆すことはまことに危険である。むろん五、六名の差であるとか、十名内外の差ができるぐらいならば、あえてその精神に反するものとも言えないが、それ以上に勅任議員数を超過せしめることには反対である。また、華族議員数と勅任議員数との均衡を得せしめるという原則の存することについては、別に確実な文献に徴すべきものはない。しかしこの原則は、貴族院令立案者の堅くとったところであって、その事実は、貴族院令の建前の上に、今日まで厳存している、等の意見であった。

これに対して反対の見解を持つ委員の側からは、次のような趣旨の意見が出された。

「今回ノ貴族院制度改革ノ目標ハ、議院ノ機能ノ向上ニアル。機能ノ向上ノ為ニハ個々ノ議員ヲ精選セネバナラヌ。議員精選ノ結果ハ、華族議員ハ局限サレタ範囲カラ選ブノデアルカラ、其ノ員数ハ必然的ニ減少セザルヲ得ナイ。然ルニ勅任議員ハ、之ヲ求ムベキ範囲ガ局限サレテイナイカラ、議員ノ精選ト云フコトハ、必ズシモ其ノ減員ヲ意味シナイ。却ッテ知能経験ノ摂取ヲ改革ノ一目標トスルナラバ、勅任議員ハ増加ノ方向ニスラアルト言エル。カク考エテクルト、従来ノ華族議員ノ勅任議員ニ対スル数ノ比率ハ、到底維持スベカラザルモノトナル。貴族院創立当時、華族議員ガ貴族院ノ重心トナッテイタノハ、其ノ当時ニアッテ、慎重熟練耐久の人士ヲ求メルトスレバ、其ノ多クヲ華族ノ中ニ求メザルヲ得ナカッタカラデアル。シカシ今日ニ於テ慎重熟練耐久ノ人士ガ七千万国民ノ中ヨリモ華族ノ方ニ多イノダト、ドウシテ言エルカ。若シ華族ニシテ有為ノ材アラバ勅選トスルモ可、多額トナルモ可、又衆議院ニ出ラレルヨウニ改メルモ可デアル。然ルニ華族ニ半数以上ノ議席ヲ割キ政治上ノ特権ヲイツマデモ与エテオクトイウコトハ、到底承服シカネルトコロデアル」。

以上が反対論の大要であったのである。

三　華族議員数

1　公侯爵議員数

「公侯爵議員ハ公侯爵又ハ侯爵議員ノ世襲制廃止ニ伴ヒ之ヲ減少スベキコト」に意見の一致をみた。委員の間においては、大体において「公侯爵議員ノ世襲制ヲ廃止スルコト」に意見の一致をみたこと、また一委員から、「第二侯爵議員ノ世襲制ノミヲ廃止スル」という意見のあったことについては、すでに述べたところである。しかして、これらいずれの意見に従っても、選挙制を採る限り、公侯爵議員または侯爵議員の数を若干減少すべきは当然のこととしなければならない。しかし、具体的にどの程度の員数となすべきかについては、ほとんど意見の開陳がなかったのであるが、一委員から「公侯爵議員ハ五戸ニ一人ノ割合トシ、公爵議員四人、侯爵議員八人トスベシ」との意見があった。

2　伯子男爵議員数

伯子男爵議員数については、「⑴伯子男爵議員数ハ之ヲ減少スルコト」という意見と、「⑵伯子男爵議員数ハ現在ノ侭トスルコト」という意見と相対立した。このほかに「伯子男爵議員数ヲ増加スベシ」との意見も出たが、後に撤回された。

「伯子男爵議員数ヲ現在ノ侭トスル」意見を要約すると、伯子男爵議員数は、今日の場合、何らこれを減少せねばならぬという事情もないから、これを据え置くべきである、減少論者もあるようであるが、一体現在の伯子男爵議員のどこが悪いのかというのであった。

これに対して反対論者は、「現在ノ伯子男爵議員ノドコガ悪イト云フワケデハナイ。之ヲヨリ良イモノニスルト云フノデアル。又議員ノ厳選ハ今回ノ貴族院改革ニ一貫スル方針デアル、伯子男爵議員数ニノミ手ヲ触レナイト云フ道理ハナイ、又被選資格ハ三十歳カラ三十五歳ニ引上ゲラレヤウトシテイル、コレハ適格者ノ範囲ガ縮小サレルコトヲ意味スル、ソノコトカラシテモ現在ノ如キ五戸ニ一人ノ割合ハ維持スベカラザルモノトナル、十戸ニ一人ノ割合ノ適否ニ付テハ尚ホ研究ヲ要スルトシテモ、伯子男爵議員数ハ当然減少スベキデアル、又公侯爵議員ニ付テハ世襲制ヲ廃止スルコトニ大体意見ノ一致ヲ見タ、伯子男爵議員ノミハ現状ノ侭トスルノハ如何ナモノデアラウカ」等の意見が出たのである。しかして「伯子男爵議員数トシテ具体的ニ十戸ニ一人ノ割合トシ、伯爵議員十一人、子爵議員三十七人、男爵議員四十七人トスベシ」との意見も出たのである。

3　各爵別議員数の配分

⑴　各爵別議員数の配分問題については、①「各爵別ニ確定数ヲ定ムルコト」に大体意見の一致を見た。ただし、一委員から「華族議員総数ノミヲ定メ置キ、各爵別配分ハ選挙毎ニ之ヲ行フベシ」との意見が出た。また他の一委員からは、「各爵別配分ハ之ヲ行ハズ単ニ華族議員総数ノミヲ定ムベシ」との意見も出たのである。

右のうち多数説は、現状維持論にほかならないが、二種の少数説の趣旨を申し上げると、貴族院令の上で各爵別議員数を確定してしまうと、歳月を経るに従い、有爵者中にも異動を生じ、また被選人の数の割合も変わってきて、各爵議員数の間の衡平が破れる。故に、貴族院令では華族議員の総数のみを定めておいて、選挙毎に各爵別の員数を指定するという方法が合理的である。また各爵別に議員数を配分するがごとき窮屈な方法をとるよりも、華族議員総数のみを定め、選挙も各爵共通に行って、人材を自由に求める方が、選良主義を徹底せしむるゆえんである等の意見であったが、いずれも他の委員の賛成するところとはならなかったのである。

(2)　各爵間に議員数を配分する場合において、配分の基準に関して二、三の委員から意見が出た。すなわち

(イ)　「公侯爵ト伯子男爵トノ間ニノミ若干ノ差等ヲ設クルコト」という意見が一、二あった。しかして一委員は、ただ公侯爵議員世襲制廃止直後の暫定的措置として、公侯爵と伯子男爵との間にのみ若干の差等を付するがよいという意見であった。また、一委員よりは、具体的基準として、「公侯爵ニ在リテハ五戸ニ一人、伯子男爵ニ在リテハ十戸ニ一人ノ割合トスベシ」との意見が出たのである。

(ロ)　なお又一委員からは、「各爵間ニ差等ヲ設ケザルコト」という主張もあった。

四　勅任議員数

1　地方議員以外の勅任議員

(1)　勅選議員のほか特別勅任議員を設ける場合に関して、一委員から「特別勅任議員三十人乃至五十人」との意見があり、また他の一委員から「特別勅任議員三十人」との意見もあった。

最初幹事長の提出された職能議員の案においては、職能議員総数を五十人ぐらいにとどめ、そのうち産業経済部門三十人ぐらい、その他の文化等の部門二十人ぐらいを考えているとの説明であった。しかして産業経済部門の職能議員を選挙によるとすれば、事実上、利益代表的傾向を生ずる恐れもあるので、議員数はこの程度にとどめて、

余り多からしめないがよいという趣旨を付言されたのである。

小委員会において、職能議員、すなわち特別勅任議員を認められた論者の意見としても、議員数は少数がよい、利益代表の弊を防止することはもちろん必要であるし、専門的知能が余り多きに過ぐることも、貴族院としては面白くない。それに、最初の試みとしては、少数の方が無難であるという趣旨で、三十人ないし五十人説、または三十人説を提唱された次第である。

なお、この場合の勅選議員数をいかにするかということについては、あまり発言もなかったが、一委員より、これを百人とすべしとの説のあったことは、前にも申し上げたところである。また、帝国学士院会員議員を認むべしとする一委員は、その数を現行通り四名とする意見であった。

(2)　勅選議員のみを認める場合に関して、一委員から「百三十五人」とすべしとの意見があった。これは、いわゆる職能議員制度の精神は了解したが、特別勅任議員は、これを認めずとも、勅選議員数を増加すれば、その中において右の精神は生かされるという趣旨である。

2　地方議員

地方議員数の問題については次のように意見が分かれた。

(1)　地方議員数ハ各都道府県一人宛トシ総計四十七人トスルコト

(2)　地方議員数ハ各都道府県一人宛トスルノ外大都市ニ付テハ別ニ考慮スルコト

なお、右に関連して、次のような意見が出た。

全国を関東、東北等というがごとく数ブロックに分割し、その各々から代表者を出すという仕組みは考えられないか。それができれば、必ずしも四十七人の議員数は必要でないことになるのではないか。これに対しては、幹事長から、「御趣旨ハ御尤モノ点モアル。我々モ研究ハシテイル。マダ確定的ナ意見ハ持ッテイナイガ、十分研究シテミル考エデアル」との答弁があった。

また、一委員からは、「地方議員数ハ各都道府県一人宛トスル外人口三十万人以上ノ大都市ニ十九人ヲ配分シ、地方議員ノ総数ヲ六十六人トスルヲ適当ト思フ。人口三十万人以上ノ都市一人宛、人口百万以上の都市二人宛、東京市及大阪市四人宛配分スレバ合計十九人トナル」という意見の開陳があった。

第五節　議員の任期

一　華族議員の任期

1　公侯爵議員

(1)　公侯爵議員または侯爵議員の世襲制が廃止され、選挙制が採られた場合において、その任期をいかにするかという問題が生ずる。「公侯爵議員ノ任期ハ之ヲ七年トスルコト」に大体意見の一致をみた。右は、公侯爵議員の任期を伯子男爵議員の任期と異にする必要がないという趣旨から出たのである。

(2)　これに対しては、一委員より、「公侯爵議員ニ付テハ停年制ヲ設クベシ」との意見があった。

公侯爵議員は、世襲制を廃し選挙制を採るとするも、総選挙は最初の一回だけこれを行い、あとは補欠選挙を行うにとどめ、当選者を一定の年齢に達するまで議員たらしむるの制度をとりたい。元来、選挙を避けるため、華族議員全部について停年制をとるを可とするも、少なくとも公侯爵議員については、これを採用したい。貴族院の構成よりこれを見れば、勅選議員と公侯爵議員とは共に停年制とし、地位の安固に伴う自主独立性を保有せしめ、勅選議員以外の勅任議員と、伯子男爵議員とは、これを任期制とすることが、議院全体としてその妙用を発揮せしめるゆえんである。なお、伯子男爵議員との間に区別をつけることとなるが、公侯爵議員は選挙人に比し、議員数が多いという事情もある。また、概してその家柄高く、かつ古く、しかも長年にわたり、選挙の煩を繰り返さずして今日に至ったことが、相当意味を持つものと言わなければならない。こういう意見であった。

2　伯子男爵議員

「伯子男爵議員ノ任期ハ現行ノ侭トスルコト」に各委員の意見は一致したが、一委員より、「選挙ニ於テ選ニ漏レタ者ヲ七ヵ年モ待タセルノハ長キニ失スルカラ、之ヲ短縮シテハ如何」との意見も出たが、審議ノの結果、右のように意見がまとまったのである。

二　勅選議員の任期

1　勅選議員

(1)　勅選議員の任期については、

(イ)　多数の委員は、「勅選議員ニ付テハ終身制ヲ採ルコト」に意見の一致をみた。右は、任期制を採るにおいては、再任を希ふの結果、議員の自主独立性を害する恐れがある。また、余りに新陳代謝の甚だしくなることは、勅選議員制度の本質に合致しないから、終身制がよいと思うという理由に基づくものである。

なお、若干の委員は、前に述べた不登院者の失格に関する規定の適用により、幾分でも終身制の弊害を避け得るものとし、「不登院者ノ資格ニ関スル規定ヲ設クルコトヲ条件」として終身制に賛成された。

(ロ)　次に若干の委員は、「勅選議員ニ付テハ任期制ヲ設クルコト」を主張せられ、勅選議員の在任年数を見ると、「其ノ任命ヨリ死亡ニ至ルマデノ平均在任年数ハ十二年余ナルガ故ニ、十年位ノ任期トスルヲ至当トスル（然ラバ新陳代謝ヲ重視スベキ特別勅任議員ヲモ勅選議員ノ中ニ於テ賄ヒ得ルデアラウ）。又、任期制トスルモ、一時ニ勅選議員全部ガ交代スルモノデナイカラ、一政府ガ多数ノ勅選議員ヲ銓衡スルコトニハナラヌ。又、任期ヲ付ケテモ、適当ナ人物ナラバ再任命サレルデアラウカラ、事実上、終身制ノ長所ハ失ハレナイハズデアル。任期ハ、他ガ七年ナラバ七年ニテ可ナリ」とする意見があった。

(2)　尚ホ、一委員より、「勅選議員ニ付テハ停年制ニ任期制ヲ結合シタル一種ノ退任制ヲ設クベシ」との意見が出された。この問題については、初め幹事長から、幹事の研究の方向を示すという意味において、一つの案が示された。これはかつて当部会においても簡単に説明があったものであるが、大体次のようなものである。

(イ)勅選議員ハ満七十歳ニ達シタルトキハ退任トスルコト　(ロ)勅選議員ハ満七十歳ニ達スルモ、其ノ在任未ダ五ヵ年ニ満タザルトキハ五ヵ年ニ満ツル迄尚在任セシムルコト　(ハ)満七十歳以上ニテ勅任セラレタル者ハ其ノ任期ヲ五ヵ年トスルコト　(ニ)前各号ニ依リ退任スベキ者ニ付貴族院ニ於テ特別ノ議決ヲ為シ上奏シテ勅裁ヲ経タルトキハ尚五ヶ年間在任スルモノトスルコト

前項ノ議決ニ関ル規則ハ貴族院ニ於テ之ヲ議決シ上奏シテ裁可ヲ請フベキモノトスルコト（其ノ規則中ニハ一定ノ事由アル場合ニ於テハ議決ヲ為シ得ザル旨ヲ定ムルコト）

これに対しては、各委員より種々意見が出たが、一委員は、勅選議員の任期については原則として幹事長の説明に賛成である、しかし「停年ヲ七十五歳トシ退任スベキ者ニ付貴族院ノ議決ニ依リ留任ノ勅裁ヲ請フ」云々の点は除いて賛成するとの意見が開陳された。

2　特別勅任議員

「特別勅任議員ヲ設クベシ」とする委員の間においてはその「任期ヲ五年トスルコト」に意見の一致を見た。

特別勅任議員の制度は、既に述べたように、各職能における知能経験を敏速に摂取することを目的としている関係上、五年とすることとなった。

3　地方議員

「地方議員ノ任期ハ之ヲ七年トスルコト」に意見が一致した。多数委員の主張する地方議員は、特別勅任議員とは異なり、必ずしも知能経験者のみを挙げんとする趣旨ではなく、いわゆる地方的貴族をも包含するものであるから、七年ぐらいとなすを妥当と認められた。

第六節　議員選任方法の問題

一　華族議員の選挙方法

1　各爵別選挙とするか、各爵共通選挙とするか

本問題は、「(1)各爵別選挙トスルコト」に大体意見の一致を見たが、一委員から、「(2)各爵共通選挙トスベシ」との意見があった。

前の多数意見は、伯子男爵議員選挙に関する限り現状維持論である。あとの共通選挙論は、各爵別に議員数を配分しないという意見と関連するものであって、次のような趣旨であった。適材を挙げるためには、なるべく広い範囲に人を求めなければならない。また適材たることを認定するには、なるべく多くの人々の目をもって見る必要がある。故に、各爵別に議員数を配分することなく、華族議員総数のみを定め、また各爵別に選挙を行うがごとき窮屈なことをせず、各爵共通に選挙を行って、あくまでも選良主義の徹底を図るのがよい。これに対しては、次のような反対論があった。

共通選挙にすれば、各爵間の勢力の消長ということに関心を持つこととなっておもしろくない。また少数の爵は、不利の立場に置かれ、各爵にわたって親族関係等が錯綜しているから、意外に面倒が多くなる。結局、共通選挙論には他に賛成する委員がなかった。

2　選挙人の資格要件

(1)　選挙人の年齢資格　「選挙人ノ年齢資格ハ之ヲ満三十歳トスルコト」に意見の一致をみたのであるが、その理由とするところは、議員の資格要件の項目において説明したと同様に、「貴族院ノ特殊ノ気風ヨリ稽（かんが）ヘテ、現在ノ年齢資格ヲ以テ低キニ失スル」というにある。しかし、一委員のごときは、既に述べたように、被選人の年齢よりも、むしろ選挙人の年齢に重きを置くことが真に議員としての適任者を挙げる上において肝要であるとの意見を述べられた。

(2)　その他の資格要件

年齢資格以外の資格要件については、伯子男爵議員選挙規則に掲げてある各種の資格要件を大体において衆議院議員選挙法第六条に列挙された資格要件に統一し、これをもって選挙人の資格要件とすることを妥当と認めるというので、「原則トシテ衆議院議員選挙法ノ例ニ依ルモ、同法第六条第三号及第四号並第七条ノ如キ規定ハ之ヲ設ケサルコト」に意見の一致をみたのである。

次に、この点に関しやや詳しく申し上げたい。

(イ)　第一は、伯子男爵議員選挙規則の「瘋癇白痴の者」である。これは選挙及び被選資格を除斥されているのであるが、衆議院議員選挙法の例にならい、「禁治産者及準禁治産者」に統一することに意見の一致をみた。「瘋癇白痴の者」は、「禁治産者及準禁治産者」の原因たる「心神喪失ノ常況ニ在ル者」及び「心神耗弱（コウジャク）者」の中には包含されない場合があるかもしれないが、大体同等に取り扱って差し支えないと認められたのである。

(ロ)　第二は、同規則の「身代限ノ処分ヲ受ケ負債ノ義務ヲ免レサル者」である。これまた同様に伯子男爵議員選挙並被選資格を除斥されている。これを衆議院議員選挙法同様「破産者ニシテ復権ヲ得サル者」に統一する。

(ハ)　第三は、同規則の「刑事ノ訴ヲ受ケ拘留又ハ保釈中ニ在ル者ニシテ其ノ裁判確定ニ至ルマテノ者」であって、伯子男爵議員選挙並被選資格を与えられないこととなっている。この原因を以って直ちに被選資格を剝奪するのはいささか酷に失するものがあり、これまた削除について意見の一致をみたのである。

(ニ)　第四は、「貧困ニ因リ生活ノ為公私ノ救助ヲ受ケ又ハ扶助ヲ受クル者」、「一定ノ住居ヲ有セサル者」であって、これらの者は衆議院議員選挙並被選資格を有しないのであるが、華族議員について問題とならないのは申すまでもない。

(ホ)　第五に、衆議院議員選挙法第六条第五号乃至第七号においては、一定の受刑者及び刑余者には選挙及び被選資格を与えないことに定められているが、これらを除斥することの必要は、衆議院議員と貴族院議員との間に何ら異なるところはなく、かつ多額納税者議員互選規則中にも同様の制限があるので、これを共通の除斥原因たらしめることをもって至当と認められたのである。

(ヘ)　第六に、華族の戸主、陸海軍軍人にして、現役中其の他これに類する者に対して衆議院議員の選挙権及び被選挙権を与えないという規定である。華族の戸主は、この場合問題の外であるが、陸海軍軍人については、先に議員の兼職の項において述べたように、各種の貴族院議員に通じてこれが兼職を禁止することとなったが、選挙権及び被選挙権は従来どおりこれを与えることに意見の一致をみたのである。すなわち衆議院議員選挙法においては、選挙及び被選挙資格の除斥原因として規定しているが、この例によらないこととなったのである。

以上を要約して申し上げると、伯子男爵議員選挙規則第二条乃至第四条に掲げられている選挙並被選挙資格に関する各種の除斥原因を、衆議院議員選挙法第六条第一号、第二号及び第五号乃至第七号に列挙された除斥原因に統一することとなるわけである。

(ト)　以上は、主として、伯子男爵議員について申し述べたことであるが、公侯爵議員が選挙制となった場合においては、当然この例にならうこととなるわけである。

3　被選人の資格要件

(1)　被選人の年齢資格

被選人の年齢資格は、先に述べた「議員ノ年齢資格ト同一トスルコト」に意見の一致を見た。すなわち被選人の年齢資格は、これを満三十五歳とすることに各委員の意見が大体一致し、ただ一委員だけがこれを選挙人と同様、満三十歳にとどめ、互選せしめるべきだと主張されたのである。

(2)　その他の資格要件

被選人の年齢資格以外の資格要件については、これを選挙人におけると同様にすること。すなわち「原則トシテ衆議院議員選挙法ノ例ニ依ルモ、同法第六条第三号及第四号並びに第七条ノ如キ規定ハ之ヲ設ケザルコト」に意見の一致をみたのである。それらの説明はこれを繰り返すことを省略する。

ただ、右の点に関連して問題となった貴族院伯子男爵議員選挙規則第二条の「神宮及諸宗ノ僧侶又ハ教師」について一言申し添えておく。

現在においては、これらのものは選挙人たることは認められているが、被選人たることを得ないものとされている。その理由として考えられることは、かつて当部会においても論議されたように、祭祀宗教は、これを政治の外に独立させなければ、信仰を冒瀆し宗教を堕落せしめ、かつ信仰の力を選挙に利用するの恐れがあるというにあったものと推測されるが、宗教家をして政治に参与せしめることが、必ずしも宗教を腐敗に導くものであるとは断定し難いのみならず、国民の政治能力の発達した今日、信仰により、選挙人の自由意思が不当に抑圧せらるべしとは考えられないので、かつて同様の規定を有していた衆議院議員選挙法が、大正十四年の改正に当たり、これを削除した例にならい、この際、これを被選資格の除斥原因たらしめないこととするを妥当と認められたのである。

4　投票方法等

「投票方法等ハ現在特ニ改正ノ必要ヲ認メズ、之ガ弊害ヲ認メルニ至ッタトキ、政府ニ於テ善処スベシ」という意見があり、また投票方法等は、「政府ノ責任ニ於テ決スベキ問題ナルヲ以テ、政府ニ於テ篤ト研究スベシ」との意見があった。

伯子男爵議員選挙制度は、これを他の一般の選挙制度と比較すれば、投票の方法、管理、取締等の諸点に関して、相当異色を持ったものであることは、御承知のとおりである。連記投票方法等に関して現行制度を是認せられる委員の意見は次のとおりであった。

「凡ソ如何ナル選挙方法モ一長一短アルヲ免レナイ。其ノ意味ニ於テ、現在ノ連記法ガ理想的ナモノデアルトハ決シテ考エナイ。ソレニハ短所モマタアリ得ルコトヲ認メル。サレバト云ッテ他ノ制度、例ヘバ制限連記法、累積法、制限累積法、単記法等にも夫々一長一短ガアル。畢竟、理論上ハ如何ナル選挙方法ガ最モヨイカハ決定サレ得ナイノデアル。故ニ現在ノ連記法ニ付テ考ヘル場合ニハ夫ガ現ニ実際上弊害ヲ生ジツツアリヤ否ヤヲ検討シテ、弊害アリト認メレバ改善スル必要モアラウガ、弊害ナシト認メレバ、殊更ニ之ヲ改変スル必要ハナイ。然ルニ自分達ノ見ル所デハ、過去ハ兎モ角トシテ、現在ハ何ラ弊害ヲ認メナイ。普通ニ連記法ノ下ニ於テハ、少数派ハ一個ノ議席ヲモ得ルコトガデキヌノデ不都合デアルト云フガ、現在、伯子男爵中ニハ、各爵トモ多数派、少数派ナドト云フ分派ハ存在シナイ。統制ハ円満ニ行ハレ、幹部ノ横暴モ、同爵者ノ不平モナイ。選挙母体トモ云フベキ協同会、尚友会ニ入ラナイ華族ハアルガ、此等ノ者モ会員ト同ジ様ニ投票シテ居ル。故ニ少数ガ出ラレヌノデ不満ニ思ッテ居ルト云フ事実ハ全ク存在シナイ。

其ノ他選挙管理等ニ不都合ノ廉モナイ。要スルニ現行制度ノ下ニ於テハ今日ノ処何ラノ弊害モナイガ故ニ之ヲ改メル必要ハ豪モ発見デキナイ。又連記制ヲ他ノ方法ニ改メルト、必然的ニ同爵間ニ競争ガ起ル。之ニハ華族社会ニ於ケル親族関係等ノ複雑ナ事情モ関連シテ来ル。其ノ結果、同爵者ノ平和ヲ害シ華族ノ品位ヲモ失墜スルニ至ル。

之ハ華族議員トシテハ致命的ナコトデアルカラ、連記法ヲ捨テテ平地ニ波乱ヲ起ス様ナコトハ、之ヲ戒メネバナラヌ。又、連記制ヲ存続スル為メ、弊害ガアルト云フコトヲ認メルニ至ツタ際ニハ、ソレコソ政府ノ責任ニ於テ十分研究シテ之ヲ改正スルナリ、其ノ他適当ニ善処サレレバヨイ。其ノ点ハ、選挙ノ方法ガ普通ノ勅令ヲ以テ定メ得ラレルノデアルカラ、政府ハ自由ナ立場ニアル訳デアル。又、連記制ハ現在ノ運用ノ実状カラ見レバ一種ノ推薦制度デアル。故ニ場合ニ依ッテハ此ノ実状ニ即シテ同爵者間ニ公ノ銓衡機関ヲ設ケテモヨカラウ。」

以上が連記制などを支持する意見の大要であるが、この点については、なお次のような意見もあった。

「連記制ニ代フルモノトシテ良イ制度ガアレバ之ヲ改メタイト思ッテ色々考ヘテ見タガ、急ニ良イ考案モ出ナイシ、且又政府ガ弊害ヲ認メタラ、政府ノ責任ニ於テ改正シ得ルモノデアルト云フ解釈デアルカラ、夫レナラ一ト先ヅ現制ヲ認メテオイテモヨイ。又、公侯爵議員ノ選挙ニ付テハ最初ノ試ミデアルカラ、政府ハ伯子男爵議員ト選挙ト共ニ充分研究シテ適当ナル方法ヲ採ッテモライタイ。要スルニ、投票方法等ノ問題ニ付テハ、以上申シ上ゲタ如ク、現制ヲ維持シ度イト云フ意見ヤ、政府ノ研究ヲ希望スル意見ガアッタノデアル。」

二　勅任議員の選任方法の問題

1　勅選議員の選任方法

(1)　銓衡機関の問題

本問題については、(イ)「銓衡機関ハ之ヲ設ケズ政府ノ自由ナ銓衡ニ委スルコト」に大体意見の一致を見たが、なお一委員より、(ロ)「貴族院議長及副議長ニ諮ルベシ」との意見もあった。銓衡機関については、政府の責任において銓衡すべき勅選議員に関し、銓衡機関まで置いて政府の立場を拘束するのは、勅選議員の性質から考えていかがかと思われる。また銓衡機関を設けるとしても、適当な考案を得ることは容易であるまいから、実行上困難であるというような意見があって、結局、この問題に関する各委員の意見は、前に申し上げたところに帰着したのである。

(2)　銓衡の標準等の問題

(イ)　「欠員ヲ生ジタルトキハ遅滞ナク補充スルヲ要スル旨ノ規定ヲ設クベキコト」に意見の一致をみた。その趣旨は次のとおりである。

「貴族院令第五条第二項ハ勅選議員ノ数ニ関シ「百二十五人ヲ超過スヘカラス」と規定し、最高限度を示すにとどまっている。これはいわゆる欠員を生じても、即時に銓衡しがたい事情があったり、振合を考えて銓衡する必要があったりするために、最高限度だけを定めて、一時欠員の侭にしても差し支えないようにしたものであろうと思われる。しかるに歴代の内閣中には、往々にして総辞職間際に、一時に多数の補充を奏請して、事実上責任をとらないなどの弊害があった。この点に鑑み、将来、欠員を生じた際には、一定の期間内に必ず補充するを要するとか、また一定数以上欠員を置いてはならないとか、適当な制限規定を設けるべきである。

右の趣旨は全員一致の意見であった。

(ロ)　銓衡標準の問題

銓衡標準の問題に関しては、次のごとく意見が分かれた。一つは、「(a)勅選議員ハ政府ノ自由ノ銓衡ニ委スルコト」と言うのであって、他の一つは、(b)勅選議員銓衡ノ範囲等ニ付標準ヲ定ムルコト」というのである。

自由銓衡を主張し、銓衡標準設定に反対される理由は、銓衡機関設置に反対された理由と同様であるが、これに対し銓衡標準を設けたいという意見は次のごとくであった。

「勅選ノ銓衡ニ関シテハ、一方面ニ偏スルト云フヤウナ兎角ノ批難ガアルカラ、勅選議員ハ如何ナル範囲カラ幾人ノ議員ヲ銓衡・奏請スベキカノ大体ノ基準ガ定メラレルベキデアル。又、之ハ自分ノ試案ニ過ギヌガ、勅選議員中、官吏、軍人、学者三分ノ一、産業実業家三分ノ一、徳望家政治家等三分ノ一トスルヨウナ銓衡基準ヲ設定サレルコトヲ希望スル。また、一委員よりは次の意見が述べられた。「自分ノ意見トシテハ、所謂職能議員ニ当ル特別勅任議員ハ、之ヲ置カズ、勅選議員ニ任期ヲ付シテ特別勅任議員ヲ置イタト同様ノ結果ヲ収メタイト思ッテイル。従ッテ勅選議員ノ銓衡標準ヲ設ケ、一定ノ職能ニ属スル者ヲ必ズ一定数ダケ勅選議員ニ銓衡サレルヨウニシタイ。」

以上が大体銓衡標準の問題に関する意見である。

2　特別勅任議員ノ選任方法

(1)　選挙に依る議員

(イ)　「選挙ニ依ル産業経済部門ニ属スル議員ヲ設クベシトスル」委員ハ、「之ガ選任ノ方法ニ関シテハ、十月十二日及三十一日幹事長提出「産業経済部門ニ属スル職能議員制度ニ関スル審議資料」ニ付篤ト研究スベキモノ」であるということであった。「資料ニ関係シテ特ニ研究ヲ要スト認メラレタ事項」は、既に部会で話の出たものもあるが、次のごとくである。

(a)　職能の区分について、産業経済部門を農業、水産業、鉱業、工業、商業及び交通業の六種の職能に分けているが、これは国勢調査に用いるべき分類によるものである以上は、これに漏れたものはないと信ずるが、その区分は、大小不均等に過ぎる恐れはないか。一種の職能中、特に重要となるもの、例えば重工業、金融業等を独立の職能として取り扱う必要を生ずる場合も予想されるが、かくては職能の種類は、次第に多くなる傾向はないか。また、小さい職能の中より議員を選挙するとすれば、利益代表的傾向が顕著になってくるのではないか。また、農業と水産業とは同一種の職能とする方が便利な場合があるのではないか。また一定の職能に現に従事していることは必要な資格要件であろうと思うが、なお一定年数以上その職能に従事していたということも、資格要件に加えなければならない。この点も研究する必要がある。

(b)　納税について、税種税額の定め方如何により適任者を得られざる場合を生ずる。また定め方の如何にかかわらず、不適任者は入ってくる恐れがある。これは机上で考えるのみでは必ずしも精確には判断しがたいから、速やかに幹事側の実地調査の資料を提示されたい。また税種税額の定め方如何によっては互選人は大都市に集中する恐れがあるが、実際には果たしてどうか。

(c)　選任方法について、全国を通じ、職能別に互選を行う場合において、職能別の各互選人が全国の候補者中いずれが果たして最適任者であるかを十分に検討をつけ得るか。互選人の数は議員数の二、三十倍程度にとどまることとし、かつまた互選人の関係する適当な団体が選挙に介入してくるとしても、果たして選挙が円滑に行われ得るかどうかは、なお多少の疑問がある。

以上は、選挙による特別勅任議員制を認めようとする委員の間にすら、十分には解決つかなかった疑問であって、これが解決は職能別にいかなる人々が互選人になるかを十分に見極めた上でなければ不可能のことであるから、いずれの委員も幹事側の調査の結果を速やかに提示されるよう希望された次第である。しかして前にも申したとおり、調査の結果が思わしくないならば、特別勅任議員について選挙制を採ることはやめて、特別銓衡によりたいというのが、これら委員の意向であった。

(ロ)　選挙による帝国学士院会員議員制度を置くべしとする委員は、これが選任方法に関しては、「大体ニ於テ現行ノ侭トスベシ」との意見であった。

(2)　「特別詮衡ニ依ル特別勅任議員ヲ設クベシ」とする委員の間においては「銓衡標準ヲ設クルノ外、成ルベク詮衡機関ヲ設クルコト」に意見の一致をみた。

選挙に依る特別勅任議員を置く場合に於ても、産業経済部門の特別勅任議員及び帝国学士院会員議員の外は特別銓衡に依る外ないのである。選挙に依る特別勅任議員を置かない場合には、一切の特別勅任議員について特別詮衡の制度を考えなければならない。

(イ)　まず銓衡の標準について、幹事長の説明は次の通りであった。

産業経済部門以外の職能として考えているのは、宗教、教育、学芸、法務、医務等であって、政治家もこれに包含せしめ得べく、なお又地方議員を設けないとすれば、地方自治功労者や地方公共事業関係者等もこの中において考慮することにしている。しかし、この中で、職能を細分して議員数を配分するほどの必要はなかろうと思っている。また、全部の特別勅任議員を特別銓衡による場合においては、職能議員制の幹事案にある通り、職能別に議員数を配分することが必要である。しかしながら選挙におけるがごとく、客観的標準によって互選人を決定する必要はないのであるから、議員の資格を納税を基準として決定するの必要は必ずしも存在しないこととなるわけである。また、特別勅任議員は一定の期間一定の職能を有していることが必要であって、また議員に選任される際に現に当該職能を有することを要することとしたい。なお、在任中その職能を有せざるに至りたる場合に、議員の地位を失うものとするか否かをあらかじめ定めておかなければならない。

特別勅任議員制を認められた委員は、大体以上の説明を基礎として考慮せられ、詮衡標準を設けることには全部賛成されたのである。

(ロ)　次に特別勅任議員の銓衡機関の問題であるが、委員の意見としては、任期制の議員である以上は、その自主独立性保持のため、なるべく銓衡機関を設くべしとの意見であった。しかし、銓衡機関を設けるとしても、その組織をいかにするか、諮問的機関とするか、議決機関とするか等の問題があるので、これらの点は十分研究を要するということであった。幹事長の方ではいろいろ研究中で、未だ結論には到達していないとのことであったが、研究の結果はいずれ提出されるものと期待しているのである。いずれにしても、委員としては、もし適当な考案がなければ、銓衡機関をやめて、その代わり、銓衡標準の方はできるだけ厳密なものにして、万全を期したいという意見であった。

(3)　地方議員の選任方法の問題

地方議員の選任方法については、議員の種別の項において、略述したが、ここでやや詳細に申し上げたい。なお、「納税ヲ以テ互選人ノ資格要件ヲ定ムル場合ニ於テハ税種税額ニ付適当ナル考慮ヲ加フベキモノ」とせられた。この点も多少立ち入って説明を加えることとする。

(イ)　地方議員制については、前に述べたように、多数の委員は各都道府県において一定の資格ある者の互選によって議員を選任するの意見であって、、その互選人の一部については、納税を以てその資格要件を定め、他の一部については納税以外の特定の要件を以て、その資格を定めるという意見であった。

(a)　まず互選人の一部について納税を以てその資格要件を定めるということが、具体的にはいかなることかを明らかにするため、一委員の意見を次に申し上げる。

「第一ニ、多額ノ地租及ビ所得税ヲ納ムル者十人位（ココデ地租及所得税ハ一切包含スルノデアッテ、所謂物持チ金持チヲ互選人ニスル目的デアルガ、地租ニハ特ニ「ウエイト」ヲ付シテ農村方面カラモ相当数ノ互選人ガ出ラレル様ニ仕組ムノデアル。

第二ニ、農業ニ付多額ノ地租及所得税ヲ納ムル者十人位（此レハ農業尊重ノ趣旨デ互選人ヲ定メル目的デアッテ、地租ハ田、畑、山林、牧場ニ限ル必要ガアル。）

第三ニ、農業以外ノ産業ニ付テ多額ノ所得税ヲ納ムル者十人位。

以上三種の納税者合計三十人ヲ以テ互選トスル。尤モ東京府、大阪府ノ如キ大都市ヲ有スル所等デハ、此ノヤリ方に相当ノ斟酌ヲ加ヘテヨロシイノデアル。

(b)　次ニ、互選人ノ他ノ一部ニ付テ納税以外ノ特定ノ要件ヲ以テ其ノ資格ヲ定メルト申スノハ、例ヘバ、第一ニ、道府県農会、商工会議所其ノ他特ニ指定サレタル団体ノ代表者又ハ其ノ団体ノ推薦セル者若干名、第二に自治功労者等（其ノ範囲ハ別ニ定メル）ノ中ヨリ市町村長ノ推薦セル者若干名、右ノ二種ノ者ヲ互選人ノ一部トスル。之ガ一案デアル。又、例エバ道府県農会、商工会議所、その他勅令ヲ以テ指定セル団体ノ推薦セル者及自治功労者等（範囲ハ別ニ勅令デ定メル）ノ中ヨリ郡市別ニ市町村長ガ推薦セル者各一名宛ヲ以テ互選人トスル。之モ又一案デアル。

(ロ)　次ニ地方議員ニツイテ、少数ノ委員ハ、各都道府県ニ於テ一定ノ資格アル者ノ互選ニ依リ議員ヲ選任スルコトトシ、互選人ノ全部ニ付納税ノミヲ以テ其ノ資格ヲ定メルト云フ意見デアッタコトハ、前述ノ通りデアル。」
この場合の互選人の定め方について、一委員の主張されるところは次の通りである。
第一に多額の地租及所得税を納むる者十名ぐらい
第二に農業について多額の地租及所得税を納むる者五名ぐらい
第三に農業以外の産業について多額の所得税を納むる者五名ぐらい
これは、税の取り方は、前段で言ったところと同様であるが、互選人の数は異なっていて、合計二十人ぐらいをもって互選人するというのである。但し、大都市について議員定数を特別配当する場合においては、所得税一本にて互選人を定め、互選人数も特別に考慮することとするという意味であった。
(ハ)最後に「全然納税要件ニ依ラナイデ議員ノ選任ヲ行フト云フ意見」について説明する。この意見を持っておられる一委員は、選任方法について次のように申された。
「先ヅ地方長官ガ道府県内カラ適任者ヲ十五名位推薦スル。次ニ道府県会デハ此ノ十五ノ中カラ議員候補者三名位ヲ選挙スル。最後ニ政府ハ右ノ三名ノ候補者中カラ一人ノ議員ヲ銓衡スル。」

以上、地方議員の選任方法に関して小委員会で出たいろいろの意見を申し上げたが、小委員会は、政府においてこれらの意見を参酌して、十分研究されるよう希望することに決定した次第である。

第七節　その他の問題

一　経過規定

制度改正に伴う経過規定については、あるいは勅選議員を減員し、またはこれに停年制を設ける場合の経過規定、あるいは公侯爵議員世襲制廃止に伴う経過規定等について意見が出たが、結局、「経過規定ニ付ツイテハ政府ニ一任スルコト」になった。

二　その他

㈠　若干の委員より、「貴族院議員ノ非職制ニ付考慮スベシ」との意見があった。また、「公侯爵議員世襲制廃止ニ伴フ非職制ニ付テモ研究ノ必要」が述べられた。しかしてこの点は、幹事長において研究するということであった。

㈡　一委員より「貴族院令第十三条ヲ削除スベシ」との意見があって、これに対しては反対論も出たのである。小委員会としては、その旨、部会に報告する程度にとどめることになった。

㈢　一委員より、「不登院議員ノ登院勧奨ノ方法ニ付考慮スヘシ」との意見があった。その具体的方法としては、例えば「不登院者ノ歳費減額等ノ方法ハ如何」との意見の開陳があった。小委員会としては、適当な成案も得られなかったが、一応部会に報告しておく。

㈣　若干の委員より、「華族ノ戸主に衆議院議員ノ選挙権及被選挙権ヲ有セシムベシ」との意見があった。特に華族なるが故に一般国民の有する権利を与えないという理由なしとの趣旨であるが、これに対し一委員より、貴族院の衆議院に対する独立性保持の見地より、反対意見の開陳があった。この問題は衆議院議員選挙法との関係もあるので、小委員会において取り扱うのは不適当と考えて、これまた前号同様報告の程度にとどめる。

㈤　一委員より、「貴族院議員及華族ノ戸主ハ党籍ヲ有セザルベキ旨ノ規定ヲ設クルカ又ハ少クトモ其ノ慣習ノ成立ヲ希望ス」との意見があった。

㈥　一委員より「所謂会派拘束主義ヲ採ルベカラズトノ申合又ハ慣習ノ成立ヲ希望ス」との意見があった。

以上の議会制度審議会貴族院制度部会における貴族院改革審議経過の詳細な小委員長報告は、昭和十三年当時の貴族院改革の問題点と改革に対する貴族院議員の具体的提案が多数盛られていたが、その後実施された項目は一つもなかった。

第九章　議会制度の現状とその改革案（外国篇）

一九二四（大正十三）年の第二十三回列国議会同盟会議は、次回以後において、「議会制度の現状とその改革策」を議題とすべきことを決議し、その決議を実行するための一つの方法として、欧州各国の著名な学者に対して、本問題に関する意見を求めた。これに対して寄せられた回答書が、以下に紹介する論文である。わが国の議会政治も、欧州各国と同様に、大正から昭和にかけて、普選以後、とかく議会改革が叫ばれていたときであるから、外国専門家の意見は、日本の事情に適しないものもあったろうが、率直にこれらの意見に耳を傾け、これまでの議会運営を反省し、今後の議会運営を考える際の参考にされたものと思われる。

なお、列国議会同盟 Inter-Parliametary Union は、世界各国議会の議員で構成される国際団体で、一八八九年創設、日本も参加し、現在では、年二回の会議に国会議員の代表が毎回参加している。

一　ハロルド・J・ラスキ（ロンドン大学教授）

1　選挙権の拡大

国の政治機関である議会は、一九二四年の世界大戦を契機にして大きく変化した。議会が取り上げた主題は、十九世紀においては政治問題であったが、二十世紀においては経済問題である。

このような議会をめぐる情勢の変化は、当然のことながら、次のように議会に影響した。まず、普通選挙制とか、信教の自由とか、結社の自由のような政治問題は、一般討論に適する。この種の政治問題は、何ら細かい問題や技術的に煩雑な問題を含まない。しかるに、関税とか、産業の国営とか統制、租税問題及び貨幣問題のような経済問題は、複雑な専門的な内容の濃い審議を必要とする。これらの問題は、政治問題のように一般討論には適しない。それはしばしば問題の処理について専門家の意見を徴することを必要とする。

次の変化としては、自由放任主義からの漸増的な離脱現象が挙げられる。少なくとも一八七〇年まで、近代国家は夜警国家であり、国家は主として、国内の治安維持と国家の対外的独立の保障を任務としていた。契約の自由は自明なものとみなされ、私人の行為に国家が干渉することは、ごく例外的なことに限られた。しかるに普通選挙制の実現とともに、国家に対する新しい要求があらわれた。夜警国家は変じて秩序国家となり、経済生活や社会生活の中で国家が関与しない分野はほとんどなくなった。その結果、議会は、負担増に加えて、専門的な知識を持たなければ法律案を慎重に審議することが困難になった。

さらに、選挙権拡張の結果、議会は経済の領域における新しい任務を負わされた。この選挙権の拡張は、すべての国民を平等に扱い、社会において財産は国益を果たすものであり、財産所有者には特権を与えてもいいという従来の説を排斥する。この種の問題は、議会が従前から取り扱っていた課題よりも、はるかに複雑であり、議会にとってはるかに危険なものであった。何となれば、経済生活における大なる変化は、政治革命の結果である場合が多いにもかかわらず、イギリスでは、議会が平和裏に、経済秩序の変化に応じて、政治秩序を改革しなければならなかったからである。

選挙権の拡張は、世界的な経済秩序の構築と同時に行われた。今日、いずれの国家も、自国のみで経済生活を営めるものではない。ゆえに、一国が自国の経済生活を支配し得る程度もまた極めて少ないのである。この結果、また議会が立法によって行える経済領域における変化は、議会が立法によって行える政治領域における変化よりも、はるかに緩慢で軽微なものとなった。それにもかかわらず、経済立法の必要は増加する一方である。

問題は、議会が経済上においては、政治の領域におけるほど、容易に成果を収め得ないところにあった。これは至るところにおいて、議会の任務遂行に対する信任の失墜となってあらわれた。

2　行政府の優位に伴う変化

現代議会政治の以上のような発展に伴って生じた著しい現象を要約すれば次のようになる。

① 行政府の優越的地位が確定した。この現象は世界大戦によって促進されたが、その起源は世界大戦前にさかのぼる。要するに、現代の立法府は、久しい以前から自ら立法することをやめて、ただ権力を掌握している行政府の意思を登録することを任務とする機関になり下がったように見える。この現象は緊急時において特に著しい。

② 同時に、政党の規律は強化され、各議員個人の威信は失われた。議員の独立性は減少し、その上、複雑で議員の理解を越える問題がふえた。非常に多くの問題が議事日程に上り、良心的な議員でさえも、問題の本質とそれが及ぼす影響を知らずに、採決では大多数の問題に賛成しているありさまであった。こういう状態は、議会における討論の水準を低下させ、かつ議員の問題に対する興味を失わせ、これがまた自ずから国民または有権者に対する議会審議の持つ教育的効果を減少させた。

③ 議会に多種多様の案件が上程されたが、慎重審議される案件は少なくなり、全然審議なしに法律制定の所定の手続を完了する例さえあらわれた。これによって、自ずから行政官庁に対する議会の監督権は威力を失った。

④ 議会の負担増は、いずれの国においても、行政府の権限を著しく増大せしめた。この現象は、特にアメリカ合衆国及びイギリスにおいて明白に現われた。欧州大陸の諸国では、行政府の権限は、古くからアングロ・サクソン国家（英米）におけるよりもはるかに強大であった。議会の負担増が行政府の権限を著しく増大せしめたということは、大陸諸国においても、英米におけると同一であった。この結果、官僚の勢力は強化され、各省があたかも立法府になったかのような様相を見せ始め、議会の行政監督機能は次第に失われた。こういう状況にもかかわらず、今日に至るまで、行政府の立法権侵害に対する適切な保障措置は全く見られない。

⑤ また注目すべきことは、大臣の利用し得る情報機関と一般議員の利用し得る情報機関とが権衡を欠くことで

ある。この状態は、議員が、職務上、行政の過誤及び権限乱用を発見するのを妨げる。大臣が有能な専門家を利用することができるのに反して、同程度に専門的な知識を有する者の報告を利用することは、議員にはほとんど不可能に近い。しかも、例えば経済問題や労働問題に関して議員が専門家を利用できる場合でも、ややもすると、情報内容が一方に偏し、または党派的であり、特殊の色彩を帯びることがありがちである。しかしこの種の情報が正確であるかどうかを確かめようにも、議員にはそのすべがないのである。

⑥　さらに、重要事項がほとんど議会外で決定され、議会はせいぜい形だけの審議をした後に議決し、事実上、議会外で決定済みの事項に同意を与えるにすぎない傾向を見せ始めた。この傾向は、殊に欧州大戦によって助長されたところである。この種の好例は、パリ平和条約の批准、数度の賠償協定、及び、イギリスにおいては炭坑業における争議を解決するための種々の応急処置に関する議決に見られる。この現象は勢い、議会政治の威信を傷つけ、議会政治は現代国民生活の重要問題に関して、もはやなすべき手を打てないのではないかと心配されるに至る。

⑦　加えるに、地方政庁と中央官庁との間の権限分配が満足に行われないという大きな欠点を露呈する。ゆえに、より重要な問題を徹底的に論議しなければならないにもかかわらず、時間の多くの部分が、第二義的な問題や、往々にして全く地方的な問題のために、浪費されるようなことがしばしば起こる。地方分権の問題は、議会政治の問題の核心に触れる問題である。この点に関する解決策がまじめに論じられている国は、ドイツ以外の国にこれまでまだ見られない。

⑧　さらに今日、大多数の国で採用されている二院制度に関して重要な問題が指摘されている。アメリカ合衆国及びイギリス自治領のある連邦国家を除いては、二院制度は、必要にして生まれたのではなくて、歴史的な所産と見るべきであろう。終身議員で組織する上院を有するイギリス及びカナダにおいては、上院の政治的な態度は、現状では、立法機関の効果的な働きを妨げているように見える。フランスにおけるように議員の任期が上院と下院とで異なる国では、立法は、説明しがたい理由により、上院によって妨げられる傾向が見られる。二院制度の全般的

な改革が緊急に求められている。ノルウエーを除いては、現状を満足なものとは言いがたい。

⑨　アメリカ合衆国、イギリス本国、その他カナダのような国々を除いては、議会内の小党分立状況が議会政治の運営を難しくする。何となれば、議会政治が成功裡に運用されるためには、次の二つのことが欠かせないからである。一つは、有権者大衆の投票状況が組閣に反映されるということである。いま一つは、一たん政府が組織されたときには、政府は相当期間在任し、国民に公約した政策の重要な部分を実行できることである。ところが、この二つの課題は、小党分立状況によって妨げられる。言いかえれば、小党分立状況は、選挙による民意の反映には違いないが、一つの政党に議会内における過半数を与えることを難しくする。その場合、複数政党による連立内閣が組織される。連立構想をめぐって、政党政治の代わりに政党間取引の政治を招きやすい。また、各党間協議の結果、有権者の多数意思とは異なる連立内閣が組織されることもあり得る。その場合、議会と有権者との間に乖離状態を招く。さらに多党分立状況は、政策の継続性を妨げるし、組閣後の連立組み合わせの変化によって、閣僚の入れ替えや首相の交代までが行われざるを得なくなることもある。政局の不安定は解散につながりやすいが、解散・総選挙を避けたがるのが全議員に共通した心理である。イギリス以外の国においては議会のこのような解散忌避症は、だんだん広まりつつある。

⑩　以上にも増して懸念される現象は、議会において自己を特殊利益の代表者と考え、この考えによって行動する傾向が議員に見られることである。この傾向は、ある程度までは議会の伝統と政党活動のしからしめるところではあるが、鉄道、銀行、保険会社等、大企業に企業側代表者があり、他面、これら事業ごとに別々の労働側代表者がある。このような状態は、自然と議会の独立性を害し、有権者の議会に対する信頼を失墜せしめる。近年、大企業家が自己の代表者を議会に送り、この代表者を通じて、議会が制定を目指して審議中の法案が可決された場合に大企業家の利益が害されることのないように議員を買収して、このような法案の通過を阻止せしめる傾向が見え始め、今後それがますます顕著になると予想される。大企業家が議会を左右する現象は、世界のどこでも見られるが、

アメリカほど著しい国はない。周知のように、国際労働会議の八時間労働時間規約の批准に際し、英仏両国における議会活動は資本家によって大いに影響を受けたところである。

3　議会政治の危機

議会政治の危機を叫ぶものは、心理的な要因を考慮の中に入れることを忘れてはならない。十九世紀においては、有権者は比較的少数の者に限られ、この中から選出された政治家は、伝統的に政治に関心を有し、一定の教養ある階級を代表し、当面の政治的な大問題を議論した。議会が取り上げる議案は、宗教問題における寛容、アイルランド自治のような政治的独立及び国民教育制度等の、概して単純な問題であった。有権者にとって、議題の案件がさして難しい問題を含んでいなかったという単純な理由から、比較的容易に理解できた。しかるに今日では、有権者は数的に著しく増加したが、同時に質的にあまりにも教養・知識に欠けていたために、有権者の興味は、一般的な問題ではなしに、自己に直接利害関係のある特殊問題にのみ注がれた。議員は、有権者が一般的な問題に理解を示さず、有権者の注意を喚起しても、この注意を持続せしめることがますます難しくなった。有権者は議会が取り上げる問題に極めて無頓着になり、冷淡になった。炭坑夫は農業問題を大して意に介せず、商店主は、炭坑の国有化にはほとんど関心を示さず、自由業者は労働者が就業時間の短縮をこれほどまでに重視する理由をほとんど理解できなかった。端的に言えば、政治問題は有権者を結合するが、経済問題は有権者を分裂せしめるのである。その結果として、必然的に、議会が主として経済問題を取り扱わなければならない時代になっても、一般の有権者は、自から進んで議会の審議を期待した経済問題に全く興味を示さないということになる。ゆえに、一般の有権者は、ややもすれば、他人のみが顧みられるのに反し、自分たちは少しも顧みられないと考えるに至る。一般の有権者は、議会は自分たちのためには何もしてくれないのだと思い込むようになる。

右に述べた状況は、今日では、さらに最近の新聞報道に影響されてますます強化された。教養の低い大衆は、低級な新聞紙の氾濫を誘い、それを読んで自己満足した。政治的な報道は、悲しいかな、殺人とか、太平洋横断とか、王室の結婚などのようなニュースに集中した。今日の代表的な新聞は、総選挙、大臣の辞職、有権者に直接関係する重要な法律、戦争の脅威などのような煽情的な事件の情報が入ったときにのみ、政治的報道に紙面を割く。今から約二十五年前に新聞紙の主要内容をなしたものは、政談演説、議会の討論、個人の政治行動などのようなものであった。ところが、これらの記事は、今日ではことごとく小さい欄に押し込められ、しかもこの種の情報を入手すると、それは故意に真相を曲げて紙上に発表される。その結果、政治現象に関する有権者の知識は従前より低下した。一般人は、政界の人事よりも、むしろ映画界、スポーツ界及び財界の人事によく心を惹かれた。しかして一般人は、映画界、スポーツ界及び財界の人事については割合によく知っているがゆえに、この種の記事をはるかに重要だと考える。このような誤まった考えは、一般人をして、多くの職業中、政治を大して重要でもないし、また名誉なものでもない職業であると教え込む。

この問題の反面もまた考察に値する。現代生活の社会的段階制は、以前よりもはるかに大きく有権者と議会議員との関係のみならず、有権者と政界指導者との間を疎遠ならしめる。

政界の中枢から遠く引き離されているという意識は、有権者の心の中に、有権者は社会的要素としては相当つまらない存在であり、有権者と政治制度との間には、両者を結ぶ連鎖が欠けているという感を抱かせる。大同盟罷業のような場合に、議会が常時よりも一層一般人の関心の的になることがある。しかし、これは、議会それ自体に対する一般の関心がはるかに高まったためではなくして、緊急状態が有権者に突然、何らかの処置を必要ならしめたからにほかならない。ゆえに、緊急事態が過ぎ去ると、直ちに有権者は再び議会に対する不信感と冷淡な状態に戻る。世論の動きを仔細に研究すると、一般人のこのような無関心、不信、冷淡さは、議会政治の危機の大部分の原因をなしていると考えられる。

このような状態が存在する以上、政府と議会が、世論の実際の動きにほとんど関心を示さず、また議会が世論の実際の動きを発見する適当な手段をほとんど持たないと考えられるようになるのは、ごく自然の成り行きである。

この世論の動きはいくぶんかは、補欠選挙から、あるいは新聞紙を通じ、もしくは問題に対する賛否の程度から、これを知ることができる。これらのうち、最後の方法は、一見世論を判断する最善の手段であるように考えるかもしれないが、しかし世論そのものは多くの場合において、あいまいで茫洋としているから、問題に対する世上の賛否両論の程度をもって、世論の帰趨を知る手段とすることは適当でない。例えばイギリス国民がロシアとの外交関係の断絶に事実同意するかどうかを判断することは不可能である。イタリア国民が、議会政治の廃止を是認するかどうかを知ることは可能ではない。われわれは、最近のギリシア革命の一つが、民意から起こったものであるかどうかを知らない。しかるに議会政治の根本思想は、公議公論が民意をつくり、行政府は立法府を通じて、その民意を法律化するというのである。しかし、われわれに欠けているのは、民意が何であるかについての根本的な研究である。世論は議会と有権者との間のより緊密な結合によって得られる。

4　政治的自由から経済的平等へ

こういう議会政治の欠陥を克服し得る方法は、簡単には述べられない。何となれば、ある意味においては、この問題は社会生活の雑多なすべての現象と関連して生じているからである。これらの現象は変化するし、変化する限り、議会政治の危機の問題もまた自ずから変わる。まず初めに、議会政治の危機克服の成功の鍵は、現在の社会組織が現在よりも高い程度に一般人の教養を引き上げられることができるかどうかである。有権者大衆が自分たちに関する問題を今日よりも、よりよく理解でき、これによって有権者大衆が今日よりも、よりよく自分たちの希望意見を述べる能力を有するに従い、有権者大衆と議会との間の関係は、現在よりもはるかに密接になるであろう。こういうことは、最善の場合でも、成果を見るまでには相当長い年月を要し、当座の急に間に合うものではない。だからといって、姑息な方法を用いれば、永続的なよい成果は得られない。結局のところは、唐突早急な努力によるよりは、むしろ漸進的な発展を絶えず続けていく努力にまつほかない。

危機克服の成否は、議会が経済組織を改組する任務を引き受ける意思があるか否かにかかっている。もし議会が勤労とこれに対する報酬との間に横たわる現在の不均衡を調整する問題に熱心に取り組む努力を怠れば、議会政治に対する信用はますます失われるに至るであろう。十九世紀の国民は、われわれが「政治的自由」という標語で呼ぶものを要求した。当時においては、議会は容易に広く有権者の心をとらえることができた。ところが、二十世紀の国民は、われわれが「経済的平等」という言葉で言いあらわすことのできるものを要求するに至った。二十世紀の国民は、議会が経済の領域において挙げられる成果いかんによって議会の価値を判断するに至った。歴史的には次のように言うことができよう。すなわち「十九世紀の理想は、一七八九年のフランス革命によって宣言された。二十世紀の理想は一九一七年のロシア革命によって将来に向かって暗示された。議会デモクラシーは、人類が要求する共通善である。議会政治の試金石は、この共通善を尊重し、維持する点に存する。」

5　改革の基本

人類の共通善である議会政治を維持するという目的を達するためには、現存組織に若干の修正を加えて、この現存組織を現代の要求に、よりよく適合せしめることが必要である。私は、ここでは、ごく大雑把に、列国議会同盟の質問に答えて、問題の性質及び私の改革案の目的について意見を述べるにとどめる。私の強調したい改革の基本は次の三点である。第一は、行政府の必要な権威を傷つけることなくして、議会議員の威信を高めることであり、第二は、議会の活動を議会外の大衆に一層接近せしめることであり、第三は、専門知識を有するスタッフに議員を補佐せしめることである。ただし、このようなスタッフは政府各省の官吏を意味するものではない。

第一に、議会は行政府と密接な接触を保つべきである。委員会を増設し、各省ごとに一つの委員会を設置すべきである。この種の委員会は政治的な活動をなすべきではない。それは大臣のなすべきことである。この種の委員会は、一方では、国民に対する情報提供機関として、他方では、議会に行政に関する十分な情報を提供する機関として活動すべきである。この委員会には、特に秘密を要する文書を除いた一切の文書が提供されるべきである。この委員会は、関係省庁内において各種の調査研究をするよう命ずる権限を持つべきである。この委員会は、個々の問題に関しては、正確な情報を得るために、各省の官吏を委員会に出席させることができなければならない。委員会は、所管にかかる政策または法律案と関係ある大臣と定期的に会合を開き、問題について大臣から説明を聞き、大臣と意見交換する機会を与えられなければならない。委員会には、政府が制定する一切の委任命令が提出されなければならない。近年、行政府は、議会の直接の承認なしに、政府の権限で命令を発する傾向が次第に強まってきた。この悲しむべき傾向を阻止するために、法律に基づいて政府が発する委任命令は、委員会において、その制定の事前または事後に、委員会の意見を聞く機会を設けるべきである。ただし、委員会は、政府の命令制定手続に関して特別の権限を有するものではない。委員会は、法律の執行を妨げること、または大臣に何らかの行為を指図することができるものではない。委員会の任務は、イギリス国王のなされるように、ある事態について政府の注意を喚起し、何らかの処置を講ずべきことを建言し、ある処置をとるべからざることを警告し、政府の処置を期待することである。

このような省庁別委員会に期待される効果は何か。第一の効果は、政府の提案を議会内に存する支配的な意見に、よりよく一致せしめることである。議員は前もって、関係の公開された委員会の席上で、議会の立場を主張し、政府に向かって議会の意思に沿った措置をとるようにさせることができるし、大臣は自己の提案が議会の公開の席上において批判されたり、または否決されて、大臣の威信を傷つけられずに済む。第二の効果は、議員が、賛否にかかわらず、大臣の政策を理解するに足る材料を事前に入手し、政府の政策決定に討論を通じて参加するということである。第三の効果は、この種の委員会活動を通じて、大臣が自己の提案に対する世論の大体の傾向を知ることができるということである。第四の効果は、この種の委員会活動によって、大臣が命令的な宣告を行う独裁者となることを防ぐことができるという期待である。第五の効果は、この種の委員会は、官吏を外界とよく接触せしめ、議会を敵とみなす一般的な傾向に歯止めをかけることである。第六に、この種の委員会活動は、新人議員を行政に習熟せしめ、将来、大臣・副大臣にとって必要な教育的効果が期待されるということである。

第一に、私が提案するこの委員会は、一般に知られている議会の委員会とは、次の点で根本的に異なる。私の提案する委員会は、①審議機関であって、議決機関ではない、②フランス及びアメリカ合衆国における議会の委員会のように、自由な発議権及び議案の修正権を有しない、③委員会の審議結果について本会議に報告しない、④その議事は公開されない、⑤政府は、議決機関にあらざる委員会の意見に拘束されない。

第二の特色は公聴会制度である。アメリカのマサチューセッツ州議会には公聴会制度（パブリック・ヒアリング）がある。この手続は二様に適用される。

① 一切の提出された法律案は、議会の委員会に付託され、委員会は、法律案の原則事項のみならず、各条項すべてを審査する。当委員会は個人または私的団体から意見を徴することができる。例えば家賃法案に関しては、借家人と家主両方から意見を徴する。歯科医師の開業から無免許者を除外することを目的とする医師法の制定に際しては、医師及び歯科医師の意見を徴することができる。この公聴会制度の価値は、各委員会に「公聴」をつかさどる者が常置されるならば、さらに一段と効果が高められるであろう。マサチューセッツ州の事情に精通するローレンスは次のように言う。「この公聴会制度は最も民主的な制度である。その理由は、この制度により、法律の成立過程に利害関係者が参加する機会を与えられたところにある。」

② 政府が法律案を提出しなかった問題について、議員は、一定の賛成者を得て法律案を提出することができる。この議員提出法案もまた政府案と同様に公聴会を開ける委員会に付託することができる。この種の議員提出法案の審議日程その他の取り扱いについては、政府が決定する。この方法の利点は、①議員の活動を創造的にならしめる、②院外の声を直接聞き議会の注意を喚起させる、③調査研究を通じて一般国民の声を聞くことができる、④利害関係者及び有識者と一般国民との意見交換の場をつくることができるという点である。

第三に、規模は小さくともよいが、設備の整った調査相談所を議員のために設ける点である。議員はこの調査相談所で議員活動の補佐を受けることができる。①必要な参考図書の購入、②質問または法律案の文案作成への助言、

③議事日程に上っている議題に関する討論資料の入手、④その他必要な情報提供。合衆国のウィスコンシン州の議会調査相談所は、故チャールス・マックカーシーの下に、この種の任務を見事に果たしたことで知られている。このような議員活動の補佐業務は、議会の議事の内容が複雑かつ専門的になればなるほど、ますます必要となろう。ちなみに、世界の大多数の国の議会は容易にこのような調査相談所に代わる図書館を有している。

これまで私が提唱した三つの案（省庁別審議会制、公聴会制度、及び、調査相談所）は、いずれも現代議会の負担過重を解消させるものではない。私は、議会の負担過重は、地方分権と官庁内部の分権が緊急に必要だと考える。地方分権は、ドイツの市町村制に見られるように、市町村に権能を移譲することによって行う。官庁内部の分権は、イギリスの商務院制のように、組織を拡張し、一般化し、かつ、この機関に所管事項に関する命令発布権を付与することによって行う。もちろん、この種の命令は、中央政府の監督権の範囲を越えるものではない。この二種の分権は、利害関係を有する各方面の協力を得られるであろうし、議会はこれによって無数に近い細目的問題の処理から解放されよう。

6　改革は倦まず弛まず

私はこれまで、議会政治は現状ではもはや現代国家の要求に応じ得ないという基本的なスタンスで述べてきた。地域代表主義は、国の議会を構成する基礎としては、職能代表主義よりも優れた原則であるが、この原則が議会政治を排して独裁政治を実現しようとする者に都合のよいように解釈されることによって、その原則本来の長所は押しつぶされてしまう。われわれは、この原則が現状において不適当なものだと考える人があらわれても特に驚かない。結局のところ、議会政治を支持してきた者が過去五十年間の経験を踏まえて、倦まず弛まず、その改善に努力する以外に、議会政治が信用をつなぎとめる道はないのである。

二　シャール・ボルジョー（ジュネーブ大学教授）

1　自由委任と強制委任

イギリスは一選挙区から一人の議員を選出する小選挙区制を採用して、二大政党制を維持している。フランスは同じく小選挙区制を採用しながら、小党分立を克服することができない。したがって、フランスは、その議会制度をイギリスから継承したにもかかわらず、イギリスの議会政治とは全く異なる議会政治の道を歩んだ。このフランスの例は、議会制度のみならず、あらゆる制度は、国によって異なった発展を遂げるものだということを示す好例である。このことは、ある国で効果を上げている制度も、これを他国に移入して同一の効果を収め得るとは限らないことを意味する。ゆえに、議会政治の欠陥も、国によって違った形であらわれるから、一律には論じられない。こうして筆者は、まず議会政治の一般的な現状とその危機を論じ、議会政治を採用した各国に共通する改革案を提唱する。それを要約すれば次の通りである。

議会政治の基本原則は、議会が国民を代表するということ、すなわち選挙によって議会に送られた議員は、国民によって選ばれた全国民の代表者であり、したがって有権者の強制的委任に拘束されない。ところが、この原則は、第一にラーバントによって代表されるドイツの法学者により、第二に政党の発達により、第三にサンディカリズムの発展によって大きな打撃を受けた。特に重要なのは、政党の発達とサンディカリズムの発展である。

まず第一に、国民代表の概念はドイツのラーバント教授によって否定された。彼は、プロイセン憲法八十三条の「国会議員は国民の代表者である」という用語を、何ら公法上の意味を有するものではないと解釈した。厳格な法学的理論では、国会議員は何ものをも代表するものではない。この解釈は、フランスでも評価され、二十世紀のいわゆる議会主義者と言われるフランスの理論家たちにも影響し、代議制の体系は法学的分析ではなく、政治的技術の問題だとしている。

このような国民代表論に対する攻撃は、法学者ではなくて、実際政治家からなされた。議員選挙の際、政党の役割と活動の与える影響力が著しく重要となった。議会の議決は、現実には、それ以前の議会外における政党の意思決定によって決まる。議員が立候補して当選しようとすれば、いずれかの政党の支持を得なければならない。この事実から、政党は所属議員の議会における表決権を支配するようになる。アメリカに始まり、イギリスでは議会改革に見られる選挙マシーンと政党幹部会の発達は著しかった。

立候補者は、自己の当選を援助する政党の政綱を順守する義務を負わされ、当選後は、党幹部の指示を受けなければならなくなる。かつて党幹部会の強制委任が、実際に議員が自己の選挙区からの任意的委任にとってかわるようになった。憲法は強制的委任を禁止しているにもかかわらず、政党の勢力拡大のため、強制的委任が実際に行われるようになり、各政党は、自からの政綱を順守せしめるため、強制的委任を必要とした。この強制的委任は、特に各国の労働党により最も著しく行われた。例えばオーストラリア労働党においては、議会は単なる「政党決定の登録機関」と化している。重要な討論が政党内部の秘密会で行われ、議会における提案に際しては、議員の意思は事前の政党の内部決定の拘束を受ける。

2　政党の発達

議会議員選挙の際に政党が果たす役割と、政党活動そのものにおいて政党が与える影響力は、ますます重要になった。議会が全国民の名において行う議決は、現実には既にそれ以前に議会外における政党の決定によって確定されていると言っても言い過ぎでないまでに、政党の力は強くなった。議会は「多数党が決定したことを登録する場である」とさえ言われる。議員選挙の立候補者にしても、当選しようとすれば、いずれかの政党の支持を得なければならなくなった。この事実から、政党は所属議員の議会における表決権を支配するに至ったと言える。したがって、まず、立候補者は、自己の当選を援助する政党の政綱を遵法する義務を負わされ、当選後、議員は事あるごとに党幹部の指図を受けなければならなくなる。かくて政党幹部から発せられる命令は、議員が自己の選挙区から包括的に負託された「任意的委任」を越えて、憲法が禁止する「強制的委任」になる。この強制的委任は、各国の労働党の場合に最も厳格に行われている。例えばオーストラリアにおいては、議会は単なる政党決定の「登録機関」と化した。重要な討論と決定は政党内部の秘密会で行われ、議会における議員の行う討論と投票は、前もって政党内で決めたことに従って行われる。

議会選挙における政党の重要性はますます高まり、政党の幹部会は事実上の国家機関となった。政党の幹部会は自己の専断で一切の政治問題を決める。政党の幹部会は、一般国民に対し、何らの責任を負うことなく、自から制定した党則以外の何ものによっても拘束されることなくして、このような決定を行うことができる。議会政治の国では、政党の幹部会は、その決定を政府に押しつけ、しかしてその政府の決定に対して、政党の幹部会は自から責任を負わずに、その決定を押し付けられた政府がその責任を負わせられる。

政党は、選挙に際して党の政見を発表し、他の政党も異なった政見を発表する。国民は相互に対立した政見の中の一つを選択して政党に投票し、多数を得た政党または政党連合が政権を担当し、政見を具体化した政策を実施する。政党はこのような任務を遂行することによって、事実上、国務を行うのである。したがって政党法を制定せず、政党に法的な承認を与えないことは誤りである。しかし、他面においては、政党に公法上の地位を与えようとするときには、政党がこの特権を国家の利益のためにのみ利用し、自己目的に利用しないという保障を引き受けるときにのみ、法的承認の一切の利益が政党に与えられるべきである。すなわち、政党の法的承認には一定の条件が課せられるべきであって、無条件に政党に法的承認を与えるべきではない。アメリカ合衆国の大多数の州が、今日、予選制度の形で有権者に国会議員候補者の決定権を与えているのは、要するに、政党の法的承認に対する代償措置である。

3　サンジカリズム

比例代表制を採用して憲法または選挙法の中に政党の存在を保障し、他面で、国民投票制、国民発案制、議員リコール制または議員候補者の国民推薦制のような直接民主的な制度を採用する国もあらわれた。

今日の社会構成は、十八世紀末のフランス革命時代のそれと基本的に異なっているが、このような社会構成の変化をもたらした理由の一つにサンジカリズムの発展が挙げられる。自由と平等という人類の理想は、フランス革命時代になお存在していたギルドの遺制を廃止に導いた。しかし代わって新たな社会階級を生ぜしめた。労働組合及び職業組合が組織され、国家に対して経済的要求をなす時代が始まった。議会に経済及び職業の代表者を入れるべきであるという要求が生まれた。しかし職能議会への発展は議会政治の基本原則に反する。そのようなことは議会政治の単なる発展を超えるものであり、発展ではなくして変革である。イタリアでは、職能議会が設置されるはずであるが、そこでは議会政治が存しなくなることが立証されることになろう。

以上のように、特に政党の発達とサンジカリズムの発展の結果、議会政治はだんだん発展していく間に、その創造者が成文憲法中に議会制度を採り入れたときに考えていた姿とは、ますます異なるものとなった。一部の人は、このような発展を既成事実と目してこれを歓迎している。彼らのこれを歓迎する主要な原因は、彼らがこのような発展のおかげで、権力を得たからである。また、ある者は原則に固執して、このような発展に反対し、これを議会政治の危機であると主張する。

ジェームス・ブライスは、「現代民主主義」第二巻の中で、「代表議会の手に政権がある現在の形態においては、民主政治は衰微の明白な兆候を示している。何となれば、尊敬と権威とは議会には欠くことができないからである。しかるにほとんどすべての国家で、議会の尊敬と権威は失墜しつつある。」と言っている。この記述はアングロサクソン・デモクラシーの研究によるものである。

さらに、ドイツの学者も比例代表制の欠陥を指摘して、「実際に国民は、その権力を自発的に放棄し、議会を支配する政党の掌中に委ねている。（シュレッヘル「議会制度」公法雑誌一九二一年）と言っている。

このほか、議会政治の現状の中で指摘すべきは、最適任者が通常、政界から遠のき、有権者の棄権率の増加、特に国家の運命を手中に握っている政治家の徳義心の衰退である。議会政治は、民意に従って権力が健全に行使されることによってのみ、存続し得る。議会政治の現状におけるこれらの欠陥は、政治制度の欠陥から生ずるのである。ゆえに、改革すべきは、先ず制度である。しからばその具体的な改革案は何か。

議会政治の衰退を克服する最善の方法は、議員をその選挙民から独立させることである。コンドルセは、「国民の受託者として、私は国民の真の要求に合致すると私が確信するところをなすであろう。何となれば、国民は、私の熱情のみならず、私の意見にすべてを任せているからである。完全な精神的独立は国民に対する義務である。」と言っている。まず議員が尊厳を回復しなければならない。そのとき、われわれは議会に真の国民代表を発見するであろう。たとえ議会が全国民の名において言うことができた時代に有していた尊敬と権威を、今直ちに回復することができないとしても、コンドルセが言う「真の国民代表」を得られるならば、再び議会に尊敬と名誉が回復されるに違いない。選挙人に対すると同様、政党に対しても命令的委任の禁止の実行を強制し得る方法さえあれば、議会がかつての信頼を回復することは不可能ではないであろう。

命令的委任を禁止した憲法の規定を強制的に実施するためには、法律上の手段のほかに、なお憲法の規定の遵守を監視する機関が議会に独立して設置されなければならない。アメリカ合衆国におけるように通常裁判所にこの任務を委せるのも一案であろうし、また一九一九年のオーストリア共和国憲法のように、特別裁判所として憲法裁判所を設置するのも一案であろう。いずれにせよ、肝要なことは、この種の機関が存在し、かつ有効に機能することである。

議員を匿名の出版物から保護する立法も、同じく議員の独立性保障目的に役立つであろう。この点に関し注目に値する試みが南ア連邦で企てられている。すなわち南ア連邦では、選挙期間中、一般国民に呼びかけることを目的とする文書の執筆者に対し、この執筆者自から当該文書の内容に関し責任をとり、当該文書の終わりに単に政党名または団体名を書く代わりに、執筆者の姓名を記す義務を課す法律が制定されている。

議員の公務増加と議会の会期の長期化に伴って、職業議員という特殊な集団ができたことは由々しい問題である。

この現象を克服する方法は、社会の経済的及び文化的な多くの分野から議員を議会に吸収すること(職能代表の提案)である。経済方面及び文化方面の代表者を一定の条件のもとに議会の活動に協力させることが必要である。この改革によって得られる分業は、将来、専門家に課せられるべき負担から議員を解放するであろう。また、現代の応用科学の諸成果を活用すれば、議員に遠隔の場所から議事に参加することを許すべき工夫が得られるはずである。議員が、全会期中特定の場所に拘束されることなくして、事実上、議会の活動に参加することができるとすれば、職業のため、議員となることを妨げられているところの議員として適当な人物に議員の職を引き受けることを可能ならしめるであろう。

もし国民の義務意識が喚起せられるならば、議会議員の選挙における有権者の投票率は増加するであろう。もし有権者が時間を損失することなく、またむだ足を踏むことなくして選びたいと思う人に投票することができるならば、投票率は一段と高まるであろう。諸国がバイエルン及びオーストリーの例にならい、投票紙を郵送し得るという制度を採用するときには、投票者は増加するであろう。しかして、最後に、義務投票制を採用しても、それは代議制に矛盾しないであろう。

4 改革案

以上のように、ボルジョー教授は代議政治の一般的な現状を述べ、若干の改革案を提示した後、進んで、大体において一般の支持を得ているスイスの政治組織を紹介している。その趣旨は次の通りである。

スイスの政治制度中、最も主要なのは国民投票制度である。この制度は特に議会(代議)政治の最大の欠陥、すなわち国民を代表する議会の意思と国民そのものの意思との間の常に避けられない不一致を除去する方法であるという理由によって、スイス国民の全般的な支持を得ている。また、国民投票制は、スイスでは、少数者の通常の合法的な手段としての役割を果たしている。したがって、議会政治の国で常に問題となる少数者の正当な権利が、スイスでは適当に保護されているわけである。また、一九二五年、ワシントンで開催された列国議会同盟の会議にお いて、スイス議会の議員は、「最も重要なことは、さしあたり、国民の啓蒙と教育であると提唱して一般の賛成を得たが、国民投票制は、この目的のために適切な手段である。この国民投票制ほど、全国民の道徳的、精神的作興を期待し得る方法は他に存しない。また、国民投票制は、議会政治の基礎理念たる特殊利益に対する一般利益の優位という理念を実現する方法でもある。

このほか議員の提出する法律案の不備な実情にかんがみ、スイスでは議会の議事規則で、一切の法律案の作成権を政府に留保して、議員の発案権を制限している。

国民投票制の採用と、前に記した議事規則の規定から見ると、スイスでは、議会は重要性を有せず、意見及び発言の自由が制限されているものと考える者があるかもしれないが、決してそうではない。スイスでは、議会は政党から独立しているから、議員が党議の拘束を受けることがなく、したがって議会では活発な議論が行われている。

さらに、スイスでは、議院内閣制を基盤とする政府を認めていない。合議制を基礎とするスイスの政府は、両院合同機関たる連邦議会が選んだ者で組織され、任期三年である。この任期中、政府は連邦議会によって辞職を求められることがない。これはスイスにおける特殊な代議制と国民投票制とを結合させてできた制度である。また、スイスの大統領であって、総理大臣とも言うべき政府首長の任期は一年である。これにより、英国流の二大政党制を採用しない国において、内閣に安定性が保障される。

そのほか、スイスは連邦国家であり、連邦の機関としての連邦議会の所管事項は、厳格に限定されているから、議会は地方的な特殊な要求に応ずる必要はなく、それだけ議事の輻輳という、今日、各国の議会が悩まされている負担増から免れている。

それでも議会政治は、スイスにおいても、必ずしも最善の状態にあるのではない。幾多の改革が求められている。単なる改革以上の改革が要求されるべき十分な理由がスイスにはある。それでもスイスでは、誰一人として、今日の議会政治を廃止しようと考えるものはない。

三　M・F・ラルノード（パリ大学教授）

1　国家の理念と権威

筆者はまず、本論文執筆前に、すでに数多くの機会に議会政治の欠陥に関して論じ、警告を発してきたところだと言って、次のように論じた。

国家は過去、現在、未来にわたる永遠の存在である。国家は多数代表、少数代表、またはこの両者を結合した代表に基づく議会よりも、はるかに永続的かつ安定的な機関を必要とする。選挙を基礎とし、議会主義の上に建てられた代表制度は、克服しがたい幾つかの欠点を有し、このような代表制度はよい組織とその秩序ある運用を妨げる。かくて政治的有機体である国家の生存に必要な継続性が阻害される。代表という理念は、選挙という概念によって尽くされるものではなく、それは国家の社会的、宗教的、知的、生産的、労働的な要素と力の中にも含まれるのである。人々は代表なる理念をその束縛から解放しなければならない。要するに、今日存する議会は、時の政治状態に関する十分な知識も、専門知識も、理論的な認識も有せず、しかもその存続において、一時的であり、瞬間的であるところの個人意思の総計の代表であるにすぎない。国家生活の継続性を保障する永続的な機関、瞬間的な支配者の意思を超越し、昨日と明日の世代の代表者をもって組織する機関が欠けている。われわれは、演壇だけで演説し、議場があたかも劇場の舞台に化している美辞広言家の喧騒な集会である今日の議会が、現在の諸種の困難を解決し得るとは、いまだかつて信じたことがない。代議政治の危機、権威の危機、国家それ自体の危機は、日とともにますます甚だしくなっている。権威の危機、国家の危機は、代議政治の危機と直接の関連を持ち、代議政治の危機から生じたのである。今日のような議会政治は、改革されなければならない。そうでなければ、議会政治は滅びるであろう。もし議会政治がそれ自からの中から改革されるのでなければ、議会政治は未知なものへの飛躍を意味する激変によって置き換えられる危険を免れない。筆者は、大要、以上のようなことを序言として、次の本論に入るのである。

2　職能代表

有権者が議員を選挙する制度を採用しただけで、代表思想を実現したとすることを学問的に基礎づけることは不可能である。代表されなければならないものは、国家、すなわち幾世紀もかかってでき、したがって今日生存する個人によってのみ表現されることのない、すべてに超越する法人格である。政治組織中で選挙によって組織される立法府以外に代表がないなどという理由を解することはできない。すべての権力、すべての作用、国家の名において行使される一切の権限をただ選挙という原理から引き出すような政治組織体の中には、実際には真の代議政治は存在しないのである。必要なのは、協同体の利益を保護することを任とする国家をその全体において代表することである。

国家には選挙権を与えられている個人以外になお他の要素がある。家族、知的な利益団体、農業団体、商業団体、工業団体及び労働団体等がそれである。これらの要素が全体として代表されなければならない。しかし、これらの団体に投票権を与えて上院または下院の構成に参加せしめるだけではまだ十分でないし、法的な意義における代表ではない。

もし真の代表を得ようとすれば、右に述べた種々の団体が国権を行うところの諸制度の中で、各自別々の代表を有しなければならない。このためには一定の割合に従い、経済団体、知的団体及び工業団体の所属者が上院に選出されるべきである。また、もし、国家をその全体において議会によって代表者せしめんとするならば、個人のほかに、家族、宗教団体、知的団体に選挙権を与えるところの団体選挙権を採用すべきである。

弁護士、判検事、行政官及び医師等には、資格試験が課せられている。しかるに有権者、上下両院議員、大臣等の主要国務を行う者に何らの適任資格も定められていない。したがって、弁護士、判検事、行政官及び医師等になる能力なきものが、重要国務を行う能力を有するということになる。これは矛盾する。その結果、悲しむべき無能が支配している。何とかいい方法はないものであろうか。僥倖に任すには問題は余りに重大である。

まず、有権者についていえば、選挙原理を維持するために、有権者の無能を克服しなければならない。有権者は、議員候補者の選択にあたって、候補者の人物を評価する能力を欠き、候補者が演説及び文書を通じて有権者に訴える政見の是非を判断できない。普通選挙及び平等選挙を、自明の理、時代の必然の要求であると簡単に断定せずに有権者の無能を改めなければならない。高等教育終了者または特定の官公職及び職業に就き得る有資格者に、複選制や等級選挙制のような不平等投票制を採用すること、かつ普通選挙を廃して、財産所有者のみに選挙権を与える制限選挙制を採用することが考えられる。人間に才能、知識その他あらゆる点に不平等が存する以上、選挙権に差等を設けることは当然のことである。要するに、政治問題を理解し得る者のみが、自己の意見の実現を要求し得るし、投票権を有効に行使し得るのである。

3　ローマの元老院方式

次に、議員の無能を救うためには、議会外に専門家で組織する委員会を常設し、これに法律案の立案を委任するのが最善の方法である。ベルギーにあるように、法科大教授、裁判官及び弁護士で組織する立法審議会を設置する。フランスでは、最近、専門的な財政問題を専門家の委員会に付議したし、また専門家と議会議員とで組織する数個の委員会を、議会外に設置し、また専門家を議会の委員会の審査に参加させることがしばしば行われている。さらに、司法省の下に立法常置審議会が設置された。この審議会は、各省の長官、国務審議会の総裁、パリ公証人会会長、弁護士及びパリ大学法学部教授を委員とし、政府や議会の法律案諮問に対して、答申を行う。ところが、この審議会は短命に終わった。その理由は、審議会の答申が往々にして大臣または総理大臣の提案に反対したということである。もちろん、政府のこの態度は責めらるべきである。

議会の委員会及び本会議における法案審議に何の効果も認められない。そこには徒らにおしゃべりがあるだけである。このような立法方法は最悪のものである。議会の委員会及び本会議の規律を厳格にすることによって、このような議会制度の欠陥を除去しようとする者がある。なるほど、これにより、些少の効果は期待できようが、議会を組織する議員その者が改善されない限り、結局、骨折り損に終わるものと言わざるを得ない。規律の厳格化のごときは従たる問題で、主たる問題は議員の適格性である。すべての議員に今日の問題を議する能力ある者のみを期待し得る有効な方法がない以上、議会外に有能者で組織する委員会を設置して、これに法律案の立案審査を委任して、議会の補完作用を果たさせることを最善と考える。

4　国務の継続性

大臣の資格に関しても何ら条件が課されていない。議会政治の現状においては、このような条件を定めようとしても定めることができない。大臣が就任後ようやく省務に通じ、いよいよ実績を上げ始めた瞬間、政変のためにその地位を追われるのが通例である。これでは国務の継続性が害されるばかりでなく、大臣の有能化を妨げる。

現状において、大臣の適任性を保証する方法としては次の二つを出ない。

①議会人以外に省務に専門知識を有する者を大臣に任命する専門大臣制の採用である。陸海軍大臣に陸海軍人を任命するような制度をその他の省の大臣にも拡張すること。

②いま一つの方法、第一の方法より、はるかによいと考えられる方法は、事務次官制の確立である。イギリスでは各省に当該省の行政方面の指導者たる事務次官がおり、彼は政変とは無関係にその地位を保証されている。大臣、すなわち議会の多数党所属者であり、政治的な性格を有する大臣は、ただ対議会関係の事項のみを掌り、彼はその他の一切を挙げて事務次官に任せている。この事務次官制の確立は、大臣の無能からくる弊害を防止するのみならず、国務の継続性を保障する効果を有する。

総理大臣については、われわれが考え得る最善の政治家学校である議会出身者を当てるべきである。議員としての長い政治経験は、いかなる学歴をもってしても、とうてい置きかえられ得るものでない。

5　議会制度の継続性

継続性のない国家は考えられない。ところが、国民の選挙によって諸種の権限を得た議会が、国家の生存に最も重要な諸制度の運命を左右し得るということが、代議政治そのものの論理的な結果として生じた。かくて代議政治の採用によって、必要な継続性が多くの点において阻害されるに至った。議会制は継続性と不変性の敵である。故に、これが対策は絶対に必要である。

フランスでは、議会制が最初に採用されたとき、立法、行政、司法のすべての国家機関に選挙制が採用されたが、現在では、その性質上、安定性と専門性を持つ職業、例えば裁判官、外交官、軍人、教師においては選挙制は採用されていない。内閣も例外である。議会についていえば、選挙により、議会の継続性、議員の安定性が阻害される。この弊害は、フランス元老院に採用されている一部改選制を国民議会にも採用すれば、ある程度緩和されることになろう。

このほか一八七五年のフランスの元老院組織法では、三百名の議員中七十五名の終身議員を国民議会から選任しているが、これは議員の安定性と適任性を保証する一つの方法である。

他の諸国では、上院の多くは、イギリスをはじめ、全部終身制もしくは一部改選制を採用している。しかし、現在の民主主義の趨勢は、終身制または一部改選制を放棄しようとしている。これは国家組織の継続性と安定性の立場から見て、望ましいことではないが、存在する。

次に、政府を見るに、政府は議会よりもさらに一段とその不安定に苦しんでいる。大臣及び総理大臣は、その選任方法のいかんにかかわらず、その在任には議会の信任を要し、議会の不信任によって辞職しなければならない。政党間の紛争、小党分立は避けることができない。政府により大なる安定性を与える方法は何か。適度の政変は、期待さるべき効果もあるが、それが頻繁に過ぎるときには弊害を免れない。フランスで政変が頻繁にあり過ぎることは周知のとおりである。考え得る種々の方法の中、われわれは議会の発案権、政府の提出案を修正し得る議会の権限、議事日程以外の政治的な理由からなす質問権の廃止等を挙げることができる。これらはいずれも大臣の地位を保障する最も有効な手段である。

さらに挙げられるべきは、内閣の連帯責任を廃して、個別的責任制を採用することと、大臣に一定の任期制を採用することである。こうすることによって、大臣は、首相の主導下で、他の大臣と協力して、安んじて自己の政策を遂行することができるであろう。

総理大臣に関しては、他の大臣とは異なる独立した存在であり、はるかに大なる安定性と継続性が保障されなければならない。大臣に任期制を定めることができるとすれば、総理大臣にもこれを適用すべきは言うまでもない。しかも任期制は他の普通の大臣よりはむしろ総理大臣にとってはるかに重要である。何となれば、総理大臣はほとんど超人的な負担を双肩に担っているものであり、総理大臣の在職期間を長期化することによって、自然と議会制度そのものも安定することになるからである。

なお、ある国に置かれる副大統領制も、国務の遂行について有効な継続性を確保する手段として必要である。フランスでは、大統領が死亡または辞職の場合、内閣が行政権を代行できるが、代行者の権限は、日常的職務に限定され、重大な政治決定をなすことができない。

以上において、私は、国家機関そのものについて述べたので、次にはこれと密接な関係を有する国家機関の作用の点について述べる。

6　両院間の争議

選挙が各種の国家機関の組織構成における継続性に対する明白な敵であると既に指摘したことは、これら機関の活動についても当てはまる。ここではまだ指摘しなかった両院間の衝突から来る予算の成立と議会と政府間の衝突による議会の解散という二点を考察しよう。

二院制度を採用している国では、しばしば両院間に衝突が起こる。この衝突が普通の法律案について起こった場合には、両院間の妥協で解決されるか、または、このような妥協に到達し得なかったときには、当該法律案を不成立に終わらせることによって解決される。当該法律は必要であっても、普通の法律であるから、国はこのような法律がなくても存続することができる。ところが、予算について、両院間に妥協が行われ得なかったときには、不成立のまま放置することは、政府の活動が一切中止するためにできない。国家の全活動は予算の成立にかかっている。フランス憲法は、その最も重要な問題を解決する何らの規定を置いていない。これまでは両院の政治的英知により予算不成立を何とか回避できた。予算に関する両院の意思が合致しない場合に備えて、裁判所または調停委員会のような形式の第三者機関を設置する方法も考え得る一方法であるが、その実現は難しく、両院の高度な政治性に期待する以外に、当面、考えられる措置はなかろう。イギリスでは、法律をもって、このような場合に、下院の決定に優位性を与えることで両院間の調整をとっている。別に、前総理大臣及び前大統領を中心にして新たに裁決機関を設置し、これによる両院間の争議を裁決させる方法も考えられる。

次に、政府と議会との間の衝突によってもまた継続性が阻害される。議会と政府との間の衝突によって継続性が害される場合は、内閣総辞職または大臣の更迭と、議会の解散が生ずる。前者の場合には、事務の引き継ぎが行われるが、後任者が前任者から一切の関係文書の引き継ぎを受けるということは、通常ありえ得ないし、また事務の引き継ぎは、国益を考慮してのみ行われるものではない。大臣の更迭に必然的に伴う現象は、前任者の利己心と復仇心が横行する。かくて大臣の更迭によって多かれ少なかれ省務の進行が妨げられる。

継続性の害される顕著な例は、議会が解散される場合である。この場合には、立法府の活動を数カ月間停止するという弊害が伴う。したがって内閣による非常立法として緊急命令の発布が考えられる。稀には、政府が緊急命令を発せんがために議会を解散することさえもある。しかし解散が弊害を有するからといって、政府から解散権を奪うべき理由は少しもない。解散権は政府の存在を安定させる有効な方法である。故に、政府の解散権を奪うのではなくて、議会の活動期間を延長すべきである。

以上、私の種々の提案は、一見、いかにも政治的自由を軽視するかのように見えるかもしれないが、私は政治的自由を軽視する考えは毛頭ない。議会政治の種々の欠陥が、政治的自由の履き違えと乱用に基づくにすぎないのである。ただ、議会政治という原理のために、適任性と継続性に関する要求を何ら顧慮しないことは、正しく解される自由に矛盾するものである。

7　行政府と立法府

さらに、多数の国の議会、特にフランスの権力分立原理が議会に及ぼした悪例に口頭質問がある。議員は、議事日程以外に、政府に対して口頭質問することができる。大臣は、これに対して、出席し答弁する義務がある。議会は、政府の行為に対し監督権を有することを根拠として、口頭質問とは別に問責質問（アンテルペラシオン）を認められ、これの多用により政府の活動を妨げている。これは権力分立原理の侵害であるから、このような悪習は廃止さるべきである。また議会または個々の議員が、官吏の任命に干渉しているが、これまた権力分立原理の侵害である。選挙人の猟官運動も盛んに行われているが、このようなことは全行政組織を破壊するものである。こういうことから、フランスでは、官吏は脅威を感じ、団結した。その目的は、最初、専ら違法の官吏任命を国務院（主として行政裁判所の役割を行う）に提訴することにあった。ところが、官吏の団結は急速に労働組合に等しい管理組合に発展していった。間もなく官吏組合はストライキを起こした。

このようなことは、誤謬であり、行き過ぎである。官吏組合は実力を行使し、官吏の昇進・懲戒、全官界の指導権を掌握した。したがって官吏組合の存在によって、政治組織全体が脅威を受けた。このようなことは真に国家の危機というべきである。このような官紀の頽廃及び三権分立原理の公然の侵害を防ぐ一つの方法は、競争試験を導入し、成績主義を採用し、情実を一切廃止することである。第二の方法は、官吏の任命及び昇進事項を高級官僚から成る合議制機関に一任する方法である。しかし、この第二の方法は、最善の注意をもって運用されなければならない。これは猟官制度を廃止することが当面の注意すべき主要な事項である。

8　議員の免責特権

今日、議会の議員には免責制が採用されているが、このようなことは、ぜひとも速やかにこれを廃止しなければならない。議員の免責制は古い慣習であって、現在ではもはや時代錯誤の存在である。それは議会政治の初期においてのみ存在理由を持ち得たのである。権力を獲得しようとして戦った議会政治の初期及び反対党の議員を議院から遠ざけて表決の結果を偽造するという悪例を阻止する必要があった時代には、この免責制はむしろ必要であった。ところが、今日ではこの免責制は司法権を愚弄することにのみ役立っているにすぎない。議員は政治的な保護を頼んで違法な態度を続ける。故に議員から免責権という特権を奪えば、立法も自から改善される。免責制は「国民はすべて法の前に平等である」という原則に対する大なる例外、すなわちこの原則の侵害でしかない。議員たるのゆえをもって例外を設けることは、違法行為を刺激・奨励するに等しいのであって、これは混乱に門戸を開くものである。

免責制の廃止を唱えるときは、人は私を目して代議政治の反対論者となすかもしれないが、私は決して代議政治に反対する者ではなくして、ただ改革せんと慾する者にすぎないのである。

四　G・モスカ（ローマ大学教授）

筆者の本論文における目的は、第一に、議会政治の危機が現実に存するか否かという問題、第二に、議会政治の危機が現実に存するとすれば、その兆候いかんという問題、第三に、議会政治の危機の原因いかんという問題、第四に、議会政治の危機の克服策いかんという問題を論及するにある。筆者は、まず、あらゆる政治組織の前提要件を述べ、次いで十九世紀の前半または後半において、議会制度を創造した諸国民の精神的、知的及び経済的条件がいかなるものであったかを考察し、さらに進んで、これらの前提条件がどの程度に変化したかを検討し、その結果から議会政治の危機の原因を突きとめ、その危機を克服する若干の方策を提唱する。以下に所論の要旨を紹介する。

1　中産階級の発生

一国の政治形態は、その国民の性格と最も密接な関係を有し、その国民の心情に依存しているということ、一国の政治形態は国民の富と富の分布状態と関係するということを忘れるべきではない。これらの前提条件は、絶えず変化するがゆえに、政治形態もまたこれらの前提条件の変化とともに変わり、これらの前提条件の変化に順応しなければならない。この理由から、政治には静止よりも、むしろ変動がつきものであり、政治生活においては永続の方が変化よりもはるかに困難である。故に、偉大な政治家の使命は、憲法生活における激変を一定の方向に転ぜしめ、あるいはこれを緩和し、もって国民の繁栄と文明を阻止するような危険な道を避けしむることである。

しからば代議政治または議会政治を採用するに至らしめた原因、換言すれば、議会政治の精神的、知的、経済的前提をなしたものは何であるか。主要なものとして、数の多い中産階級の発生、政治的自由を得んとすることを目的とする運動及び政治的平等の思想の三つを挙げることができる。

まず第一に、議会政治を発生せしめた原因のうち最も大なる原因をなしたと思われる中産階級の誕生を考える。十八世紀の中ごろ、諸国民の心理に大変化が起こり、社会階級構成に大変化が起こった。専制君主政治によって国家は統一され、比較的平穏な時代が続いた。下層階級出身でも、才知あり活動的である人々が、従前よりもよい経済状態を得ることができるようになった。同時に教育の普及と教育の実際生活への応用は、新社会階級の発生を促した。この新社会階級は、適度の富と官公吏及び自由職業に必要な技術的な諸条件を具備するに至った。言いかえれば、一般国民大衆とは異なり、かつて最下層の貴族を吸収し、これを同化せしめた一つの階級が発生した。中産階級がそれである。

次に、文化の発達、教養の向上は、人々に懐疑心、批判能力を生ぜしめ、これが自己の地位を反省せしめた。ここに精神的及び経済的領域において有した自由だけでは満足することができず、進んで政治的な支配に参加するという要求が生じた。すなわち、治者は被治者によって選挙されねばならず、治者も、被治者が直接同意を与えた法律に従って行動しなければならないという思想が生じた。これが政治的自由を獲得しようとする運動である。一般に教養を有し、従前、政治的支配権の圏外にあった中産階級が、この運動の急先鋒であったことはもちろんのことである。

さらに、すべての国民を平等に政治的支配に参加せしめるという要求が生じた。これが政治的平等の思想である。この運動を最も支持したのも、またこの思想から最も多く利益を得る中産階級であった。

2　資本家と労働者

このように中産階級の発生、政治的自由の思想及び政治的平等の思想の三つは、議会政治を発生せしめた主要な諸原因である。ゆえに、もし事態が中産階級の所期したような発展を遂げたならば、議会政治に対する不信任は起こらず、したがって議会政治の危機などということも言われなかったはずである。ところが、議会政治は所期のごとく発展しなかった。したがって本来の議会政治に責められるべきものがないにかかわらず、議会政治が欠陥を有するものとされるに至ったのである。しからば議会政治に不利ないかなる発展が見られたか。

まず、中産階級であるが、一九一四年までは、中産階級は、ヨーロッパの大国では、政治の上においても、地方自治行政の上においても、依然優勢を保持することができた。何となれば、中産階級は、文武官職の大部分を占め、国会と地方議会において議席の大多数を占めていたからである。ところが、他方、大資本家は新聞を支配し、これを通じて自己の勢力維持に努めた。また、資本家はほとんど専ら、経済的な性質を有する自己の利益を中産階級出であるところの自由職業者を通じて代表せしめた。すなわち中産階級中に資本家の走狗に甘んずる者が輩出するに至ったのである。ところが、中産階級中に中産階級の利益を顧慮しないものが現われてきた。のみならず、中産階級中には、無産大衆の指導権を握り、無産運動に浮き身をやつす者が現われた。無産大衆運動の大多数の指導者は、中産階級出であるところの自由職業者であった。これらの者の運動もまた、言うまでもなく、中産階級の利益と両立しないものである。このような無産運動の指導者は、普通選挙の実施以来、政界にめざましく進出するに至った。ここに無教養な貧しい中産階級を有する国家では、しからざる国家におけるほどに、議会政治がうまく行われないということを特に指摘しておく。何となれば、そこでは中産階級は資本家の走狗になるとか、無産運動に乗り出すとか、一般に小成に甘んずるからである。しかし、一九一四年には富と教養の分布状態、したがって社会階級構成には、さしたる変化は認められなかった。ところが、政治思想には重大な動揺が起こりつつあったのである。

次に、政治的自由について、自由主義組織にも多くの欠陥のあることが気づかれるに至った。専制政治においては、権力を掌握している少数者が陰謀をほしいままにするならば、民主政治においては、少数者の陰謀に代わって、大衆に働きかけるところの香具師的行為が勢力をたくましくするか、あるいは少数者の陰謀に加えて香具師的行為が横行するに至る。加えるに、有権者は、法律的には議会議員を選挙する完全な自由権を有しているが、実際に投票権を行使する場合には、現実には二人か三人の候補者の中の一人に投票するか、もしくは二つか三つの候補者名簿のいずれか一つの名簿に投票するかしなければならない。しかも候補者そのものは、一般有権者が自由に決めるのではなくして、政党とか金権のような自由に新聞紙を駆使し、その他有権者を引きつけるに必要にして有効な手段を持つ個人または団体の後援を得られるがゆえに立候補可能な者である。したがって、有権者一般が尊敬しないばかりか、非難するような議員が何度も再選されるという不可解な事実が往々にして生ずるに至った。

かくて議会政治の下においても、その他の一切の政治組織におけるように、政権を壟断する強固な寡頭政治家とでも称すべきものが発生するに至った。議員はこの寡頭政治家の息のかかった者の中から選ばれ、しかして大臣は三、四十名の寡頭政治家の中から選ばれるのである。代議政治が専制政治に真に優る点は、公議公論の政治が行われ得るということと、国民が反対党に簡単に多数党となり得る機会を与えるということによって、国民の不満を合法的に容易に表示し得るということである。しかし、このような可能性を有する代議政治は、投票によって表示される民意が偽物でない国家においてのみ行われ得る。かくて有効な警告が政治的なピラミッド組織の上層に位する人々に向けられ得る限り、代議政治が優れた政治組織であることは否認し得ない。

次に政治的平等の点であるが、十九世紀末二、三十年間及び二十世紀の最初の十四年間に、平等思想の必然的結果として普通選挙制が採用されたため、議会政治に従来よりもはるかに重大な欠陥が現われた。中世及びその直後の時代の学者は、「民意はその社会的地位によって普通人に優越した貴族、ギルドの親方、高僧及び学者のような上流階級と有産階級を通じて自然的に表示される。」と言っている。既に古代及び中世において、民主政治は参政権を有する者の範囲を拡大することによってだんだんと危うくなり、だんだんと困難になった。実に古代ギリシャにおいては、極端に走った民主思想は大いにギリシャ国家の没落を促進し、ローマにおいては、共和政治は変じて君主専制政治となり、中世のイタリア都市では、事実上及び法律上、寡頭政治を維持した都市のみが君主専制政治になることを避け得たのである。

今日、議会において著しくなった道徳的、知的水準の低下も、その原因は大いに普通選挙の採用にあるのである。何となれば、有権者の教養程度が低下すればするほど、有権者はその代表者の選挙に当たり、ますます慎重さを欠くに至るからである。しかして空想的な政綱を並べ飾り立てること、及び、到底履行し得ないような空手形を発行することは、政治生活に関する知識と批判的な現実判断力を欠く大衆には影響するところがあっても、一定の教養程度と批判的な精神を有する者には影響がないのである。

さらに、現在、社会の経済的、道徳的及び知的組織の急激な変革を追求する社会主義運動の発生原因もまた、普通選挙の採用に帰せられる。実にマルクスの「資本論」の発行は、たまたまイギリスにおける選挙権の拡張（一八六七年）、フランスにおける共和政治の復活と普通選挙の採用（一八七一年）及びドイツにおける普通選挙の採用（一八七一年）と時を同じうしたのである。中産階級は、恐らくは新たに選挙権を付与された有権者大衆が、これまで交互に政権を交代していた既成政党中に編入されると期待したのであった。なるほど無産大衆は彼らが未だいわば方向をはっきり意識しなかった最初の数年間には、事実、既成政党のいずれかに編入されたのであった。しかし年月の経つにつれ、無産大衆は、政治的な平等と同時に経済的な平等が存しない限り、政治的な平等からは何らの実質的な利益を得ないと自覚するに至った。政治的な平等は、無産大衆にとっては経済的な平等を得、または少なくとも何らかの直接実質的な利益を得んがための手段として、政治的な平等を利用し得た間だけ価値があったにすぎなかったのである。

無産大衆のかくのごとき精神的傾向は、現代の産業組織によって生じた多数の労働者大衆の都市集中と相まって、マルキシズムの宣伝の急速な成功をもたらしめた原因である。マルキシズムの帰依者は、あるいは中産階級出身者であったか、あるいは独学者、すなわち多かれ少なかれ中産階級と同一の教養を得ていた労働者であった。彼らはいずれもほとんどすべてがマルキシズムの熱烈な信奉者であった。ところが、御多聞に漏れず、このような熱情家と並んで、このマルクス主義運動を、立身出世しようという個人的な野望を満たさんがため、及び、議員に当選せんがための手段たらしめんとしたところの卑劣な分子が、この運動に馳せ参じたのである。すなわち、最初は熱情家の運動であったのであるが、やがて高潔な熱情と不純な下卑た情欲との混合せる運動、犠牲心と厚顔無恥な権勢欲との混合せる運動、純真な無私と最も狡猾な詐謀との混合せる運動となったのである。このような玉石混淆は、常に世界史において何らかの役割を演じた一切の大いなる団体を結成せしめた最も強い紐帯であったのである。

かくて既に一九一四年には、そして相当強い程度においては、その後の数年間には、当時既に普通選挙制を実施していたほとんどすべてのヨーロッパの国家において、政治闘争はもはやブルジョア政党の分派間には行なわれざるに至った。何となれば、このブルジョア政党の分派相互間における政治闘争は、もはや個人的な競争にとどまるものではなくなったからである。むしろ一方にはブルジョア政党（ブルジョア政党はその内輪争いにおいては時に社会党の支持をもあえて受けたのである）と、他方には、その政綱中に多かれ少なかれマルキシズム、すなわち人間社会の根本的破壊、たとえこのような破壊が実現されたとしても、到底所期のような平等をつくり得ないことの明白な破壊を政綱の一項目として採用したプロレタリアートの代表者との間の闘争となった。多かれ少なかれマルキシズムを奉ずる政党を余り有力ならしめずに済んだ国家は、アメリカ合衆国だけであった。しかしてそれは、共和党と民主党との二つの伝統的な政党が、緊密強固な組織を有したということと、アメリカの労働者の生活程度が他国に比して高かったということとの二つの理由に基づくのである。

3　議会政治と専制政治

今まで述べたように、一般的には代議政治、特殊的には議会政治が時代の経過に連れて種々の悪弊をかもすに至った。したがって、一八八〇年から一八九〇年にかけて、議会政治の欠陥を指摘する著書論文が氾濫した。しかし欧州大戦まではヨーロッパの大多数の国家で議会政治が支持された。その最大の原因は、一九一四年までは、何といっても、中産階級が生活の安定を得ていたからである。それについては後にゆずるが、今日もなおヨーロッパの大多数の国家で議会政治が行われているのは何故であるか。それについて一言しよう。

この原因には二つある。一つは、人間がその政治的確信、したがってその政治制度を徐々に変更する性質を有するということと、言いかえれば、人間は急激な変革を嫌う性質を有するということであり、いま一つは、代議政治または議会政治が原理的な長所のみならず、実際的な長所を有するということである。

前者の人間の緩慢性は、疑いもなく、歴史全体の最も興味ある部分をなすところの人類の精神史的発展を研究する者の必ず知り得る現象である。

後者の議会政治の実質的利益であるが、これを理解するには、議会政治の結果と専制政治の結果とを比較するのが最も近道である。しかして人間社会が一九一四年前の数十年間になした大なる進歩を回想するならば、一九世紀が世界史における最も輝かしい時代の一つであったことを否むことができない。十九世紀の道徳的、知的大発展の原因は、何といっても、議会政治の採用である。代議政治の原理的な利益のすべてが、それが実現不可能であるという理由によって、いまだに実現されていないとしても、代議政治には現代人が知らない多くの利益が結びついている。現代人は議会政治に慣れているから、そのありがたみを理解し得ないのである。

なるほど、現実には経済上の平等もなければ、文化上の平等もない、また政治上においても数的にはるかに大なる階級の事実的優勢もない。それは能力がすべての人に同一でないからである。また少数が命令し、多数が服従するということも事実である。しかしわれわれの社会秩序は通常能力次第で身を立て得る秩序である。これに加えて、われわれは今日ほとんど例外なく、治者を監視し、しかして治者が法律に違反したときには、議会において、または新聞紙を通じて、治者の非違を正し得る制度、何人も勝手に逮捕されず、またはその所有権を剝奪されることのない制度、国民が法律を尊重する限り、官権によって妨害されることなき制度を有している。故に、議会なくとも、治者と被治者との間に現在のごとき関係が法律上作られるであろうと考えるものがあるかもしれないが、誤りの甚だしいものである。

4　議会政治危機の発生原因

この種々の長所を有する議会政治も、世界大戦によって、多くの国家でその欠陥が特に著しく感じられるに至った。その原因は何であるか。最も大なる原因の一つは、欧州大戦により、富の分布状態に大変化が起こり、しかもほとんど専ら中産階級が不利益をこうむったということである。

少数の富裕な者はますます富を増大し、労働者と農民は、少なくとも大戦後の数年間においては、幾分その経済的状態を改善することができたが、自由職業者、官公吏、少額貯蓄者及び小地主等の中産階級はほとんどすべて、多かれ少なかれ、傷みつけられた。経済的に見れば、貨幣価値が下落したときには、それは貯蓄金額の減少を意味した。何となれば、中産階級は特に貯蓄者階級であったからである。政治的に見れば、人間に明日の憂いをなからしめて、人間の精神力の一部を、人間の個人的な利益を超越した公共のことに捧げる余暇を与えるに必要な経済的余裕を中産階級から奪うという悲しむべき結果を生じた。

実に議会政治は、経済的にも精神的にも独立な中産階級の存在を前提とするものである。何となれば、国家に右に述べたような中産階級出の知識分子が十分多数に存在しないとき、またはかくのごとき知識分子がことごとく官僚によって吸収されるときには、官僚の活動を監視し、官僚の独善を制することのできる有能な議員を議会に送ることができなくなるからである。

いずれも世界大戦によって著しくなったところの政府の手に大なる権力が集中したこと、政府の活動範囲が増大したということは、議会の活動をいやが上に困難ならしめ、いやが上に無定見なものたらしめ、かくて議会は行政府に、多かれ少なかれ屈従するという傾向が生じた。議会のこの傾向は、大戦後も継続した。しかも世論は別にこれを怪しもうともしないのである。かくのごときは、大戦の結果、世論が遅鈍になったことと、道徳と経済の両方面において混乱を来たしたことに起因しているのである。

次に挙げられるべき議会政治の危機の最も大きな兆候の一つは、支配階級の心理状態の変化である。この変化の形跡は、すでに世界大戦前に明らかに認められたところであるが、世界大戦後に特に強められた。実にロシアにおけるボルシェヴィイキ政権の出現後における共産主義の不断の脅威のために、自由主義及び民主主義の基礎をなしたところの人間の政治的性質に関する楽観説が、大部分消え失せた。対外政策においても、対内政策においても、特殊利益の方が一般利益よりも常に重要であるという信念、議会もまた一般利益よりも特殊利益を保護するものであるという信念、及び、有権者は地方的または階級的利益もしくは実に個人的な要求を最もよくもたらす能力を有する者を、有能な立派な候補者として選択し、かくのごときものを議員に当選せしめるものであるという信念が、よかれ悪しかれ、一般人の心を支配するに至った。

5　議会政治危機の克服策

かくて議会政治は危機に直面するに至った。この危機を根本的に克服する急激な方策が考えられる。第一は単純に昔の専制政治に帰ることであり、第二は専制政治とコミュニズムとの結合であり、第三はサンディカリズムを採用すること、すなわち、現在の個人代表の主義を階級代表の主義に代え、選挙人を地域的に組織せずに、職能的に組織することである。

第一の専制政治への復帰であるが、なるほど一国の生存には、国家を無政府状態から救うために、一時専制政治を必要とすることがある。しかし専制政治は決して永久的に採用すべき政治形態ではない。仮にヨーロッパ文明を有する国民が最終的に専制政治で満足することありとすれば、それは恐らく精神的及び道徳的大堕落の前兆であり、それは早晩、人類の全体活動を退化せしめるに相違ない。これに加えて、専制政治は今日では昔の専制時代よりは、はるかに痛烈な影響を及ぼすに相違ないということをわれわれは覚悟しなければならない。何となれば、国家の活動範囲は今日では著しく膨張しており、しかして国家の強制手段は倍加しているがゆえに、個人と政府との間のあらゆる関係及び接触面において、極端な専断行為が広く行われるに相違ないからである。

次の専制政治とコミュニズムまたは高度の国家社会主義との結合した政治組織の採用は、専制政治のみへの復帰よりも、一層悪い結果を生ずるであろう。それは権力者をあらゆる障害から解放し、人間を哀れむべき操り人形または愚鈍な存在たらしめるものである。殷鑑遠からず、ロシアにある。

最後にサンディカリズムであるが、地域的にではなくして、職能的に組織され、したがって鉄道工夫、電気労働者、炭坑夫及びその他の労働者の代表を議会中に有する議会が、全体を保護すべき法律、その他の処置を決定するに適しないことは明白である。何となれば、階級の代表者たる議員は、必然的に暗黙のうちに、自己を選出する選挙人の特殊利益を保護すべき強制的委任を受けているからである。一般利益の代表は、労働組合として組織されず、また組織し得ない分子が多数を構成している有権者によって選挙される議会によって、はるかによく保護されるのである。

6　二大政党と小党分立

議会政治の危機を克服する上述の三つの極端な方法は問題にならない。しからば、いかなる改革が議会政治に加えられるべきであるか。

それには、特に国内的及び対外的平和の長い期間が与えられなければならない。中産階級がかつてのその裕福さを回復し、その教養を維持し、さらに一段とこれを増進しようとすれば、国内的な平和と対外的な平和とが絶対に必要である。故に、戦時において議会が無力視されるのはやむを得ないことである。

さらに、われわれは極端な政党が、普通選挙の中にその最善の協力者と最善の武器を見出すということを銘記しなければならない。原則として、公然、共産主義を奉ずる政党、すなわち、モスクワから指令を受ける政党に味方する強力な社会主義政党が議会に存する原因は、疑いもなく、普通選挙制の採用に帰せられる。われわれは諸国に起こりつつある革命的な不安は、それが議会における極端な政党の活動と切り離されたならば、恐らく多くは速やかに鎮静され得るであろうと確信する。

普通選挙の思想は、それが発生した時代の精神的な傾向から必然的に生じた誤謬である。労働者の団体の指導者が、今日、国家における有力な勢力である限り、労働者の団体に何らかの政治上の発言権を与えることは言うまでもなく必要である。しかし、国家生活において貧しい者、無知な者の投票と教養ある者、正々堂々と財産を獲得し、これを保持する術を知る者の投票とに同一の価値を置くやいなや、政治生活の土台は悉く壊れると断ぜざるを得ない。

数十年前までは、議会政治の危機は、選挙制度を改革し、議会の組織に若干の修正を加えるだけで克服され得ると一般に考えられた。しかし、その方向における若干の企てがなされた後も、議会政治の危機は除かれなかった。最も多くなされた選挙制度の改革は、いわゆる比例代表制の採用であった。ところが、この比例代表制の採用は、議会政治の危機に苦しんでいた国において、この危機をさらに強めることに、むしろ貢献したのである。比例代表制は、精々政府の支柱として必要な多数党の勢力を弱め、及び、この多数党の存在を脅かすにすぎないのである。比例代表制は、政府の行為を監視し、一般人に政府の誤謬を知らしめることを唯一の使命とし、したがってこのためには余り強力であることを必要としない少数党の勢力を不必要な程度に強める。

議会政治を活性化するために、主として次の二つの制度が生じた。一つは、総選挙の結果いかんによって、交互に政権を交代するところの緊密強固な組織を有し、かつ厳格な規律を有する二つの政党が対立する二大政党制であり、他の一つは、政治的なカラーでは特色のある特定の個人に対する従属関係によって、小党に分立した小政党分立制である。両者を比べるとき、二大政党制の方が小党分立制よりははるかに優れている。何となれば、二大政党制は、政府にある程度の安定を保証し、その上、政権の交代は、政治的陰謀によってではなくして、世論における実際の変化によってのみ生ずるからである。この二大政党の下では、候補者を推薦し、新聞を動かす選挙委員会の幹部は、相互に一致協力し、候補者の決定は個人的な情実よりは、むしろ政治的な目的に重きを置いて行われるメリットがある。

二大政党制の方がメリットがあるとしても、小党分立をにわかに人為的に二大政党制にすることは好ましいことでない。ゆえに、小党分立制の国では、不信任投票を制限し、政府をある程度まで、陰謀的な倒閣及び裏切り行為のないように保障することによって、小党分立からくる弊害を防止すべきである。これがためには、現在、一部の国で行われている慣習、すなわち少数党内閣は、議会の第一回の信任投票を得てから、一年間経過しない間に辞職すべからずという慣習をつくるか、さらにそれよりもはるかによい方法は、不信任が両院によって明示されるときに初めて政府の辞職を強制的なしめることを憲法中に明記することが有効である。

このほか、多くの国家では、新聞及び結社の無制限な活動を取り締まることが必要であろう。現在、新聞紙は非常に大きな影響力を持っている。しかして新聞紙は、このような力を乱用し、しばしば事実を歪曲し、余り重大でない事件をいかにも重大であるかのように誇張し、また、重大なことをいかにも重大でないかのように誇張宣伝して報道する。かくして読者は、多くの場合、新聞紙の報道をそのまま事実として受け入れるがゆえに、軽率な判断を下すのである。新聞社が読者獲得に熱心なあまり、しばしば煽情的な記事を載せたり、唾棄すべき投機に利するかは、特に指摘するまでもない。しかも新聞社はほとんどすべての責任を免れていること、否むしろ、新聞社の非違に対しては、新聞社ではなくして、一個人が少額の罰金刑を受けるにすぎないことは、奇怪至極と言わなければならない。結社に関しても、大多数の国の取り締まりは、ゆるやかに過ぎる。現行の国家秩序を暴力をもって転覆し、または自から政権を奪わんことを目的とするときには、厳罰に処すべきである。

以上、若干の改革案を述べたのであるが、いくら有効な改革案が提唱されても、指導階級の心理状態が統一されず、成熟しない以上は、何の効果も期待できない。現代青年は破壊を好むが、破壊の結果として直ちに組織が起こるものではない。現在、青年は、父祖より継承した理想を悉く拒否することなく、これにまじめにして虚心坦懐な批判を加え、採るべきは採り、捨てるべきは捨てるという心がけが必要である。

五　M・J・ボン（ベルリン商科大学教授）

1　議会政治危機の発生原因

議会政治が信任を失い、議会政治の危機が叫ばれるに至ったのは何故であるか。考えられる第一の原因は、外面的な制度及び方法によって幸福を得ることができると考える者があるということである。すなわち、彼らは、議会政治を採用すれば、議会政治採用前に彼らが憧れていたものがすべて得られると考えたのである。ところが、いよいよ議会政治を採用してみると、期待通りにいかない。そこで彼らは議会政治に失望するに至り、他の政治組織を採用しようとする方向に向かう。ゆえに、議会政治が一般の魅力を有し得たのは、実は議会政治採用前のことであって、採用後には、いつの間にか、議会政治のありがた味を忘れて、それをかえって排斥しようとするに至る。これが今日の議会政治の危機の一原因である。

第二の原因として挙げるべきものは、今日、経済的な性質を有する国務が非常に増加したということである。しかして既に重農主義者が正当に認識したように、経済問題をめぐって行われる闘争は、社会を幾多の集団に分裂せしめ、国家的統一を害する。この理由から重農主義者は、議会政治を非難し、専制君主政こそが、全体の利益を擁護し、全体の統一を保ち得る制度であるとして、これにあこがれたのである。現代においても、重農主義者と同一の理由から、議会政治を否認し、独裁者のみがよく集団的な特殊利益を克服し得るものとして、この独裁者を謳歌する者がある。しかし国家を分裂せしめるように思われるこの経済的な闘争は、議会政治を採用したがために起こるものではない。したがって議会政治を廃止したからといって、経済的闘争はなくなるものではない。故に、経済的闘争の罪は、議会政治に帰せられるべき筋合いのものではないのである。されば問題は、国家の任務を制限することにあるのであって、決して議会政治の否認にあるべきではないのである。したがって、このような意味で議会政治を非難するのは、実は見当違いと言わなければならない。

第三の原因は、国家の絶対主権を信ずる者が、殊にドイツにおけるように、外国によるその国土の一部占領によって主権の絶対性が失われた事実に直面し、議会政治は絶対主権を否認するものであり、時の政府はこの議会政治を奉じたがゆえに、このような屈従に甘んじたものであるとして、議会政治に責任を帰したということである（ナチス・ドイツの台頭）。

第四に指摘されるべき原因は、欧州大戦の外交的結末が、経済上、持たざる人口過剰の国家をして、持てる人口希薄の国家に多額の損害賠償を支払わしめ、ために国民中に議会政治下の政府を呪詛する者があったということである。

議会政治不信の第五の原因は、経済政策、すなわち国民大衆を今日よりも幸福ならしめる政策が所期の効果を上げないということである。しかしこのような政策は国家権力の力に余るものである。罪はむしろ企業家または労働組合にあるのである。しかるに、このような政策の実現しない罪は議会政治に帰せられたのである。

第六の原因は、普通選挙制を採用すれば、労働者の利益が代表されると信じたのであるが、選挙権を拡張しても、所期の目的が達成されず、ために他の方法を考えることなく、直ちに罪を議会政治そのものに帰したということである。

2　改革すべき諸点

立法、行政、及び、実際政治の手法として、議会政治が有効なものだと言えなければ、議会政治に優る政治組織が他にあると言い得るのであろうか。いかなる政治組織にも栄枯盛衰があり、運用に困難を伴うものであって、議会政治といえども例外をなすものではない。ゆえに、一時的に議会政治が無力であり、衰微したからといって、直ちに議会政治を廃棄すべきではない。欠陥があれば、改革によりこの欠陥を矯正すべきである。しからば改革を必要とすべき議会政治の欠陥は何であるか。

第一に挙げるべき欠陥は比例代表制である。殊に非常に大きな選挙区制をとる名簿式比例代表制においては弊害は最も大きい。この制度の下においては議員の質が低下する。さらに大選挙区制であるから、議会と有権者との関係は疎遠になる。名簿式比例代表制では、個人よりも政党が優先するから、有能な人物が得られにくい。言いかえれば、無名な有能者が立候補できにくくなる。候補者名簿上の上位候補者は自動的に当選できる。さらに政党幹部による専制政治が、名簿作成に当たって行われる。また、若い世代を政治に無関心ならしめる。補欠選挙を行わないことによって新人の議会進出の門は閉ざされる。加えて、比例代表制は議会多数の構成を困難ならしめる。

名簿式比例代表制は、議員の質を低下せしめると言ったが、しかし実際には、比例代表制にあっては、選出さるべき議員の質は、国民の政治的能力の水準に一致することを示している。故に、私は、有能な分子がその時間と努力とを議会に捧げることの必要性を力説するが、たとえこのような人物が議会中にいなくても、議会政治そのものを否認するものではない。有能人物が議会を敬遠するという現象は、議会政治が不完全に行われている国家では、議会よりもはるかに効果的に国民生活を左右し得る経済的社会的地位が確立しているところで起こり得ることである。このほか、議員でなくとも大臣となり得るときには、むしろ議員とならずして大臣になる方を選ぶことは自然である。したがって議員を大臣になる唯一の通路たらしめるには、議会政治を強化しなければならない。しからざる場合には、議会政治は無力化する。とにかく議会政治は一般人が指導的な人物を選定する方法であるから、選挙制度としては、この指導的な人物を選択するに適する制度を採用することが望ましい。この目的のためには間接選挙制を最善とする。

議会政治は、統一的な政治的意思を形成し、治者と被治者との間に起こりやすい対立を除去する政治制度でもある。ここに多数者の少数者に対する横暴が問題になる。しかし議会政治においては、政府は議会もしくは議会の多数派に対して直接に責任を有し、議会そのものは国民に対し直接に責任を有するものであるから、政府には議会の多数派が必要であり、この多数派が安全に活動し得るためには、国民の支持を有しなければならないゆえに、多数派が少数派を無視して専政を断行するときには、多数派はやがて国民の支持を失い、これに代わって少数派が多数派となり得る機会が与えられているのである。

故に議会政治が多数の横暴を招来するという非難は、さして重要な問題ではないのであって、むしろ議会政治にとって重要なことは、安定的な多数を構成することの困難性にあるのである。議会政治は、イギリスに見られるように、二つの交代する政党（ホイッグとトーリー）の出現とともに発達したのである。政党の組織が個人的な性格を帯びていた時代には、政党間の提携は容易であった。政党が歴史的になり、経済的集団利益を中心として組織されるに至り、政党の本質的な分裂を生じた。加えるに、各政党は単独では議会に多数を制することができない。したがって政党は、政府を組織するためには、他の政党と提携しなければならない。この提携は、例えば戦時のごとき外部的圧力の下においては、比較的容易に行われるが、平常時においては連立内閣には常に困難が伴う。しかし国民が歴史的、地理的、政治的及び経済的に分裂するときには、いずれの政治組織といえども、この分裂を克服することを得ない。この分裂の罪は何も議会政治に帰せらるべきではなくして、社会状態の反映にすぎないのである。

これを要するに、議会政治に対する不満は、第一には、いかに理想的な政治組織といえども、徹底的には解決し得ないような、しかも解決を迫られる問題が多いことから生ずる。議会政治に対する第二の不満の原因は、主として経済的な理由に基づく政治的な対立から生ずる。小党分立は社会的な分裂の縮図である。この小党分立の急速な除去は、非常な速度をもって発展する階級闘争を克服することによってのみ完全に行われるであろう。この階級闘争を防止克服するには、人々の最も侮辱する議会政治をおいてほかに存しない。第三の不満は、政府を人間の上位にあるものと考えるところの、今日もなお多くの人間を支配しているところの神秘的な観念から生ずる。

故に、議会政治を改革しようと欲するものは、議事方法を改善するなどの実際的な方法を考えるのみならず、民主的な選挙法を基礎とする議会政治が必然的にこの議会政治を採用した国民及び国民の能力の反映であるということを認識すべきである。議会政治を改革しようと欲するものは、議会政治に対して軽蔑的な態度をとるのではなくして、議会政治を実際の制度として有効ならしめるために自己の最善を尽くし、いかなる政治組織をとっていても、人間を地上において幸福ならしめることができるという信念によって、自分自身の心構えを改めなければならない。政治組織を変えさえすれば、人間を地上において幸福ならしめることができるという神話は、恐らくは現在における議会政治改革の最大の障害であろう。

年表　戦間期の帝国議会（一九一二―一九四六年）

大正年・月・日

1・12・19　第一次憲政擁護運動起こる。第一回憲政擁護連合大会、東京歌舞伎座に開かれる。閥族政治打破。

2・2・11　第三次桂内閣は、護憲運動が内乱に発展するのを恐れて、在職わずか五十三日で総辞職（いわゆる大正政変の終わり）。超然内閣主義（山縣・官僚派）に対して、憲政常道を主張する政党内閣主義（政党人）が台頭した。元老らの後ろ盾のある山本権兵衛は、民衆が藩閥政治家に対して持つ厳しい目を避けるため、政党と組み、陸・海・外相以外の閣僚を入党させることを条件に、政友会の山本支持をとりつけた。政友会は、過半数を欠き、単独では政権担当が難しかったので、まず山本支持、与党になる道を選んだ。

2・20　山本権兵衛内閣（第一次）成立（閥首党身内閣）

3・1・23　島田三郎、衆議院予算委員会でシーメンス事件（海軍汚職）追及。

2・10　野党（同志会・国民党・中正会）提出の内閣弾劾決議案、激論の末、否決される。これに怒った群集、日比谷公園で抗議集会、政友会本部などを襲撃。政府は軍隊を出動させてデモを鎮圧。

3・13　貴族院、海軍拡張予算に反対、予算不成立。

3・24　山本内閣総辞職

・29　政友会代議士会、政党を基礎としない内閣（超然内閣）反対を決議

4・16　大隈（第二次）内閣成立。

8・23　第一次世界大戦勃発

12・25　衆議院、二個師団増設予算否決、衆議院解散

4・2・13　緊急勅令により選挙法改正。

3・25　第12回総選挙施行―与党大勝利。政友会大敗。

5・17　第36回議会召集。

6・1　衆議院二個師団増設案可決。
6・9　島田三郎衆議院議長不信任案上程（否決）。大混乱のうちに散会。
6・27　第35議会における大浦内相による増師案通過のための議員買収。大浦内相、辞表提出。
11・29　第37回議会召集。
5・1　吉野作造「憲政の本義を説いて其有終の美を済す途を論ず」で民本主義を発表（「中央公論」）
10・4　大隈内閣総辞職
10・9　寺内正毅内閣成立（超然官僚内閣）
6・4・20　第13回総選挙施行（与党政友会の勝利）
10・10　政党の合同により保守二大政党（憲政会・政友会）対立
7・8・23　吉野作造ら民本主義を主張
9・29　原敬平民宰相誕生　外・陸・海三相を除く全閣僚政友会で占める政党内閣の誕生。大正デモクラシー時代の始まり
8・6・28　第一次世界大戦終了、パリ講和条約
9・2・14　普選法案上程（否決）。原首相、普選実施は時期尚早期と言明、突如、衆議院を解散。
5・10　第14回総選挙、普選をめぐり与野党大論戦。与党（政友会）二七九の絶対多数を獲得。
議院法改正により歳費増額（議長七五〇〇円、副議長四五〇〇円、議員三〇〇〇円）
11・2・23　普選法案、三度葬られる。
12・2・24　陪審法成立（昭和三年施行）
・12・27　難波大助事件（第四十八議会開院式行啓の摂政を難波大助が狙撃、山本内閣総辞職）
13・1・7　清浦（貴族特権）内閣成立。
第二次護憲運動、全国に起こる。
6・11　加藤高明内閣成立（いわゆる護憲三派内閣）－政党内閣制の確立。
6・25　第49回議会召集（→7・19）三度延長して、普選法成立（女子と朝鮮・台湾人の参政権を拒否し、生活困窮者

や季節的に移動する出稼ぎ労働者なども除外された。無産階級弾圧のため治安維持法案も成立）。

14・4・22　治安維持法公布
5・5　普選法公布

昭和年・月・日

3・2・20　初の男子普通総選挙（第16回）、鈴木内相の選挙干渉、政友・民政二大政党対立
3・15　事件（日本共産党、一斉検挙）
11・24　ニューヨーク・ウォール街に起こった世界恐慌の波は全世界に波及し、以後四年にわたる史上未曾有の大恐慌発生。
4・1・23　不戦条約審議中、「人民の名において」問題起こる。
5・2・20　第17回総選挙（民政二七三、政友一七四、国民同志会六、革新党三、社会民衆党二、日本大衆党二、労農党一、中立五、計四六六）
7・24　ロンドン条約をめぐる「統帥権干犯問題」起こる。
11・14　浜口雄幸首相、東京駅で狙撃される。
6・2・3　衆議院予算総会における政友会中島知久平に対する答弁で、幣原首相代理の「統帥権」に関する失言問題起こる。衆議院一週間にわたる流血の惨事。
2・28　婦人公民権法案、衆議院通過（貴族院で否決）
12・13　犬養内閣成立（→昭和七・五・一三まで在任五カ月十三日、戦前の最後の政党内閣）
7・2・11　大川周明ら神武会結成→この頃から、国家主義者は政友、民政の既成政党排撃論を唱え始める。
2・20　第18回総選挙（政友三〇三、民政一四七、社会民衆党三、全国労農大衆党二、革新党二、中立九、計四六六）
5・15　五・一五事件（陸軍将校、首相官邸に犬養首相を襲い、射殺、政党政治の終焉
・23　斉藤挙国一致内閣成立（政党と官僚の協力）
7・15　秋田清衆議院議長の提唱で、各派首脳の超党派的協議に基づき、議会振粛要綱を発表
7・24　全国労農大衆党、社会民衆党と合同して社会大衆党結成（安部磯雄ら）

8・3・27　日本、国際連盟脱退
5・10　京大事件（いわゆる滝川事件）起こる。
9・4・18　帝人事件発覚（帝国人絹KKにからむ疑獄事件として、商相中島久万吉、容疑を受け、鉄相三土忠造の偽証問題もからみ、倒閣にまで発展。「犯罪の事実なし」として全員無罪となる。）
12・29　政府、ワシントン海軍条約破棄を米国に通告
10・1・24　斉藤隆夫（民政党）、陸軍パンフレット問題について、軍部を非難攻撃。
2・18　貴族院本会議で、菊池武夫議員、美濃部達吉の天皇機関説を取り上げ、「これは緩慢なる反逆思想であり、天皇は国家の機関なり、議会は天皇の命に何ら服するものでない」と主張する美濃部達吉などは「学匪」であるとして鋭く非難。さらに、右翼・軍部、政友会の一部、枢密院議長・一木喜徳郎、法制局長官金森徳次郎の学説に対しても、機関説であるとして攻撃、議会で問題化。↓両者とも翌年初めに辞任。
2・25　美濃部達吉、貴族院本会議で、菊池議員に反駁して、一身上の弁明を行う。
・28　江藤源九郎代議士、美濃部達吉を不敬罪で告発↓九月十八日、起訴猶予、同日、美濃部は貴族院議員を辞任。
4・9　美濃部達吉の諸著書、発禁となる。文部大臣、いわゆる「国体明徴の訓令」を発して、全国学校長に対し、「国体の本義に疑惑を生ぜしめるがごとき言説は厳に慎め」と指示。
5　選挙粛正委員会令（勅一一〇）公布―各府県に地方長官を会長とし、会長の選任する委員三十名より成る選挙粛正委員会を設置し、選挙粛正の名による官僚の選挙管理を行う。
5・11　内閣審議会を設置、内閣調査局を附置（民政党・床次、町田らの発案になる閣議と議会との間にある挙国一致の国策審議機関）。
8・3　政府、国体明徴に関する声明発表。「統治権が天皇に存せずして、天皇はこれを行使するための機関なりとなすがごときは、これ全く万邦無比なるわが国体の本義をあやまるものなり。（以後、軍部、ファッシスト勢力伸張）
8・12　陸軍省軍務局長・永田鉄山、相沢中佐に斬殺される。陸軍内部（皇道派と統制派）の対立激化。
11・1・15　ロンドン軍縮会議、日本代表脱退を通告

2・20　第19回総選挙施行(→選挙粛正委員会により、全国的に選挙粛正運動を展開、取り締まり苛酷を極め、各地に人権蹂躙問題起こる。)民政党二〇五、政友会一七四、昭和会二〇、社会大衆党一八、国民同盟一五、その他無産党四、その他の団体三、中立二七、計四六六－与党の勝利、無産党の進出。

11・2・26　雪の帝都を震撼させた二・二六事件は、皇道派が軍部独裁政治への道を開こうとしたが、結果は、逆に統制派による軍閥ファシズム機構の確立に終わった。そして岡田内閣に代わった広田内閣には、寺内陸相が入閣して、五月には再度の軍部大臣現役制を復活し、その後は軍部が完全に内閣の死命を制することとなった。しかも「粛軍」の名の下に、軍備充実・庶政一新が要求され、国防国家の建設が始まった。すなわち、政府が八月、五相会議で決定した「国策の基準」は、国防国家を建設し、大陸並びに南進政策推進の意図のもとに、ソ・英・米に対抗するため、日・満・支三か国間の緊密な連携を強調しているが、さらに九月陸軍が発表した行政機構改革案には、議会・政党を完全に抑えようとする野望が秘められていた。こうして内においては「広義国防」の名のもとに陸海軍軍備の大拡張が始められ、これと並行して翌十二年五月には、陸軍により、「重要産業五ヵ年計画」が提出され、全産業部門にわたる戦時体制への編成替えが着々と進められた。

　さらに十一月には日独伊防共協定が締結されたが、これは当時のスペイン内乱に見られたファシズム対人民戦線の対抗を契機に、日本が「ベルリン・ローマ枢軸」に参加したことを意味するもので、翌十二年十一月には日独伊防共協定の成立となった。また十－十一月に関東軍が起こした事件は、結局、失敗に終わって、逆に抗日運動をあおった。十二月突発した西安事件は、完全に国共合作・抗日統一戦線を実現させて、日中関係はとみに緊張の度を加えた。

3・4　貴族院議長・近衛文麿に組閣の大命下るも、健康上の理由により拝辞。

3・9　広田内閣成立

5・1　第69回帝国議会召集。議会、憲政を擁護し、政府を督励して庶政を釐革（りかく）せしめる決議」を可決。

5・7　斉藤隆夫、衆議院において粛軍演説で軍部を激しく攻撃→(支那事変処理の範囲と内容をめぐり、近衛声明における東亜新秩序建設に関し、「支那における軍の活動は、その目的・声明に反している……」と攻撃。陸軍、斎藤隆夫議員の演説は、陸軍を誹謗し、聖戦を汚すものと主張、政党も軍部の前に屈服する。議長、斎藤議員に対し取り消しを要求したが、斎藤これを拒否。）
5・12　貴族院、「貴族院の機構の改正に関する建議案」可決。（→政府、貴族院制度改革調査会」設置。
5・14　貴族院議員・津村重舎、軍部攻撃の演説を行う。永田軍務局長殺害事件を取り上げ、犯人相沢中佐の行動を非難して、「軍人は一将功成り万骨枯るではいけない。かかる相沢のような考え方の将校では困る。兵卒が将校より大和魂を余計持っていはしないか」と発言（軍部、右翼団体から、軍民離間、皇軍侮辱として猛烈な攻撃をあびる。）
5・15　貴族院本会議において、井田磐楠議員より懲罰動議提出。→直ちに採決の結果、懲罰委員会に付せられる。貴族院における唯一の懲罰事例。津村重舎議員は、貴族院の品位と権威の尊重の立場から自ら議員を辞任。
5・18　陸海軍官制を改正。軍部大臣現役武官制を復活。（→表面的理由として、現役武官以外の軍人の大臣制は、派閥を除去する粛軍の目的に反する、としたが、以後、軍部独裁への道を開く。
5・23　衆議院、「議会制度革正に関する決議案及び衆議院議員選挙法改正に関する決議案可決。（→議院制度調査会」及び「選挙制度調査会」設置）
主要成立法律案（思想犯保護観察法（昭和一一、法二九）、不穏文書臨時取締法（法四五）
（総動員秘密保護法案は、民政、政友両党一致して反対、審議未了となる。→政党、軍部・官僚ファショ化を批判）。
9・21　寺内陸相と永野海相、広田首相に対し、陸海軍共同提案として、中央行政機構・地方行政機構・議会制度の三改革意見提出。（→政党側、これに反撃、軍部と対立。）
11・25　日独防共協定
この頃、軍部に政党政治改革論が起こる。（①議院内閣制及び政党内閣制の廃止、②政党法を制定して政党の行動を規制する、③現在のごとき政府対政党の対立抗争を改め、相互協力させるよう、議会から内閣弾劾権を取り去る等。軍部、政党否定の態度を強める）。
12・24　第70回帝国議会召集（十二月二十六日開院式、会期実数九十六日、昭和十二年三月三十一日解散）
12・1・21　衆議院で浜田国松（政友会）は、寺内陸相に対し、軍部の独裁強化の政治イデオロギーが常に滔々として軍部の底を流れていると論じて、その優越性と独善的専横を鋭く攻撃。寺内陸相、その答弁で、「軍を侮辱するもの」と述べたので、浜田は重ねて発言し、「速記録を調べて僕が軍隊を侮辱した言葉があったら、割腹して君に謝する。なかったら君が割腹せよ」と迫る。いわゆる浜田の割腹（はらきり）演説――政党、軍部と正面衝突。寺内陸相、政党懲罰のための解散を強く要求。

1・22　帝国議会停会（二日間）

1・23　広田内閣総辞職（軍部と政党との対立のため）

1・25　宇垣一成に組閣の大命降下。陸軍の猛烈な反対で不成立。（一月二十九日、宇垣、組閣を辞退（いわゆる宇垣流産内閣）

1・30　陸軍、政治形態及びその運用に関し声明を発する。

2・2　林内閣成立（昭和12年6月4日、在任期間四カ月二日）

→中間内閣（①国体明徴　②独特の立憲政治及び政党内閣の否定　③外交一元　④軍備充実　⑤産業統制等の綱領を持つ反議会主義的内閣――昭和会の山崎達之助のみ党籍離脱して入閣。

2・4　帝国議会停会（七日間）（政変に伴う混乱収拾のため）

2・11　帝国議会停会四日間）（政変に伴う混乱収拾のため）

2・15　林首相、施政方針演説で、「臨戦体制確立・祭政一致・総親和」を強調。

2・29　昭和十二年度予算通過成立。

3・31　政府、予算通過後、議会刷新の理由（懲罰）で衆議院を抜き打ち解散。いわゆる「食い逃げ解散」→非立憲の非難起こる。

（主要成立法律案）母子保護法、防空法）

4・30　第20回総選挙（臨時）施行　民政党一七九、政友会一七五、社会大衆党三七、昭和会一九、国民同盟一一、東方会一一、中立その他三四、合計四六六。野党派連合の勝利、政府窮地に陥る。

5・28　民政・政友両党、林内閣の即時退陣を要求

5・31　林内閣総辞職

6・4　近衛内閣成立（↓昭和14・1・3－在任期間一年七か月）
軍部協力内閣。（民政党・永井柳太郎、政友会中島知久平が入閣したが、政党の発言力極めて微弱。）

7・7　日華事変起こる。準戦時体制に入る。

7・17　日本政府、中国政府に対し、事変の不拡大方針の覚書を手交。

7・23　第71回帝国議会（特別）召集（7月25日開院式、会期実数14日－8月8日閉幕）、衆議院各派交渉会、非常時局に際し、質疑討論を控えて法案の通過成立を期することを申し合わせる。
（主要成立法律案）人造石油製造事業法、産金法、製鉄事業法、軍機保護法改正法、貿易及関係産業の調整に関する法律、百貨店法。

7・29　北支通州事変起こる

8・15　政府、緊急閣議において、事変不拡大方針放棄を決定

9・2　北支事変を支那事変と称する。
第72回帝国議会召集

13・1・16　近衛首相、「国民政府、相手にせず」と声明。

2・11　憲法発布五十周年記念式挙行

2・24　国家総動員法案、衆議院に提出

3・3　佐藤賢了、「ダマレ事件」

3・24　国家総動員法成立

14・9・3　第二次世界大戦起こる

15・2・2　斉藤隆夫（民政党）のいわゆる粛軍演説問題化

3・7　衆議院、斉藤隆夫を聖戦を冒瀆したとして議員除名処分

6・24　近衛文麿、枢密院議長を辞し、「新体制運動」推進の決意表明。各政党「バスに乗り遅れるまい……」と先を争って解党

7・22　第二次近衛内閣成立

8・15　民政党解党→政党全部解消、「政党自ら政党政治を断つ」

9・27　日独伊三国同盟

10・12　大政翼賛会発足

11・29　帝国議会開設五十周念記念式典

12・20　衆議院に全議員から成る衆議院議員倶楽部が生まれる（無党派議会における議院運営のため、その中から「協議員」を若干名選出して各派交渉会に代える。）

12・24　政党解消による無党派の議会、いわゆる「翼賛議会」誕生、議会、慣例を破って、国務大臣の演説に対する質疑を、時局の重大性を理由に取りやめる。

16・1・1　休会明け、衆議院予算総会で、大政翼賛会の合憲性の問題が論議される。（①憲法上、翼賛機関としての議会が存在するのに、それを無視して別に大政翼賛会をつくる必要の理由。②翼賛会総裁は、必ず首相が兼ねるという規約は、翼賛会が永久的に政治的機関となり、幕府的存在となる危険がある。③莫大な翼賛会の経費を国費支弁とすることに対する予算削減論。④翼賛会は、治安警察法上の政治結社か、公事結社かなど、翼賛会批判論は激しく議会で論争。→近衛首相答弁－「大政翼賛会あるいは大政翼賛運動は、憲法上認められる上意下達・下意上達の機関である。この帝国議会の権限に対し少しも侵害しない。むしろこの帝国議会の行う作用を補充するものである」。平沼国務相、「大政翼賛会は、政事結社ではなく公事結社であり、政治活動を行わない」と答弁。（→政治活動のためには、昭和17年5月、翼賛政治会がつくられる。）

1・22　衆議院、「戦時体制の強化に関する決議案」を可決。

1・27　貴族院、「時難克服に関する決議案」を可決。

2・24　衆議院、「衆議院議員任期一年延長法案」（政府提出）可決。政府（平沼国務相）、「官民挙げて、国防国家体制の整備に寸時を惜しんで邁進すべき昨今の情勢下、……国民を選挙に没頭せしめることは、選挙の性質上、不必要にとかくの論議あるいは摩擦を誘発する恐れ」ありとして、政府によって衆議院議員の任期を延長せしめられ、この一年間一切の選挙を行わない措置をとる。

3・3　国家総動員法改正

3・10　治安維持法全部改正公布
（主要成立法律）、衆議院議員の任期延長に関する件、府県会議員、市町村会議員等の任期延長に関する件、医療保護法、国防保安法、治安維持法（全部改正）
4・30　日ソ中立条約
7・16　近衛首相、辞表捧呈（日米交渉をめぐる近衛・松岡対立）
7・18　第三次近衛内閣成立（在任期間三カ月）
10・16　近衛内閣総辞職（日米交渉打開の目途なく、中国からの軍隊の引き挙げという交渉条件をめぐり、近衛、東条の間に意見対立。閣内意見不一致）
10・18　東条内閣成立（在任期間二年十カ月五日、軍部による統帥と国務の専断）
11・15　第77回帝国議会召集、両院「国策遂行に関する決議案」可決。衆議院、臨時軍事費三十八億円を予算委員会の審議五十六分、本会議九分、貴族院の即決というスピード審議で、時局の急落に対処。
11・19　宮沢胤勇衆議院議員、追加予算賛成演説中、失言問題を引き起こして議員辞職
12・8　太平洋戦争起こる。
17・4・30　第21回総選挙（徹底した選挙干渉下に行われる）。東条首相、議会の構成を一新し翼賛議会体制の確立を期すため、「候補者推薦制度」を採用。いわゆる翼賛選挙。（翼賛政治体制協議会）推薦議員、推薦候補者四六六人中三八一人、東方会七人、諸派四人、無所属（非推薦候補者五五七人中）七四人、合計四六六人（全議員二六七、新人一九九）当選。
5・20　翼賛政治会結成（衆議院議員四五八人及び多くの貴族院議員が所属）
5・25　第80回帝国議会召集、会期実数二日
12・24　第81回帝国議会召集、戦時行政特例法、陪審法の停止に関する件。東京都制。
18・6・15　第82回帝国議会召集、会期実数三日
10・25　第83回帝国議会召集、会期実数三日
12・24　第84回、帝国議会召集会期実数九十日、深刻な戦況を反映して二週間の審議で、予算案十二件、軍需増産促進

に関する法案、戦費支弁のための増税案等議了。
19・7・18　東条内閣総辞職
20・3・9　B29東京を大空襲
4・1　米軍、沖縄本島に上陸
4・5　小磯内閣総辞職
4・7　鈴木貫太郎内閣成立→終戦内閣
6・8　第87回議会
8・6　B29、広島に原爆投下
8・14　ポツダム宣言受諾
8・15　天皇、終戦の大詔書
21・5・19　食糧メーデー〈憲法よりも食糧を〉
5・22　吉田（第一次）内閣成立
11・3　日本国憲法公布

既成政党系統略表

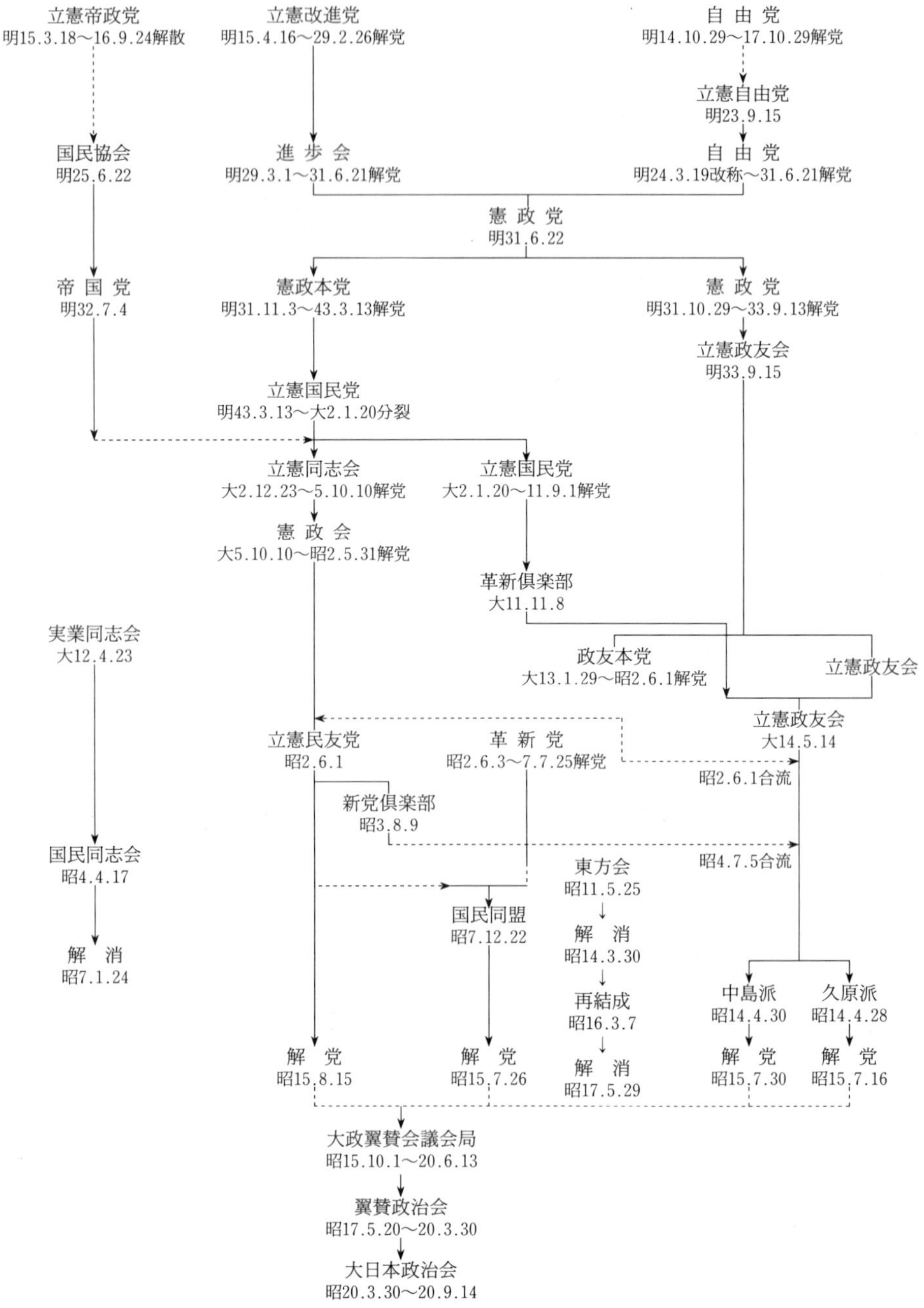
立憲帝政党
明15.3.18〜16.9.24解散
立憲改進党
明15.4.16〜29.2.26解党
自　由　党
明14.10.29〜17.10.29解党
立憲自由党
明23.9.15
国民協会
明25.6.22
進　歩　会
明29.3.1〜31.6.21解党
自　由　党
明24.3.19改称〜31.6.21解党
憲　政　党
明31.6.22
帝　国　党
明32.7.4
憲政本党
明31.11.3〜43.3.13解党
憲　政　党
明31.10.29〜33.9.13解党
立憲政友会
明33.9.15
立憲国民党
明43.3.13〜大2.1.20分裂
立憲同志会
大2.12.23〜5.10.10解党
立憲国民党
大2.1.20〜11.9.1解党
憲　政　会
大5.10.10〜昭2.5.31解党
革新倶楽部
大11.11.8
実業同志会
大12.4.23
政友本党
大13.1.29〜昭2.6.1解党
立憲政友会
立憲政友会
大14.5.14
立憲民友党
昭2.6.1
革　新　党
昭2.6.3〜7.7.25解党
昭2.6.1合流
新党倶楽部
昭3.8.9
国民同志会
昭4.4.17
昭4.7.5合流
東方会
昭11.5.25
国民同盟
昭7.12.22
解　消
昭14.3.30
解　消
昭7.1.24
中島派
昭14.4.30
久原派
昭14.4.28
再結成
昭16.3.7
解　党
昭15.8.15
解　党
昭15.7.26
解　消
昭17.5.29
解　党
昭15.7.30
解　党
昭15.7.16
大政翼賛会議会局
昭15.10.1〜20.6.13
翼賛政治会
昭17.5.20〜20.3.30
大日本政治会
昭20.3.30〜20.9.14

遠山茂樹・安達淑子著「近代日本政治史必携」(岩波書店を参照)

著者紹介

前田英昭（まえだ　ひであき）

昭和7年生

東京都立大学卒，同大学院終了

法学博士

元参議院参事，元駒澤大学教授

主要著書

イギリスの上院改革（木鐸社 1976）

憲法・統治機構（高文堂 1994）

現代政治制度（高文堂 1997）

国会と政治改革（小学館 2000）

政治腐敗防止法を考える（信山社 1993）

国会の立法活動（信山社 1999）

国会の機密費論争（高文堂 2003）

エピソードで綴る国会の百年（原書房 1990）

国会全書　第一巻（慈学社 2007）

主要訳書

ハロルド・J・ラスキ「イギリスの議会政治」（日本評論社 1993）

「GHQ 日本占領史 9　国会の民主的改革」（日本図書センター 1996）

戦間期における議会改革

2008年1月10日　初版第1刷発行

著　者　前　田　英　昭

発行者　阿　部　耕　一

〒162-0041　東京都新宿区早稲田鶴巻町514番地

発行所　株式会社　成　文　堂

電話 03(3203)9201(代)

http://www.seibundoh.co.jp

製版・印刷　藤原印刷　　製本　弘伸製本

ISBN 978-4-7923-3242-6 C3031

定価（本体7000円＋税）